IL PARAÎT QUE VOUS VOULEZ ME TUER

Il paraît que vous voulez me tuer
se prolonge sur le site www.arenes.fr

Titre original : *Killing the Cranes*
A Reporter's Journey Through Three Decades of War in Afghanistan

Éditions des Arènes
27 rue Jacob, 75006 Paris
tél. : 01 42 17 47 80
arenes@arenes.fr

Edward Girardet

IL PARAÎT QUE VOUS VOULEZ ME TUER

Trente ans de guerres en Afghanistan vues et vécues par un grand reporter

Traduit de l'anglais (États-Unis) par Gilles Berton

les arènes

Pour Lori, Elisa et Alexander

Où sont les boucliers
Quand s'abat une pluie de flèches ?
Où sont les plumes
Et les ailes quand j'ai envie de voler ?
Mes amis vivent bien loin d'ici.
Où est le pigeon voyageur ?
Où puis-je trouver le messager,
La brise matinale venue de chez moi ?

Khalilullah KHALILI,
poète afghan du XXe siècle

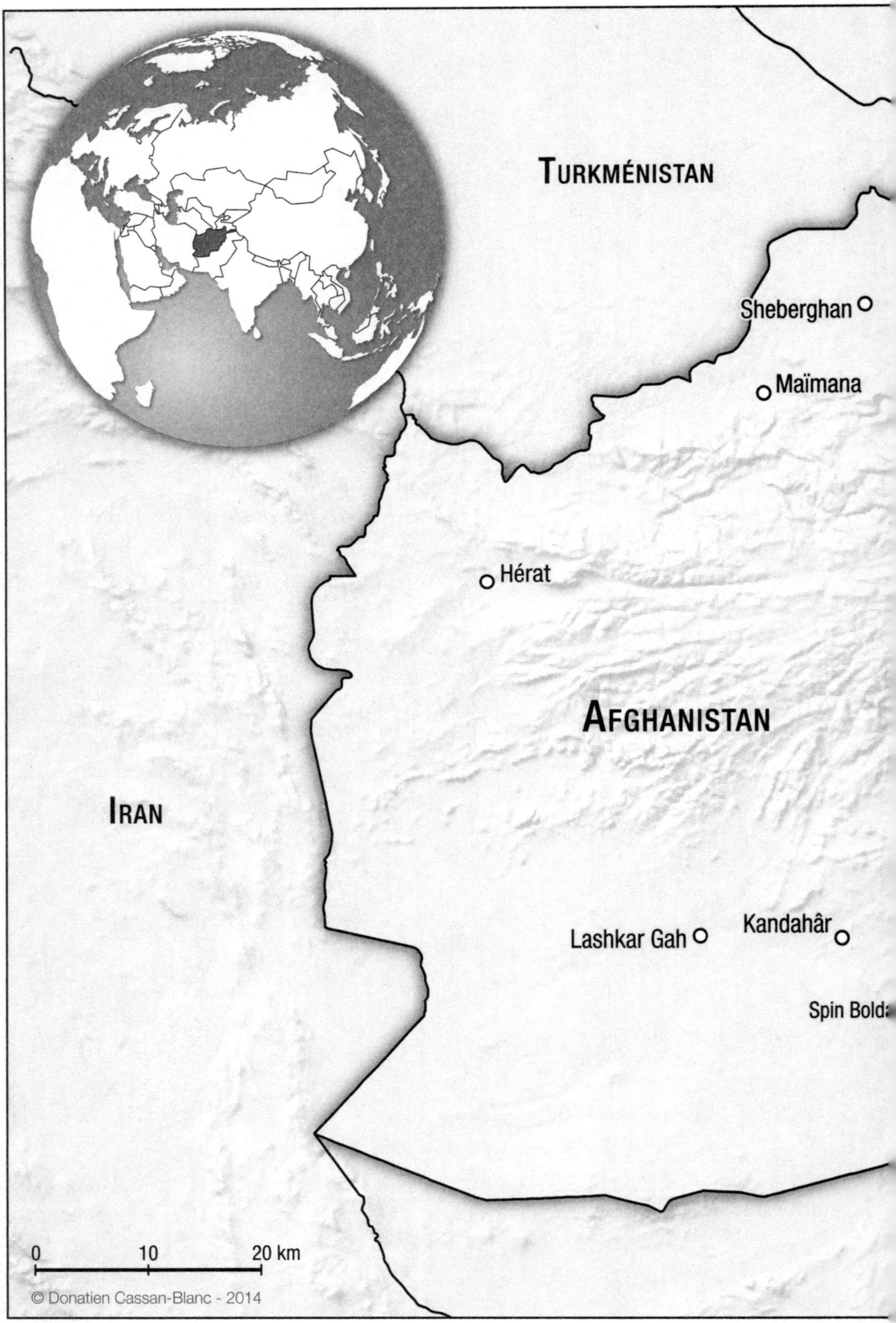
Turkménistan
Sheberghan
Maïmana
Hérat
Afghanistan
Iran
Lashkar Gah
Kandahâr
Spin Bold
0
10
20 km
© Donatien Cassan-Blanc - 2014

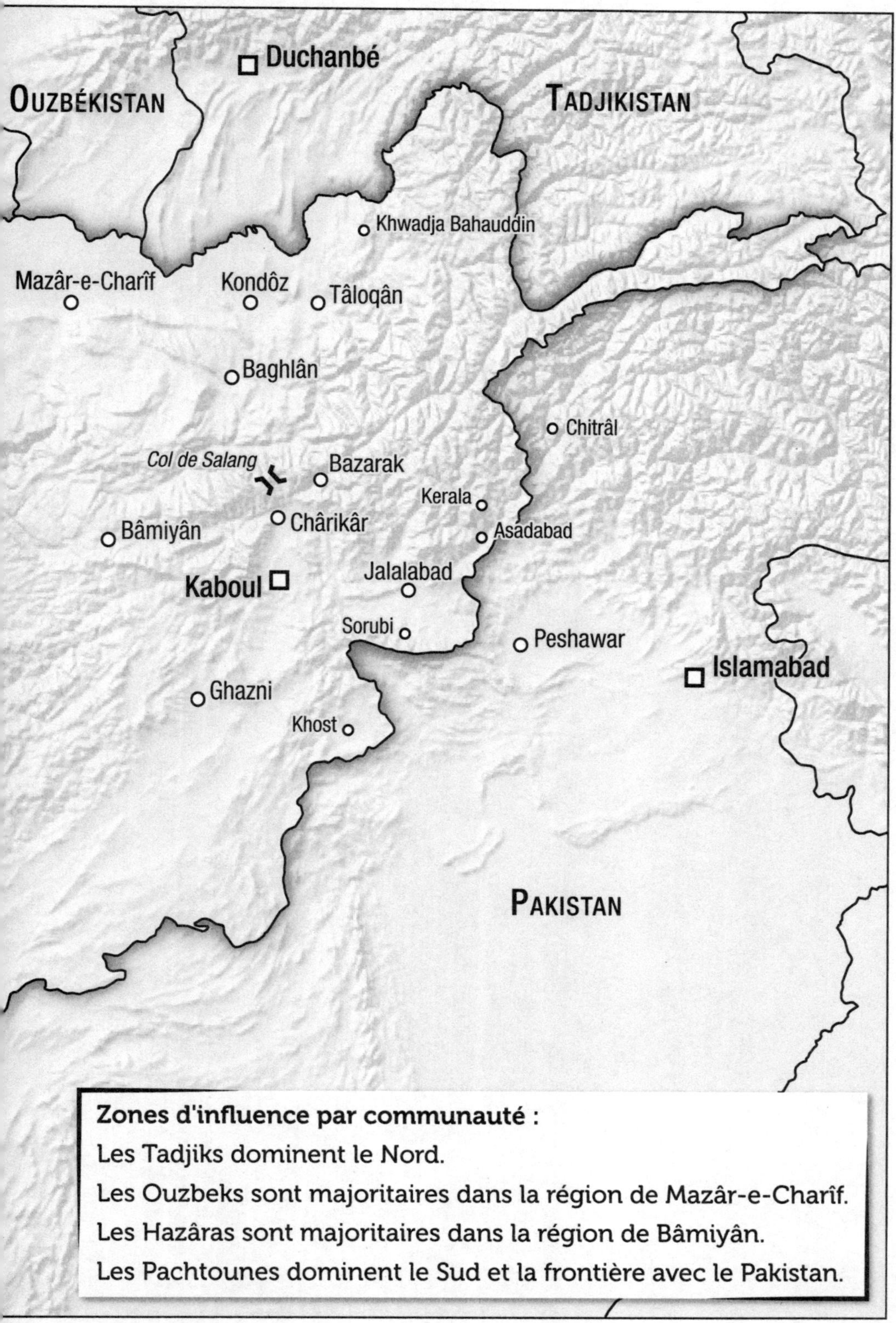
Duchanbé
Ouzbékistan
Tadjikistan
Khwadja Bahauddin
Mazâr-e-Charîf
Kondôz
Tâloqân
Baghlân
Chitrâl
Col de Salang
Bazarak
Kerala
Bâmiyân
Chârikâr
Asadabad
Kaboul
Jalalabad
Sorubi
Peshawar
Islamabad
Ghazni
Khost
Pakistan
Zones d'influence par communauté :
Les Tadjiks dominent le Nord.
Les Ouzbeks sont majoritaires dans la région de Mazâr-e-Charîf.
Les Hazâras sont majoritaires dans la région de Bâmiyân.
Les Pachtounes dominent le Sud et la frontière avec le Pakistan.

C'était à la fin mars 2004, à Kaboul, par une de ces nuits sèches et pas trop froides où le ciel transparent resplendit d'étoiles. Je venais de passer la soirée avec Massoud Khalili dans la maison construite par son père, Khalilullah Khalili, le grand poète afghan du XX*e siècle disparu en 1987. Massoud Khalili se trouvait au côté du chef de la résistance du Nord Ahmed Shah Massoud au moment de son assassinat par deux kamikazes d'Al-Quaida le 9 septembre 2001. Grièvement blessé par plus de deux cents éclats, il avait encore du mal à maintenir sa concentration.*

Ce soir-là, nous avions parlé de ce qui arrivait à l'Afghanistan après tant d'années de guerre, et de la direction dans laquelle la communauté internationale entraînait le pays. Un si grand nombre d'êtres humains étaient morts depuis que la première révolte populaire avait éclaté à l'été 1978, sa patrie avait subi de telles destructions que, pour Khalili, l'Afghanistan était désormais un pays traumatisé. Si les Afghans voulaient s'en sortir, il leur fallait entreprendre un long et difficile redressement spirituel. Mais surtout, insistait-il, ils devaient assumer leurs propres responsabilités.

Nous traversions le jardin pour gagner le portail ménagé dans le mur qui entourait sa maison quand il me saisit le bras et leva la tête vers le ciel nocturne. « Pour moi, la fin mars a toujours représenté le moment où l'on ne s'entend plus parler à cause des cris des grues cendrées en migration », me dit-il. Khalili faisait allusion à ces grands oiseaux blancs au crâne rouge sombre qui émettent un glapissement rappelant le son d'une flûte et qui, chaque printemps, remontent des zones humides méridionales d'Afghanistan et d'Iran en direction de l'Arctique russe et de la Sibérie occidentale.

Après avoir scruté le ciel en silence, Khalili tourna vers moi un visage plein de lassitude. « Savez-vous que je n'ai pas entendu une seule grue depuis que je suis ici ? » Il se tut un instant puis secoua la tête. « Aurions-nous aussi tué toutes les grues ? »

Prologue

Guerres ingagnables

Le 5 août 2010, par une chaude après-midi, dans un secteur boisé des montagnes de l'Hindu Kouch, un groupe d'hommes aux longues barbes, vêtus de robes blanches qui leur descendaient aux chevilles, surgirent de nulle part. Armés de kalachnikovs, ils se dirigèrent vers une équipe de travailleurs humanitaires, la plupart étrangers, qui pique-niquaient près de leur Land Rover après avoir effectué une mission médicale dans la province du Nouristan, au nord-est de l'Afghanistan. L'équipe de huit hommes et trois femmes avait prodigué des soins oculaires et dentaires, ainsi que d'autres traitements médicaux aux habitants d'une vallée montagneuse isolée. Pendant deux semaines, sans armes et sans protection, ils s'étaient rendus de village en village avec leurs chevaux de trait, proposant une aide médicale à quelque cinquante mille paysans et bergers de cette région sauvage.

Les barbus obligèrent les humanitaires – six Américains, trois Afghans, un Allemand et un Britannique – à s'asseoir par terre. Ils saccagèrent leur véhicule et leur demandèrent de vider leurs poches. Ensuite ils les alignèrent contre un rocher et les exécutèrent un par un. Seul le chauffeur afghan fut épargné. Il avait plaidé pour sa vie en récitant des versets du Coran et en hurlant : « Je suis musulman. Ne me tuez pas ! »

Les corps criblés de balles des membres de l'équipe médicale furent retrouvés le lendemain, et la nouvelle de leur assassinat se répandit aussitôt. On échafauda de multiples hypothèses sur l'identité des tueurs et les raisons de leur acte. Les talibans et le Hezb-e-Islami, deux des groupes d'insurgés qui combattaient les forces de la coalition occidentale en Afghanistan, en revendiquèrent la responsabilité. Mais, vu le grand nombre de telles attaques contre des civils, les coupables ne furent jamais retrouvés ni traduits devant la justice.

Deux des Américains exécutés, Tom Little et Dan Terry, étaient membres de longue date de l'International Assistance Mission, une organisation chrétienne non gouvernementale qui intervenait en Afghanistan depuis 1966. Le « Dr Tom », comme on l'appelait, était un opticien discret de soixante-deux ans originaire de Delmar, dans l'État de New York. Il travaillait en Afghanistan depuis la fin des années 1970 avec sa femme Libby. Tous deux avaient commencé en aidant les hippies échoués à Kaboul. Après avoir créé une série de cliniques spécialisées dans les soins oculaires, ils étaient restés sur place durant toute l'occupation soviétique ainsi que pendant la bataille pour Kaboul qui avait fait rage au milieu des années 1990, et n'étaient partis que lorsqu'ils avaient été chassés par les talibans. Les Little étaient revenus aussitôt après le renversement du régime taliban.

Dan était un travailleur humanitaire chaleureux et obstiné à l'humour pince-sans-rire qui avait découvert le pays en 1971. Pendant les derniers jours du régime des talibans, alors que ceux-ci tuaient des civils et détruisaient des villages dans le centre et le nord de l'Afghanistan, Dan avait organisé une opération humanitaire au beau milieu de l'hiver pour acheminer des vivres à travers les lignes de front. Tom et Dan étaient mes amis.

Pour ceux qui connaissent bien l'Afghanistan, l'assassinat de l'équipe confirmait de manière brutale le fait qu'une bonne partie de ce pays de montagnes et de déserts à cheval entre l'Asie centrale et le sous-continent indien était devenue une zone dangereuse désormais impossible d'accès. Alors que la région où s'étaient produits les meurtres avait été jusque-là considérée comme relativement sûre pour les employés des agences humanitaires, la nouvelle donne indiquait que les traditions afghanes d'hospitalité et de protection des hôtes étaient désormais brisées. Plusieurs décennies de conflits, des conceptions du monde inconciliables et le jeu d'intérêts extérieurs avaient transformé l'Afghanistan en un pays que ne contrôlaient ni le gouvernement appuyé par les Occidentaux, ni les insurgés, et d'où la simple humanité semblait avoir disparu.

Pour moi, la mort du Dr Tom et de Dan marqua la fin d'une époque. C'étaient de « vieux routiers de l'Afghanistan », qui, comme moi, s'y étaient aventurés dès les années 1970, et qui s'étaient sentis irrésistiblement attirés par ce pays résolument romantique fait d'un mélange de contrastes culturels et d'époustouflante beauté naturelle, mais aussi de tragédie humaine. Ils n'avaient cessé d'y retourner malgré les menaces et malgré les risques personnels qu'impliquait leur travail. Bien que tous deux fussent en effet chrétiens, ce n'était pas des missionnaires. Ils étaient en Afghanistan en raison de leurs convictions et parce qu'ils voulaient aider une population en difficulté.

À l'époque où ils furent exécutés, l'avenir de l'Afghanistan paraissait assombri. Un important responsable des Nations unies à Kaboul qui avait des années d'expérience en Afghanistan m'avait déclaré brutalement : « C'est devenu un désastre absolu. » Si, au début de 2011, l'OTAN avait largement accepté le fait qu'il ne pouvait y avoir de solution militaire, les gouvernements occidentaux plaçaient encore trop d'espoirs – et de financements – sur leurs généraux pour qu'ils reprennent militairement la main, au lieu d'investir dans des initiatives plus imaginatives et dans des approches à plus long terme confiées à des civils, dont celle de prendre langue avec les insurgés.

Menée en octobre 2001 à la suite des attentats du 11-Septembre, l'invasion dirigée par les Américains avait permis de chasser les talibans mais n'avait guère amélioré la sécurité dans le pays. L'intervention américaine était passée d'une « guerre contre le terrorisme » limitée à une vaste opération contre-insurrectionnelle. La présence de plus de cent cinquante mille soldats venus des États-Unis, de Grande-Bretagne et de quarante-six autres pays dans le cadre de la Force internationale d'assistance et de sécurité (International Security Assistance Force, ISAF) opérant sous l'égide de l'OTAN avait abouti à une situation que de nombreux Afghans trouvaient comparable à celle de l'époque de la guerre soviétique – une force d'occupation puissante, un gouvernement central faible et d'incessants accrochages et attaques qui poussaient de nouvelles recrues dans les rangs fondamentalistes. Pour un nombre croissant d'Afghans et d'analystes étrangers, la présence militaire occidentale se soldait par un échec, alors que d'innombrables opportunités perdues jalonnaient la route de l'intervention internationale depuis la chute du régime taliban.

Un peu comme leurs homologues soviétiques dans les années 1980, les Américains et leurs alliés étaient de plus en plus perçus par les Afghans ordinaires comme une force d'occupation étrangère. Le comportement et le manque de connaissance culturelle des soldats étaient fréquemment vécus par les Afghans comme des affronts à leurs coutumes et à leur sentiment d'indépendance. Les forces de l'OTAN étaient par ailleurs impliquées dans des bombardements et autres opérations militaires ayant provoqué de lourdes pertes civiles. Si, au niveau officiel, de tels incidents peuvaient être vus comme de regrettables mais simples « dégâts collatéraux », les Afghans les considéraient comme un manque flagrant de respect de la vie humaine. C'était là un fait particulièrement démoralisant pour ceux qui, parmi les soldats occidentaux, estimaient sincèrement contribuer au maintien de la paix et au développement d'un pays désespérément pauvre.

Le ressentiment croissant des Afghans à l'égard de la présence occidentale n'était pas dû au fait qu'ils auraient nécessairement une préférence pour les talibans ou d'autres insurgés, mais parce qu'ils ont toujours détesté les étrangers, et en particulier ceux qui cherchent à s'imposer. Encore plus déconcertant, beaucoup d'Afghans ne faisaient plus la distinction entre soldats et intervenants humanitaires. Les politiques occidentales avaient largement sapé le processus de redressement en usurpant le rôle traditionnellement joué par les agences humanitaires au travers du déploiement de Provincial Reconstruction Teams (PRT) et de mercenaires étrangers ou contractants privés n'ayant aucune ou très peu de connaissance du pays. Les Afghans s'interrogeaient aussi, et de façon légitime, sur l'objectif que poursuivaient les

États-Unis en dépensant cent millions de dollars par jour pour leur effort militaire, alors que ces fonds auraient pu être dépensés de façon bien plus efficace dans la reconstruction elle-même. Si les troupes américaines se retiraient demain matin, que laisseraient-elles derrière elles ? Les Russes avaient mené leur propre guerre en Afghanistan durant près d'une décennie. Il ne reste aujourd'hui que très peu de traces tangibles de leur engagement.

Les forces de l'OTAN occupent l'Afghanistan depuis plus longtemps désormais que ne l'ont fait les Soviétiques. Dans une guerre dont les objectifs sont malaisés, sinon impossibles à définir, les pertes militaires occidentales augmentent régulièrement depuis 2004, date à laquelle les talibans ont commencé à réapparaître comme une puissante force militaire. Au début de 2011, plus de deux mille quatre cents Américains, Britanniques, Français, Allemands, Canadiens, Italiens et soldats d'autres nationalités avaient été tués. Plus de la moitié des décès et des blessures n'ont pas été occasionnés dans les combats. Les insurgés infligent de plus en plus de pertes au moyen de bombes placées au bord des routes, de pièges et d'autres engins explosifs improvisés, les IED (« *improvised explosive device* »). Plus de dix-huit mille Afghans ont perdu la vie en moins d'une décennie, dont au moins la moitié étaient des civils. Quarante mille autres, militaires et civils, ont été blessés. Si les analystes de l'OTAN soutiennent que les pertes afghanes actuelles sont « modestes » par rapport au million et demi de morts qu'aurait causés la guerre soviétique, d'autres font remarquer que le conflit actuel aurait pu être évité si l'Occident avait adopté au début des années 2000 une approche plus réaliste en Afghanistan et s'il n'avait pas été obsédé par le terrorisme, le trafic de drogue et d'autres facteurs, notamment la guerre en Irak, qui ont distrait son attention.

La réalité est que la sécurité, particulièrement dans les campagnes, se dégrade. D'anciens moudjahidines que j'avais connus dans les années 1980 et 1990, et qui ont des contacts avec les insurgés actuels, se sont excusés auprès de moi de ne pas pouvoir m'emmener dans certaines régions orientales du pays. « Nous ne pouvons garantir votre sécurité », m'ont-ils dit. Même des amis dont je sais qu'ils sont impliqués aux côtés des insurgés, mais qui continuent à respecter la tradition de l'hospitalité afghane, sont réticents à me faire traverser des zones sous leur contrôle. Se déplacer est devenu une entreprise extrêmement hasardeuse. Quand je sillonnais clandestinement les montagnes à l'époque soviétique, je me sentais bien plus en sécurité.

Les problèmes de l'Afghanistan ne relèvent pas seulement du manque de sécurité. Trop d'argent, en même temps que des attentes trop élevées et irréalistes, a été déversé sur le pays, renforçant un régime corrompu et inefficace. L'économie, largement artificielle, dépend essentiellement de l'aide internationale au développement, des dépenses militaires et des revenus du trafic de drogue. Outre les sommes versées aux contractants étrangers chargés des projets d'aide au développement, la plus grande partie de la manne est allée dans les poches d'une petite mais puissante élite d'Afghans privilégiés, notamment des hauts responsables gouvernementaux, des seigneurs de la guerre et des hommes d'affaires disposant des bonnes connexions. En 2010, Transparency International a classé l'Afghanistan comme le pays le plus corrompu du monde, avec des versements de pots-de-vin à tous les échelons de l'administration, jusqu'à la propre famille du président Hamid Karzai, qui a copieusement profité du processus de redressement.

Il existe sans doute des domaines dans lesquels des progrès significatifs ont été enregistrés. Parmi ceux-ci, citons l'éducation, la santé, la liberté des médias et quelques intéressantes initiatives pour l'emploi fondées sur l'entreprenariat local. On reste impressionné par la hausse de 500 % constatée dans la scolarisation des jeunes, qui sont désormais sept millions à aller à l'école – même si sept autres millions n'ont toujours pas accès à l'enseignement. Cependant, les menaces proférées depuis 2007 par les insurgés contre les écolières et les enseignantes ont contraint plusieurs centaines d'écoles à fermer leurs portes. Et, si le nombre d'établissements de santé a été multiplié de façon spectaculaire, de nombreuses populations rurales ne bénéficient toujours pas des soins médicaux les plus rudimentaires. Cela n'est pas surprenant. Bien que près de 80 % des Afghans vivent à la campagne, ils ont été largement ignorés dans le processus de redressement, ce qui a poussé la population à se demander à qui profitaient les sommes gigantesques versées au titre de cette aide au développement dont ils ne cessent d'entendre parler. À vrai dire, l'essentiel de cette aide a bénéficié essentiellement à Kaboul et aux autres centres urbains. On a pris à la va-vite des mesures qui n'ont pas nécessairement amélioré l'existence des Afghans ordinaires, mais qui « font bien » à Washington, Londres et Bonn.

Bien que des milliards de dollars soient versés à l'Afghanistan par les États-Unis et d'autres pays occidentaux sous forme d'aide ou de soutien militaire, il reste malaisé de discerner la politique qui sous-tend l'intervention proprement dite aussi bien que le projet de redressement. Il semble n'exister aucune vision à long terme ni aucun engagement durable au-delà de 2014, date fixée par l'OTAN pour retirer ses troupes afin de satisfaire le mécontentement croissant de l'opinion des pays participant à la coalition. De nombreux Afghans, y compris des ministres, s'emploient à assurer leurs arrières financiers en profitant au maximum du système avant la fin de la partie. Depuis 2005, les achats immobiliers réalisés par des Afghans à Dubaï, Abou Dhabi et ailleurs ont explosé. En 2011 les demandes de visa pour quitter l'Afghanistan n'ont jamais été aussi nombreuses depuis la fin de l'occupation russe. Cette panique et cette frénésie de profit avant qu'un nouveau déluge s'abatte sur l'histoire afghane ne me sont que trop familières.

Alors jeune correspondant basé à Paris, j'ai effectué mon premier reportage en Afghanistan en octobre 1979, trois mois avant l'invasion du pays par les Soviétiques. Les quelques semaines que je passai alors à Peshawar, dans ce qui était alors la Province pakistanaise de la frontière du Nord-Ouest, ou NFWP, où les nouveaux mouvements de résistance afghans étaient en train d'installer leurs bases arrière, m'avaient conduit à penser que j'assistais à la naissance d'un conflit – ou plutôt, comme il devait s'avérer, à une série de conflits – qui aurait de profondes implications mondiales.

En 1979 j'étais loin d'imaginer que cette première guerre afghane évoluerait en plusieurs guerres successives, chacune bien distincte, impliquant une pléthore d'acteurs internationaux, parmi lesquels l'Union soviétique, les États-Unis, la Grande-Bretagne, le Pakistan, l'Inde, la Chine, l'Iran, l'Arabie Saoudite et l'OTAN. Pas plus que je n'aurais pensé qu'en 2010 la communauté internationale serait embourbée dans un conflit qui menacerait de devenir un nouveau Vietnam, non seulement pour les États-Unis, mais aussi pour l'OTAN.

À partir de 1979, je demeurai basé à Paris mais opérai à partir de Peshawar, qui était devenu le principal centre humanitaire pour les réfugiés et pour l'acheminement clandestin de l'aide vers l'Afghanistan. Pour les journalistes occidentaux empêchés de couvrir la guerre du côté russe – les visas étant virtuellement impossibles à obtenir –, la ville devint une base de départ vers l'Afghanistan. Dès lors je couvris la situation dans ce pays de façon régulière, me rendant dans la région au moins deux ou trois fois chaque année, parfois durant plusieurs mois d'affilée. Pendant toute la durée de l'occupation soviétique, Peshawar constitua un mélange terriblement excitant de Casablanca, Shanghai et Paris, épicé par la présence de dangers réels ou imaginaires. Beaucoup d'entre nous, et particulièrement ceux qui couvraient les autres conflits dans le monde, devinrent véritablement « accros » à la ville frontalière pakistanaise.

Travailler en Afghanistan, c'était un peu se retrouver dans la peau d'un personnage de *L'Homme qui voulut être roi* de Rudyard Kipling. Couvrant des centaines de kilomètres à pied, à cheval, en véhicule ou à dos de chameau, je passais d'un groupe de moudjahidines à l'autre au gré des contacts personnels et des lettres manuscrites traditionnelles de recommandation. J'accompagnais également des caravanes humanitaires organisées par les « French doctors » et d'autres organisations d'aide humanitaire travaillant auprès des populations démunies installées de l'autre côté de la frontière. La plupart de ces voyages étaient « illégaux » et me firent traverser certains des paysages les plus rudes mais aussi les plus spectaculaires du monde au cours de marches quotidiennes de seize heures d'affilée dans des cols enneigés à près de cinq mille mètres d'altitude ou dans des déserts rocailleux brûlés par le soleil.

Quand je n'étais pas au Pakistan ou en Afghanistan, j'effectuais des reportages sur des catastrophes humanitaires ou des situations de guerre dans des endroits comme l'Angola, la Somalie, le Soudan, le Mozambique ou le Sri-Lanka. Dans les jungles étouffantes et les déserts arides, j'ai pu observer de près la manière dont se menaient les guerres de guérilla et comprendre que nombre d'entre elles étaient en fait des guerres par procuration dans lesquelles chaque superpuissance soutenait un camp contre l'autre, ce qui en faisait des extensions indirectes de la guerre froide. Au cours des années 1980, les États-Unis et l'Union soviétique soutenaient des factions rivales dans la Corne de l'Afrique, en Somalie et en Éthiopie, deux conflits dans lesquels l'Afghanistan servait de référence.

En travaillant en Afghanistan, j'ai vite compris que chaque vallée, chaque district, chaque province ou chaque région étaient particuliers, avec leurs propres caractéristiques. On ne pouvait jamais être sûr que ce que l'on observait dans telle partie du pays serait identique dans telle autre. Il était difficile de parler d'un Afghan « typique ». Tous les clans, toutes les tribus et tous les groupes ethniques étant différents, je prenais soin de me déplacer en compagnie de factions différentes de la guérilla en fonction de la région où je me trouvais dans le sud, l'est ou le nord du pays. Ainsi mes accompagnateurs étaient-ils tour à tour des combattants baloutches enturbannés opérant dans les désertiques collines de Chagai de la province méridionale du Helmand, des nationalistes pachtounes enthousiastes mais terriblement incompétents des épaisses forêts de la chaîne du Safed Koh au Nangarhâr à l'Est, ou encore des moudjahidines tadjiks aguerris et chevelus de l'impressionnante Hindu Kouch au Nord. Je préférais les Tadjiks, qui paraissaient mieux organisés, mais j'ai rencontré et voyagé avec des commandants pachtounes ou Hazâras exceptionnels. J'ai également fait connaissance de plusieurs personnalités de premier plan, comme Ahmed Shah Massoud, Gulbuddin Hekmatyar et Oussama ben Laden.

Mes nombreux voyages à travers le pays m'ont fait comprendre la façon dont opérait la mosaïque des fronts de résistance afghans. Il est clair que les talibans et les autres insurgés qui sont apparus dans la période post-2001 ont repris ces mêmes tactiques. En fait, bon nombre des combattants actuels ont été formés avec l'appui américain et ont fait leurs premières armes durant la guerre soviéto-afghane. En 2009, de nombreux insurgés se qualifiaient encore de « moudjahidines » pour tenter de s'arroger la légitimité dont jouissait la résistance anticommuniste. Bien souvent, lorsque j'examine la façon dont Américains, Britanniques et autres forces de l'OTAN mènent le conflit actuel, je suis frappé par les similitudes de la situation avec le djihad antisoviétique. Les efforts de la coalition pour chasser les guérilleros et « nettoyer » des zones dans lesquelles les insurgés réapparaissent aussitôt l'opération terminée rappellent les efforts identiques déployés autrefois par l'Armée rouge. L'avantage d'aller à pied, l'unique moyen à ma disposition pour la plupart de mes déplacements (bien que j'aie eu l'occasion d'emprunter des véhicules dans certaines régions), était que j'avais des contacts quotidiens avec les Afghans ordinaires. J'ai ainsi pu rencontrer des villageois, paysans, guérilleros, enseignants, médecins, fonctionnaires et ingénieurs ainsi que des citadins ayant fui les villes occupées par les Russes. Grâce à la traditionnelle hospitalité afghane, notamment dans les zones pachtounes qui deviendraient vingt ans plus tard les plus dures pour les forces de l'OTAN, j'ai passé de longues heures à discuter des combats tout en buvant du thé dans une rudimentaire *chaikhane* (maison de thé) au bord d'une route caravanière ou sur un tapis étendu sous des mûriers. Cette fréquentation permanente de la population est le seul moyen de connaître ce pays.

La plus grande partie des reportages occidentaux effectués sur l'insurrection post-2001 a été le fait de journalistes intégrés aux forces de la coalition (*embedded*). Beaucoup de reporters américains et européens n'ont jamais eu l'occasion de voir le « vrai » Afghanistan en vivant et en travaillant au milieu des Afghans eux-mêmes. Ces reportages réalisés sous l'égide de l'OTAN peuvent certes fournir des aperçus intéressants de la vie et des capacités de combat des troupes occidentales dont certaines affichent des dénominations résolument hollywoodiennes telles que la « Task Force Mountain Warriors ». Mais cela a aussi conduit, malheureusement, à des récits unilatéraux, sinon trompeurs, qui échouent à rendre compte de la réalité des civils afghans pris dans les combats. Une telle méthode de reportage ne peut réellement évaluer l'efficacité des guérilleros ni la façon dont ils opèrent.

Dans un pays traditionnellement dominé par les Pachtounes mais déchiré par les divisions ethniques et tribales, ce sont à la fois la guerre soviétique et l'islam qui ont contribué à unifier les Afghans en un seul peuple. J'ai toujours été impressionné de voir des Afghans originaires de parties très différentes du pays, ne se connaissant pas, s'agenouiller ensemble en direction de La Mecque pour prier sur le sommet d'une montagne, la berge d'une rivière ou le toit d'une maison. Après quoi ils se relevaient, jetaient leur *patou* (couverture) sur leurs épaules et partaient chacun dans une direction différente pour poursuivre leur combat contre les étrangers infidèles. Cette unité de cause est un facteur qui ne peut être ignoré dans la lutte contre-insurrectionnelle actuellement menée par l'OTAN.

Comprendre les leçons du passé est vital si l'on veut que l'intervention occidentale ait un quelconque effet positif à long terme sur le pays. Or l'expérience m'a enseigné que, par précipitation politique, arrogance ou pure ignorance, trop de décideurs occidentaux persistent à ignorer l'histoire de ce fier pays. Ils refusent de tirer les leçons de deux derniers siècles, qui ont commencé par la rivalité stratégique entre les empires russe et britannique en Asie centrale, puis par la désastreuse première guerre anglo-afghane de 1842. Tous ces événements faisaient partie du « Grand Jeu », selon la formule employée par l'écrivain Rudyard Kipling pour définir l'engagement de la Grande-Bretagne en Afghanistan lors de sa confrontation avec la Russie tsariste au XIXe siècle. La même partie se poursuit aujourd'hui encore, mais avec de nouveaux joueurs.

On ne peut s'empêcher d'être impressionné par le passé de l'Afghanistan. Si des hommes étaient sans doute déjà établis dans le nord de l'Afghanistan il y a cinquante mille ans, à l'époque du Paléolithique, le pays a ensuite été témoin de l'émergence de deux des principales religions du monde, le bouddhisme Gandhara et l'islam. Historiquement, l'Afghanistan a repoussé, absorbé ou simplement laissé passer tous ceux qui ont l'envahi, ravagé ou qui ont déferlé à l'intérieur de ses frontières. Rien de moins que vingt-cinq dynasties régnantes se sont succédé en Afghanistan au cours des trois derniers millénaires. Alexandre le Grand, Cyrus le Grand, Gengis Khan, Tamerlan et Bâbur ont tous tenté, comme le feront plus tard les Soviétiques, de prendre pied en Afghanistan, la plupart du temps avec des résultats désastreux. Peu de ces envahisseurs, sinon aucun, n'ont pu y rester – même si quelques-uns ont laissé des traces durables de leur passage. Certains Nouristanais aux yeux bleus et aux cheveux blonds affirment être les descendants des soldats d'Alexandre, tandis que les Hazâras (*Hazâra* signifie « un millier ») aux traits mongoloïdes seraient les héritiers des hordes de Gengis Khan, dont on dit qu'il aurait laissé derrière lui des détachements de « mille soldats » pour protéger les lointains avant-postes de son empire.

Pendant la majeure partie du XIXe et du début du XXe siècle, les stratèges militaires britanniques ont considéré l'Afghanistan comme une zone tampon contre les poussées de la Russie tsariste, les forteresses afghanes isolées d'Hérat, Kandahâr ou Ghazni constituant autant de verrous sur la route de l'Inde. Ils voyaient également les tribus afghanes insurgées, qui menaient de fréquents raids loin dans l'intérieur de l'Inde, comme une menace permanente. Dans le cadre du « Grand Jeu », les Britanniques cherchèrent à prévenir toute invasion en recourant aux intrigues, missions d'espionnage, manœuvres diplomatiques, pots-de-vin, assassinats et interventions militaires directes. Les Russes faisaient la même chose. Les deux camps mettaient souvent dans leur affrontement un zèle de missionnaires – allant même à un moment donné jusqu'à frôler la guerre ouverte à propos d'un minuscule village sur l'Oxus –, mais aussi en envoyant sur place des aventuriers parfois flamboyants aux manières de gentlemen qui, vêtus comme des Afghans et s'exprimant dans leur langue, disparaissaient dans l'intérieur du pays pendant des mois, voire des années d'affilée. Plus d'un y laissa la vie.

Si certains de ces fougueux officiers de renseignement savaient exactement ce qu'il convenait de faire – et de ne pas faire – en Afghanistan, ce n'était certainement pas le cas du gouvernement de Londres. Les armées britanniques s'emparèrent deux fois de Kaboul en l'espace de quarante ans pour tenter de mater les tribus récalcitrantes et sécuriser les accès occidentaux à l'Inde. La première invasion britannique se solda par la spectaculaire défaite de 1842 qui vit la quasi-annihilation d'une force expéditionnaire de seize mille hommes ; la seconde s'avéra totalement infructueuse. En 1893, les Britanniques finirent par imposer de manière unilatérale une ligne de démarcation entre l'Afghanistan et l'Inde, la ligne Durand, qui constitue aujourd'hui encore la frontière *de facto* – elle n'a toujours pas été reconnue par le gouvernement de Kaboul – entre le Pakistan et l'Afghanistan. Mais les Britanniques n'ont jamais contrôlé l'Afghanistan.

En 1919, alors que la Grande-Bretagne s'était lancée dans une troisième guerre, brève celle-ci, la plupart des stratèges coloniaux avaient compris qu'il était vain de rechercher une solution militaire dans ce pays montagneux et accidenté. C'est là une leçon que les Soviétiques oublièrent en décembre 1979. Les forces de la coalition sous contrôle américain l'oublieront aussi plus de deux décennies plus tard. Peut-être l'Occident aurait-il été mieux avisé d'envoyer quelques agents flamboyants et aventuriers se fondre au plus profond de l'Afghanistan plutôt que de compter sur les relais satellitaires, les drones téléguidés ou les lourdes opérations armées, toutes méthodes qui ne permettent en rien de pénétrer l'âme de cette terre dure et insolente.

Quand les États-Unis ont commencé leurs bombardements en octobre 2001, en représailles du 11-Septembre, l'administration Bush refusa de comprendre que l'Afghanistan ne pouvait être traité comme un simple élément dans une démonstration de propagande chauvine opposant le blanc au noir, le bien au mal. Dans le cadre de sa « guerre contre le terrorisme », l'administration avait au départ procédé à l'invasion de l'Afghanistan afin d'éliminer Al-Quaida pour son rôle supposé dans les attaques new-yorkaises. Mais Washington ne parut pas comprendre qu'il opérait son retour dans une guerre civile dont les États-Unis s'étaient totalement désintéressés sitôt que les Russes se furent retirés d'Afghanistan en 1989. Les différents conflits qui s'étaient ensuivis avaient laissé une marque douloureuse et indélébile sur le pays et ses habitants. Aussi les Afghans furent-ils très vite suspicieux à l'égard des véritables motivations américaines. Pour beaucoup d'Afghans, la guerre post-11-Septembre n'était rien d'autre qu'un nouvel épisode dans un pays dont la population était lasse des invasions et des trahisons, ainsi que des rodomontades internationales.

À vrai dire, il était difficile de déterminer les intentions réelles motivant ce regain d'intérêt militaire américain pour l'Afghanistan. Les militants d'Al-Quaida auraient sans doute pu être éliminés plus facilement grâce à un travail de renseignement efficace plutôt que par des bombardements. Existait-il des intérêts stratégiques ou économiques justifiables, comme des ressources minérales, exigeant d'être défendus ? L'Occident était-il parvenu à la conclusion que la paix en Afghanistan, par rapport à l'Asie centrale, au Golfe, au Pakistan, à l'Iran, à l'Inde et à la Chine, était un élément essentiel pour la sécurité de la région ? Le monde pouvait-il se permettre d'ignorer l'Afghanistan ?

Quelles que soient les raisons, l'Histoire a montré à de multiples reprises qu'il n'y a pas de solutions militaires en Afghanistan. Le Grand Jeu des XIXe et XXe siècles est devenu le Grand Simulacre du XXIe. C'est une pure illusion que de croire que l'intervention militaire, même avec le transfert programmé des responsabilités aux forces de sécurité afghanes, pourra ramener la paix après trois décennies de guerre. Beaucoup sont sceptiques sur la capacité de l'Occident à former une police et une armée efficaces avant la date du retrait annoncé de l'OTAN. Déverser encore plus d'aide ne fera pas plus avancer les choses. Les talibans et les autres groupes insurgés ne gagnent pas grâce à leur supériorité militaire, ni parce qu'ils sont populaires, mais parce que l'immense majorité de la communauté internationale n'a toujours pas compris comment traiter avec les Afghans de façon efficace et pragmatique.

L'Occident ne comprend pas non plus la nature des talibans et de leurs alliés insurgés, ni le soutien dont ils continuent de bénéficier de la part de certains secteurs du service de renseignement militaire pakistanais, l'Interservices Intelligence, ou ISI. Si certains groupes proches du mollah Omar, leader spirituel du mouvement islamique, peuvent se revendiquer des talibans, l'insurrection antioccidentale actuelle est en réalité une formation lâche de différents fronts de guérilla, chacun avec ses motivations propres. Parmi eux, on trouve les « néo-talibans », le réseau Haqqani, le Hezb-e-Islami, les talibans pakistanais, des tribus locales en colère et divers talibans dits « étrangers » qui sont des sympathisants d'Al-Quaida ou de ses filiales. Même une personnalité influente comme le mollah Abdul Quayuum « Zakir » (*alias* Abdullah Ghulam Rasoul), un ancien détenu de Guantanamo dont on pensait, en 2010, qu'il était un haut responsable taliban, ne peut en réalité parler qu'au nom de ceux de Kandahâr et de la région du Helmand, ainsi que de quelques alliés. Pourtant, la presse occidentale se réfère en permanence aux talibans comme à un mouvement homogène alors qu'en réalité aucune de ses factions ne peut prétendre parler au nom de l'insurrection entière.

Au final, ce qui déterminera la crédibilité de l'effort de redressement appuyé par l'Occident – et celle du gouvernement qu'il soutient – ne dépendra pas d'une éventuelle défaite militaire des talibans, mais du fait de savoir si la justice régnera enfin en Afghanistan. La justice demeure une question primordiale pour les Afghans ordinaires, traumatisés par de longues années de guerre et maltraités par des gens dont certains occupent encore des postes de pouvoir et d'influence. Les communistes n'ont pas été les seuls à commettre des crimes contre l'humanité. Depuis les moudjahidines des années 1980 aux Américains et aux talibans d'aujourd'hui, violations des droits humains et crimes contre l'humanité ont été commis en toute impunité.

Édifier un pays juste n'est pas seulement un impératif de l'Occident. C'est une obligation pour les Afghans eux-mêmes. Parvenir à tisser un pays uni à partir du patchwork d'intérêts égoïstes, de corruption et d'avidité qu'est devenu l'Afghanistan ne sera pas facile. Pourtant, c'est seulement lorsque ceux qui ont agi jusqu'ici dans l'impunité – parmi lesquels, entre beaucoup d'autres, les responsables de l'exécution des membres de l'équipe médicale – auront été traduits devant la justice que l'Afghanistan pourra se considérer comme étant sur la voie de la guérison.

Le périple de Tom et de Dan au travers de plusieurs décennies de guerre en Afghanistan s'est terminé par leur mort dans les montagnes du Badakhchan, à la limite du Nouristan. Mon périple à moi se poursuit, mais il s'accompagne d'un sentiment croissant de désespoir devant les morts dépourvues de sens d'humanitaires dévoués, de civils afghans et de jeunes soldats occidentaux. L'entêtement de l'Occident à penser que la combinaison de la force militaire et d'une aide internationale continue au cours des cinq prochaines années suffira à apporter une solution semble difficilement compréhensible. Occuper l'Afghanistan avec des soldats étrangers n'a jamais été et ne sera jamais la solution. Pas plus que de déverser encore plus d'argent pour tenter de résoudre les problèmes.

Au bout du compte, comme le dit Massoud Khalili, il reviendra aux Afghans eux-mêmes de prendre les choses en main. Nous ne pouvons le faire à leur place. Mais cela pourrait prendre encore trois décennies, sinon plus. La communauté internationale doit faire l'effort de porter son regard au-delà du court terme et de prendre des mesures qui répondent aux intérêts réels des Afghans, et non à ceux de l'Occident. Cela implique d'opérer une pression sur certains acteurs régionaux, comme le Pakistan et l'Iran, afin qu'ils renoncent à leurs intrigues, qui ne font que saper les efforts de l'Afghanistan pour instaurer une nouvelle stabilité. Sinon, nous ne ferons qu'aggraver encore l'incapacité actuelle des Afghans à faire la paix entre eux.

E. G., Genève, mai 2011.

Chapitre 1

Sur la piste du Lion (1)

C'est au début de septembre 2001 que nous arrivons au village poussiéreux et rôti par le soleil de Khwadja Bahauddin, dans le nord de l'Afghanistan. La chaleur du désert s'insinue dans la cabine du Toyota. J'ai une folle envie de boire une tasse de thé. Je roule depuis l'aube en compagnie de mon interprète et ami Mohammed Shuaib et de notre chauffeur, un stoïque Afghan prénommé Farid. Des années de conduite sur des routes défoncées par la guerre ont mis son 4 × 4 dans un état pitoyable.

Mon corps est endolori par les cahots du trajet et je suis impatient de sortir du véhicule. Farid tourne vers nous un sourire satisfait, ébahi que nous soyons arrivés jusqu'ici. « Nous y sommes », annonce-t-il. J'ouvre la portière et, comme devant la bouche d'un four, reçois le choc de la chaleur intense. Khwadja, comme je m'y attendais, est l'image même de la désolation.

Autrefois caravansérail solitaire à l'usage des nomades et des commerçants, c'est un village sec et inhospitalier accroché au flanc d'une suite de collines semi-arides gagnant peu à peu en altitude en direction du sud pour se fondre dans les massifs enneigés de l'Hindu Kouch. La bourgade est constituée de hangars dispersés et de maisons aux murs de terre ou de ciment. Chaque fois qu'un camion emprunte en cahotant ses rues en pente, d'épais nuages de fine poussière noient temporairement bâtiments, êtres humains et animaux. Une suffocante odeur de pourriture se mêle à la poussière, mélange écœurant d'ordures calcinées et de crottin de chameau.

Heureusement, Khwadja n'est pas totalement désolée. Cramponnée au bord d'un plateau bas et pelé, la ville domine une vaste plaine alluvionnaire couverte de champs de blé et de vergers, abondamment irrigués par des canaux qu'alimente la rivière Oxus – Amou-Daria en persan. C'est grâce à ce large et rapide cours d'eau constituant la frontière nord de l'Afghanistan avec le Tadjikistan que ces vastes régions arides peuvent être cultivées.

Khwadja constituait alors une active base arrière de l'un des stratèges de guérilla les plus connus du XXe siècle, Ahmed Shah Massoud. Souvent qualifié de Tito, de général Giap ou de Che Guevara de l'Afghanistan, le charismatique Massoud guerroyait depuis près de vingt-cinq ans : il avait d'abord combattu plusieurs régimes de gauche ou communistes installés à Kaboul avant d'affronter l'Armée rouge soviétique durant presque dix ans. Ces combats avaient été suivis par des affrontements avec des factions rivales d'ex-moudjahidines impliquées dans la guerre civile brutale qui, à partir de 1992, suivit l'effondrement du gouvernement soutenu par Moscou et dirigé par le Parti démocratique populaire d'Afghanistan (PDPA). Enfin était venu pour Massoud le temps de lutter pour sa propre survie en tant que dernier chef militaire opposé aux talibans.

En 2001, huit ans et demi après l'apparition des talibans, les forces du Front uni de Massoud luttaient pour préserver leur territoire. Soutien essentiel des talibans, le service des renseignements militaires pakistanais ISI (Inter-Services Intelligence) avait surnommé le Front uni «Alliance du Nord» pour tenter d'introduire une division régionale entre les Pachtounes tribaux du Sud et les Tadjiks et Ouzbeks du Nord. Ce coup de propagande pakistanais avait porté ses fruits puisque la plupart des médias occidentaux désignaient désormais la coalition de résistance de Massoud du terme d'Alliance du Nord.

Au moment de mon arrivée, l'Afghanistan subit une terrible sécheresse et les effets s'en font sentir à Khwadja. Les seules touches de verdure sont celles de rares pistachiers, vestiges de taillis autrefois épais qui ont été abattus par les villageois et les trafiquants pour faire du bois de chauffage ou de charpente. En marchant dans les rues de la petite bourgade, je reconnais, aux drapeaux fixés à des mâts installés sur les toitures et flottant dans le vent brûlant, quelques bureaux d'agences internationales d'aide humanitaire. Ces agences fournissent de l'aide aux milliers de réfugiés, récemment chassés par les combats, qui vivent dans des camps de tentes à la périphérie de la ville.

Suffoquant de chaleur, tout crasseux de poussière et de sueur, Shuaib et moi entrons dans un bungalow sans étage en forme de L. Le bâtiment est entouré d'un grand mur, avec une entrée flanquée de tas de briques cassées et de sacs de ciment. Un petit parterre de roses a été aménagé au milieu de la cour. Un vieux jardinier à la peau flétrie, avec une main difforme et une claudication prononcée que lui a value l'explosion d'une mine, est en train d'y planter des géraniums rouges. Nous nous trouvons dans le bâtiment d'accueil du ministère des Affaires étrangères du Front uni, où journalistes et visiteurs peuvent séjourner.

Un second pavillon beaucoup plus imposant, avec de spacieuses terrasses et des colonnes gréco-romaines dans le genre de celles que l'on voit dans les banlieues de Dubaï ou de Koweït City, domine une parcelle voisine. Il s'agit du logement des VIP, qui abrite aussi le service de renseignement de Massoud et accueille des réunions de haut niveau. Plantée à l'endroit où le plateau amorce sa descente de plusieurs centaines de mètres vers la vallée, la villa bénéficie d'une vue magnifique sur le damier de cultures verdoyantes qui s'étendent vers le nord jusqu'à une chaîne de montagnes basses d'un brun terne s'élevant du côté tadjik de la frontière. Plusieurs Land Cruiser Toyota aux vitres fumées ou masquées par des rideaux et aux toits surmontés de hautes antennes radio sont garés devant le bâtiment. Au moins une douzaine de combattants du Front uni coiffés de *pakols* (bonnets en laine du Nouristan), vêtus de blousons et pantalons militaires kaki, chaussés de brodequins de cuir noir et portant des gilets à munitions lourdement chargés traînent autour des véhicules. Tous arborent des kalachnikovs AK-74 dernier modèle. Deux ou trois portent à l'épaule des RPG, des grappes de grenades pendouillant à leur ceinture. À l'arrière d'un des Toyota, une mitrailleuse antiaérienne est pointée vers le ciel.

« Ça ressemble à une réunion de commandants, remarque Shuaib. Peut-être que Massoud est là », ajoute-t-il avec espoir.

J'ai fait la connaissance de l'« Engineer » Shuaib dans l'Afghanistan des années 1980, et nous sommes devenus de bons amis. Cet ancien militant actif dans la résistance a passé la quarantaine, et son crâne se dégarnit. Musulman dévot, politiquement modéré, il a dû se réfugier aux États-Unis à la suite des menaces qu'il a reçues à la fois de l'ISI et de certaines factions fondamentalistes afghanes, principalement en raison de sa proximité avec les journalistes occidentaux.

Au début de l'occupation russe, Shuaib accompagnait des reporters américains et européens en Afghanistan en tant qu'officier de presse du Jamaat-e-Islami (« Société islamique » en persan), l'un des sept principaux partis de la résistance basés à Peshawar, une ville du nord-ouest du Pakistan, proche de la frontière avec l'Afghanistan. Plus tard, il travailla surtout avec un petit groupe de journalistes expérimentés tels que le caméraman de la BBC Peter Jouvenal, l'Américain Bill Branigin du *Washington Post* ou le Français Patrick de Saint-Exupéry du *Figaro*. Nous avons tous effectué plusieurs voyages dans l'intérieur de l'Afghanistan avec lui, et sa débrouillardise au cours de nos enquêtes nous a été extrêmement précieuse.

Après avoir jeté nos sacs sur nos épaules, Shuaib et moi nous présentons au bureau d'accueil de la maison d'hôtes. Assim Suhail, un jeune homme d'une trentaine d'années, vêtu d'un jean impeccable et d'un chandail sombre, pianote sur le clavier d'un ordinateur. À côté de lui, un téléphone satellitaire Thuraya noir, la Rolls-Royce des téléphones mobiles, a été mis à recharger. Dans les années 1980, les membres de la résistance afghane portaient des *salwar kameez*, sorte de pyjama en coton de mauvaise qualité, et s'estimaient heureux quand ils pouvaient récupérer une machine à écrire d'occasion ou un talkie-walkie à portée limitée. L'essentiel des communications s'effectuait alors sous forme de notes acheminées par des messagers qui entraient et sortaient d'Afghanistan à pied ou à cheval.

Assim lève la tête à notre arrivée. «*As-salâm 'aleïkoum*», dit-il en nous invitant d'un geste à nous installer dans les énormes divans en imitation cuir qui occupent presque toute la pièce. «J'espère que vous avez fait bon voyage.» Nous nous présentons et lui serrons la main. Assim est à la fois gérant de la maison d'hôtes et officier de renseignement rattaché au ministère des Affaires étrangères. «Bien sûr que je sais qui vous êtes. Et j'étais naturellement au courant de votre arrivée. Bienvenue à Khwadja Bahauddin», déclare-t-il en se penchant d'un air vaguement coupable vers son ordinateur pour l'éteindre. Je comprends que nous l'avons surpris en train de jouer à un jeu informatique. Comme tous les appareils électriques dans un pays ravagé par des années de guerre, l'ordinateur ne fonctionne que lorsque le générateur diesel lui-même est en marche. Je l'entends hoqueter quelque part à l'arrière du bâtiment telle une tondeuse à gazon fatiguée.

Shuaib expose brièvement nos intentions, après quoi Assim commande du thé et se rassied pour étudier nos lettres de recommandation. Un peu comme dans l'Europe du XIXe siècle, les recommandations personnelles, souvent griffonnées à la hâte sur un morceau de papier, sont essentielles en Afghanistan. Je suis missionné par le *National Geographic*, et la note signée du rédacteur en chef sur son papier à en-tête est la seule garantie que nous avions à offrir en matière de sécurité. Satisfait, Assim sourit en se laissant aller contre le dossier de son siège.

«Malheureusement, le commandant Massoud n'est pas là.» Il s'exprime en un anglais soigné qu'il a appris dans un lycée de Peshawar durant les années d'exil passées au Pakistan avec sa famille. Comme de nombreux Afghans, c'est un auditeur régulier du BBC World Service, dont il tente d'imiter la prononciation. Il est évident qu'il a devant lui une carrière dans le corps diplomatique – enfin, si les troupes de Massoud gagnent la guerre. «Cela fait plusieurs jours que nous l'attendons. Mais le vent et la poussière l'ont retardé. Les hélicoptères ne peuvent pas atterrir. Demain peut-être, *Inch'Allah* – si Dieu le veut. Ou bien après-demain.» Le chef du Front uni, nous explique Assim, se trouve dans le Pandjchir, ou alors quelque part sur la ligne de front à proximité de Tâloqân, ou peut-être même au Tadjikistan.

Je hoche la tête, résigné à la perspective d'une longue et incertaine attente. Jusqu'à présent notre voyage dans le Nord s'est déroulé sans anicroches, mais en Afghanistan il faut toujours s'attendre à ce que les choses prennent du retard. Comme le savent trop bien tous ceux qui ont travaillé dans ce pays, il est impossible d'y respecter un calendrier, en particulier dans ces zones rurales dangereuses où beaucoup dépend du hasard. Je me suis habitué aux glissements de terrain qui emportent les routes, aux précoces chutes de neige qui bloquent les cols, aux crues soudaines qui rendent les gués impraticables, aux nuages bas qui clouent les avions au sol, ou aux combats qui, du jour au lendemain, interdisent de se rendre dans des zones jusqu'alors accessibles. Je me suis souvent retrouvé à attendre durant des jours, parfois des semaines, avant de pouvoir interviewer un commandant ou prendre un avion pour me rendre dans une autre région du pays. Au fil des années, j'ai vu voler en éclats d'innombrables agendas soigneusement planifiés de diplomates ou de producteurs de télévision au temps compté, ce qui a souvent pour effet de transformer des individus habituellement posés en pathétiques épaves que l'affolement pousse parfois à éclater en sanglots.

La ligne de front s'étire à une petite cinquantaine de kilomètres au sud-ouest de Khwadja. Personne ne sait si Massoud possède les armes et les munitions qui lui permettraient de lancer une contre-offensive avant le début de l'hiver. On ne sait pas très bien non plus s'il sera capable une fois de plus de galvaniser son peuple pour le lancer dans une dernière série de batailles rangées contre la mainmise croissante des djihadistes pachtounes. Ce n'est pas par manque de sens stratégique militaire que le Front uni s'avère incapable de repousser les talibans. Au contraire, Massoud est réputé pour ses prouesses stratégiques. Mais les talibans ont appris – avec l'aide de l'ISI – que la seule façon pour eux de gagner la guerre est d'acheter les commandants adverses. Grâce aux riches Arabes et à d'autres soutiens moyen-orientaux, l'argent ne manque pas. Plusieurs des alliés essentiels de Massoud ont fait défection pour rejoindre les talibans ou s'envoler pour un des pays du Golfe, le portefeuille bourré de liasses. À Kaboul, travailleurs humanitaires et journalistes évoquent déjà la possibilité que Massoud opère un retrait tactique en gagnant l'autre rive de l'Oxus et poursuive sa lutte à partir du Tadjikistan, en comptant paradoxalement sur l'aide de ses anciens ennemis, les Russes et les Indiens qui ont soutenu le régime communiste de Kaboul dans les années 1970 et 1980. La perspective d'une fin de la guerre semble s'être encore éloignée.

Bref, l'avenir de Massoud paraît aussi déprimant que la petite ville de Khwadja. J'ai suivi la trajectoire de Massoud depuis l'époque où il n'était encore qu'un guérillero anonyme jusqu'à sa position actuelle de dernier chef important de la résistance afghane. C'est un homme complexe dont j'ai souvent contesté les actions, mais sans jamais douter de son dévouement et de son engagement en faveur de l'idée qu'il se fait d'un Afghanistan libre. Comme tant d'autres Afghans, il semble las des combats. Ce qu'il désire plus que tout, m'a-t-il souvent répété, c'est de pouvoir commencer à reconstruire le pays dans la paix et la stabilité.

Le but principal de ma venue à Khwadja est de discuter avec Massoud. Je n'ai pas reparlé avec le « Lion du Pandjchir » depuis le milieu des années 1990 et je suis impatient de comprendre. Qu'est-ce qui peut pousser un homme à poursuivre ainsi ses rêves, même quand le meilleur scénario envisageable paraît compromis ?

Le problème est que j'ai un calendrier auquel je ne peux me soustraire. Je dois absolument être de retour en Europe avant le 13 septembre, jour de l'anniversaire de ma femme. « La fureur des talibans ne sera rien par rapport à ce que me fera ma femme si je ne suis pas rentré à temps », dis-je d'un ton blagueur à Assim, qui, au vu du regard perplexe qu'il me jette, ne comprend pas ma plaisanterie. Mon projet est de rentrer chez moi à Genève et d'y rester une ou deux semaines, puis de revenir en Afghanistan vers la fin septembre pour, cette fois, couvrir la situation côté taliban grâce au visa officiel que m'accorderait leur ambassade à Islamabad. À l'époque, trois pays seulement – Pakistan, Arabie Saoudite et Émirats arabes unis – avaient reconnu les talibans. Mais en fin de compte je décide d'attendre à Khwadja l'arrivée de Massoud.

Le chef du Front uni m'a fait parvenir un message disant qu'il attend avec impatience notre entretien. D'après nos communications par radio et téléphone satellitaire, Massoud semble conscient qu'il ne lui reste plus beaucoup de temps pour s'expliquer.

Depuis que j'effectue des reportages en Afghanistan, j'ai rencontré le « Commandant », comme l'appellent ses hommes, à plusieurs reprises et dans différents lieux. J'ai entretenu une relation cordiale mais toujours professionnelle avec Massoud. C'est un combattant de la résistance et je suis journaliste. Dans les années 1980, je l'ai accompagné plusieurs fois dans des gorges montagneuses alors qu'il préparait une énième attaque contre un convoi de l'Armée rouge ou une position retranchée des forces communistes du gouvernement afghan. Un jour, nous étions restés terrés dans une grotte, autour d'une lampe tempête dont le sifflement était régulièrement couvert par les explosions des bombes que les Mig russes larguaient sur les vallées avoisinantes, et avions évoqué l'avenir en sirotant du thé et en grignotant du *nan* rassis, le pain azyme local. C'est là qu'il m'avait confié que rien ne lui ferait plus plaisir que de quitter ces « foutues montagnes » une fois la guerre finie.

Tout en attendant Massoud, l'idée me vient brusquement que cet homme, qui n'a cessé de se battre depuis un quart de siècle, désire simplement, comme avec une vieille connaissance, parler avec moi du monde en général – comme nous l'avons fait à plusieurs reprises – et de ce à quoi la vie pourrait ressembler dans un Afghanistan qui connaîtrait enfin la paix. Si Massoud peut discuter durant des heures de stratégie militaire, il est également passionné par la poésie persane et les débats existentiels, ce qui l'amène fréquemment à formuler des questions rhétoriques telles que celle du sens de la vie. Massoud lance souvent ce genre de débat impromptu tard le soir ou aux premières heures de la matinée, comme s'il avait besoin de s'exprimer et que notre présence lui fournissait un bon prétexte pour le faire. Un jour, il s'était fait accompagner de son fils Ahmed. Vêtu d'un gilet brodé d'or et d'un *salwar* gris, le garçon observait attentivement son père. Âgé d'à peine cinq ans, il avait parfaitement conscience du respect qu'il inspirait à ses hommes et, de toute évidence, en éprouvait une extrême fierté.

Une autre fois, en 1993, alors que je tournais à Kaboul un documentaire pour la télévision française avec Christophe de Ponfilly au plus fort de la guerre civile, j'avais eu l'occasion de séjourner brièvement dans une des maisons sûres de Massoud, dans le quartier résidentiel de Wazir Akbar Khan, au nord de la ville. À 2 heures du matin Christophe et moi fûmes tirés de notre sommeil par l'arrivée soudaine du Commandant, flanqué d'une escorte d'assistants et de gardes du corps. Nous émergeâmes, encore tout ensommeillés, de nos sacs de couchage, et, durant les deux heures suivantes, il nous exposa de manière méticuleuse et extrêmement réfléchie son plan de défense de la ville. De temps à autre, il penchait le buste pour déplacer une pièce de l'échiquier sur lequel il disputait une partie avec l'un de ses officiers.

« Le plus important, c'est d'épargner les souffrances aux habitants de Kaboul, insistait-il, témoignant une nouvelle fois de l'attention pour la population civile qu'il exprimait régulièrement dans nos conversations. Ils ont assez souffert. Si nous en arrivions à une situation où nous pourrions sauver des vies en quittant la ville, nous partirions sur-le-champ. » À environ un kilomètre de là, près du ministère de l'Intérieur, des roquettes commencèrent à s'abattre méthodiquement, à raison d'une explosion par minute. Personne n'y prêta la moindre attention. Massoud continua à parler tout en poursuivant sa partie d'échecs apparemment interminable qu'il reprendrait plus tard dans un autre endroit.

Et puis soudain, tout aussi brusquement qu'il était apparu, le Commandant se leva, et ses hommes remirent leur kalachnikov à l'épaule en raclant de leurs brodequins le sol carrelé. Il nous salua d'une ferme poignée de main accompagnée d'un large sourire. « À bientôt », nous dit-il à voix basse en français. Puis il disparut dans la nuit tandis que les premières lueurs de l'aube teintaient de rose l'horizon.

Il n'était pas difficile de comprendre la révérence dans laquelle de nombreux Afghans tenaient Massoud. Ni de comprendre pourquoi tant d'autres le haïssaient. Alors que beaucoup le considéraient comme un héros national, d'autres le critiquaient violemment pour avoir recouru de manière excessive à la force et commis des violations des droits de l'homme contre ses rivaux, ce qui avait entraîné des morts inutiles de civils pendant la bataille pour Kaboul qui s'était poursuivie de 1992 à 1996. Un de ses critiques, un auteur pachtoune, l'avait surnommé le Jonas Savimbi afghan, assimilant Massoud à ce dirigeant rebelle de l'Unita, extrêmement ambitieux et intolérant, que j'avais rencontré alors que je couvrais la guerre en Angola, et que les Sud-Africains et les Américains avaient soutenu dans les années 1980 et 1990 contre le gouvernement communiste de Luanda. Un autre de ces critiques, un consultant italien en aide au développement qui avait de nombreuses années d'expérience, était allé jusqu'à qualifier Massoud de criminel de guerre. On parlait également beaucoup de la corruption et de l'arrogance des gens qui l'entouraient, ceux qu'on appelait la « mafia du Pandjchir ». Parmi eux figurait l'ancien chef des renseignements du Front uni de Massoud, Mohammed Fahim Khan, un personnage trouble qui, malgré son implication dans des violations des droits de l'homme et le trafic de drogue, parviendra plus tard à se faire nommer à Kaboul vice-président du gouvernement de Karzai, soutenu par les Occidentaux.

De telles allégations blessaient profondément Massoud, qui souhaitait avant tout être considéré comme quelqu'un pour qui la protection et la sécurité des civils étaient essentielles. Il l'avait lui-même reconnu à plusieurs reprises avoir commis de nombreuses erreurs ; quand il y repensait, il y avait beaucoup de choses qu'il aurait faites différemment. J'espérais que notre conversation fournirait quelques éclaircissements sur les raisons pour lesquelles l'Occident avait gâché autant d'occasions, aussi bien pendant la guerre contre les Soviétiques que durant la période talibane.

Tout au long des années 1980, les États-Unis avaient laissé les Pakistanais orienter le soutien américain aux moudjahidines. À l'époque où Washington, sous la présidence de Reagan, cherchait à porter des coups aux Russes en Afghanistan, la Central Intelligence Agency et d'autres organismes d'espionnage américains dépendaient essentiellement de l'ISI pour leurs informations, situation que les Pakistanais exploitaient à leur avantage. Cette politique s'avéra désastreuse, car la majeure partie de l'aide américaine finit entre les mains des groupes islamiques fondamentalistes qui dissimulaient à peine leur haine et leur mépris à l'égard des Occidentaux infidèles, et qui par la suite devaient être à l'origine de l'actuelle insurrection contre l'OTAN. Plus tard, dans les années 1990, les États-Unis choisirent d'ignorer l'influence grandissante des extrémistes arabes, dont Al-Quaida, à l'intérieur des zones afghanes sous contrôle des talibans. Beaucoup des erreurs de ces années-là ont plus tard sapé l'engagement de l'Occident dans le pays. J'étais impatient de connaître l'avis de Massoud. Mais, pour cela, il fallait d'abord que le Commandant revienne à Khwadja.

Le jeune responsable du ministère des Affaires étrangères nous fait raccompagner, Shuaib et moi, par un assistant jusqu'à la chambre que nous partagerons avec un médecin afghan de passage travaillant pour une agence d'aide internationale. Pour l'heure il se trouve à l'autre bout de la ville où il organise l'arrivée de nouveaux réfugiés en provenance des zones de combat, auxquels s'ajoutent de nouvelles victimes de la sécheresse. Deux ou trois autres Afghans, que j'ai connus à l'occasion de reportages que j'ai effectués quelques années auparavant, séjournent dans la maison d'hôtes. Celle-ci accueille aussi neuf étrangers, pour la plupart journalistes.

Nous posons nos sacs. La douche ne fonctionne pas, mais il y a un grand bidon en plastique noir, don du Haut-Commissariat des Nations unies pour les réfugiés (UNHCR), rempli d'eau fraîche. Cela nous fait du bien de nous laver et de nous changer. Ensuite nous nous rendons dans la cour, où des chaises ont été disposées en arc de cercle en attendant le dîner. Aussitôt un jeune homme accourt, porteur d'une grande Thermos de thé vert brûlant que nous sirotons en regardant le soleil d'un rouge intense se coucher dans la brume poussiéreuse de la fin d'après-midi. L'un après l'autre, les journalistes sortent de leur chambre. Il y a là un Russe de la radio américaine Radio Liberty basée à Prague, un Ouzbek de l'Institute for War and Peace Reporting de Londres et deux reporters free-lance français. Certains, arrivés depuis plusieurs jours, ont passé la journée dans les camps de réfugiés ou sur la ligne de front. Il y a également trois femmes, une Américaine, une Suissesse et une Afghane, membres de l'organisation américaine Feminist Majority, qui mènent une enquête sur la condition des femmes en Afghanistan. Le jeune et talentueux reporter afghan Fahim Dashty est là aussi. Deux journalistes arabes, Karim Touzani et Kassim Bakkali, sont également présents. Tous sont là pour rencontrer Massoud.

Je suis étonné de voir des Arabes. Les deux hommes, vêtus de jeans et de T-shirts, ne dînent pas avec nous. Ils trient et rangent leur matériel sur la véranda devant leur chambre. Contiguë à la chambre que j'occupe, celle-ci est encombrée par les habituels gros sacs que transporte toute équipe de télévision. On ne rencontre habituellement aucun Arabe couvrant le conflit du côté du Front uni. Ils effectuent plutôt leurs reportages côté taliban. De plus, vu le grand nombre de volontaires originaires du Moyen-Orient ou d'Afrique du Nord qui combattent aux côtés des islamistes, beaucoup des partisans de Massoud considèrent les Arabes avec suspicion, et même avec haine. Mais de nouvelles chaînes de télévision satellitaires moyen-orientales, en particulier Al Jazeera, commencent à couvrir des conflits qui étaient jusque-là l'apanage des grosses chaînes internationales telles que la BBC ou CNN, et je me dis que ces journalistes arabes appartiennent probablement à l'un de ces nouveaux réseaux d'information.

Par curiosité, je m'approche d'eux et leur serre la main tout en me présentant, d'abord en anglais puis en français, comme journaliste américain. Je leur demande d'où ils viennent. « Du Maroc », me répond en français le plus âgé, avant de préciser qu'ils vivent en Belgique. C'est un homme d'aspect sévère et au regard intense, qui doit avoir entre trente-cinq et quarante ans, avec un visage arrondi, des cheveux courts et des lunettes à monture en acier. Il me rappelle un de ces intellectuels nord-africains que l'on croise dans les cafés de Paris ou de Bruxelles. « Nous tournons un reportage », me déclare-t-il spontanément avant de reprendre son rangement. Son compagnon, plus jeune et de forte carrure, avec un large visage de boxeur, me jette un rapide coup d'œil mais garde le silence. Quand je leur demande pour quelle chaîne ils travaillent, le plus sévère hausse les épaules. « Une chaîne du Moyen-Orient », lâche-t-il. Sur quoi il adresse un hochement de tête à son collègue, et tous deux rentrent dans leur chambre en refermant la porte derrière eux.

Dans les vingt-quatre heures qui suivent notre arrivée, de gros nuages de sable commencent à envelopper les montagnes à l'ouest de Khwadja, ce qui est une conséquence de la sécheresse affectant plusieurs régions du pays, mais aussi un phénomène saisonnier habituel au cours duquel des rafales estivales qu'on appelle les « vents de cent jours » peuvent souffler pendant des journées, voire des semaines d'affilée. Les vents de sable réduisant la visibilité à moins de cinq cents mètres, les hélicoptères ne peuvent décoller, et Massoud est dans l'impossibilité de nous rejoindre. Nous demandons constamment où il se trouve, mais, pour des raisons de sécurité, personne ne veut nous fournir la moindre indication. D'une voix de conspirateur, Assim suggère que le Commandant est peut-être sur la ligne de front. À moins qu'il se trouve à Duchanbé, où vivent sa femme et ses enfants, pour y rassembler munitions et approvisionnements en vue de la contre-offensive tant attendue. Assim nous exhorte à la patience.

« Le vent va bientôt se calmer », nous promet-il. Lorsque j'émets l'idée de partir en reportage avec Shuaib, éventuellement de nous rendre sur le front, Assim objecte que Massoud peut très bien arriver par la route. « Vous ne devriez pas vous éloigner », nous conseille-t-il. Frustré, je me tourne vers Mohammed Kamaludin, un robuste ingénieur afghan originaire du Pandjchir que j'ai connu plusieurs années auparavant à Peshawar. « Combien de temps encore cela peut-il durer ? » lui demandé-je. « Il est possible que cela continue un jour de plus », répond-il avant d'ajouter avec philosophie : « Mais cela pourrait se prolonger beaucoup plus longtemps. » Kamaludin a travaillé comme coordinateur logistique pour le Swedish Committee for Afghanistan (SCA), qui fut l'une des premières organisations internationales à fournir clandestinement de l'aide au développement pendant la guerre contre les Soviétiques. Il est à présent chef de l'équipe de reconstruction de Massoud et est venu à Khwadja afin d'obtenir des fonds pour une série de projets hydroélectriques et d'irrigation. Il a échafaudé des plans ambitieux pour alimenter les villes afghanes, y compris Kaboul, en courant d'origine hydroélectrique grâce à une série de réseaux alimentés par des unités de production locales installées sur les cours d'eau et gérées par les villageois. Mais, pour cela, il a besoin du soutien de Massoud.

«Tout le monde est obsédé par la guerre, mais nous devons reconstruire dans les zones où il n'y a pas de combats, explique-t-il en me montrant ses projets dessinés sur de grandes feuilles étalées sur le divan du bureau d'Assim. Si nous n'agissons pas aujourd'hui, il ne restera plus rien.»

Kamaludin touche là un point sensible. En venant à Khwadja, Shuaib et moi avons vu plusieurs chantiers de construction de ponts et de routes réalisés par l'agence humanitaire britannique AfghanAid et le Programme alimentaire mondial (PAM) de l'ONU dans le cadre de ses initiatives «nourriture contre travail». Mais de nombreux canaux d'irrigation, routes et autres infrastructures essentielles se trouvent dans un état déplorable par manque d'entretien.

Frustrés, Shuaib et moi débattons de ce que nous devons faire. Bien entendu nous sommes prêts à rester encore au moins quelques jours. Mais il nous faut faire quelque chose en attendant. Je souhaiterais me rendre dans d'autres régions, peut-être même accéder à un des camps dans lesquels Massoud enferme ses prisonniers de guerre. Le plus proche, à Shah Ab, compte essentiellement des talibans, mais aussi des Arabes et d'autres ressortissants étrangers. Selon certaines rumeurs, plusieurs officiers pakistanais, dont un pilote militaire, y sont également détenus. Le gouvernement d'Islamabad dément catégoriquement toute forme d'engagement militaire aux côtés des talibans et affirme que les seuls citoyens pakistanais combattant dans leurs rangs sont des volontaires ou des militaires à la retraite. Je veux m'en assurer personnellement. Mais ces lieux sont situés à cinq ou six heures de route. Je ne veux pas prendre le risque de rater Massoud au cas où il arriverait inopinément, car il peut repartir tout aussi vite qu'il est venu.

Nous attendons près d'une semaine. Les seules fois où nous nous aventurons à l'extérieur, c'est pour nous rendre au bazar ou pour parler avec des réfugiés, dont beaucoup sont installés sous des tentes plantées dans des champs à l'est de la ville. Chaque matin avec Shuaib, nous scrutons les nuages de poussière avec l'espoir que le vent se calme suffisamment longtemps pour que des hélicoptères puissent se poser. Massoud dispose encore d'une douzaine d'hélicoptères qui font la navette entre les lignes de front, Khwadja, le Pandjchir et le Tadjikistan. De temps à autre, nous apercevons des hélicoptères Mi-8 de fabrication russe tournoyant à basse altitude au-dessus des collines, mais il ne s'agit que de brèves sorties ou d'appareils revenant du Pandjchir au sud où la visibilité est meilleure. Aucun hélico n'arrive de Duchanbé.

Pour passer le temps, je bavarde avec les autres journalistes et le groupe d'Américaines. Chaque fois que je les rencontre, je tente également de nouer conversation avec les deux taciturnes Arabes, mais ils gardent leurs distances. Ils quittent les lieux dès le matin, dans leur véhicule bourré de matériel, sans doute pour aller tourner des bouts de reportage dans les villages alentours. Quand je demande au plus sévère des deux comment se passe leur reportage, il me répond toujours avec un manque manifeste d'enthousiasme. « Pas mal, je crois », dit-il d'un ton lugubre. Ni l'un ni l'autre ne semblent mettre beaucoup d'énergie dans leur travail.

Je me dis qu'ils sont fatigués de cette interminable attente. Un jour ils se rendent au camp de prisonniers de Shah Ab et ne reviennent que tard le soir. Le lendemain, les apercevant sur le seuil de leur chambre, je m'approche et les invite à venir prendre le thé avec nous. Le plus âgé décline poliment l'invitation. « *Merci*[1], c'est très gentil à vous, mais nous avons des choses à faire. » Quand je lui demande ce qu'ils ont vu au camp, il se montre plus disert. « Nous avons parlé avec des talibans. – Vraiment ? Et vous avez vu des Pakistanais ? – Oui, il y en a quelques-uns, dit-il avant de s'excuser avec un sourire. Je suis désolé. Je dois vous quitter. Nous avons du travail. » Sur quoi ils s'éclipsent tous deux dans leur chambre.

Un peu plus tard, je m'arrête devant le bureau d'Assim et l'interroge à leur sujet. Il me jette un drôle de regard. « Vous les connaissez ? – Non, je me demande seulement qui ils sont. Sauriez-vous par hasard pour quelle chaîne ils travaillent ? » Assim plonge la main dans un tiroir de son bureau et en retire la photocopie d'un

1. En français dans le texte. *(N.d.T.)*

document. C'est une lettre de recommandation – en anglais – d'une organisation basée à Londres, l'Islamic Observation Centre, signée de son directeur Yasser Al-Siri. Celui-ci certifie que les deux hommes, Karim Touzani et Kassim Bakkali, sont des journalistes employés par Arabic News International. Je n'ai jamais entendu parler de cette agence d'information.

« Ils veulent interviewer Massoud, me dit Assim en désignant une autre page où figure une liste de questions. En fait, cela fait plusieurs semaines qu'ils attendent cette interview. Avant de venir ici, ils ont été dans le Pandjchir. Je leur ai conseillé de patienter jusqu'à l'arrivée de Massoud. Ce ne sont que des Arabes, ce n'est pas très important. Le Commandant décidera. Il est très occupé. »

À présent il est clair que les vents de sable ne sont pas près de s'apaiser. Nous allons devoir reporter à plus tard notre rencontre avec Massoud. Il ne me reste plus que quelques jours avant que je doive regagner Islamabad, puis l'Europe. La plupart des autres journalistes présents à Khwadja sont eux aussi pressés de partir, soit pour rentrer chez eux, soit pour effectuer les autres reportages pour lesquels ils ont été missionnés. Bien à contrecœur, Shuaib et moi décidons de nous mettre en route. Nous accompagnerons les femmes de la Feminist Majority jusqu'à Faizabad en convoi de deux véhicules, au cas où l'un des deux tomberait en panne. Elles veulent rencontrer le président Burhanuddin Rabbani, le chef d'État d'un Afghanistan qui se réduit de jour en jour comme peau de chagrin, mais qui est encore reconnu par la majorité de la communauté internationale.

Nous sommes le 6 septembre. En attendant notre départ le lendemain matin, je vois le plus âgé des deux Marocains sortir du petit bâtiment où il a fait ses ablutions, une serviette nouée autour du crâne pour se protéger du sable. Je m'avance vers lui pour le saluer. « Vous ne comptez pas partir ? Ce vent de sable peut encore durer des jours. » Il secoue la tête. « Non, nous allons attendre Massoud. »

Pendant le trajet pour rejoindre l'avion de l'ONU qui doit nous emmener à la capitale, notre voiture tombe en panne sur une route de montagne isolée. Shuaib et moi nous tassons dans le véhicule de l'équipe de la Feminist Majority, qui a fait demi-tour lorsque le chauffeur n'a plus distingué dans son rétroviseur le nuage de poussière que nous soulevions. Deux jours plus tard, nous sommes de retour à Islamabad.

Le lendemain matin – le 10 septembre –, bien avant l'aube, j'attends devant notre maison d'hôtes le taxi qui doit nous emmener à l'aéroport pour prendre le vol British Airways pour Londres. Comme d'habitude, j'ai ma petite radio ondes courtes dans la poche. Je la règle sur la BBC pour avoir les nouvelles. J'apprends que la veille – soit le 9 septembre – a eu lieu à Khwadja Bahauddin une tentative d'assassinat contre Massoud, perpétrée par deux kamikazes arabes qui se sont fait passer pour des journalistes. On dit qu'ils se sont bardés d'explosifs et en ont bourré une de leurs caméras. L'un d'eux a déclenché l'explosion au moment où Massoud allait s'asseoir pour répondre à leurs questions. Les deux Arabes, semble-t-il, sont morts instantanément, ainsi que plusieurs Afghans présents dans la pièce. On apprendra plus tard qu'en réalité un seul des kamikazes est mort sur le coup et que l'autre, blessé, a été abattu alors qu'il tentait de fuir. Quant au sort de Massoud, les versions diffèrent. Selon les uns, il est mort, tandis que d'autres affirment qu'il est gravement blessé mais vivant. D'après la BBC, le commandant du Front uni a été acheminé par avion à Duchanbé pour y recevoir un traitement médical d'urgence.

Durant le vol de retour en Europe, je réexamine les quelques détails disponibles. La sécurité de Massoud a toujours été déplorable dès lors qu'il s'agissait des médias. Son entourage et lui s'en tenaient à l'idée naïve selon laquelle les journalistes ne pouvaient en aucun cas constituer une menace et qu'ils n'étaient là que pour rendre compte des faits. Il me vient également à l'esprit que, si nous étions restés à Khwadja, Shuaib et moi aurions pu être tués, ou au moins grièvement blessés. Massoud avait pour habitude d'inviter ses amis et visiteurs à assister aux interviews qu'il accordait.

J'atterris à Genève au matin du 11 septembre. Une fois rentré chez moi à Cessy, un petit village situé du côté français de la frontière, je gravis, épuisé, l'escalier du premier étage pour dormir un peu avant d'appeler mes contacts et obtenir des précisions sur le sort de Massoud. Quelques heures après, alors que je suis encore sous le coup du décalage horaire, ma femme Lori m'appelle du rez-de-chaussée.

«Tu devrais descendre voir ce qu'ils montrent à la télé. C'est à peine croyable. Des avions se sont écrasés contre le World Trade Center à New York», m'annonce-t-elle. Elle est revenue des Nations unies, où elle travaille, après que plusieurs amis et membres de sa famille aux États-Unis lui ont téléphoné pour la prévenir que l'Amérique subissait une attaque. Elle est aussitôt passée récupérer Elisa, notre fille de sept ans, à son école avant de rentrer à la maison pour allumer la télévision.

Tandis que je regarde d'un air hébété les événements qui se déroulent à New York avec un décalage horaire de six heures, je réalise soudain que le moment choisi pour la tentative d'assassinat contre Massoud ne doit rien au hasard. Les noms d'Oussama ben Laden et d'Al-Quaida ne cessent de revenir dans la bouche des commentateurs, qui les désignent comme les possibles auteurs des attentats contre le World Trade Center. Si quelques-uns mentionnent l'Afghanistan comme étant la base opérationnelle de ben Laden, aucun ne cite le nom de Massoud. Il doit pourtant bien y avoir un rapport ou un autre avec ce qui se passe à New York. De toute évidence, Al-Quaida a accepté de liquider le dernier chef de l'opposition afghane afin de permettre aux talibans de s'emparer une fois pour toutes de la totalité du pays. Dans le même temps, la mort de Massoud garantit que l'Afghanistan restera un refuge sûr pour les militants d'Al-Quaida qui cherchent à mener des actions terroristes ailleurs dans le monde.

Quatre jours plus tard, le 15 septembre, l'annonce officielle tombe. Massoud est mort. Le commandant du Front uni a succombé à ses blessures moins d'une demi-heure après l'explosion de Khwadja. Afin de gagner du temps, les collaborateurs de Massoud ont délibérément retardé la confirmation de son décès. Ils ne voulaient pas que les talibans ou Al-Quaida profitent de ce que l'alliance était décapitée pour lancer une nouvelle offensive.

Assim, le jeune employé du ministère des Affaires étrangères, a péri au côté de son commandant. Plusieurs de mes amis et connaissances figurent parmi les blessés : Massoud Khalili, ambassadeur afghan à Delhi et vieil ami à moi depuis le début des années 1980, ainsi que le journaliste afghan Fahim Dashty. Grièvement blessés, tous deux ont été transportés au Tadjikistan dans le même hélicoptère que la dépouille de Massoud afin d'être opérés au plus vite.

Le Lion fut inhumé dans sa chère vallée du Pandjchir à l'occasion de funérailles dignes du héros qu'il était et en présence de plusieurs milliers de ses partisans. Beaucoup se lamentaient en se pressant autour du cercueil pour y déposer des fleurs ou simplement le toucher. Il était poignant de voir à la télévision son fils Ahmed, à présent âgé de onze ans, le même garçon que j'avais croisé en 1994 à Kaboul, debout au premier rang des assistants et présentant une forte ressemblance avec son père.

La mort de Massoud marqua la fin d'une extraordinaire période d'espoir et de bravoure. Pour moi, elle clôtura un chapitre de ma propre vie. Elle constitua également un tournant historique. Il me paraissait évident que l'assassinat du « Lion du Pandjchir » et les attentats terroristes survenus deux jours plus tard à New York étaient étroitement liés.

Par de nombreux aspects, ma vision de l'Afghanistan avait été jusque-là une vision romantique. Elle était fondée sur des héros locaux encore plus intrigants que Simon Bolivar, Che Guevara ou le populaire hors-la-loi écossais du XVIIIe siècle Rob Roy MacGregor. J'avais également pu observer de près un mouvement de résistance populaire opérant au tournant du XXe siècle dans quelques-uns des paysages de la planète les plus saisissants de beauté. Chaque voyage en Afghanistan était un pas dans un autre monde, une véritable aventure dans un autre temps. C'était un pays qui vous posait en permanence des défis dont on pensait revenir, du moins l'espérait-on, riche d'une histoire faite de simple humanité. J'avais été, comme tous les journalistes et travailleurs humanitaires de ma connaissance qui avaient eu l'occasion de le rencontrer, frappé par l'individu extraordinaire qu'était Massoud. Il avait une présence imposante mais jamais pesante. Il existait peu d'hommes comme lui. Vous aviez aussitôt la sensation d'être face à quelqu'un qui était déjà entré dans l'Histoire. Même les Russes qui avaient combattu et haï le Lion pendant leur guerre, quand ils avaient tenté de l'éliminer, le considéraient comme un adversaire de haute valeur. Curieusement, presque aucun de ceux qui le critiquaient à l'étranger ne l'avait rencontré en personne. Pourtant, quand on y repense, personne ne peut savoir ce que Massoud aurait pu accomplir s'il avait survécu et continué d'agir dans la nouvelle distribution des cartes qui a émergé du 11-Septembre. Une autre question serait de savoir si lui, en tant que Tadjik, aurait été capable d'unifier l'Afghanistan. Pour certains, le Sud pachtoune n'aurait jamais pu accepter quelqu'un comme Massoud. Pas plus que le Pakistan ou l'Iran n'auraient pu accepter un dirigeant à l'esprit aussi indépendant, dont la vision s'étendait bien au-delà des frontières régionales, obéissant à un ensemble d'idéaux mêlant Kennedy, de Gaulle et Hô Chi Minh, trois hommes qu'il admirait.

Tout cela s'était effondré avec l'assassinat de Massoud et le meurtre par les talibans, moins de deux mois plus tard, de la seule autre figure de la résistance bénéficiant d'une large popularité et capable d'assumer un rôle dirigeant au niveau national, le commandant pachtoune Abdul Haq.

Tout d'un coup nous étions confrontés à une flopée de nouveaux acteurs, démons et intérêts extérieurs qui avaient bien peu de choses à voir avec les véritables besoins du peuple afghan auquel je m'étais si fortement attaché. La réalité de l'Afghanistan à l'orée du XXIe siècle était bien plus dure. C'était une réalité où il n'y avait aucune place pour le romantisme, les héros et les récits capables d'inspirer l'espoir. Plus tragique encore, rares étaient les gens qui, à l'étranger, connaissaient ou se préoccupaient suffisamment de l'histoire complexe de ce pays pour comprendre que ces deux événements dévastateurs – l'assassinat de Massoud et les attentats du 11-Septembre – auraient sans doute pu être évités si l'on avait su tirer les leçons des récents conflits dont l'Afghanistan avait été le théâtre.

Chapitre 2

Un trouillard en Afghanistan

Trois mois avant l'invasion russe de l'Afghanistan, jeune journaliste à Paris, j'étais impatient de pouvoir effectuer mon premier grand reportage. À la mi-septembre 1979, les Français jouissaient encore de la détente que leur avaient procurée leurs vacances estivales. Mais, pour moi, il était temps de partir explorer de nouveaux horizons. Malgré tout l'amour que j'éprouvais pour cette ville avec ses cafés et le caractère théâtral de la vie de ses rues, où même l'eau qui courait dans les caniveaux au petit matin, poussée à grands coups de balai par les éboueurs nord-africains, était capable de vous inspirer une vie nouvelle, je sentais que je ne pouvais rester. Je voulais quelque chose de différent.

L'envie était née pendant mes dernières années d'études au Clifton College, un lycée public plutôt libéral situé dans l'ouest de l'Angleterre. Au cours des cent cinquante années précédentes, Clifton avait vu sortir de ses rangs un certain nombre d'aventuriers, dont l'explorateur anglais Francis Younghusband. Ses voyages au Tibet avaient donné des idées à une bande excentrique d'anciens élèves de Clifton qui s'étaient égaillés au XIXe et au début de XXe siècle en Afrique et en Asie, d'où certains n'étaient d'ailleurs jamais revenus. Il était temps pour moi de les imiter. Je voulais devenir reporter et n'envisageais mon avenir que comme un périple permanent dans lequel je surmonterais d'impressionnants défis. Depuis que je vivais à Paris, la seule chose que j'eusse accomplie jusque-là était un voyage en Inde effectué entre la fin du lycée et le début de mes études universitaires. Sorti de Nottingham University, je m'étais précipité en France dans ma 2 CV, cette voiture haute sur pattes que de Gaulle avait un jour qualifiée de « parapluie sur roues ». Mon rêve était de devenir correspondant de guerre et, pourquoi pas, reporter de guerre.

À l'époque, Paris était une base parfaite pour les correspondants étrangers. Les principales agences photo – Sygma, Magnum, Sipa et Gamma – y avaient des bureaux, tout comme les grands journaux et les télévisions. La plupart des journalistes internationaux ne se contentaient pas de rendre compte de la politique française, mais couvraient également les guerres et les crises humanitaires, et je voulais faire la même chose. Sirotant des kirs ou des pastis et avalant des fines-de-claire à *La Coupole* ou à la brasserie *Terminus Nord*, les photographes français, le cou ceint de leur inévitable foulard de soie, relataient leurs exploits, qui concernaient le plus souvent la nourriture ou les femmes. Ils s'exprimaient en un argot à la fois rude et délicat qui conférait un romantisme brutal au journalisme de guerre. Généralement fins gourmets, ils avaient toujours une anecdote à raconter dans laquelle ils récupéraient une bonne bouteille de bordeaux dans un hôtel dévasté par les obus quelque part en Afrique centrale, ou dégustaient un délicieux plat de poisson dans un boui-boui de San Salvador.

Impatient de m'intégrer à ce groupe d'élite, je m'inscrivis, dans le cadre du programme Journalistes en Europe, à un stage de neuf mois organisé par le Centre de formation des journalistes (CFJ), l'école de journalisme de Paris. Je n'avais aucune idée de ce dont il s'agissait mais, quelques semaines plus tard, je reçus un coup de téléphone du Centre. On me demandait d'y passer pour une entrevue. Je m'y rendis aussitôt, mais dus patienter plus d'une heure. J'étais sur le point de m'en aller lorsque le directeur, un homme frénétique d'une bonne soixantaine d'années, fit irruption dans la pièce.

« Ah, monsieur Girardet, toutes mes excuses. Je m'appelle Philippe Viannay. Suivez-moi, je vous prie », déclara-t-il avec un grand sourire. Il m'entraîna à l'étage et ouvrit une porte donnant sur une longue pièce étroite. Une douzaine d'hommes et de femmes à l'air distingué, tous sexagénaires ou septuagénaires, y étaient assis autour d'une vaste table.

Viannay me les présenta un par un. Leurs noms ressemblaient à un *Who's Who* des grandes figures de la Résistance française durant la Seconde Guerre mondiale. Jean Marin, directeur de l'agence France-Presse et ancien maquisard. Hubert Beuve-Méry, fondateur du *Monde*. Klaus von Bismarck, directeur du Goethe-Institut et membre de la modeste mais déterminée opposition allemande à Hitler. Gerald Mansell, responsable des services étrangers de la BBC et ex-agent de liaison entre les Britanniques, de Gaulle et les Français libres, et Claire Richey, elle aussi ancienne résistante. Viannay lui-même avait été, alors qu'il avait à peine dépassé la vingtaine d'années, le rédacteur en chef de *Défense de la France*, un journal clandestin que les résistants distribuaient sur les Champs-Élysées au nez et à la barbe des nazis.

Ma candidature fut acceptée. Au cours des mois qui suivirent, je passai des heures à discuter avec Viannay des concepts de résistance et d'occupation étrangère, un thème qui me fascinait et que j'aurais l'occasion d'approfondir lorsque je couvrirais l'Afghanistan et d'autres conflits.

Un an plus tard, par une chaude matinée de septembre 1979, je descendais la rue Saint-Honoré en compagnie de William Dowell, un ami américain qui travaillait au magazine *Time.* Grand et habituellement affable, Dowell possédait une de ces voix de basse qui pouvaient à l'occasion s'avérer d'une impitoyable brutalité. Nous avions fait connaissance quelques années plus tôt alors que nous couvrions une manifestation contre le régime de Franco organisée devant l'ambassade d'Espagne. Tandis que les CRS arrosaient copieusement de grenades lacrymogènes des manifestants tout aussi déterminés, Dowell et moi nous étions réfugiés dans un bar du quartier pour boire un café.

Dowell avait été au Vietnam, d'abord comme soldat, puis comme journaliste. Après un séjour en Europe il avait fini par retourner aux États-Unis pour travailler à la National Public Radio, mais était revenu peu de temps après à Paris. Un de ses objectifs, m'expliqua-t-il, était de retourner en Afghanistan, qu'il n'avait visité que brièvement. Non seulement il voulait revoir l'Hindu Kouch, mais il voulait explorer plus à fond le pays dont l'écrivain britannique

Robert Byron avait dit en 1933 qu'il était «enfin, l'Asie sans complexe d'infériorité».

«Moi aussi j'ai envie de changer d'air», rétorquai-je d'un air sombre à Dowell. Je songeais à l'Éthiopie ou à l'Asie du Sud-Est, voire à m'installer durablement en Afrique du Nord ou à Beyrouth. Ce que je cherchais en réalité, c'était ma guerre d'Espagne ou mon Vietnam à moi. Comme beaucoup de ceux qui avaient travaillé en Indochine, Dowell avait été durement affecté par son expérience – mais elle l'avait également laissé étrangement nostalgique. Beaucoup de journalistes et de travailleurs humanitaires se surprennent à regretter les décharges d'adrénaline et les émotions fortes éprouvées durant les guerres qu'ils ont connues, tout en évacuant commodément les dures réalités dont ils ont été témoins.

Dowell réfléchit tout haut à mon dilemme. «Il y a trop de journalistes qui connaissent déjà l'Asie du Sud-Est. Pourquoi tu n'irais pas en Afghanistan? Il y a une petite guerre qui sévit là-bas. Ça te fera un bon terrain d'expérience.» D'ailleurs, ajouta-t-il, ce qui s'y passait pourrait un jour avoir un impact sur l'Occident. «Même les conflits les plus obscurs ont la sale habitude de revenir nous hanter, en particulier quand on cherche à les ignorer. Ce serait une bonne chose si tu pouvais t'y impliquer dès le début.»

Les combats en Afghanistan avaient éclaté quelques mois après la prise du pouvoir par les communistes en 1978 au terme de ce que l'on a appelé la révolution de Saur, ou révolution d'avril. L'Union soviétique fournissait un soutien actif au nouveau régime marxiste-léniniste du Parti démocratique populaire d'Afghanistan (PDPA). À l'époque, les rédacteurs en chef considéraient l'Afghanistan comme un bouche-trou, guère plus important qu'un fait divers, un accident de car mineur, peut-être, ou une modeste avalanche, tout juste bon à remplir un ou deux paragraphes. Personne ne se préoccupait de ce qui était réellement en train de s'y passer. Rares étaient d'ailleurs les gens qui savaient où se trouvait ce lointain pays. Pour ma part, je connaissais vaguement l'Afghanistan pour l'avoir traversé en me rendant en Inde.

Au début, l'idée de revoir ce pays extraordinaire fit ressurgir en moi des souvenirs du premier voyage entrepris alors que j'étais étudiant. Je me souvenais d'avoir traversé les spectaculaires étendues désertiques du sud de l'Afghanistan à bord d'un bus multicolore plein à craquer de paysans et de marchands afghans enturbannés. Je me souvenais des longs rayons du soleil de fin d'après-midi baignant doucement les sommets enneigés de l'Hindu Kouch, la chaîne la plus occidentale de l'Himalaya. Mais, surtout, j'étais resté sous le charme de la fierté et du merveilleux sens de l'hospitalité des Afghans, que Byron avait si finement observés.

Je commençais par proposer à différents journaux et magazines une série d'articles au sujet non déterminé. Je décrochai ainsi un contrat avec l'*International Herald Tribune*, puis un autre avec la Canadian Broadcasting Corporation (CBC), qui avait un bureau à Paris. Celle-ci me commanda un documentaire radio sur les Pathans, le nom qu'employaient les Britanniques pour désigner les Pachtounes, ce peuple sémite farouchement indépendant dont on a souvent donné une vision très romantique et dont les clans et tribus sont établis de part et d'autre de la frontière pakistano-afghane.

Désireux de me renseigner sur la région, je dévorai l'ouvrage *The Pathans* écrit par Olaf Caroe, le dernier gouverneur britannique de la Province de la frontière du Nord-Ouest, ainsi qu'un exemplaire corné de *The Way of the Pathans*, de James Spain, que m'avait prêté Arthur Higbee, mon ancien chef de bureau à United Press International (UPI), qui avait sillonné le Pakistan à ses débuts comme correspondant étranger. « Ce sont des gens qui pourraient sans doute te plaire. Déterminés, indépendants, et impossibles à contrôler », m'avait-il dit d'un air légèrement ironique en me tendant le livre. Moins de dix jours plus tard, j'avais achevé mes préparatifs. Le vol le moins coûteux me ferait atterrir à New Delhi, d'où je gagnerais le Pakistan, puis Kaboul.

Mais d'abord, il fallait que j'obtienne un visa afghan. L'ambassade d'Afghanistan, qui était alors dirigée par la faction Khalq (« les masses ») du gouvernement communiste du PDPA, était installée dans un immeuble de la fin du XIXe siècle situé dans le très bourgeois XVIe arrondissement. Je sollicitai par téléphone un permis de tourisme, et l'on me dit de passer avec mon passeport et deux photos d'identité. Je décidai de ne pas dévoiler que j'étais journaliste. Un photographe français rentré récemment de Kaboul m'avait averti que cela risquait de prendre des semaines avant que j'obtienne une autorisation d'entrée.

On me délivra – à ma grande surprise – un visa de tourisme valable un mois. Un employé du consulat d'une petite trentaine d'années, vêtu d'un costume flambant neuf, me tendit solennellement mon passeport. Il me remit également une série de brochures touristiques vantant l'Afghanistan comme un paradis culturel. Un portrait du président Hafizullah Amin était déjà accroché en bonne place derrière son bureau. Amin s'était emparé du pouvoir quelques jours auparavant, le 14 septembre 1979, après avoir brutalement assassiné son prédécesseur Nour Mohammad Taraki. Le jeune homme me demanda d'une voix douce les endroits que je comptais visiter.

« Oh, Kaboul, évidemment, répondis-je. Et ensuite Bâmiyân pour voir les Bouddhas. Et peut-être Kandahâr, ajoutai-je d'une voix pleine d'assurance. Et Hérat, si j'ai le temps. » Bref, j'essayai de jouer au mieux mon personnage de touriste.

Mon interlocuteur haussa les épaules. Je me demandai s'il avait lui-même visité son propre pays. À en juger par son excellent français et son élégante allure méditerranéenne, il avait dû passer l'essentiel de son existence à l'étranger. Il ne fit aucune allusion au fait que l'Afghanistan était en proie à une guerre civile de plus en plus généralisée qui avait tué tout espoir de voir se développer une industrie touristique florissante. « *Je vous souhaite un bon voyage*[1] », conclut-il en me serrant la main. Je ne vis aucun autre demandeur de visa lorsque je quittai le bâtiment.

Je dis au revoir à Paris, muni de calepins vierges, de stylos à bille, d'un petit magnétophone Uher, d'une boîte de cassettes, de deux appareils photo et de quelques livres, plus mon sac à dos et mon sac de couchage. La pièce la plus importante de mon équipement était une paire de brodequins Timberland couleur miel qui devaient devenir mes chaussures préférées pour arpenter les montagnes et les déserts afghans. Elles ne protégeaient pas des mines antipersonnel, mais elles séchaient rapidement quand on traversait à gué

1. En français dans le texte. *(N.d.T.)*

des torrents ou des rivières, et faisaient un excellent oreiller pour dormir.

Une fois à Delhi, je réalisai combien m'avaient manqué ces odeurs parfumées de l'Inde, mélange de kérosène, de fumée de *bidis*, d'ordures et d'humidité. Je pris un vol matinal pour Amristar au Punjab et, le lendemain, partis en car pour la frontière indo-pakistanaise. Suant sous le poids de mes bagages, je franchis à pied la frontière, gardée par les soldats indiens et pakistanais les plus grands que j'eusse jamais vus. Les deux pays postaient délibérément leurs soldats les plus impressionnants sur ce point de passage critique. Chaque jour au coucher du soleil, ils marchaient au pas pour fermer leur barrière respective et impressionner les spectateurs qui applaudissaient et agitaient des drapeaux de chaque côté de la ligne de démarcation.

Côté pakistanais, je retirai un visa auprès d'un jovial officier de l'immigration qui parut interpréter comme une victoire le fait que j'aie quitté l'Inde. « Bienvenue, bienvenue !, s'exclama-t-il en hochant vigoureusement la tête. Vous êtes heureux ? Vous êtes très heureux ! » J'acquiesçai avec conviction puis montai en hâte à bord d'un car en partance pour Lahore, autrefois « Perle » du Raj britannique, puis en pris un autre pour Islamabad, un trajet qui me prit cinq heures au total.

La vaste nouvelle capitale du Pakistan, Islamabad – la « Ville de l'islam » –, a été conçue par des architectes grecs à la fin des années 1950. Le gouvernement avait souhaité la faire édifier dans la région septentrionale du pays, plus fraîche, au pied des collines de Margalla qui rejoignent la chaîne himalayenne de l'Hindu Raj. L'idée était de remplacer la chaude et poisseuse Karachi, l'ancien centre administratif du pays situé au bord de l'océan Indien, par une ville qui serait à la hauteur de son nom. On espérait aussi que les fonctionnaires y travailleraient de manière plus efficace.

Lors de mon premier voyage dans les années 1970, Islamabad était essentiellement un immense chantier parsemé de bâtiments à peine achevés. Afin d'obtenir un paysage aéré de forêts, de parcs et d'avenues, on avait planté d'immenses étendues de jeunes arbres parmi les anciens villages et les ravins sculptés par les rivières. Près d'une décennie plus tard, la ville était en pleine expansion, et chaque année de nouveaux quartiers résidentiels, centres commerciaux et immeubles de bureaux sortaient de terre.

Islamabad est située à une quinzaine de kilomètres de l'ancienne ville de garnison britannique de Rawalpindi, qui était à présent le quartier général de l'armée pakistanaise, où s'élaborait depuis le début des années 1970 la politique afghane officielle – et secrète – du Pakistan. C'est à partir de là également que l'ISI, le puissant service de renseignements militaires pakistanais, et les États-Unis avaient collaboré avec les moudjahidines dans les années 1980. Plus tard, «Pindi» servira à l'ISI de centre opérationnel pour son soutien aux talibans, jusqu'à ce que ceux-ci soient défaits par le Front uni soutenu par les États-Unis en 2001. Vu le penchant du Pakistan pour la dictature militaire, Pindi sert à rappeler en permanence aux politiciens civils d'Islamabad que c'est l'armée qui détient le véritable pouvoir.

Je passai plusieurs jours à faire la tournée des ambassades, pour la plupart nichées dans d'immenses parcs verdoyants. Je m'efforçais de savoir ce qui se passait en Afghanistan et de nouer des contacts, notamment en vue de mon documentaire radio sur les Pathans. Certaines missions diplomatiques – canadienne, australienne et helvétique – servaient à la fois pour le Pakistan et pour l'Afghanistan. Par ailleurs, pour de nombreux étrangers résidant à Islamabad avec leur famille, Kaboul, distante d'une journée de voiture de la capitale pakistanaise, était une destination de détente courue, notamment pendant les suffocants mois d'été. Jusque-là, on avait donc généralement eu accès à un flot d'informations fiables rapportées par les voyageurs.

Mais désormais, avec la guerre qui commençait, Kaboul était *off limits*. La plupart des organisations internationales avaient restreint leurs activités en Afghanistan. Les Américains avaient refusé de nommer un remplaçant à leur ambassadeur, Adolphe Dubs, tué en février 1979 au cours d'une prise d'otages qui s'était déroulée dans l'autrefois splendide *Kabul Hotel* en plein centre-ville.

À Islamabad, les étrangers ne disposaient plus que de rares informations concrètes sur la situation en Afghanistan. La plupart des renseignements étaient fondés sur des rumeurs ou des comptes rendus invérifiables. Et personne, semblait-il, ne savait grand-chose sur ces moudjahidines, ou combattants islamiques, dont tout le monde parlait. Personne ne savait réellement qui les organisait. Tout ce que l'on savait, c'est que les Afghans ordinaires, et en premier lieu les paysans et villageois conservateurs, n'appréciaient pas les politiques socialistes, telles que la réforme agraire ou l'éducation des jeunes filles, que le nouveau régime du PDPA leur imposait. On savait aussi que les communistes arrêtaient ou tuaient ceux, notamment les islamistes, qui s'opposaient à eux.

Depuis que les communistes s'étaient emparés du pouvoir à l'occasion de la révolution de Saur, la population avait commencé à se mobiliser contre eux. Les insurgés attaquaient des objectifs gouvernementaux, rendant routes et campagnes de moins en moins sûres. Des milliers de réfugiés traversaient la frontière et affluaient au Pakistan, rapportant avec eux des histoires d'affrontements et d'opérations de répression menées par les militants communistes. Cet afflux provoquait à son tour l'arrivée d'un nombre toujours croissant de membres d'organisations internationales d'aide aux réfugiés qui s'installaient dans les villes frontalières de Peshawar et de Quetta afin de tenter de parer à ce qui devenait rapidement un problème humanitaire aux proportions désastreuses. Pourtant l'Afghanistan ne semblait toujours pas beaucoup peser dans les préoccupations régionales de la plupart des gouvernements occidentaux.

Je fus chaleureusement accueilli à la High Commission canadienne. Après tout, je représentais *Concern*, une émission très respectée de la CBC. «Vous pourriez peut-être passer nous voir à votre retour», me glissa le haut-commissaire. Les diplomates, en effet, comptaient beaucoup sur nous autres journalistes pour les informer de ce qui se passait. Au *Holiday Inn* où je séjournais – c'est là où se retrouvaient la plupart des journalistes, humanitaires et diplomates –, je rencontrai David Lay, un expert du Moyen-Orient qui travaillait à la BBC. S'exprimant d'une manière prudente et réfléchie, Lay m'apprit que lui aussi devait produire un documentaire radio sur les Pathans. Étant l'un et l'autre dotés d'un budget limité, nous convînmes de faire équipe et de partager les coûts de déplacement et les interviews. Des deux, j'étais de loin le plus novice, mais Lay paraissait apprécier ma compagnie et nous nous entendions bien. Michael Fathers, un correspondant de Reuters, accepta de nous emmener en voiture à Peshawar, ce qui représentait un trajet de trois heures par la vieille Grand Trunk (GT) Road, qui reliait autrefois la passe de Khyber, sur la lointaine frontière nord-ouest, aux villes orientales du British Raj : Lahore, Dehli et, enfin, Calcutta. Pour la petite poignée de correspondants étrangers basés à Islamabad, et, de plus en plus, pour ceux qui couvraient le sous-continent à partir de Dehli, le voyage régulier à Peshawar par la route était devenu une étape obligatoire.

À la fin des années 1970, Peshawar était encore un endroit agréable et plutôt calme. Capitale de la Province de la frontière du Nord-Ouest (North Western Province Frontier, NWFP) à majorité pathane, elle abritait dans sa vieille ville le très actif bazar Khyber qui n'avait guère dû changer depuis que Rudyard Kipling avait visité la région moins d'un siècle auparavant. Ses livres et poèmes sur les dangers courus par ceux qui étaient assez audacieux ou assez fous pour affronter les tribus afghanes hostiles semblaient tout aussi pertinents aujourd'hui qu'alors. On y trouvait les mêmes *chaikhanes*, les mêmes vieilles maisons aux façades en bois et les mêmes courettes dissimulées aux regards, la plupart, hélas, à moitié écroulées, ainsi que des ruelles chaotiques encombrées de boutiques et d'étals vendant de la nourriture, des épices, de la vaisselle, des tissus, des fusils, des tapis et de l'or.

La vieille ville était dominée par le Bala Hisar, un fort sikh du début du XIXe siècle. Mais les visiteurs du XXe ne pouvaient le visiter car il était utilisé par l'armée pakistanaise. Les militaires persistaient à considérer les anciens forts comme des secrets d'État. Le fait que nombre de ces monuments aient été minutieusement documentés par des dessins et des photographies archivés dans les musées, et d'ailleurs souvent reproduits dans des livres vendus au bazar, ne semblait avoir aucune importance.

La plupart des étrangers résidaient dans le Cantonnement[1], un quartier calme et ombragé. Pour se déplacer aux alentours, on prenait un *tuk-tuk* (scooter) ou un *tonga*, charrette à deux roues tirée par un cheval. Avec la crise afghane qui allait se prolonger sur les deux décennies suivantes, la ville verrait tripler sa population, qui atteindra un million et demi d'habitants, tandis que son économie florissante attirerait réfugiés, travailleurs humanitaires internationaux, fondamentalistes islamiques et Pakistanais.

Mais à cette époque, juste avant l'invasion russe, le Cantonnement gardait encore sa paisible allure coloniale. St. John, l'église anglicane néogothique, aurait aussi bien pu se trouver dans le Norfolk ou le Dorset, tandis que les vieux Pakistanais appelaient encore le jardin public qui s'étendait non loin du pavillon de cricket victorien le « Company Park », ainsi qu'on le désignait à l'époque de l'East India Company, dite « John Company ». Les anciens complexes administratifs et résidentiels britanniques, qu'habitaient désormais les familles des officiers supérieurs et des fonctionnaires pakistanais, conservaient avec fierté leurs parterres de roses régulièrement arrosés et même, vision saugrenue ici, leurs boîtes aux lettres anglaises peintes en rouge. Comme dans toutes les installations militaires du pays, le mess des officiers, les baraquements et l'hôpital étaient méticuleusement entourés d'un alignement de pierres enduites de chaux blanche.

J'allai voir le secrétaire du Peshawar Club, autrefois l'une des institutions les plus prestigieuses du Raj, à la splendeur aujourd'hui sérieusement fanée. On m'avait dit que son secrétaire pourrait me fournir une perspective historique intéressante sur les Pathans depuis la fin de l'ère coloniale. Des photographies noir et blanc tachées d'humidité ornaient les couloirs, représentant des chasseurs et des dames élégamment vêtus avec des chiens impatients à leurs pieds. Le club avait conservé les panneaux de bois qui recouvraient les murs de ses salles à manger et salons de réception et possédait des courts de tennis et des terrains de squash en plein air. Il comportait également une bibliothèque fournie, mais presque aucun livre n'y avait été emprunté depuis les

1. Ancienne caserne britannique au XIXe siècle. (*N.d.T.*)

derniers jours de la Partition de 1947, lorsque l'Inde britannique s'était scindée en Inde et Pakistan. J'exposai le motif de ma visite. Vêtu d'un *salwar* blanc, d'une veste de tweed et de sandales de cuir brun, le secrétaire m'écouta d'un air songeur, puis adressa un signe à un serviteur. «*Du chai*», lui ordonna-t-il en pachto. Deux thés.

Il s'appuya contre le dossier de son fauteuil en osier et m'étudia attentivement. «Êtes-vous venu adhérer?, s'enquit-il sur un ton empreint d'un vague espoir.

– En fait, je ne suis là que pour quelques jours. Je suis venu faire des recherches.

– Bien, mais nous nous ferions un plaisir de vous accueillir au club», dit-il avant d'ajouter avec un aplomb théâtral : «Nous pourrions même vous inscrire gratuitement!» Il paraissait résolu à ce que je souscrive une adhésion. Pourquoi pas? me dis-je. Le secrétaire fit glisser vers moi un formulaire d'aspect officiel. Les mots «Autorisation de boire» figuraient en haut de la page dans une impression de mauvaise qualité. Tout en saisissant mon stylo, je remarquai que l'on demandait d'indiquer le «Nom de l'ivrogne», le «Nom du père de l'ivrogne», la «Nationalité de l'ivrogne» et la «Religion de l'ivrogne». Je finis par comprendre qu'avec ce papier j'aurais – en tant qu'«ivrogne chrétien» – le droit d'acheter de l'alcool au Pakistan. À mi-voix, le secrétaire m'expliqua que le club tirait autrefois ses recettes de la vente d'alcool. À présent, avec l'interdiction de l'alcool décrétée par la dictature militaire du général Zia ul-Haq, il convenait de procéder avec discrétion. D'où la gratuité de mon adhésion, du moins tant que je n'avais pas l'intention de boire. Le club utiliserait mon autorisation pour acheter du whisky et de la bière afin de les revendre à ses membres, parmi lesquels figuraient plusieurs personnalités du Tout-Peshawar. À partir de ce jour-là, à chacun de mes passages à Peshawar, je me rendis au club – non pour y exercer mes droits d'ivrogne chrétien, mais pour jouer au squash.

Fathers, Lay et moi avions pris des chambres à l'hôtel voisin, le *Dean's*, auquel je devais rester fidèle chaque fois que je reviendrais à Peschawar en ce début des années 1980. Résider au *Dean's* équivalait un peu à remonter dans le passé. Bien que la cuisine y fût déplorable, les chambres spacieuses, qui servaient autrefois à loger les officiels britanniques, comportaient chacune salon, dressing et cabinet de toilette. Les espaces de travail étaient confortables et l'on pouvait se prélasser dans les grandes baignoires de style anglais. Lay et moi sillonnâmes les environs de Peshawar et de la NWFP afin d'interviewer responsables officiels, universitaires, commerçants et habitants de la région. Parmi ceux-ci, nous rencontrâmes Khan Abdul Gaffar Khan, le « Ghandi de la Frontière », qui avait tenté de créer un État pathan par des moyens pacifiques mais qui devait mourir en 1988 dans la résidence surveillée que lui avaient imposée les militaires. Nous rencontrâmes également des travailleurs humanitaires et des expatriés de longue date qui connaissaient parfaitement le pays, et fîmes le déplacement obligatoire jusqu'à Darra Adam Khel, un village en zone tribale entièrement voué à la fabrication artisanale d'armes. Cette activité remontait à la fin du XIXe siècle, lorsque les Britanniques avaient estimé préférable que les Pathans fabriquent leurs propres armes. Cela était censé non seulement les dissuader de les voler aux troupes britanniques de la frontière, mais laissait également espérer que les armes ainsi fabriquées seraient de qualité inférieure. En effet, fabriquées avec du métal de mauvaise qualité, les armes s'enrayaient constamment. Dans les années 1980, la visite à Darra devint une étape obligée pour tout journaliste ou personnalité occidentale de passage, car ses forgerons étaient capables de produire des répliques de quasiment n'importe quelle arme, du stylo-pistolet à la kalachnikov. Même des stars du cinéma comme Kirk Douglas ou Sylvester Stallone faisaient un bref détour par Darra à l'occasion de leur venue dans la région. Cela leur permettait de se vanter d'avoir osé s'aventurer dans la zone tribale interdite proche de la frontière afghane.

À cette époque, le gouvernement garantissait une certaine sécurité dans l'« arc tribal », cette zone frontalière montagneuse autonome traversant la NWFP du nord au sud. D'une superficie de plus de vingt-cinq mille kilomètres carrés, la NWFP se compose de sept Agences tribales fédéralement administrées (FATA), dont six sont séparées de l'Afghanistan voisin, qui possède son propre arc tribal, par la ligne Durand tracée en 1893 par sir Mortimer Durand pour délimiter de façon unilatérale la frontière occidentale de l'Empire britannique des Indes[1]. Cette ligne constitue depuis lors un objet de discorde et n'est toujours pas reconnue par le gouvernement de Kaboul. Le consensus admis par les agences tribales était que les étrangers étaient en sécurité dans les zones tribales tant qu'ils ne s'éloignaient pas de plus de un mètre de chaque côté de la route.

Une visite à Peshawar n'était pas complète sans une entrevue avec l'agent politique du Khyber, l'une des personnes les mieux informées sur les usages des Pathans. Avec des Pathans (ou Pachtounes, comme on les appelle plus communément côté afghan) opérant de part et d'autre de la frontière, parler avec lui était un excellent moyen de mieux comprendre le fonctionnement de ces groupes tribaux. La mise en place des agents politiques est l'un des legs les plus éminents du Raj britannique. L'agent politique représente le gouvernement dans ses relations avec les agences tribales. Dotés du pouvoir d'intervenir dans les disputes et de mettre en œuvre la politique décidée au niveau fédéral, les agents politiques sont appuyés par une milice locale armée, les Frontier Scouts, dont les officiers étaient alors presque tous des Pundjabis venus de l'armée régulière.

« Ces gens des tribus ne sont qu'une bande de roublards et de sournois, m'expliqua Shakhil Durrani, l'agent politique du Khyber. On ne peut pas leur faire confiance. Ceux qui résident côté afghan sont du même acabit. Ce sont tous les mêmes. » D'un geste il désigna les noms des précédents agents politiques anglais et pakistanais tracés à la peinture dorée sur un panneau encadré accroché au mur de son bureau. « Ces gens des tribus ont réservé une triste fin à certains de mes prédécesseurs. » Selon lui, quelques-uns avaient été assassinés à l'arme blanche, d'autres avaient été abattus alors qu'ils

1. Étirées au nord du Pakistan, en bordure de la frontière avec l'Afghanistan, les zones tribales pakistanaises, dominées par les Pachtounes et administrées par la FATA (Federally Administered Tribal Areas), sont divisées en sept régions, dotées chacune d'une très forte autonomie. Une agence tribale, dirigée par un agent politique fédéral, supervise chaque région. Mais sa capacité d'intervention est limitée : dans ces régions et à l'exception de quelques axes de communication, la loi des tribus prévaut sur celle de l'État pakistanais. (*N.d.E.*).

chevauchaient dans la montagne. D'autres encore avaient été agressés par telle tribu parce que ses membres étaient persuadés que le gouvernement favorisait une autre tribu ou un autre clan.

« Quand vous avez affaire aux Pathans, vous devez veiller à respecter équilibre et équité en toute chose, déclara-t-il d'un ton ferme. Sans cela, ils ne vous montreront aucun respect. » Passionné par la protection du léopard des neiges et des Kalash, une minorité non musulmane, Durrani me rappelait furieusement un esprit éclairé de la Renaissance. Il m'informa qu'il pouvait assurer la protection des visiteurs en territoire tribal, mais seulement s'ils étaient escortés par ses Scouts. « Ce qui se passe dans les montagnes et les collines au-delà n'est pas de notre ressort », précisa-t-il avant d'ajouter que, bien entendu, il était toujours possible qu'une tribu vous propose sa propre protection. Selon le Pushtunwali, la Loi des Pathans, cette tribu était alors responsable de votre sécurité et, si quelque chose devait vous arriver, elle considérerait cela comme une insulte à son amour-propre. « Mais je ne suis pas sûr que ce soit un risque à recommander », ajouta-t-il avec un sourire. J'étais au courant des innombrables cas de citoyens ordinaires, et aussi d'étrangers, qui avaient été kidnappés (parfois même tués) en représailles à de prétendus affronts jusqu'à ce qu'une somme ou une autre forme de compensation appropriée ait été acquittée.

Au Pakistan, les autorités ne peuvent tout simplement pas intervenir dès lors que s'applique la Loi des Pathans. Il arrive fréquemment que des individus ayant commis des crimes – un meurtre, par exemple – dans une zone fédérale disparaissent dans l'arc tribal. De la même façon, les habitants des zones tribales agissent à leur guise chez eux, mais ils doivent alors répondre de leurs actes en fonction de leurs propres codes. Un officier britannique raconta dans les dernières années du Raj qu'il avait assisté impuissant à l'exécution pour adultère d'une jeune fille par son propre père, seul moyen de restaurer l'honneur de la famille. L'incident s'était déroulé dans une zone tribale, mais à quelques mètres seulement d'une zone fédérale. L'officier savait que prendre la moindre initiative sur ce territoire aurait pu provoquer une révolte tribale. La jeune fille fut abattue alors qu'elle courait vers lui, les bras tendus, dans un effort désespéré pour passer en territoire fédéral.

Pendant que j'explorais la Province de la frontière du Nord-Ouest, Fathers s'employait à organiser une rencontre avec des moudjahidines. Nous allions être présentés au chef de l'un des principaux groupes de guérilla, lesquels étaient en train d'installer leurs bureaux en exil du côté pakistanais de la frontière. Il fut convenu de nous retrouver dans ma chambre du *Dean's*, située dans une aile éloignée, où nous pourrions nous entretenir en toute discrétion. Nous voulions éviter d'alerter les deux policiers pakistanais en civil qui, équipés d'un scooter pour une éventuelle poursuite, se tenaient en permanence à l'ombre d'un grand cotonnier juste devant la réception de l'hôtel.

Peu après le petit déjeuner, on frappa à ma porte. En ouvrant, je découvris une douzaine de Pachtounes qui, avec leurs barbes et leurs turbans, semblaient tout droit sortir de l'Ancien Testament. L'un d'eux, un homme mince d'une trentaine d'années avec une barbe clairsemée et un turban noir, s'avança avec nonchalance. «*As-salâm 'aleïkoum*, que la paix soit avec vous. Nous sommes la résistance afghane!» annonça-t-il avec une certaine arrogance et dans un anglais parfait. Quand je lui serrai la main, j'eus l'impression de saisir une chose molle comme une cravate. Il m'adressa un pâle sourire soyeux avant de saluer Fathers puis Lay. «Je suis l'ingénieur Gulbuddin», déclara-t-il. Je lui offris un siège, le plus vaste des fauteuils, qu'il accepta avec un hochement de tête dédaigneux. Il invita ses hommes à s'asseoir à leur tour, puis se lança dans un discours soigneusement articulé. «Ces hommes sont mes moudjahidines. Nous luttons pour l'islam. Nous combattons les Khalqis [la faction communiste dite «des masses»] de Kaboul. Ils tentent de s'emparer de notre patrie, de nos vies, de nos familles. Nous combattrons jusqu'à ce que nous ayons reconquis notre pays.»

Impossible de ne pas être impressionné. Avec leurs turbans, leurs barbes et leurs visages au nez busqué, ces Afghans avaient un air absolument féroce, mais incontestablement digne. À l'époque, je n'avais encore qu'une très vague idée de la nature du conflit afghan, mais je compris vite que ces hommes ne plaisantaient pas quand ils parlaient de renverser le régime communiste. Je commandai une tournée de thé vert et de biscuits pour tout le monde.

Le hautain chef de guérilla était Gulbuddin Hekmatyar, qui avait fondé et dirigeait le Hezb-e-Islami (parti islamique), et qui, à l'heure qu'il est, reste un acteur essentiel sur l'échiquier afghan. Extrémiste islamique, Hekmatyar est rapidement devenu l'un des politiciens de la résistance les plus vils et des plus détestés. J'étais loin d'imaginer alors que cet homme, qui exerçait un ascendant évident sur ses hommes occupés à boire leur thé à petites gorgées, alignés comme des écoliers soumis sur le divan et dans les fauteuils de ma chambre, serait un jour responsable de la mort brutale de milliers de ses rivaux politiques et adversaires, au nombre desquels des intellectuels parmi les plus respectés d'Afghanistan. Généreusement soutenu par les Américains, Hekmatyar assassinera aussi plusieurs de mes collègues et des amis proches. Enfin il menacera de m'éliminer pour avoir rapporté certaines des exactions qu'il avait commises à l'encontre d'Afghans ordinaires.

Nous parlâmes durant deux heures. Il était difficile de savoir ce qu'il convenait de prendre au sérieux. Ce n'est que plus tard que j'apprendrais que Hekmatyar avait d'abord été communiste avant de devenir un insurgé puis un important agent de la CIA. Il s'employait soigneusement à faire croire qu'il était la principale personnalité de l'insurrection et affirmait, d'une voix douce à la tonalité raffinée, avoir des milliers d'hommes en armes sous ses ordres. Ce sont eux, disait-il, qui sont derrière les attaques de plus en plus nombreuses signalées contre des commissariats de police, des sièges de partis politiques, des enseignants, des écoles et des bâtiments administratifs, et jusqu'à des entrepôts de matériel de construction ou de fournitures agricoles situés dans de petites agglomérations rurales. Ses combattants désorganisaient de plus en plus la circulation routière en prenant pour cible camions et cars. « Nous frappons les communistes partout où ils se trouvent, clamait-il avec dédain. Avec le soutien du peuple afghan, nous renverrons ces Khalqis à leurs chers maîtres russes. Alors l'Afghanistan redeviendra vraiment musulman. » Avant l'invasion proprement dite du pays, Moscou procédait déjà au déploiement de milliers de conseillers militaires et civils en soutien au régime. Beaucoup étaient impliqués de très près dans des opérations de contre-insurrection, y compris des attaques punitives contre des villages connus pour leur sympathie envers les moudjahidines. Des pilotes russes participaient également à des frappes aériennes sur des villes comme Hérat, où s'étaient produits des soulèvements anticommunistes.

Comme s'il s'attendait à la question, Hekmatyar hocha la tête lorsque je lui demandai où il se procurait ses armes. Il ne fit aucune allusion aux Pakistanais, qui dès cette époque lui apportaient un puissant soutien. Bien entendu, expliqua-t-il, les Afghans ont toujours possédé des armes. Ils les utilisent pour chasser ou, ajouta-t-il avec un sourire entendu, pour régler certaines querelles. « C'est un mode de vie en Afghanistan. Mais ce sont de vieilles armes. Aujourd'hui nous en capturons de plus récentes. Beaucoup de ceux qui rejoignent le djihad ont déserté la police ou l'armée. Ils ont apporté leurs armes avec eux. » Tout cela paraissait plausible, et je commençai à m'inquiéter pour mon projet de voyage à Kaboul. Les récits que faisait Hekmatyar des attaques de moudjahidines étaient particulièrement préoccupants. Ce qu'il me disait confirmait les rapports diplomatiques évoquant des routes fermées plusieurs jours d'affilée, et sur lesquelles des véhicules pris au piège étaient la cible de tirs faisant des victimes parmi les passagers. Dans un de ces incidents, des hommes armés avaient fait feu sur un « magic bus » chargé de touristes partis de Londres pour suivre la route hippie vers l'Inde, tuant un Suisse, un Australien et un Canadien. Camions, cars et automobiles commençaient désormais à circuler en convois escortés par des véhicules blindés.

Je commençai à envisager de renoncer aux transports publics pour mon trajet de Peshawar à Kaboul. Le voyage lui-même ferait un bon article, mais le romantisme du reportage sur le front avait déjà perdu pour moi une bonne part de son attrait. Toutes ces histoires de montagnards féroces abattant des soldats britanniques dans les défilés rocheux au cours des trois guerres anglo-afghanes du XIXe au début du XXe siècle ne me rassuraient guère. Il était difficile de déterminer jusqu'à quel point c'était vraiment dangereux.

Devrais-je prendre l'avion ? J'écartai aussitôt cette option que je réservai pour un ultime recours.

En allant à la gare routière « internationale » de Peshawar, j'espérais secrètement m'entendre dire que les routes étaient fermées. Au lieu de cela, je me trouvai devant un employé qui leva à peine la tête à mes questions. Le car pour Kaboul, annonça-t-il, partait à 4 h 30 du matin. Après un bref arrêt à Jalalabad, il poursuivrait sa route jusqu'à la capitale afghane. Le voyage prendrait huit heures au total.

Y avait-il eu récemment des problèmes sur la route ? m'enquis-je d'un ton désinvolte. « Des problèmes ? Parfois nous avons une panne. Mais nos cars sont en bon état, me rassura l'employé.

– Non, je veux dire, y a-t-il eu des problèmes avec les moudjahidines ? dis-je avant d'ajouter précipitamment : Avec des bandits ? » Mieux valait en effet user du terme péjoratif désignant la résistance afghane, au cas où, comme l'étaient pas mal de Pakistanais, il soit un sympathisant communiste.

« Non, aucun problème. La sécurité règne en Afghanistan. Nous avons de bons cars.

– Est-ce qu'on voyage en convoi ?

– Oh, il y a toujours des voitures sur la route. Pas de problème. Voulez-vous un billet ? »

Résigné, je comptai mes roupies – l'équivalent de huit dollars – et les déposai sur le comptoir.

« Siège couloir ou fenêtre ? s'enquit l'employé.

– Couloir », précisai-je. Je n'avais pas l'intention d'offrir une cible facile à un guérillero embusqué. Sans presque toucher à mon dîner, je me couchai tôt mais fus incapable de trouver le sommeil.

Debout bien avant 3 heures, je bus mon thé dans le restaurant désert en regrettant ma témérité. Puis je me rendis à la gare. Elle était bondée de gens en train de charger des sacs dans des cars et des minibus. À ma surprise, le car pour Kaboul était déjà plein, occupé pour l'essentiel d'émigrants sri lankais pleins d'espoir en partance pour l'Europe avec l'intention d'entrer discrètement en Grande-Bretagne. Le chauffeur jeta un bref coup d'œil à mon billet, puis s'avança pour chasser d'une place proche de la fenêtre à l'avant du car un jeune Tamil agrippé à un sac en toile verte.

«Non, non, ça ira. J'ai pris un siège côté couloir. Au milieu», insistai-je.

Le chauffeur me considéra avec curiosité, stupéfait que je ne sache pas reconnaître une bonne place. Les Sri Lankais sourirent et me souhaitèrent la bienvenue. «C'est bien que nous voyagions ensemble», dit mon voisin, un étudiant de Jaffna. Puis, comme si nous étions dans le train Bristol-Paddington, il me demanda : «Vous allez à Londres ?»

Nous quittâmes Peshawar au lever du soleil. Le car grimpa la GT Road par la passe de Khyber et arriva à Landikotal, une bourgade poussiéreuse réputée pour sa contrebande. Là, plusieurs Frontier Scouts en tunique gris foncé et armés de fusils Enfield datant de la Première Guerre mondiale montèrent dans le car, apparemment plus pour profiter du véhicule que pour nous protéger. Une demi-heure plus tard, nous atteignîmes le poste-frontière de Torkham, reconnaissable à ses obstacles antichars en béton de la Seconde Guerre mondiale et à sa massive tour de pierre sur laquelle flottait le drapeau vert et blanc du Pakistan. Du côté afghan, hormis quelques bâtiments et un tas de semi-remorques en attente d'être inspectés, on ne remarquait rien de particulier, sinon une irrégulière vallée caillouteuse s'étendant vers l'ouest à travers un aride paysage de montagnes.

Le passage de la douane nous prit environ deux heures. Plusieurs véhicules partaient en direction de Jalalabad, mais à ma grande consternation il n'y avait aucun convoi, et encore moins de véhicules blindés. Je remontai à bord du car et me rassis avec précaution sur mon siège le long de la rangée centrale. Je me sentis plus à l'aise une fois que nous eûmes atteint les plaines de Jalalabad, avec leurs champs irrigués et leurs vergers ponctués de villages aux habitations en pierre et boue séchée. Les paysans labouraient la terre avec des bœufs et, de temps à autre, un tracteur, tandis que des enfants se baignaient dans les canaux au bord de la route. Des femmes en robes multicolores ou en *burqa* bleu pâle qui les couvraient de la tête aux pieds tiraient de l'eau des puits aux alentours.

Je scrutai le paysage en quête de traces de violence. Nous dépassâmes un véhicule calciné. Mais cela pouvait être le résultat d'un accident. De temps à autre, j'apercevais des chars et des transports de troupes blindés avec des *askaris* (soldats de l'armée régulière) en uniforme debout ou assis à proximité. Je devais revoir une scène à peu près identique sur la même route quelque trente années plus tard, à la seule différence que, cette fois, chars et transports de troupes appartiendraient à un gouvernement soutenu par les Occidentaux. La campagne était relativement plane, la chaîne de l'Hindu Kouch se dressait au nord, le massif boisé et enneigé de Safed Koh scintillait sous le soleil au sud. Le terrain me paraissait peu propice aux embuscades. Pourtant, toutes les quelques minutes, je me surprenais à me demander si des hommes en armes ne se tenaient pas à l'affût derrière les murets de terre pour faire un carton sur le passager d'un car ou un chauffeur de camion.

Observant au loin les étroites vallées en forme de doigts descendant des montagnes, je me demandais si c'était là qu'avaient lieu les combats. À Islamabad, les diplomates avaient évoqué des groupes armés descendant du Safed Koh pour se livrer à des attaques éclairs. De la route, il était difficile de déterminer si les villages que l'on apercevait avaient subi des dommages de guerre. À un moment, nous traversâmes une série de plantations d'orangers et d'oliviers qui constituaient un projet agricole de grande ampleur lancé par les Soviétiques dans les années 1960. L'objectif était de transformer plusieurs centaines de milliers d'hectares de désert en terres agricoles exploitables, mais les Soviétiques s'étaient trompés dans le choix des variétés d'orangers et d'oliviers. Les oranges étaient amères et on n'avait jamais pu produire une seule olive commercialisable.

À mesure que nous approchions de Jalalabad, je remarquais un nombre croissant de véhicules blindés positionnés le long de la route. Je vis également plusieurs Jeep, avec à leur bord ce qui ressemblait à des conseillers russes ou est-européens, parmi lesquels quelques femmes, sortir d'enclos entourant des fermes. Mais ce n'est que lorsque nous passâmes devant l'aéroport, avec ses rouleaux de barbelés et ses postes d'observation, que je pus constater les signes manifestes d'une réelle activité militaire. Deux hélicoptères Mi-8 traversèrent en rugissant la route à hauteur du sommet des arbres. L'entrée principale de l'aéroport était gardée par des chars et des soldats. Une fois entré dans la ville, qui avait été un important centre bouddhiste Gandhara au Ve siècle, le car s'arrêta pour nous permettre de nous restaurer. Je me dirigeai vers l'étal d'un vendeur de fruits afin d'acheter des raisins blancs, puis je m'installai devant une *chaikhane* où je commandai un thé et me mis à manger lentement mes raisins. Ils étaient délicieux, goûteux et sucrés.

«*Russki?*» me demanda un jeune garçon souriant tout en essuyant la toile cirée en plastique avec un chiffon crasseux. Je jetai aussitôt un coup d'œil autour de moi pour voir si quelqu'un l'avait entendu me qualifier de Russe. Je secouai énergiquement la tête. «*Niet. Amerikanietz*», répondis-je en me traitant aussitôt d'idiot pour avoir répondu en russe. À présent j'étais certain d'être observé. La réalité, bien entendu, est que personne ne se souciait le moins du monde de qui j'étais. Les Afghans étaient beaucoup plus intéressés à faire de l'argent avec les voyageurs de passage qu'à les assassiner. Je jetai un regard en direction de notre car. Les Sri Lankais agitaient furieusement les mains. «Comment allez-vous?» criaient-ils. Je me demandai s'ils avaient la moindre notion de ce qui était en train de se passer en Afghanistan. Mais en avais-je moi-même la moindre idée?

Une fois que je me fus réinstallé dans le car, mes amis sri lankais ne cessèrent de me proposer une place près de la fenêtre. Je les remerciai de leur gentillesse. «Je n'aime pas être au soleil», mentis-je. Pourtant, plus nous montions en direction des défilés escarpés de la Gorge de la Soie, en direction de Kaboul, plus je me persuadais que j'avais eu raison d'être prudent. La route, de plus en plus étroite, devenait franchement inquiétante. Était-ce, là-bas, tapie dans les rochers, la silhouette d'un tireur se demandant si notre car constituait une cible intéressante? Je ne pouvais m'empêcher de me souvenir que c'est dans cette région que, cent trente ans auparavant, les hommes des tribus afghanes avaient quasiment annihilé une force expéditionnaire britannique forte de quelque quatre mille cinq cents hommes accompagnée de douze mille civils qui tentaient d'opérer leur retraite de Kaboul en janvier 1842. Seuls quelques dizaines de civils britanniques et leurs familles, relâchés quelques mois plus tard, ainsi qu'un chirurgien blessé, le Dr William Brydon, l'unique rescapé immédiat de la bataille, échappèrent aux balles et aux coups de sabre.

J'aurais été plus inquiet encore si j'avais su que quelques années plus tard, au milieu des années 1980, cette portion de route deviendrait l'un des points d'embuscade préférés des moudjahidines contre les convois russes. Entre les flots rugissants de la rivière Kaboul d'un côté et de l'autre des falaises escarpées, les moudjahidines se dissimuleraient parmi les rochers pour détruire au lance-roquettes le camion de tête, puis le dernier de la file, empêchant ainsi le reste du convoi d'avancer ou de faire demi-tour. La configuration du terrain ne procurait pratiquement aucune couverture aux malheureux chauffeurs et soldats qui se trouvaient directement exposés aux tirs meurtriers provenant des hauteurs.

Le soir tombait lorsque nous arrivâmes à Kaboul. Aucune attaque. Pas le moindre barrage. Pas même une balle perdue. La capitale elle-même était calme. Elle semblait n'avoir guère changé depuis que j'y étais venu près d'une dizaine d'années auparavant. Les bazars étaient bondés et les rues toujours en proie à une circulation chaotique. La seule différence était l'absence de touristes. Les hôtels et les restaurants étaient vides. Les seuls routards étaient un couple italien avec un bébé vivant dans leur minibus VW. Ils étaient venus faire provision d'afghan noir, réputé comme le meilleur haschich au monde, avant de rentrer à Milan. Le jeune homme ne comprenait absolument pas pourquoi tout le monde avait filé. Le fait que le pays s'enfonçait dans la guerre civile semblait lui avoir échappé. Il m'annonça presque avec fierté qu'il n'avait pas lu de journal ni écouté la radio depuis plus d'un an. Je lui suggérai de rassembler sa petite famille et de partir. Je le quittai à côté de son minibus, en train de garnir pensivement son *chillum*. Moins d'une semaine plus tard, je revis leur véhicule stationné près d'un hôtel à touristes déserté, sur l'autre rive de la rivière Kaboul.

Dans Chicken Street, la rue des tapis et des antiquités, les commerçants se plaignaient de la baisse de leurs affaires. « La plupart des étrangers sont partis. Les autres sont sur le point de s'en aller», grommelait un vendeur. L'hôtel *Intercontinental* était vide lui aussi. Les conseillers russes et est-européens n'avaient pas les moyens de fréquenter ses bars et restaurants, qui exigeaient d'être réglés en dollars. Un orchestre de style occidental jouait solennellement dans un night-club désert, tandis que plusieurs serveurs en uniforme rouge se tenaient dans la salle, inoccupés. Les musiciens interprétaient un morceau intitulé *Is Anyone out There?*

Dans les derniers jours précédant l'invasion russe, Kaboul présentait une ambiance de normalité vaguement inquiétante. Pendant deux semaines, je me baladai à travers la capitale, parlant aux gens dans les bazars ou bavardant avec des étudiants dans les petits cafés et restaurants en plein air. La plupart des jeunes gens étaient vêtus de jeans, jupes courtes et élégants blousons de cuir. Certaines filles portaient un discret foulard par-dessus leurs cheveux, mais je fus frappé par leur décontraction, hommes et femmes assis ensemble à rire et à bavarder. La musique qu'ils écoutaient était un mélange de morceaux iraniens ou afghans et de pop occidentale.

Si l'on voyait dans les rues de nombreuses femmes portant la *burqa* bleu pâle, il s'agissait essentiellement de femmes venues de la campagne. La majorité de la classe moyenne kaboulie était habillée à la dernière mode, comme si l'on s'était trouvé dans le centre-ville d'Istanbul ou de Téhéran. Certaines femmes étaient d'une incroyable beauté. Un jour je m'installai dans un des cafés fréquentés par les étudiants afin de prendre des notes et de manger un yaourt frais. Une platine stéréo diffusait *Brown Sugar* des Rolling Stones à plein volume. Deux hommes et une femme, tous trois âgés d'une vingtaine d'années, bavardaient autour d'un Coca-Cola à une table voisine. La jeune femme, visage mat et yeux perçants, m'adressa un sourire engageant. Rien ne se passerait, bien entendu. En Afghanistan, une relation avec une femme n'est pas à prendre à la légère.

Je m'aventurai à l'intérieur du bureau de tourisme, mais battis aussitôt en retraite lorsque le directeur commença par me demander si je m'étais enregistré auprès du ministère de l'Information. Il était évident qu'il ne croyait pas que je fusse un simple touriste. Les voyageurs étaient rares à Kaboul. Des miliciens armés, des partisans stipendiés du gouvernement, mais aussi des *askaris* patrouillaient dans les rues et érigeaient des points de contrôle. Tout cela était parfaitement banal. La seule indication de la tension était l'imposition du couvre-feu. Hormis les patrouilles, les rues étaient vides dès 8 heures du soir. De temps à autre, j'apercevais des Jeep russes avec à leur bord des conseillers en uniforme ou en civil, mais en général ils restaient discrets.

Il y avait aussi des Est-Européens, principalement des Polonais, Hongrois, Bulgares et Tchécoslovaques, qui travaillaient dans l'aide au développement. Beaucoup résidaient à l'hôtel *Kaboul*, dans le centre-ville. Un Polonais, qui ne cherchait même pas à dissimuler son aversion pour les Russes et les Allemands de l'Est, m'avertit, en allemand, de me tenir tout particulièrement à l'écart de ce qu'il appelait « ces fumiers de RDA ». « Ce sont tous des flics. Ils font la même chose ici qu'à Berlin. Ils forment la police secrète afghane. Ce sont des SS. Des gestapistes. On ne leur fait aucune confiance. Méfiez-vous d'eux comme de la peste. »

Au bazar Shor près de la mosquée du Vendredi, je fis la connaissance d'Ahmed, un vendeur de chaussures, et de son fils Raiz. Pour ses affaires, le père se rendait une fois par an par la route en Italie ou en Allemagne. Ils s'inquiétaient à propos du gouvernement communiste. Il était de plus en plus difficile de voyager à l'étranger, me dirent-ils ; les gens se faisaient arrêter puis disparaissaient. Les familles les plus chanceuses étaient celles qui savaient que leur proche était détenu à la prison toute neuve de Pule-Charkhi. Massives et intimidantes, les tours et les murailles de cet édifice bâti par les Allemands de l'Est étaient clairement visibles depuis la route de Jalalabad, à la périphérie orientale de la ville. Des bruits commençaient à courir selon lesquels des hommes soupçonnés d'activités antigouvernementales étaient exécutés derrière ses hauts murs. D'autres étaient emmenés dans des centres de détention clandestins de la police, où ils étaient torturés. Des *shabnamas* (tracts nocturnes) de la résistance étaient régulièrement glissés sous les portes des maisons pour informer la population. Mes amis afghans m'invitèrent un jour à venir dîner chez eux dans le quartier de Karte Parwan. Lorsque je me présentai, une vingtaine de membres de la famille, dont des femmes et des enfants, m'attendaient. Ils avaient sorti leurs plus beaux objets. La table de la salle à manger, encombrée de porcelaine et de couverts, était décorée de fleurs en plastique. On m'attribua la place d'honneur. Le repas fut un véritable festin : plats débordants de riz pilaf, de poulet braisé, d'aubergines et de yaourt, de bœuf et de mouton grillés, de pommes et de raisins. Au moment où nous allions nous asseoir pour manger, le père s'approcha avec cérémonie d'un buffet aux vitrines en verre dépoli. Il était abondamment décoré de photos encadrées représentant des prairies des Alpes suisses, le Kurfürstendamm de Berlin et les canaux de Venise. Il en sortit une petite bouteille de vin blanc, du genre de celles qu'on vous sert à bord d'un avion. «*Sie müssen trinken*», déclara-t-il en allemand en me tendant la bouteille. «Vous devez boire.»

Le vin avait largement plus de dix ans d'âge. Il avait sans aucun doute voyagé depuis l'Allemagne à l'arrière d'un camion qui avait connu de brutales différences de température entre la chaleur brûlante du désert et les nuits glaciales. Je protestai, disant que je n'avais aucun besoin de boire. Je tenais à respecter les coutumes musulmanes. Mais la famille ricanait en insistant. «Vous êtes un chrétien d'Europe, vous devez boire», me dit Raiz, comme si tous les Européens étaient forcément chrétiens et buvaient tous de l'alcool. Devant cet alignement de visages attentifs, je n'eus d'autre choix que de verser soigneusement le vin dans mon verre et de le boire. Il était à la fois sirupeux et aigre. Je ne pus que me forcer à sourire, en faisant suivre chaque gorgée de grandes cuillerées de riz et de viande.

Je profitai de mon séjour à Kaboul pour rendre visite aux derniers représentants des agences d'aide internationale. L'un d'eux, un agronome suisse, avait travaillé dans le Pandjchir sur un projet d'élevage de bétail. Il avait ouvert une laiterie dans la capitale, à côté de l'ambassade iranienne, où l'on vendait du lait frais, de nouvelles sortes de yaourt et du fromage suisse. Il m'apprit que son gouvernement venait de le rappeler en Suisse. Je discutai également avec différents responsables diplomatiques américains et européens. Tous me mirent en garde contre la dégradation de la situation. Les moudjahidines commençaient à s'infiltrer dans

Kaboul. Une jeune Britannique qui se rendait à son terrain de golf avait été abordée par des rebelles en armes qui l'avaient prise pour une Russe. Elle n'avait échappé à la mort qu'en expliquant qu'elle était britannique et en répétant sans arrêt le mot : « BBC, BBC. » Comme la plupart des Afghans, tous les insurgés écoutaient la BBC, dont ils savaient qu'elle était diffusée depuis Londres, et ils avaient épargné la jeune femme.

À l'ambassade américaine, les Marines m'invitèrent à leur soirée cinéma, leur grand événement social de la semaine. Ils étaient amicaux mais s'ennuyaient ferme et manquaient terriblement de compagnie féminine. « Amenez des femmes journalistes, s'il y en a ! me crièrent-ils de la guérite où ils gardaient l'ambassade. Nous avons des bières, de la Heineken et de la Colt 45. » Manifestement, je les déçus beaucoup en me présentant seul le soir de la projection. Je leur demandai à quoi ils occupaient leurs journées. « Bah, on fait du jogging dans le périmètre de l'ambassade ou dans les collines derrière l'hôpital militaire. À part ça, il n'y a pas grand-chose à faire, m'expliqua le sergent. Mais on a droit à une projection de film par semaine. » Ils semblaient totalement indifférents au fait que l'Afghanistan se rapprochait chaque jour un peu plus de la guerre civile.

Il était temps que je rentre à Islamabad. Je pris le vol régulier des Pakistan International Airlines. J'avais tout d'abord envisagé de reprendre le car, mais je voulais voir le pays depuis les airs. L'avion, un Fokker F27 turbopropulseur, suivit en sens contraire l'itinéraire emprunté par mon car pour venir à Kaboul. À travers mon hublot, le ciel sans nuage me procura une vue spectaculaire de l'Hindu Kouch ainsi que du ruban asphalté de la route qui serpentait le long de la rivière Kaboul en direction de l'est vers Jalalabad, puis de là vers le Khyber.

En observant ces paysages, je me demandai comment les troupes d'Alexandre le Grand ou les soldats britanniques avaient réussi à traverser ce territoire hostile. Comment avaient-ils pu maintenir leurs lignes de ravitaillement tout en repoussant les guerriers des tribus ? De toute évidence, la force expéditionnaire britannique de 1842 avait lamentablement échoué face aux

Afghans. Comment le gouvernement de Kaboul et ses conseillers russes allaient-ils enrayer l'insurrection ? Il aurait fallu une quantité d'hommes impressionnante pour assurer ne serait-ce qu'un contrôle superficiel de ce territoire. Les moudjahidines pouvaient se terrer n'importe où. Comment une armée, quelle qu'elle soit, pouvait-elle les traquer dans ce paysage torturé d'étendues désertiques, de collines dénudées, de ravins profonds et d'innombrables vallées ? Le même défi se poserait plus de vingt-cinq ans plus tard aux forces de l'OTAN sous direction américaine. Sans être expert en questions militaires, j'avais le sentiment que ce terrain était sans doute le meilleur possible pour une guerre de guérilla.

De retour au *Holiday Inn*, il me sembla qu'il y avait plus de correspondants étrangers que d'habitude. « Le monde commence enfin à s'intéresser à l'Afghanistan », m'annonça Fathers qui, étant basé à Islamabad, était passé recueillir mes impressions sur Kaboul. Avec plusieurs collègues, nous nous installâmes au café pour discuter des derniers développements de la situation. Je remarquai, assis à une table à l'extrémité de la salle, un vieux gentleman britannique. C'était Geoffrey Godsell, responsable éditorial pour les affaires diplomatiques au *Christian Science Monitor* de Boston. Navré de le voir manger seul, je l'invitai à se joindre à nous. Il déclina poliment l'invitation, mais parut apprécier mon geste. Je consacrai la semaine suivante à rédiger mes articles. Nous discutions souvent autour de la piscine durant l'heure du déjeuner, où il poursuivait avec rigueur un régime quotidien de longueurs de bassin. « La prochaine fois que vous aurez l'occasion de passer à Boston, me dit-il, appelez-moi. Peut-être que vous pourriez nous écrire quelque chose. »

Quinze jours plus tard, j'étais à New York. Grâce à mes articles sur l'Afghanistan qui venaient de paraître dans l'*International Herald Tribune*, ainsi qu'à mon documentaire pour la CBC qui avait reçu un bon accueil, je commençais à me faire un nom avec mes reportages. Pour prendre le temps d'y réfléchir, je décidai d'aller passer le week-end à Martha's Vineyard. Tout en attendant mon car à la gare routière de Boston, je me souvins brusquement de Godsell. Je lui passai un coup de fil.

« Où êtes-vous ? » s'enquit-il. Je lui dis que j'attendais le prochain car pour Cape Cod.

« Pouvez-vous passer au journal ? David Anable, le responsable des pages étranger, aimerait vous rencontrer. Cela vous est-il possible ? »

Je consultai rapidement les horaires des cars. « Je saute dans un taxi. »

Une fois au *Monitor*, je racontai mon séjour afghan à Anable. Il avait lu mes articles dans le *Herald Tribune* et les avait bien aimés. « Pouvez-vous nous écrire quelque chose pour, disons, lundi ? » demanda-t-il. Le dimanche matin, depuis le hall d'un petit *bed-and-breakfast* d'Edgarton, je dictai bruyamment mon article sur Kaboul au téléphone, à la stupéfaction d'une poignée de clients de l'endroit. De retour en France une semaine plus tard, je reçus un appel d'Anable me demandant si j'aimerais devenir le correspondant spécial à l'étranger du *Monitor*. J'acceptai avec empressement.

Vers la mi-décembre, les bruits d'une activité militaire soviétique croissante en Afghanistan commencèrent à se faire insistants. Je reçus également un appel longue distance de la part de mes amis vendeurs de chaussures à Kaboul. Le vieil homme me demanda si j'allais revenir. « *Die Russen kommen*, me dit-il. Les Russes arrivent. » J'appelai aussitôt le *Monitor* en leur proposant de partir sur-le-champ, mais Anable hésitait. J'étais un correspondant tout frais, et le journal ne pouvait risquer un voyage aussi coûteux sans avoir des preuves plus solides d'un conflit imminent.

À ce moment-là, je faisais des reportages radio pour ABC News et j'avais un bureau au siège parisien de la station. Je proposai mon sujet à Pierre Salinger, qui était alors directeur du siège. Mais, pas plus qu'Anable, il n'avait reçu de confirmation des bruits en provenance de Kaboul. « Attendons encore un peu », avança Anable. Salinger l'approuva. Le 24 décembre 1979, les informations se précisèrent à propos des mouvements de troupes de grande ampleur auxquels procédait l'Armée rouge et de l'accroissement significatif du trafic aérien russe. Le 27 décembre tomba enfin la nouvelle. L'Armée rouge soviétique avait envahi l'Afghanistan. L'ambassade afghane me délivra un visa en moins de quarante-huit heures. J'allais enfin pouvoir raconter l'invasion russe de l'Afghanistan.

Chapitre 3

L'invasion russe : vous n'êtes jamais allés en Afghanistan !

L'invasion de l'Afghanistan fut officiellement déclenchée le 27 décembre 1979 avec le renversement du président Amin et son remplacement par le fantoche Babrak Karmal, plus malléable aux yeux de Moscou. Chef de la faction dite Khalq («les masses») du parti communiste local, le Parti démocratique populaire d'Afghanistan (PDPA), Amin était un Pachtoune brutal qui avait massacré des milliers d'opposants à son régime. Karmal, en revanche, était d'origine tadjike et dirigeait la faction plus intellectuelle du PDPA, le Parcham («le drapeau»). Les Soviétiques, qui le considéraient comme pro-Moscou, le voyaient donc comme un larbin aisément manipulable.

D'importants mouvements de troupes russes avaient débuté quelques jours avant le 27. L'espace aérien civil avait été fermé et les communications coupées, ce qui isolait le pays. Comme on l'apprit plus tard, les cinq mille premiers hommes des troupes d'action rapide russes avaient commencé à atterrir sur l'aéroport de Kaboul dans de lourds avions-cargos Antonov deux jours avant Noël. Mais des sections de repérage avaient été acheminées plusieurs semaines auparavant. En voyant les avions descendre puis disparaître dans le brouillard bas qui flottait sur la ville, enserrée dans une vaste cuvette aux collines et aux plaines plantées de champs de vigne irrigués, les Kaboulis crurent à tort qu'il s'agissait d'un nouvel arrivage de conseillers militaires et de matériel.

Des opérations similaires se déroulaient simultanément sur la base aérienne de Bagram au nord, à Jalalabad à l'est, à Shindand au sud-ouest et à Kandahâr au sud.

À Kaboul, au premier soir de l'invasion, les forces spéciales russes, les Spetsnaz, firent sauter le principal bâtiment des télécommunications, désorganisant ainsi le commandement de l'armée afghane. Les Spetsnaz s'emparèrent également du ministère de l'Intérieur. À peu près au même moment, une unité de choc antiterroriste du KGB, le Spetsgruppa A, et une unité de commandos des opérations spéciales prenaient d'assaut le palais de Darulaman, un bâtiment lourdaud de style ottoman situé tout près de l'ambassade soviétique, à une quinzaine de kilomètres au sud de la ville. C'est là qu'Amin s'était réfugié avec le personnel présidentiel et une partie de sa famille. Comme toujours en Afghanistan, les comptes rendus de ce qui se passa au cours des premiers jours de l'invasion russe varient, souvent énormément. Mais tous s'accordent sur le fait que, presque jusqu'à la fin, le président Hafizullah Amin, un homme de solide stature avec d'épais sourcils noirs et un visage massif, ne comprit pas vraiment ce que les Soviétiques réservaient à sa personne et à son pays.

Deux semaines avant l'invasion, le KGB avait tenté de le faire empoisonner par un agent infiltré dans son entourage qui s'était fait engager comme cuisinier. Mais au dernier moment le président afghan avait renoncé à son plat et à sa boisson. C'est son gendre qui mangea et but ce qui lui était destiné. Il tomba gravement malade. Le KGB procéda alors à une nouvelle tentative d'empoisonnement d'Amin, à moins que l'intention n'ait été que de le droguer et de les enlever, lui et sa famille, pour leur faire quitter le pays. En tout cas Amin sombra dans une sorte de stupeur, et un médecin russe, qui n'était apparemment pas au courant de l'opération, fut appelé. Il plaça le Président sous perfusion, et les gardes du corps d'Amin interdirent à toute autre personne que le médecin de s'approcher du malade.

Après l'échec de ces deux tentatives, les Russes décidèrent d'employer la force pour chasser Amin du pouvoir. Selon Oleg Balashov, un commandant du groupe Alpha du KGB qui fut blessé au cours de l'attaque, les commandos soviétiques n'étaient que vingt-quatre lorsqu'ils se lancèrent à l'assaut du palais, protégé par trois cents gardes et miliciens. Les sources afghanes indiquent pour leur part que les attaquants étaient beaucoup plus nombreux. Toujours est-il qu'ils durent livrer de durs combats avant de pouvoir pénétrer dans le bâtiment. Les militants Khalq du parti opposèrent une farouche résistance et subirent de lourdes pertes – deux cents morts, si l'on en croit le KGB. Les sources afghanes affirment qu'ils purent contenir l'attaque durant quatre longues heures, alors que Balashov prétend que l'opération n'a pris que quarante-trois minutes et s'est soldée par la mort de cinq Russes. Selon l'une des versions, un homme des troupes du KGB aurait abattu Amin qui, à moitié ivre, chancelait près du bar et un de ses jeunes fils. D'après une autre version, le Président tapi derrière le bar dans un effort désespéré pour se cacher fut tué par une grenade. Pour faire bonne mesure, les Soviétiques auraient également abattu d'autres membres de son entourage afin d'éliminer les témoins.

Le 27 décembre au soir, les Russes annoncèrent sur Radio Kaboul le renversement d'Amin et son remplacement par Babrak Karmal. Ils diffusèrent un message du nouveau Président, préenregistré à Termez, à l'extrême sud de l'Ouzbékistan. Karmal y affirmait qu'au nom du peuple afghan il avait personnellement demandé aux Soviétiques d'intervenir. L'allocution visait à justifier l'offensive de l'Armée rouge contre les éléments « contre-révolutionnaires », laissant entendre que c'étaient les Afghans eux-mêmes qui avaient appelé à l'aide. On dissimula soigneusement à la population le fait que l'Armée rouge était entrée dans le pays plusieurs jours avant la diffusion du bref discours de Karmal, et le fait que celui-ci n'était pas physiquement présent sur le sol afghan au moment où il avait enregistré sa déclaration. Ce n'est qu'une semaine plus tard que les Russes ramenèrent Karmal en Afghanistan.

Pendant que ces événements dramatiques se déroulaient à Kaboul, plus au nord les colonnes de chars T-54 et T-64, d'artillerie lourde, de camions et de citernes de ravitaillement de la 40e Armée du maréchal Sergueï Leonidovitch Sokolov, qui étaient massées depuis plusieurs semaines à la frontière méridionale de l'URSS, commencèrent, dans d'épais nuages de diesel, à s'engager sur les ponts flottants établis sur les flots lents de l'Oxus pour pénétrer en Afghanistan. Des trains chargés de troupes et de ravitaillement partirent de Termez, qui constituait la principale base d'opération soviétique, et franchirent le vieux pont métallique qui reliait Termez à la ville afghane d'Hairatan. La petite bourgade frontalière devint rapidement le principal point d'entrée des troupes de l'Armée rouge déployées en Afghanistan. Près d'une décennie plus tard, en février 1989, c'est là que le dernier soldat de l'Armée rouge, le général Boris Gromov, quitta à pied l'Afghanistan et, après avoir franchi le pont, regagna l'Union soviétique. Vingt ans plus tard encore, en 2009, à l'occasion du vingtième anniversaire du retrait, le même Gromov, désormais à la retraite, avertit les Occidentaux qu'« aucune solution militaire » ne serait possible en Afghanistan et que les États-Unis y connaîtraient le même sort que l'Armée rouge.

Impatient d'apporter mon témoignage personnel sur l'invasion en cours, je sautai dans le fameux « vol autour du monde » de la Pan Am (le vol 002) jusqu'à Karachi, où je pris la première correspondance disponible pour Islamabad. Tous les appareils des compagnies internationales étaient déroutés pour éviter l'espace aérien afghan.

Malgré la rapidité de mon départ, j'étais contrarié d'arriver si tard. Sitôt sorti de l'aéroport, je fonce au *Holiday Inn* où des centaines de journalistes réservent déjà des vols pour Peshawar, ou s'entassent dans des véhicules qui s'y rendent, avec l'intention de franchir la passe de Khyber jusqu'à la frontière afghane et ensuite de gagner Kaboul. D'autres partent de Moscou pour atterrir directement en Afghanistan. Je loue immédiatement une voiture pour Peshawar, où je trouve la ville bourrée de journalistes, de photographes et d'équipes de télévision qui tentent de se rendre à Kaboul. Au *Dean's*, je déplie une carte pour réfléchir au dilemme auquel je suis confronté. Il doit bien y avoir un meilleur moyen. Je décide alors de me rendre à Quetta, la capitale de la province pakistanaise du Baloutchistan, puis de rejoindre la frontière, d'où je ne serais qu'à une heure de route de Kandahâr, la deuxième ville d'Afghanistan. Cela me fournirait un angle inhabituel, sinon unique, pour observer l'invasion.

Alors que je règle ma note, je tombe sur Thierry Boccon-Gibod, un robuste et *bon vivant*[1] photographe français arborant une grosse moustache à la gauloise. J'ai fait sa connaissance à Paris, où il travaillait pour l'agence Sipa. Je le convaincs de se joindre à moi, non seulement pour profiter de sa compagnie, mais aussi pour procurer au *Monitor* des photos illustrant mes articles. Nous prenons le premier vol pour Quetta, dans le sud-ouest du Pakistan.

Quand nous y arrivons, il fait un froid glacial. De l'aéroport, nous prenons un *tonga* découvert tiré par un cheval. Un voile épais flotte sur la ville, qui dégage une puissante odeur de poussière, de fumée de charbon de bois et de vapeurs d'essence. Ancien centre administratif colonial, Quetta est située dans une vaste et fertile vallée cernée de montagnes arides et escarpées. Pour atterrir, les avions doivent négocier un virage aigu au cours duquel il ne reste plus qu'à fermer les yeux et prier. Des vergers irrigués soigneusement bordés de peupliers entourent la ville avant de laisser place au désert. Selon un missionnaire américain qui a travaillé de longues années sur des projets agricoles au Pakistan, le Baloutchistan pourrait devenir une Californie pakistanaise – si seulement, ajoute-t-il, la dictature militaire décidait de développer correctement le réseau d'irrigation de cette région aride, la plus déshéritée du pays. Désireuses d'une plus grande autonomie, ou en tout cas d'une plus grande attention, les tribus baloutches se révoltent régulièrement contre le régime d'Islamabad. En 2010, le Baloutchistan était encore loin d'avoir réalisé ce rêve. En revanche, Quetta est devenue l'une des principales bases opérationnelles des talibans afghans, dirigée par une *choura*, ou conseil, représentant différents groupes d'insurgés.

Thierry et moi descendons au *Lourdes Hotel*, où nous devons choisir entre dormir au chaud, mais dans une chambre noyée dans la fumée d'un poêle à charbon, ou dans le froid glacial d'une chambre aérée. J'ai entendu parler de gens qui sont morts asphyxiés par ces poêles, aussi, nous optons pour la seconde solution. Nous nous

1. En français dans le texte. *(N.d.T.)*

glissons dans nos sacs de couchage, eux-mêmes recouverts de couvertures. Bien entendu, une fois pelotonné dans son lit, Thierry, en bon Français, tient absolument à fumer ses Gauloises nauséabondes. J'ai travaillé suffisamment longtemps avec des journalistes français pour savoir qu'il est inutile d'espérer le convaincre de renoncer à son *clope*[1].

Quetta est déjà bondée de milliers de réfugiés afghans. Beaucoup ont fui l'Afghanistan avant l'invasion, mais un plus grand nombre encore afflue désormais chaque jour. Alimentés par des rumeurs fantaisistes, les récits de villages entiers exterminés par des gaz innervants ou les exécutions de masse ont instillé la peur parmi les Afghans ordinaires. Comme dans tout conflit, la rumeur peut s'avérer plus destructrice que la guerre elle-même.

Les réfugiés arrivent dans des pick-up, cars, voitures, charrettes tirées par des bœufs, voire en taxi, tous bourrés de valises, de caisses et de poulets. Des enfants recroquevillés contre le froid sont juchés au sommet des tas de bagages, observant avec curiosité leur nouvel environnement. Beaucoup de ces réfugiés voient une ville pour la première fois. Certains sont venus à dos de cheval, de chameau ou d'âne, d'autres en poussant devant eux leur troupeau de moutons. Totalement démunis, beaucoup vendent déjà leurs bêtes. Leurs misérables camps de toile se multiplient à la périphérie de la ville et dans la zone frontalière. Dans les *chaikhanes*, Afghans et Pakistanais ne parlent que de l'invasion. Ce n'est guère surprenant car les émissions en dari et pashto de la BBC et de la Voix de l'Amérique diffusent régulièrement les dernières nouvelles. Les commentateurs politiques se livrent à d'interminables débats sur les raisons pour lesquelles les Russes ont envahi l'Afghanistan.

Officiellement, le Kremlin affirme avoir agi conformément aux obligations dictées par ses traités avec Kaboul. Le 5 décembre 1978, presque huit mois après l'accession des communistes au pouvoir, l'URSS a signé un «Traité d'amitié, de bon voisinage et de coopération» avec l'Afghanistan. Selon le discours officiel, l'invasion,

1. En français dans le texte. *(N.d.T.)*

ou « intervention », comme Moscou préfère appeler l'opération, est une réponse légitime à la subversion favorisée par les « forces impérialistes extérieures » et les « terroristes ». Pour les moudjahidines, l'invasion russe n'a fait que renforcer leur détermination à résister à la fois au communisme et aux étrangers indésirables. Certains analystes adoptent un point de vue historique. Ils rappellent aux auditeurs le vieux souhait de la Russie – souhait qui remonte à Pierre le Grand au début du XVIIIe siècle – de se ménager un accès direct aux eaux chaudes de l'océan Indien. D'autres évoquent les craintes russes de voir l'islamisme déborder en Union soviétique. Les Russes gardent un souvenir très vif des guerres contre les *basmachi* (bandits) d'Asie centrale, ces soulèvements locaux et régionaux des années 1920 au cours desquels les nationalistes et militants islamiques ont été brutalement réprimés par les bolcheviks. Au bout du compte, l'invasion n'est probablement pas due à un mobile unique, mais à un faisceau de facteurs géopolitiques mêlés d'opportunisme que Moscou considère comme vitaux pour ses intérêts immédiats et à long terme.

Le premier de ces facteurs est d'empêcher que le régime du PDPA soit renversé par la montée en puissance des moudjahidines. Les Soviétiques ont passé plus d'un demi-siècle à rivaliser directement avec les Américains en Afghanistan dans le cadre de la guerre froide. Depuis le début des années 1950, les deux pays ont procuré au pays de l'aide au développement et une assistance militaire afin de renforcer leurs positions respectives dans la région. Les Russes n'entendent certainement pas voir leurs efforts réduits à néant à cause du rapprochement d'Amin avec les États-Unis. En réalité, les Soviétiques ont probablement mal interprété le comportement d'Amin. Celui-ci, bien qu'il ait autrefois travaillé pour l'ambassade américaine en qualité d'interprète, ne nourrit aucune sympathie particulière pour les États-Unis et s'emploie plutôt à jouer le très ancien jeu afghan consistant à dresser les étrangers les uns contre les autres. On dit par ailleurs qu'il courtise différents groupes tribaux insurgés, dont certains opèrent à partir du Pakistan. Les rebelles, pense-t-il, pourraient l'accepter comme dirigeant en échange d'une modération des réformes les plus radicales envisagées par son gouvernement. Celles-ci comprennent l'enseignement obligatoire pour les filles et la redistribution des terres, ce qui menace de mettre à bas tous les droits traditionnels d'eau et de fermage.

Un autre des facteurs ayant motivé l'invasion russe est la position stratégique de l'Afghanistan. Le contrôle total de ce pays enclavé qui n'est éloigné de l'océan Indien que d'une journée de route à travers le Baloutchistan augmenterait significativement les moyens d'action soviétiques en Asie méridionale, en Afrique et au Moyen-Orient. Il accroîtrait de manière significative son accès aux États du Golfe. Une base éventuelle dans les eaux chaudes du port pakistanais de Gwadar procurerait à Moscou un point d'ancrage essentiel lui offrant un accès plus facile à ses bases militaires en Éthiopie et à Aden, au Sud-Yémen. Mais, surtout, l'invasion russe permettrait d'éliminer l'Afghanistan en tant que traditionnel tampon entre l'URSS et ce qui était autrefois les Indes britanniques. Une fois que Moscou contrôlerait directement l'Afghanistan, le Pakistan se trouverait soumis à une double pression, de l'Inde à l'est et des troupes de l'Armée rouge à l'ouest.

L'Inde a toujours été la grande préoccupation du Pakistan en matière de politique étrangère. Or à l'époque les Indiens entretiennent de bonnes relations avec l'Union soviétique, et les Pakistanais sont inquiets de voir se constituer un second front à la frontière afghane. Ils craignent également que les Russes accentuent leur soutien aux séparatistes pachtounes. Aussi les Pakistanais augmentent-ils aussitôt leur soutien aux moudjahidines. Au milieu des années 1990, ce soutien à la résistance afghane se traduira par la fourniture directe d'armes et de moyens financiers aux talibans par l'ISI, les Saoudiens et d'autres intérêts musulmans. Mais, pour les Russes, l'Iran représente une menace encore plus grande. Comme Islamabad, Téhéran renforce son soutien à la résistance afghane, notamment en direction de sa minorité Hazâra de confession chiite. Et le régime de Khomeiny ne tarde pas à accentuer sa rhétorique antisoviétique.

Alors que tout le monde prédit une déstabilisation politique de l'ensemble de la région, j'ai hâte d'entrer en Afghanistan pour découvrir ce qu'il s'y passe réellement. D'après les chauffeurs routiers locaux, rien n'empêche de passer en Afghanistan – le poste-frontière a été abandonné. Le lendemain matin à l'aube, Thierry et moi montons à bord d'un car où ne se trouve qu'une poignée de passagers afin de gagner la ville frontalière de Spin Boldak où nous comptons juger nous-mêmes de la situation. Comme Spin Boldak se trouve dans une zone « officielle », nous n'avons pas besoin de permis pour nous y rendre.

Entièrement asphaltée, la route Quetta-Kandahâr est un axe commercial vital pour les deux pays. Depuis Karachi, sur l'océan Indien, qui sert de « port franc » à l'Afghanistan, les marchandises non taxées sont acheminées jusqu'à Quetta. Aussitôt après avoir franchi la frontière afghane, une bonne partie d'entre elles sont réintroduites illégalement au Pakistan. Quoique ce trafic soit réputé clandestin, il ne peut se perpétuer qu'avec la connivence de certains responsables pakistanais. Tout le monde empoche des pots-de-vin. La même chose se produit sur la route Peshawar-Jalalabad. La vue de ces hommes des tribus conduisant des caravanes de chameaux, de chevaux et de mulets chargés de climatiseurs, de pneus et de réfrigérateurs dans d'étroits ravins ou des lits de rivières asséchées aux environs de la passe de Khyber me rend chaque fois perplexe. Une fois parvenues dans les zones fédérales, les marchandises sont revendues à des prix très inférieurs aux produits importés – et lourdement taxés – au Pakistan.

Après avoir dépassé la dernière ville pakistanaise de Chaman, nous arrivons enfin à Spin Boldak, où Thierry et moi présentons nos passeports. Le gouvernement d'Islamabad a envoyé des troupes afin de surveiller la frontière. Je bavarde avec des officiers pendjabis, curieux de savoir pourquoi deux Occidentaux souhaitent se rendre en Afghanistan. Je leur demande s'ils ont remarqué quoi que ce soit d'inhabituel. « Les douaniers afghans ont disparu comme le sable dans la tempête », m'annonce dans un anglais impeccable un commandant portant une mince moustache noire. Dans son uniforme kaki bien taillé, il incarne l'image même du soldat professionnel. « Il n'y a plus personne là-bas », ajoute-t-il en indiquant d'un hochement de tête le poste de douane afghan. Le drapeau rouge, noir et vert flotte bien au-dessus du groupe de bâtiments qu'on aperçoit au loin, mais je ne remarque aucun signe d'occupation humaine. Nous nous apprêtons à nous mettre en route. « Que Dieu soit avec vous, dit l'officier en me serrant la main. Vous avez vraiment du courage. Vous n'ignorez pas que les Russes ont fait leur entrée en Afghanistan, n'est-ce pas ? » Je souris à la façon distinguée dont il a formulé sa question. En tant que journalistes, lui dis-je d'un ton quelque peu présomptueux, c'est notre boulot de rendre compte de la situation. Il opine gravement de la tête. « Très bien, dans ce cas, il faudra que vous vous arrêtiez boire le thé à votre retour. »

Accompagnés de deux ou trois de ses hommes, nous marchons sur quelques centaines de mètres pour rejoindre un groupe poussiéreux de taxis afghans jaune et blanc qui attendent en bordure du *no man's land*. Il fait beaucoup plus chaud qu'à Quetta, mais de gros nuages de pluie s'amassent à l'ouest. Je négocie avec un des taxis. Il vient d'arriver de Kandahâr avec un chargement de réfugiés et est enchanté de trouver des clients pour le retour. Il y a des Soviétiques du côté de l'aéroport, nous prévient-il. « On ne voit que des Khalqis en ville, ajoute-t-il en secouant la tête. Nous ne voulons pas de ces gens dans notre pays. »

Nous montons en voiture. Thierry s'installe à l'avant pour pouvoir photographier, et moi à l'arrière avec mon calepin où je tente de griffonner des notes malgré les cahots. Nous parcourons la courte distance qui nous sépare du poste-frontière afghan. À part quelques chiens fouillant les tas d'ordures, l'endroit est désert. Nous nous attendions à moitié à tomber sur un char de l'Armée rouge, mais nous n'apercevons pas le moindre Soviétique. Un peu plus loin, nous croisons un groupe d'*askaris* afghans qui ne se sont visiblement pas rasés depuis quelques jours. Membres d'une armée nationale forte de cinquante mille hommes mais profondément démoralisée, ils gardent nonchalamment un barrage routier avec leurs fusils d'assaut. Un caporal examine d'un air ennuyé nos passeports. Il étudie soigneusement le mien, mais en le tenant à l'envers, et fait mine de le lire en commençant par la fin, à la manière arabe. Puis il sourit et nous fait signe de passer. Aucun d'eux ne semble le moins du monde s'inquiéter de l'invasion, comme si cela ne les concernait en rien.

Nous rencontrons peu de circulation sur cette route d'environ soixante-quinze kilomètres construite par les Américains dans les années 1960. À cette époque, les Russes construisirent les axes nord-sud, tandis que les Américains s'occupaient des routes est-ouest. Il est clair que la direction choisie par les Russes répondait mieux aux besoins de leur invasion. Le paysage est sec et désolé, mais plus nous approchons de Kandahâr, plus il verdit en raison des fermes irriguées qui le ponctuent.

Nous nous arrêtons fréquemment pour que Thierry puisse prendre des photos. La plupart des réfugiés, nous explique notre chauffeur, empruntent des pistes de campagne. Ce n'est que très occasionnellement que nous rencontrons des voitures, ou un car transportant des habitants du coin ou des appelés afghans qui ont l'air de manquer singulièrement d'enthousiasme. Il est évident que les Soviétiques ne remporteront pas cette guerre s'ils comptent sur ces conscrits.

À l'approche de Kandahâr, les incessants atterrissages et décollages des hélicoptères et des avions de transport sur l'aéroport situé au sud de notre route sont les seuls signes visibles de l'invasion. Bien que tentés de faire un détour pour aller voir d'un peu plus près ce vortex d'activité militaire, nous décidons de poursuivre notre chemin et arrivons à Kandahâr au coucher du soleil. Il pleut depuis plusieurs jours et la capitale provinciale, habituellement noyée dans la poussière, s'est transformée en un immense bourbier. Tout semble absurdement normal. Alors que certains reportages faisaient état de graves pénuries de nourriture, nous trouvons un bazar bruissant d'activité, avec des marchands enturbannés, accroupis derrière leur étal abondamment fourni en légumes et épices, vantant bruyamment leurs produits. Dans les rues encombrées, voitures et camions se faufilent à grands coups de klaxon au milieu des *tongas* tirés par des chevaux. Des *rickshaws* à moteur de scooter, au pare-brise orné de multicolores pompons en plastique, zigzaguent d'une file à l'autre, manquant d'un cheveu renverser les petits vendeurs de cigarettes couverts de boue qui harcèlent les passants en les agrippant ou en les interpellant d'une voix aiguë : « *Cigaret ? Cigaret ?* » Quand on leur refuse, ils réclament d'un air effronté un *bakchich* ou des dollars. Un voile de brume bleutée flotte paresseusement sur cette ville qui ne paraît même pas être en guerre ni subir une invasion massive.

Nous trouvons un hôtel, moderne mais vide, qui a connu des jours meilleurs. Le tourisme avait tout juste commencé à se développer au milieu des années 1970. Sur les murs, des affiches en couleurs montrent les Bouddhas de Bâmiyân, vieux de mille sept cents ans, les eaux turquoise des lacs du Band-e-Amir, la mosquée du Vendredi à Hérat et la citadelle de Bala Hissar à Kaboul. L'hôtelier, un sympathique Pachtoune, est tout content d'accueillir des visiteurs non russes. Au cours des derniers mois, nous explique-t-il, l'hôtel a encore reçu de petits groupes de touristes, des voyageurs suffisamment téméraires ou ignorants pour vouloir se rendre à Hérat ou dans la capitale afghane. Mais depuis quelques semaines, ajoute-t-il, il ne reçoit plus que rarement des Occidentaux. Quand je l'interroge sur l'invasion, il secoue tristement la tête. « Ce n'est pas bon pour l'Afghanistan », dit-il. Voyant que Thierry et moi voulons nous aventurer dans les rues, il nous met en garde au sujet du couvre-feu : « Vous ne devez pas rentrer trop tard, dit-il. Ça peut être dangereux. »

À 20 heures, une demi-heure avant le couvre-feu, la ville est déserte. Un véhicule surmonté d'un haut-parleur passe à petite allure en conseillant d'un ton plaintif aux habitants de rester chez eux. Kandahâr est considérée comme bien moins sûre que Kaboul, où le couvre-feu n'entre en vigueur qu'à 21 heures. Cela préfigure ce qui se passera dans la période posttalibans, en 2003 et 2004, quand les Américains devront rester terrés à l'aéroport et où la plupart des agences internationales d'aide seront contraintes de réduire leurs activités par crainte des attaques. Pour notre première nuit, cependant, la ville reste d'un calme sinistre. Nous n'entendons que le bruit étouffé des postes de radio et des téléviseurs, les aboiements des chiens et le grincement occasionnel d'un camion militaire passant dans la rue.

Pendant les trois jours suivants, Thierry et moi nous baladons dans Kandahâr. Il n'y a qu'un seul autre journaliste présent, et nous échangeons nos notes debout au milieu de l'agitation et de la boue du bazar. « C'est une situation très bizarre ici, dit-il, aussi étonné que moi de ne pas constater la moindre présence russe. On ne peut pas dire que ça grouille d'uniformes de l'Armée rouge. »

Tandis que Thierry circule entre les étals et les allées en prenant des photos, je bavarde avec des marchands et des artisans, mais aussi avec un jeune étudiant en ingénierie assis devant un thé dans une *chaikhane* enfumée. « Les *Chouravis*[1] ne viennent pas en ville, mais nous savons qu'ils ne sont pas loin. Peut-être ont-ils peur... », ajoute-t-il avec un sourire entendu. Dans toutes les villes, les Soviétiques restent cantonnés aux alentours de l'aéroport et des bases principales, tandis que des *askaris* à l'air maussade assurent la garde de la poste principale, des bâtiments officiels, des stations-service, des banques et des autres établissements importants. Des miliciens armés, vêtus d'un blazer ou d'un veston par-dessus leur *salwar*, circulent dans les rues, procédant à des contrôles d'identité et à des fouilles à la recherche d'armes. Pendant la journée, le seul signe d'activité militaire est le passage de Jeep ou de transports de troupes blindés chargés de soldats et d'officiers en uniforme afghan. Ils sont parfois accompagnés d'hommes aux traits européens, en civil, sans doute les conseillers russes qui ont préparé l'invasion au cours des semaines et des mois précédents. Mais, la nuit, c'est très différent. Les guérilleros urbains contrôlent les toits et les ruelles. Ils distribuent des *shabnamas*, des « lettres nocturnes », forme de communication très répandue qui sera reprise plus tard par les talibans pour exhorter la population à ne pas collaborer avec l'OTAN.

J'essaie de reconstituer le puzzle des événements récents. « Ça a été un coup d'État extrêmement inhabituel », me déclare d'une voix chantante le consul indien à Kandahâr. J'ai simplement toqué à sa porte, et j'ai été très surpris qu'il m'invite aussitôt à entrer pour discuter de la situation. « Il n'y a eu aucun observateur, aucun char et aucune excitation. Une situation très curieuse. » Il m'explique que l'on avait simplement remarqué depuis Noël que les avions soviétiques atterrissaient et décollaient à un rythme légèrement plus soutenu qu'auparavant, mais que cela n'avait rien

---

1. Soviet signifiant « conseil », les Afghans ont forgé ce terme à partir de « choura » (conseil, assemblé en dari) pour désigner les Soviétiques. (*N.d.T.*)

d'inhabituel. Le 31 décembre, cependant, un brusque mouvement de protestation avait balayé la ville. Saisis de panique, les commerçants avaient abaissé leur rideau de fer à 9 heures du matin, juste après avoir ouvert leur boutique. D'immenses foules d'hommes s'étaient rassemblées dans les rues et sur les principales places. D'invraisemblables rumeurs d'exécutions, de viols, de pillages et d'autres atrocités commises par les communistes circulaient.

« En réalité, personne n'avait vu les envahisseurs, souligne le consul indien, mais cela n'avait apparemment aucune importance. Les gens étaient à l'évidence très en colère. Très, très en colère. » À la gare routière centrale, des violences éclatèrent. Des groupes hurlant des insultes contre l'Union soviétique et le nouveau régime de Karmal se répandirent dans les rues, s'en prenant à tout objet ou toute personne représentant les communistes. Ils renversèrent et incendièrent des véhicules de l'armée, brisèrent des vitres, arrachèrent des panneaux de propagande et mirent en pièces le drapeau rouge du Khalq. Sous le premier gouvernement du PDPA, les Khalqis avaient remplacé les anciennes couleurs afghanes par un drapeau qui ressemblait à celui d'une république soviétique. Amin avait introduit une nouvelle bannière qui incorporait les couleurs traditionnelles afghanes, rouge, noir et vert, mais beaucoup d'anciennes versions subsistaient. Les troupes gouvernementales accoururent et ouvrirent le feu. Incapables de réprimer l'émeute, les autorités firent intervenir l'aviation militaire afghane, qui mitrailla bâtiments et espaces publics à la roquette et au canon. Toutefois, selon plusieurs témoins, les avions tentèrent plutôt de disperser que de tuer les manifestants. On apprit plus tard que certains pilotes avaient refusé de tirer sur leurs compatriotes.

À la fin de l'après-midi une douzaine de personnes avaient trouvé la mort, parmi lesquelles trois infortunés conseillers russes qui s'étaient rendus au bazar faire des courses pour Noël. Ils avaient été extirpés de leur véhicule et lynchés sur-le-champ. Aussitôt, les Soviétiques avaient évacué toutes les familles russes vivant dans un complexe résidentiel de l'ONU. En début de soirée, d'importantes forces afghanes patrouillaient les rues, et des Jeep équipées de haut-parleurs appelaient la population au calme. Une nouvelle fois, les soldats de l'Armée rouge demeurèrent invisibles, obéissant en cela à une politique délibérée visant à laisser les autorités afghanes s'occuper elles-mêmes de la population.

Le lendemain, jour de l'An, débuta l'invasion proprement dite de Kandahâr. « On a alors compris exactement ce qui se passait, poursuit le consul indien, et, bon sang, ça faisait un sacré raffut ! » On entendait le ronronnement incessant des transports de troupes arrivant par le nord, tandis qu'aux environs immédiats de l'aéroport les chars et les véhicules blindés de la 66e Division motorisée gagnaient leurs positions. L'intense trafic aérien, qui vit aussi l'arrivée d'une flotte d'hélicoptères de combat Mi-24, se poursuivit pendant deux jours. Les Soviétiques commencèrent presque aussitôt à effectuer des raids aériens contre les positions de la guérilla établies dans les montagnes proches au nord-est de la ville. Le consul me raconte qu'il entendait le rugissement des chasseurs-bombardiers qui décollaient puis viraient au-dessus de la ville avant de se diriger vers leurs objectifs.

Finalement, ayant fait le plein de photos et de notes, Thierry et moi décidons de regagner Quetta. Nous louons un taxi qui nous emmènera jusqu'à la frontière pakistanaise, mais avant cela nous voulons faire un crochet par l'aéroport. Au rond-point, nous tombons sur un barrage gardé par des *askaris* et des policiers. Deux véhicules de transport de troupes blindés sont placés en travers de la chaussée, précédés de herses bardées de pointes métalliques. Un soldat armé d'une AK-47 s'approche. « *Sarak band hast !* » nous dit-il en dari en nous faisant signe de faire demi-tour. « La route est fermée. » De nombreux soldats sont déployés dans des régions très éloignées de leur province natale. Une bonne partie des *askaris* présents à Kandahâr sont originaires du nord et de l'ouest de l'Afghanistan et s'exprimaient en dari. Il en va de même pour les Pachtounes de l'Est stationnés dans des villes comme Mazar ou Faizabad : cela rend plus difficile leur désertion.

Par l'intermédiaire de notre chauffeur qui parle un peu l'anglais, j'explique que nous devons absolument prendre le vol quotidien de la compagnie Bakhtar pour Kaboul. Soldats et policiers se concertent brièvement, puis, avec un haussement d'épaules, lèvent la barrière pour nous laisser passer. Une fois parvenus devant le terminal, nous y entrons prudemment. Personne ne nous interpelle. Le bâtiment est plein de policiers afghans désorientés, de personnel civil de l'aéroport et, enfin, de nos premiers soldats de l'Armée rouge. Jeunes appelés pour la plupart, ils se tiennent debout ou accroupis à proximité de leur paquetage et du reste de leur équipement. Tirant sur leurs *papyrossi* (cigarette) ou jouant aux cartes, ils lèvent la tête à notre passage. Sur les murs, absurdes dans un pays à présent sous occupation militaire, des affiches continuent de vanter l'Afghanistan comme destination touristique de premier choix. Des affiches tout aussi lyriques d'Ariana, la compagnie aérienne nationale, et de la Bakhtar, qui assure les liaisons intérieures, exhortent les passagers à les emprunter pour voyager de façon confortable « avec service et hospitalité ».

Pendant que Thierry s'éloigne pour prendre des photos, je me rends au comptoir de la Bakhtar et m'enquiers d'un ton nonchalant du prochain vol pour Kaboul. Le réceptionniste, un jeune homme en costume, me fixe avec stupéfaction. « Il n'y a aucun vol aujourd'hui », fait-il en secouant la tête. « Alors peut-être demain ? En première, si le reste est complet », ne puis-je m'empêcher d'ajouter. « Non, il n'y aura aucun vol demain », m'informe-t-il avant de se pencher vers moi et d'ajouter : « Vous ne devriez pas être ici. Vous devriez vous en aller. Tout de suite. »

Après lui avoir adressé un discret hochement de tête pour le remercier de sa sollicitude, je me remets à errer dans le terminal dans l'espoir d'observer des signes d'activité soviétique sur le tarmac à travers les baies et les portes vitrées. Le long des rampes de débarquement, des files de soldats déboulent de cinq Antonov en livrée camouflée. À un moment, je me risque à faire quelques pas dehors. À ma stupéfaction, personne ne m'arrête. En une trentaine de minutes, je compte pas moins d'une douzaine d'hélicoptères Mi-8 et Mi-24 équipés de canons et de paniers à roquettes. Ils effectuent leur approche à basse altitude puis se posent avant de se diriger vers d'énormes stocks de munitions empilés le long des aires de stationnement. Sans couper leur moteur, les équipages attendent que le personnel au sol ait réarmé leurs appareils, puis, quelques minutes plus tard, ils redécollent en direction des collines de Khada à l'est ou de la chaîne de Shah Maqsud à l'ouest.

Aimable mais très inquiet, un policier afghan s'approche de moi. « C'est très dangereux pour vous d'être ici. Vous devez vous en aller, me supplie-t-il. Je vous en prie. Nous ne voudrions pas qu'il vous arrive quelque chose. Vous risquez d'être repéré par le KHAD », ajoute-t-il en faisant allusion à l'impitoyable police secrète du régime. Je le remercie de m'avoir prévenu et fais signe à Thierry. « On ferait bien d'y aller, lui chuchoté-je. Mieux vaut ne pas trop tirer sur la ficelle. »

Nous sortons sans hâte du bâtiment. Notre taxi est toujours là, le chauffeur parlant à voix basse avec trois autres hommes qui tirent nerveusement sur leur cigarette. L'un d'eux se précipite pour nous étreindre et nous serre chaleureusement la main. Il murmure une brève prière puis pose la main sur son cœur pour nous saluer. Nous remontons en voiture et regagnons la route principale où nous prenons vers l'est en direction du Pakistan. Deux hélicoptères de combat soviétiques passent à quelques centaines de mètres au-dessus de nos têtes et survolent des terres irriguées avant de foncer vers les montagnes désolées qu'on aperçoit au loin. C'est là qu'un nombre croissant de moudjahidines ont commencé à établir leurs bases, à partir desquelles ils lanceront durant toute la durée de l'occupation des attaques éclairs contre les Russes.

L'ironie, à propos de l'aéroport de Kandahâr, ou KAF (Kandahâr Air Field), comme les forces de l'OTAN l'appelleront plus de deux décennies plus tard, est qu'il a été construit par les Américains dans les années 1960. Conçu au départ comme étape de ravitaillement pour les vols commerciaux reliant l'Europe à l'Inde et à l'Extrême-Orient, il devait également servir de base militaire américaine au cas où l'Union soviétique et les États-Unis en seraient venus à un affrontement direct dans la région. Mais, au moment où KAF International fut inauguré, les premiers Jumbo-jets 747 à long rayon d'action étaient entrés en service, et on n'avait plus besoin d'étape de ravitaillement. L'aéroport fournit en revanche une base toute prête à l'Armée rouge au moment de l'invasion. En 2006, lorsque les troupes américaines mèneront leur propre guerre contre les talibans et leurs alliés, KAF deviendra sous direction canadienne un gigantesque centre logistique pour le Commandement régional sud de la coalition. Il se targuera également d'être l'aéroport militaire à piste unique le plus actif du monde, avec plus de cinq mille décollages et atterrissages par semaine.

De retour à Spin Boldak, nous constatons que les autorités afghanes ont fait leur réapparition. Nous nous arrêtons devant le bâtiment des douanes, où un fonctionnaire solitaire en uniforme vert poussiéreux est assis à une table installée à l'extérieur. Il fronce les sourcils d'un air stupéfait en examinant nos passeports, puis laisse échapper un gargouillis consterné. « Où est votre permis d'entrée ? » s'enquiert-il en hurlant presque. « Nous n'en avons pas, il n'y avait personne quand nous sommes passés », expliqué-je. « Ce n'est pas possible », rétorque-t-il en secouant la tête. Il scrute nos papiers avec une attention redoublée, tournant lentement les pages.

Enfin il secoue la tête, à l'évidence profondément dérouté par cette scandaleuse bévue administrative. Il jette un rapide coup d'œil alentour puis, à travers la table, pousse nos passeports dans notre direction. « S'il vous plaît, allez-vous-en, dit-il avec calme. Vous n'êtes jamais allés en Afghanistan. » J'en suis ravi. Cela signifie que mon visa est toujours valide.

En repartant de Spin Boldak, je songe au terrain changeant et souvent inhospitalier que l'on rencontre en Afghanistan et me demande comment les Russes pensent pouvoir l'emporter quand tant d'étrangers avant eux ont échoué à s'installer durablement dans le pays. Les plaines enclavées du nord de l'Afghanistan s'étendent jusqu'aux steppes du Turkménistan, de l'Ouzbékistan et du Tadjikistan, tandis qu'à l'est les montagnes de l'Hindu Kouch, d'une altitude de plus de sept mille cinq cents mètres et surnommées « Tueuses d'Hindous », s'étirent vers l'ouest avant de s'abaisser progressivement jusqu'aux modestes collines d'Hérat. Au sud, un rude et aride plateau se perd peu à peu dans les vastes et brûlants déserts du Baloutchistan pakistanais, qui s'étend lui-même jusqu'à l'océan Indien. Composée d'étendues semi-arides, de hauts plateaux désolés hérissés de massifs infranchissables, coupés de vallées caillouteuses et de profonds ravins, la plus grande partie du pays est inhabitée. Ce n'est pas le genre de pays qui se laisse aisément contrôler par une armée étrangère.

Les Soviétiques découvriront vite que la population aussi est loin d'être uniforme. L'Afghanistan est une mosaïque linguistique, culturelle et géographique de peuples extrêmement variés – Pachtounes, Nouristanis, Tadjiks, Ouzbeks, Turkmènes, Hazâras et d'autres encore – qui, traditionnellement, détestent que des étrangers leur disent ce qu'ils doivent faire. Et chacun de ces groupes ethniques déteste tout autant qu'un autre groupe les domine. Chaque Afghan se considère comme « un roi parmi les rois », doté du même droit de voir ses opinions prises en compte que n'importe quel autre Afghan, mendiant ou monarque.

Comme les Américains le feront plus de vingt ans plus tard, les Soviétiques se sont engagés militairement en Afghanistan afin d'imposer une forme extérieure de gouvernement qui allait profondément à l'encontre des croyances et des coutumes afghanes. Les dirigeants locaux, notamment les Pachtounes qui ont traditionnellement dirigé l'Afghanistan et qui représentent peut-être encore la majorité de la population (le dernier recensement remonte à 1978), ont toujours considéré que leur première allégeance devait aller à leurs familles, villages et clans. Ce n'est qu'en deuxième lieu qu'ils s'identifient à leurs vallées et régions, et enfin à l'Afghanistan lui-même. Il n'existait pas alors, et il n'existe toujours pas aujourd'hui, en Afghanistan le désir d'un gouvernement central fort agissant selon une vision commune de gouvernance, qu'elle soit communiste ou démocratique.

Bref, l'Afghanistan était à l'époque un pays divisé, et il le reste aujourd'hui. Traditionnellement, les Ouzbeks, Tadjiks et Turkmènes du Nord ont toujours été en relation avec l'Asie centrale, car ils se comprennent mutuellement en raison de la proximité de leurs langues et dialectes. En revanche, les Hazâras chiites aux traits mongoloïdes des plateaux du centre, qui ont toujours été la minorité la plus déshéritée de la société afghane, se sont tournés vers l'Ouest et l'Iran en quête de direction spirituelle, d'emplois et, après l'invasion russe, d'armes et d'argent. La plupart des foyers ont accroché sur leurs murs le portrait du chef spirituel iranien, l'ayatollah Khomeiny, tandis que beaucoup considèrent encore l'Iran comme le meilleur endroit où émigrer pour trouver du travail.

Les Farsiwan (locuteurs de farsi) essentiellement tadjiks d'Hérat ont toujours entretenu des liens étroits avec l'Iran pour le commerce transfrontalier. Les Pachtounes de l'Est ou du Sud et les Baloutches, autre groupe tribal éparpillé en Iran, en Afghanistan et au Pakistan, ont plus d'affinités avec le Pakistan et le sous-continent indien. La majorité des marchandises à destination de Kaboul, Kandahâr et Jalalabad vient du Pakistan.

Tout cela a rendu extrêmement difficile l'émergence d'un sentiment durable d'identité nationale. Quelques dirigeants du passé ont réussi à inspirer une certaine conscience patriotique, notamment Ahmad Shâh Durrani, le premier des rois pachtounes, qui introduisit l'idée d'un Afghanistan uni vers le milieu du XVIIIe siècle. Un autre monarque, Abdur Rahman Khân, poussa plus loin l'idée de construction nationale à la fin du XIXe siècle en instaurant un régime centralisé plus ferme, mais même lui ne put assurer qu'un contrôle précaire sur les provinces. Pour beaucoup d'Afghans, le véritable pouvoir se situe au niveau des régions. Aujourd'hui encore, les politiciens et seigneurs de guerre afghans préfèrent être nommés gouverneurs de province plutôt que ministres. Éloignées de la capitale, les provinces leur permettent plus facilement d'asseoir leur fief et d'organiser leurs affaires, que ce soit dans le domaine de la drogue, du trafic de bois, du vol de terres ou du pillage à grande échelle de l'aide internationale et des fonds militaires.

Depuis les premiers jours de l'invasion russe, j'ai observé d'abord les Soviétiques, puis les Occidentaux, essayer de donner à l'Afghanistan un avenir politique et culturel qui ne correspond en rien à la culture traditionnelle et aux coutumes des Afghans. Innombrables sont ceux qui ont perdu la vie parce que d'autres ont tenté et tentent encore d'imposer leur présence et leurs idées étrangères. Les pierres tombales de nombreux étrangers, du soldat britannique abattu au XIXe siècle par un tireur embusqué pachtoune au pilote soviétique qui a préféré se tirer une balle dans la tête plutôt que d'être capturé, marquent de leur présence muette les cols balayés par les vents et les collines parsemées de rochers. Au fil des années, j'ai rencontré des centaines d'Afghans qui m'ont livré les récits poignants et parfois épouvantables de leurs rencontres avec les « envahisseurs étrangers ». Restera à jamais gravé dans ma mémoire le visage buriné de ce vieux berger dont la voix tremblait en me racontant la nuit où les hélicoptères frappés de l'étoile rouge avaient surgi au-dessus des collines et détruit son village. Tout aussi vif reste le souvenir de cet ancien moudjahid qui m'a fièrement conduit à l'endroit où ses hommes et lui avaient tendu une embuscade à une patrouille russe. Tendant le bras comme une arme, il me montra comment il avait abattu à bout portant un jeune soldat russe blessé qui n'avait plus que la force de le fixer d'un regard plein de haine et de peur.

Chapitre 4

Guérillas baloutches, courbes d'apprentissage et massacres

Alors que je regagne Peshawar, les réfugiés franchissent déjà par milliers les deux mille cinq cents kilomètres de frontière. La résistance de tout un pays ne s'est pas manifestée du jour au lendemain. La répression communiste avait jusqu'ici poussé à l'exil fermiers, commerçants, enseignants, fonctionnaires, journalistes, universitaires, officiers de l'armée, dirigeants religieux, chefs tribaux et nomades, mais l'invasion transforme l'exode en déluge humain. C'était une stratégie délibérément menée par les Russes pour débarrasser le pays de ses éléments d'opposition indésirables en leur rendant la vie si intolérable que la population, estimée à l'époque entre quatorze et quinze millions, ne pouvait qu'accepter le régime, quitter le pays ou mourir. Comme l'avait annoncé Sayed Abdullah, le commandant Khalqi de la célèbre prison Pule-Charkhi à Kaboul, dans un discours prononcé dans une réunion du parti : « Il ne devrait rester qu'un million d'Afghans en vie – un million de communistes. C'est tout ce dont nous avons besoin. »

Mon intention est de visiter quelques-uns des camps qui se multiplient par centaines dans les zones désertiques et montagneuses du Baloutchistan et de la Province du Nord-Ouest, afin de faire connaître le sort tragique des réfugiés. Mais ce qui m'excite tout particulièrement est la perspective d'effectuer aux côtés des moudjahidines mon premier voyage clandestin « à l'intérieur » – la nouvelle expression qu'emploient les journalistes et les travailleurs humanitaires pour désigner tout ce qui se trouve de l'autre côté de la frontière. Lors de mon séjour à Quetta, une ville peuplée essentiellement de Pachtounes (*kwatta* signifie « forteresse » en pashto), j'ai pu entrer en contact avec deux représentants baloutches de la résistance qui ne demandent pas mieux que d'emmener des journalistes étrangers dans le Helmand. Cette province est surtout connue pour sa vaste étendue de terres agricoles irriguées par le Helmand River Valley Project lancé par les Américains dans les années 1950. Lors de la prise du pouvoir par les communistes en 1978, les États-Unis avaient toutefois cessé toute participation aux travaux du barrage hydroélectrique et du réseau de canaux d'irrigation. Pourtant, même au plus fort de la guerre soviétique, le projet fonctionnera vaille que vaille. Aujourd'hui encore, la région reste l'une des zones agricoles les plus productives d'Afghanistan et se targue de la plus grosse récolte d'opium au monde.

Avant même l'invasion, les guérillas baloutches menaient des opérations contre les positions communistes. Quand leurs activités prirent de l'ampleur après les événements de décembre 1979, les Russes lancèrent à l'aide de Mig et d'hélicoptères des raids de représailles contre des positions soupçonnées d'être des bases de guérilla. Mes contacts baloutches travaillent avec plusieurs groupes de résistants, mais ils m'ont recommandé, à mon retour à Peshawar, de me rapprocher du Jamaat-e-Islami, qui commençait déjà à apparaître comme l'un des principaux groupes fondamentalistes.

Comme la plupart des partis en exil, le Jamaat a établi son quartier général dans la colonie afghane à la périphérie nord de la ville. Le siège du parti est constitué d'un dédale de bâtiments en béton, d'enclos en torchis et pierre, de cours intérieures, d'étroites ruelles et de canaux. Jusqu'ici lieu de résidence et d'affaires pour les commerçants afghans, le quartier est peu à peu investi par les réfugiés et les moudjahidines. Du *Dean's Hotel*, je prends un *rickshaw* pour me rendre au siège du Jamaat. Quatre jours plus tard, un représentant du parti passe m'informer que tout est prêt. Je gagnerai une nouvelle fois Quetta, d'où l'on me fera passer en Afghanistan.

Mais, d'abord, un homme du Jamaat m'emmène au bazar afin d'y acheter un *salwar kameez* beige, des sandales de cuir brun et un *patou*, une couverture de laine que je porterai sur les épaules.

La *pièce de résistance*[1] est toutefois un tissu gris de six mètres de long avec lequel je ferai mon turban. Le guérillero me montre comment le nouer sur mon crâne. « À présent tu ressembles à un moudjahid, déclare-t-il en faisant un pas en arrière. Il ne te reste plus qu'à te laisser pousser la barbe. » Je tourne sur moi-même comme Peter O'Toole dans *Lawrence d'Arabie* et me dis que je dois avoir l'air totalement ridicule. Il m'est impossible de me faire passer pour un Afghan avec mes yeux bleus, mes cheveux blonds bouclés et mon allure soignée. De plus, je n'ai jamais réussi à maîtriser l'art du turban. Pendant tous mes séjours, il se défera dès que je me mettrai à marcher.

De retour à l'hôtel, je reçois un coup de fil de Judah Passau, un photojournaliste américain que j'ai connu à Paris. De petite taille, avec des lunettes à monture en acier noir, il ressemble, se comporte et parle comme Woody Allen. Il tient absolument à aller en Afghanistan, mais pour quelques jours seulement. Je lui parle du Baloutchistan et lui laisse entendre que le voyage pourrait être dangereux. Je me sens un peu comme un vétéran, avec un brin de suffisance, un trait dangereux – comme je l'appris par la suite – chez quiconque est appelé à travailler dans des zones de conflit. Judah a été sapeur dans l'armée israélienne – où son boulot consistait à débarrasser de mines éventuelles les routes qu'empruntait la Jeep d'Ariel Sharon –, aussi, il n'est pas particulièrement inquiet. Deux autres journalistes, Kore Werpe du quotidien norvégien *Morgenbladet* et Rauli Virtanen du journal finlandais *Helsingin Sanomat* se joignent à nous. Je les envoie au bazar se procurer leur tenue locale. Quand ils en reviennent, je remarque avec satisfaction qu'ils ont l'air encore plus comiques que moi.

Nous prenons le premier vol pour Quetta et nous rendons à l'antenne locale des moudjahidines, un bâtiment bas entouré d'un mur, qui fait également fonction de dortoir. Il est la propriété d'un commerçant pakistanais, sympathisant de la résistance. De nombreux Pakistanais aident ainsi leurs frères afghans. Certains le font par solidarité familiale ou clanique, mais d'autres apportent

1. En français dans le texte. *(N.d.T.)*

leur soutien pour remplir leur devoir de charité islamique, le *zakat*. Une vingtaine de combattants d'une vingtaine d'années, tous coiffés de leur turban, sont assis par terre et écoutent la radio en buvant du thé. Je leur trouve un air éminemment sournois, et pourtant tous sourient et hochent la tête à notre entrée, levant la main à hauteur de leur cœur pour nous saluer à l'unisson d'un «*As-salâm 'aleïkoum*».

J'ai du mal à comprendre comment les guérillas ont été en mesure de mettre si rapidement sur pied une force combattante. Selon Tariq, l'officier de liaison des moudjahidines, son groupe compte près d'un millier d'hommes en armes, dont la plupart combattent dans le sud-est du Helmand, sous la bannière de différents groupes. À vrai dire, j'ignore qui sont exactement ces Baloutches avec qui je traite. Je sais que le Baloutchistan s'étend à cheval sur trois pays – Pakistan, Afghanistan et Iran – et que des factions séparatistes se battent contre leurs gouvernements respectifs depuis des décennies. Certains sont ouvertement de gauche, d'autres plus strictement nationalistes. Les Baloutches pakistanais, qui reprochent à Islamabad de ne pas investir dans leur province riche en ressources naturelles – charbon, gaz et peut-être pétrole –, ont renforcé leurs activités depuis le début des années 1970 grâce aux armes et munitions introduites par contrebande depuis l'Afghanistan. Pour la plupart de ces groupes, l'objectif est l'indépendance, ou en tout cas l'autonomie, et au-delà l'unification de toutes les régions baloutches en un seul État. Mais, comme il en allait avec les nationalistes pachtounes revendiquant un Pachtounistan indépendant, ou, plus à l'ouest, avec les Kurdes répartis en Iran, Irak et Turquie, et leur désir d'un Kurdistan indépendant, aucun des dirigeants de ces États n'avait la moindre intention de laisser émerger une entité unifiée.

Beaucoup des tribus qui se battaient alors contre Kaboul étaient impliquées dans le trafic de stupéfiants. Une bonne part de la drogue était acheminée de nuit par les routes du désert, dans des pick-up rapides, jusqu'au Pakistan ou en Iran. Le Helmand était en train de devenir une zone majeure de production d'opium. Ce trafic se poursuivra durant toute la guerre soviétique et jusque dans les années 1990 et 2000. Au moment de l'intervention américaine en 2001, la valeur totale du trafic de drogue en Afghanistan se montait à près de trois milliards de dollars par an. En 2010, si l'on se base sur le prix moyen de l'héroïne pure à 30 % vendue dans les rues britanniques, le montant annuel total des ventes d'héroïne afghane dans le monde atteignait plus de cent quatre-vingt-quatorze milliards de dollars. C'est l'équivalent du produit intérieur brut de pays comme l'Iran ou la Finlande.

Ces Baloutches de la frontière étaient des trafiquants-nés. Ils faisaient également le commerce de faucons et autres oiseaux de proie extrêmement recherchés, dont la majorité sont protégés par la CITES, la Convention on International Trade in Endangered Species. Les faucons utilisés pour la chasse étaient achetés par de riches Arabes, qui pouvaient débourser jusqu'à cent mille dollars pour un seul oiseau. Lors d'une vente aux enchères organisée au *Pearl Continental Hotel* de Peshawar au début des années 1980, les trafiquants avaient réservé deux étages entiers. Des Arabes en longue robe blanche et turban rouge et blanc, portant des attachés-cases bourrés de liasses, parcouraient les couloirs à la recherche de l'oiseau de leurs rêves. La porte grande ouverte, chaque chambre abritait jusqu'à une douzaine de volatiles – éperviers, faucons et même aigles – juchés, yeux bandés, sur leurs perchoirs. C'est ce réseau de contrebande qui constitua le cadre, puis finança les activités de résistance des Baloutches afghans. Ce trafic lucratif d'animaux sauvages se poursuit de façon aussi intense aujourd'hui.

Mon souci principal, cependant, était de savoir comment entrer en Afghanistan en compagnie des combattants clandestins. Je n'allais pas tarder à comprendre que l'Afghanistan est composé d'une myriade de groupes tribaux ou ethniques, et qu'aucune vallée, province ou région n'est représentative de l'ensemble du pays. Comme me l'a dit un jour un Afghan, on doit comprendre « mille » Afghanistan. Mais je ne savais absolument pas quel groupe de moudjahidines me donnerait la meilleure opportunité d'écrire un article précis sur la résistance afghane.

Âgé d'environ vingt-cinq ans, doté d'une bonne éducation et le visage barré d'une moustache soigneusement taillée, mon contact à Quetta, Tariq, étudiait la médecine à l'université de

Kandahâr lorsqu'il avait rejoint la résistance. Il m'informe qu'il faut encore deux ou trois jours pour organiser le voyage. Plus tard, il m'apprendra que nous étions les tout premiers journalistes occidentaux qu'il rencontrait. En attendant, lui dis-je, nous irons visiter les camps de réfugiés et repasserons régulièrement à l'hôtel pour savoir si un message y a été déposé. Vu que les téléphones ne fonctionnent jamais correctement, les messages manuscrits transportés par *rickshaw* sont le seul moyen de communiquer. Tariq opine gravement du chef. « C'est bien, dit-il. Beaucoup de gens souffrent dans notre pays. Vous devez voir comment ils vivent. »

Une équipe de représentants de l'UNHCR qui logent à notre hôtel nous suggère d'aller faire un tour dans la zone frontalière à proximité des villes de Chaman et de Pishin. Beaucoup de nouveaux réfugiés affluent à travers la frontière dans ce coin, nous informent-ils. Nous louons un minibus et, par une route dont de nombreux tronçons sont effondrés, roulons pendant quatre heures à travers la montagne pour gagner Chaman. Sous une chute de neige qui interdit toute visibilité, nous atteignons à plus de deux mille mètres d'altitude le sommet du Khojak Kotal (défilé) qui relie le fort Qilla Abdullah, datant du XIXe siècle, et la ville de Chaman, distante d'une bonne vingtaine de kilomètres à l'ouest. Constituant l'un des deux grands défilés qui relient l'Afghanistan au sous-continent indien – l'autre étant la passe de Khyber –, le Khojak Kotal a longtemps été une célèbre route de contrebande, âprement disputée par deux tribus pachtounes rivales, les Achakzai et les Noorzai.

Au débouché de la montagne, nous apercevons les premiers campements de réfugiés dans la plaine qui s'étend à nos pieds. Ils se trouvent encore en territoire pakistanais et à quelques kilomètres seulement de Spin Boldak. Les tentes ressemblent à des grappes de papillons blancs posés sur les contreforts rocheux des massifs pakistanais déchiquetés de Toba et de Kakar. Chaman a été le principal point d'arrivée des centaines de réfugiés qui quittaient chaque nuit l'Afghanistan avant l'invasion. À présent, avec la multiplication récente des affrontements avec l'Armée rouge, les réfugiés affluent en plus grand nombre encore. Le bureau régional du gouvernement pakistanais pour les réfugiés est installé dans un bâtiment de style colonial. Des travailleurs humanitaires locaux distribuent des matelas rouge et bleu à des Afghans qui patientent, l'air anxieux. Nous nous présentons au commissaire adjoint, un ancien officier qui se déclare enchanté que des « représentants de la presse internationale » viennent visiter la zone placée sous sa responsabilité. Debout dans la neige, nous buvons dans de petits verres du thé vert copieusement sucré tandis qu'il nous relate les derniers développements. « Beaucoup de réfugiés arrivent dans leur propre camion. Mais ils arrivent par des pistes non marquées. Ils doivent éviter les contrôles frontaliers afghans. » Il nous explique aussi que parfois un avion soviétique ou afghan fait une incursion dans les zones frontalières sous les yeux des troupes pakistanaises déployées aux alentours.

En cette fin de janvier 1980, d'après les estimations officielles, sept cent mille Afghans ont trouvé refuge au Pakistan. Mais les ambassades occidentales et les agences humanitaires pensent que ce chiffre est plus proche du million. Comme ailleurs dans le pays, où des groupes ethniques et tribaux apparentés vivent de part et d'autre de la frontière, certains des premiers arrivés ont sans doute trouvé à se loger chez des parents. Mais ils sont de plus en plus nombreux à planter leur tente dans l'un des quatre camps installés dans les pâturages à quelques kilomètres de la ville. En raison des fortes pluies récentes, la plaine habituellement aride s'est transformée en un immense lac de boue où l'on enfonce jusqu'à la cheville.

L'énormité du problème des réfugiés a pris de court aussi bien les Pakistanais que les membres de la communauté internationale. On manque cruellement de tentes, que le UNHCR s'efforce de faire produire en masse par des usines des environs de Karachi. Les réfugiés doivent aller chercher de l'eau en ville et il n'existe aucune installation sanitaire. Les gens vont faire leurs besoins en plein champ, de sorte que les alentours du camp dégagent à présent une odeur pestilentielle. S'il faisait chaud, au moins, le soleil ferait disparaître la plus grande partie de ces déchets, mais, avec ce temps humide, ils se mélangent avec la boue. Par pudeur, les femmes ne s'aventurent dans ces champs qu'au crépuscule. Dans les zones plus chaudes, elles sont alors souvent victimes de morsures de serpent, car, lorsque l'atmosphère se rafraîchit, ceux-ci recherchent les terrains dégagés où les pierres ont conservé la chaleur du soleil.

Le commissaire adjoint secoue la tête d'un air consterné. «Tout ça est très mauvais pour la santé. Cela entraîne des risques de maladies, dit-il. Il faudra du temps pour construire des installations sanitaires correctes. J'ai l'impression que ces gens ne sont pas près de repartir.» En quelques années, beaucoup de ces villages de tentes deviendront en effet de véritables petites villes de pierre et de torchis qui, tout en restant des camps de réfugiés, abriteront bazars florissants, écoles et cliniques. Beaucoup de leurs habitants, qui ont laissé derrière eux leur maison, leur ferme ou leur entreprise, n'auront désormais plus d'autre moyen de subsistance que leurs rations de réfugiés.

Dans un camp installé à la hâte à proximité de Boghra, nous rencontrons un groupe de réfugiés du sud de la province de Kandahâr qui nous apportent des tasses de thé brûlant. Malgré la température glaciale qui règne à l'extérieur, il fait étonnamment chaud dans leur tente. Mohammed Zia, un *malik* (chef de clan) arborant une barbe blanche, nous apprend que lui-même et sa famille étendue, composée de quelque soixante personnes, sont arrivés au Pakistan entassés à l'arrière d'un camion Bedford et dans une Jeep de fabrication russe. Ils ont quitté l'Afghanistan la première nuit suivant l'invasion.

Il n'y a aucune femme ou jeune fille en vue. Tout à l'heure, j'ai aperçu plusieurs silhouettes enveloppées de longues robes sombres s'enfuir à notre approche. Nous ne voyons également que très peu de jeunes garçons. «Ils sont partis combattre avec les moudjahidines dans les montagnes qu'on voit là-bas, explique fièrement le vieil homme en montrant le massif de l'Hada à une trentaine de kilomètres à l'ouest. En Afghanistan, nous offrions le vivre et le couvert aux moudjahidines quand ils arrivaient dans notre secteur, ajoute-t-il. Les Khalqis n'aimaient pas ça. Ils emmenaient les jeunes gens pour les enrôler dans l'armée ou les emprisonner.» Je rencontrerais plus tard quelques-uns de ces jeunes gens enrôlés de force. Originaires de régions lointaines d'Afghanistan, ils avaient déserté et rejoint la guérilla.

Les réfugiés nous assurent qu'ils n'ont vu aucun soldat russe. « Nous sommes partis parce que les Khalqis venaient nous prendre nos terres », explique le *malik* qui, en tant que propriétaire traditionnel des terres, régnait sur une demi-douzaine d'hectares de vergers et de champs de blé. Les membres de son clan, nous explique-t-il, travaillaient pour lui et lui remettaient la moitié de leur récolte. Mais, quand les communistes sont arrivés, ils l'ont obligé à distribuer ses propriétés. Quand je lui demande à qui ont été allouées ces terres, il soupire avec amertume : « À des Khalqis membres du parti, paysans, favoris…

– A-t-on proposé des terres à des membres de votre famille ? lui demandé-je.

– Oh oui, mais ils ont refusé », répond-il avec une évidente satisfaction. L'homme assis à côté de lui opine vigoureusement. « On m'a proposé une terre, mais c'est contre l'islam de voler quelque chose à quelqu'un pour le donner à un autre. » C'est un argument que j'allais entendre répéter à de multiples reprises le long de la frontière dans les mois suivants. Les réfugiés se plaignent d'autres formes de « répression », notamment des efforts déployés par Kaboul pour éduquer de force les jeunes filles. Les Khalqis ont tenté d'ouvrir une école pour filles, remarque un des hommes d'un ton dédaigneux. « Mais aucune fille n'y est allée. Ils avaient envoyé de Kaboul des enseignants hommes. Ça aussi, c'est contraire à l'islam. Nous ne voulons pas que nos femmes soient éduquées. Ce n'est pas bon.

– Pas même par des professeurs femmes ? demandé-je. Les filles ont tout de même le droit de recevoir une éducation.

– Non, pas même par des femmes, intervient le *malik*. Ce n'est pas un travail pour elles. Une femme n'a pas de visage si elle se montre en public. Ces femmes khalqis de la ville, elles n'ont pas de visage. »

Je parcours lentement du regard le groupe d'hommes assis devant moi, tous âgés d'une cinquantaine d'années ou plus. « Combien d'entre vous savent lire et écrire ? » leur demandé-je. Ils se mettent à rire. « Il n'y a que notre mollah qui soit éduqué, me répond l'un d'eux. Mais les Khalqis l'ont arrêté. Nous ne savons même pas s'il est encore en vie. »

Quelques jours plus tard, nous sommes attablés devant notre petit déjeuner quand Tariq arrive avec Mansour, un homme obséquieux d'une trentaine d'années à la voix haut perchée. Il sera notre guide et interprète. Dehors est stationnée une vieille mais solide Mercedes grise qui a gardé sur le pare-chocs l'autocollant « D » indiquant la nationalité de son précédent propriétaire. Le chauffeur est appuyé contre son siège, les yeux fermés, écoutant de la pop iranienne.

« Vous partez Afghanistan maintenant », nous annonce Tariq avec une fierté manifeste.

Enfin mon premier voyage clandestin. Notre itinéraire, explique Tariq, nous emmènera d'abord à Dalbandin, à mi-chemin de la frontière iranienne. Nous obliquerons ensuite en direction du nord par une piste traversant les collines de Chagai qui marquent la frontière afghano-pakistanaise. Il faudra être prudent, nous avertit Tariq. La police et l'armée pakistanaises effectuent des patrouilles dans le secteur. Ce qu'il ne nous précise pas, c'est que ces patrouilles ont été déployées pour traquer les contrebandiers, afin soit de confisquer leurs marchandises, soit de leur extorquer des pots-de-vin. Il y avait parfois des morts dans les accrochages qui s'ensuivaient.

Le trajet dans le désert est long et la chaleur, étouffante. Heureusement, la route est en partie goudronnée. Une voie ferrée où circule le train hebdomadaire partant de Quetta et des lignes télégraphiques tendues sur des poteaux en bois longent la route jusqu'à la ville iranienne de Zahedan, à quelque six cents kilomètres à l'ouest. La circulation est clairsemée, pour l'essentiel des camions locaux mais aussi des cars peints de couleurs vives, avec des guirlandes métalliques qui tintent à chaque cahot et des cornes à plusieurs tonalités. Nous croisons aussi des semi-remorques TIR venus d'Europe dont les chauffeurs sont britanniques, allemands et turcs. Ces liaisons par voie terrestre seront peu à peu interrompues à mesure que la guerre d'Afghanistan prendra de l'ampleur. Les Iraniens, de leur côté, renforceront également leurs contrôles, notamment pour enrayer le trafic d'héroïne.

Vers le sud se dressent des djebels rocheux qui se fondent progressivement dans une chaîne de collines basses mais escarpées annonçant les terres brûlantes et désolées qui s'étendent au-delà jusqu'à l'océan Indien. Ce sont ces territoires que les Soviétiques devront traverser s'ils entendent se ménager un accès à un port en eau chaude. Au nord, le terrain est plat, sablonneux et dénudé, seulement ponctué de temps à autre par une ferme entourée de champs irrigués, de palmiers dattiers et de potagers.

Nous nous arrêtons à un relais routier situé à un carrefour pour boire du thé, des sodas et manger un morceau. Un camion TIR avec des plaques du Royaume-Uni repose sur son cric au bord de la route. Deux chauffeurs britanniques à l'air épuisé sont assis à côté, une demi-douzaine de bouteilles de Fanta vides devant eux. Ils ont cassé un essieu de leur remorque. Cela fait cinq jours qu'ils attendent que leur bureau de Karachi envoie un véhicule de secours dans lequel transborder leur chargement. Un vent chaud souffle du nord. À la vue du lointain horizon, il semble inconcevable qu'une guerre impliquant une des superpuissances mondiales se déroule juste au-delà de la frontière, à moins de cent kilomètres de là.

Nous atteignons Dalbandin à la tombée de la nuit. Nous contournons la ville, passant entre de petits bâtiments en torchis avant d'obliquer vers le nord où nous traversons un paysage de champs irrigués avant de retrouver une étendue désertique qui s'élève peu à peu à l'approche des collines de Chagai. C'est ici que nous devons retrouver les guérilleros. Mansour scrute l'obscurité environnante, discutant sans cesse avec le chauffeur qui prend une direction pour aussitôt repartir dans une autre. Il est évident que nous sommes perdus.

« Qu'est-ce que nous cherchons ? finis-je par demander à Mansour.

– Je cherche la route, monsieur.

– Sais-tu où elle pourrait être ?

– Bien sûr, monsieur. Elle est quelque part. »

Nous nous arrêtons fréquemment pour scruter le sol à la lueur de nos torches. Le problème est de déterminer quelle est la bonne piste parmi les innombrables traces de pneus qui s'entrecroisent. Soudain nos phares découpent les silhouettes de plusieurs hommes armés qui agitent les bras pour que nous nous arrêtions. Le chauffeur ralentit. Je jette un coup d'œil à Mansour qui ne paraît guère rassuré. Je réalise brusquement qu'il s'agit très probablement de bandits. Je hurle au chauffeur de ne pas s'arrêter. « Fonce ! »

Ralentissant toujours, il désigne les hommes qui nous barrent à présent la route.

« Non ! je crie. Ne t'arrête pas. Accélère ! Plus vite ! Mansour ! Dis-lui de ne pas s'arrêter.

– Mais ces hommes nous font signe », rétorque-t-il.

À présent tout le monde crie dans la voiture. Je prends le chauffeur par l'épaule. « Dis-lui que, s'il tente de s'arrêter, je le tue ! », hurlé-je à l'adresse de Mansour. Le chauffeur enclenche une vitesse et la voiture bondit en avant, se faufilant entre les hommes qui continuent de gesticuler. J'aperçois deux pick-up garés derrière eux. Aucun ne paraît en panne.

Nous finissons par décider de faire halte jusqu'au matin afin de nous repérer. Nous dormons dans la voiture, mais il fait terriblement froid. Au lever du jour, je distingue devant nous une suite de collines basses. Le chauffeur démarre. Deux heures plus tard, alors que nous sommes apparemment entrés en Afghanistan, nous nous arrêtons dans un gros village. Trois 4 × 4 Wagoneer blancs couverts de poussière y sont arrêtés. Le Wagoneer est le véhicule préféré des contrebandiers. Un groupe nombreux d'hommes en turban, dont quatre ou cinq portent un fusil Lee-Enfield à l'épaule, s'agglutine autour de notre voiture. Plusieurs hommes à la barbe grise sont armés de fusils de chasse ; un *baba* (vieillard) tout ratatiné arbore même une véritable pièce de musée, un *jezail* à canon long que les hommes des tribus afghanes utilisaient contre les envahisseurs britanniques. Ces vieux tromblons pouvaient difficilement être le genre d'armes qui conduiraient les fervents guérilleros à la victoire contre l'Armée rouge.

Le commandant, un homme bien bâti avec une épaisse barbe noire, nous étreint chaleureusement. Il nous emmène jusqu'à un grand tapis étendu devant un *kudik*, maisonnette traditionnelle en pierre et torchis et au toit de chaume. Un *bacha*, jeune garçon faisant fonction de serviteur, nous apporte aussitôt thé, *nan* (le pain afghan) et biscuits, ainsi qu'un grand bol de crème épaisse pour tremper le pain. Aucun parmi la trentaine de Baloutches, uniquement des hommes, qui se tiennent debout autour de nous ne s'assied avec nous. Avec un sourire, le commandant nous fait signe de manger. Puis il prend Mansour à part. Pendant quelques minutes, les deux hommes discutent avec volubilité, indiquant de temps à autre le nord ou l'ouest. Enfin, Mansour se tourne vers nous.

« Nous laissons Mercedes ici et partons avec moudjahidines », annonce-t-il. Peut-être, nous laisse-t-il entendre, qu'ils nous emmèneront avec eux sur une opération. Nous hochons la tête d'un air solennel. Je ne nierai pas que je suis à la fois excité et un peu nerveux à cette perspective.

« Contre les Soviétiques ? » je m'enquiers.

Mansour traduit ma question à l'intention du commandant. Celui-ci esquisse un sourire. « Peut-être contre les *Chouravis*, peut-être contre les Khalqis. Peut-être les deux. Ce sont tous des communistes. »

Judah et Kore veulent savoir combien de temps durera notre expédition. « Vous serez de retour dans trois ou quatre jours, assure Mansour.

– C'est promis ? rétorque Kore d'un air sévère comme s'il admonestait des écoliers. J'ai un emploi du temps à respecter. Je dois rentrer bientôt. »

Mansour interroge le commandant. « Entendu, dit-il. Il est d'accord.

– Bien, dit Kore en notant la chose dans son calepin comme si cela allait être déterminant. Nous sommes d'accord. »

À présent désaltérés, nous montons dans les véhicules et nous enfonçons un peu plus en Afghanistan. Les collines rocheuses sont parsemées de petits buissons. Parfois la piste suit un lit de rivière asséchée, parfois elle emprunte des vallées ou des plaines. Nos trois véhicules roulent à vive allure, soulevant des nuages d'une poussière suffocante. Les combattants ne semblent pas craindre d'être repérés par des avions de reconnaissance.

Nous traversons une demi-douzaine de villages. Dans chacun d'eux, les habitants font signe aux véhicules de s'arrêter afin de parler au commandant. Chaque fois il nous montre du doigt, et les vieux *babas* hochent gravement la tête, levant les mains pour nous souhaiter la bienvenue en murmurant : «*As-salâm 'aleïkoum.*» Il nous faut une demi-journée pour gagner notre première base insurgée de la vallée de l'Alehan, située, si j'en crois ma carte, à une cinquantaine de kilomètres à l'intérieur de l'Afghanistan. Deux cents tentes sont dressées le long d'un lit de rivière totalement asséché, tandis que des camions, tracteurs, Wagoneer et pick-up sont garés parmi les rochers, ou bien entrent ou sortent du camp dans un nuage de poussière. On n'a visiblement fait aucun effort pour camoufler la base. S'ils l'apercevaient, les avions soviétiques pourraient aisément la détruire en la mitraillant ou en la bombardant.

Hajii Nour Mohammed Khan, commandant du secteur et *malik* respecté, sort escorté d'un groupe d'hommes en armes. Nous nous étreignons et il nous fait entrer dans la maison où il aboie un ordre bref. Quelques secondes plus tard surgit un *bacha* portant un plateau garni de petits verres emplis de sucre (qu'on ne remue pas, mais qui se dilue à mesure que l'on verse du thé dessus), d'assiettes de raisin et de biscuits à la crème de citron, pendant qu'un autre garçon apporte deux énormes Thermos à pompe. Le *malik* saisit une des Thermos et emplit soigneusement nos verres. «Nous sommes honorés et heureux de vous avoir parmi nous, déclare-t-il par l'intermédiaire de l'interprète. *Inch'Allah*, vous allez être témoins de notre djihad contre les communistes infidèles.»

Pendant une heure, nous parlons de la guerre. Porteur d'une barbe grise, âgé d'une cinquantaine ou d'une soixantaine d'années, Mohammed Khan nous raconte que ses gens et lui, originaires de Lashkar Gah, se sont enfuis dans les montagnes pendant l'été 1979, quand ont commencé à se faire sentir les effets de la «répression anti-islamique» lancée par les communistes. Comme chez de nombreux opposants afghans, le manque de respect manifesté par les Khalqis à l'égard de leurs convictions religieuses et de leurs traditions était un des principaux facteurs de leur hostilité au gouvernement. «Les Khalqis n'ont pas de dieu, déclare-t-il avec colère. C'est un blasphème. Tout homme doit se soumettre à Allah. Il ne peut y avoir d'exceptions.»

Kore pose une série de questions soigneusement réfléchies à propos de leur tactique, de leur équipement et de leurs objectifs.

Judah, pour sa part, se promène aux alentours en prenant des photos. Lorsque, m'étonnant de ce que le camp soit aussi à découvert, je lui demande s'il ne craint pas une attaque aérienne. Mohammed Khan hausse les épaules. « Ils ne sont encore jamais venus. » Il ne semble d'ailleurs pas beaucoup se soucier de cette éventualité. « Le gouvernement Taraki a échoué parce qu'il ne bénéficiait d'aucun soutien populaire. Amin aussi a échoué. Karmal échouera et les Russes échoueront aussi. Ce sera leur Vietnam. » Auditeur fidèle de la BBC et de la VOA, il est parfaitement au courant des comparaisons avec le Vietnam auxquelles on procède en Europe et en Amérique du Nord. « L'Afghanistan sera le cimetière des Soviétiques », ajoute-t-il pour appuyer son propos.

Ce dont ils ont besoin, remarque Mohammed Khan, ce sont des armes. La plupart de celles dont ils disposent pour repousser les hélicoptères et les chars sont trop anciennes. Pendant mon voyage, je découvrirai une diversité d'armes à faire saliver un collectionneur. Un jour, un vieux Baloutche tout ridé me montrera un mousquet à un coup, magnifiquement incrusté d'ivoire, ainsi qu'une poignée de balles artisanales amoureusement polies et, pour la poudre, une bourse en cuir noir qui semblait faite avec un scrotum de bœuf. « Si nous avions plus de kalachnikovs, de canons antiaériens et d'armes antichars, déclare le commandant, nous pourrions vaincre ces Soviétiques. »

Au cours des trois jours suivants, nous visitons d'autres camps. Tous paraissent, comme par défi, avoir été installés dans les endroits les plus découverts. Dans chacun d'eux, des dizaines de combattants viennent nous montrer leurs armes et – surtout – se faire photographier. Malgré la réputation qu'ont les Afghans d'être d'excellents tireurs, je commence à douter sérieusement de leurs capacités lorsqu'un commandant propose de nous faire la démonstration de leur habileté.

Un par un, les moudjahidines – la poitrine barrée d'impressionnantes ceintures de munitions – procèdent à trois tirs à l'aide d'une kalachnikov AK-47 capturée à l'ennemi. À l'époque des débuts de la guerre, il était rare de voir une kalachnikov. La cible était une feuille de papier jaune placée au sommet d'un rocher à une distance de moins de soixante-quinze mètres. Pas une seule balle ne l'atteignit. Au bout du compte, lâchant un juron bien senti, un robuste ancien officier de l'armée afghane s'avance, s'empare de l'arme et tire plusieurs fois, chaque coup touchant le papier. Avec un soupir, le commandant reconnaît que l'entraînement de ses hommes n'est pas parfait. Seuls quelques-uns d'entre eux, des déserteurs pour la plupart, ont bénéficié d'une formation militaire de base. « Beaucoup de mes hommes viennent de villages ou de petites villes. Ils ne se sont jamais servis d'une arme », précise-t-il.

Le manque de munitions est également un problème. Personne ne peut s'offrir le luxe de s'entraîner. Les balles coûtent trop cher. Dans les villes frontalières pakistanaises, les balles pour AK-47 se vendent 1,5 dollar pièce – une véritable fortune dans ces régions –, tandis que les munitions destinées au fusil Mauser tchèque de haute précision de la Seconde Guerre mondiale, le fameux Brno Vz24, largement utilisé dans les conflits récents, valent chacune la somme incroyable de 2,50 dollars. S'ajoute à cela que les hommes revendent souvent au bazar, afin de nourrir leurs familles, les munitions qui leur sont distribuées. « Ce qui veut dire que nous devons racheter les munitions que nous avions précédemment capturées », nous explique un commandant. Nous comprenons vite que les armes modernes, les munitions et l'entraînement ne sont pas les seules choses qui manquent à ces guérilleros. Ils sont également dépourvus de toute notion de stratégie militaire. Leur approche de la question se résume à une volonté d'en découdre de n'importe quelle façon avec les Russes. Je ne vois jamais aucune carte dans ces camps (rares sont les combattants qui savent vaguement lire la mienne) et il n'existe quasiment aucun autre moyen de communication que les messages transportés par courriers. Ces hommes n'ont enfin aucun sens de la formation d'unités. Pas la moindre escouade, pas le moindre peloton, pas la moindre compagnie.

Selon Mohammed Khan, qui commande trois cents combattants, lorsqu'ils décident de frapper un objectif, ils se réunissent avec d'autres chefs de groupe. On discute bruyamment de l'opération en buvant du thé accompagné de *nan*. Quand tout le monde est enfin tombé d'accord, les guérilleros s'entassent dans les pick-up, jusqu'à vingt ou trente hommes par véhicule, et se dirigent de nuit vers leur objectif en plusieurs colonnes, embarquant au passage les combattants descendus à pied des collines pour se joindre à eux. On peut aisément imaginer que, si des hommes habitant dans des zones éloignées sont au courant du projet d'attaque, alors les forces gouvernementales en ont certainement eu vent elles aussi.

Il ne nous paraît guère plausible que certaines des victoires spectaculaires revendiquées par les moudjahidines soient tout à fait authentiques. En décrivant leurs attaques contre des positions retranchées, casernes, convois, bureaux administratifs et commissariats de police, ils affirment que certains de ces objectifs étaient tenus par des Soviétiques, mais il s'avère en réalité qu'ils ne font guère de différence entre forces afghanes et forces russes. Pour eux, quiconque se bat aux côtés de l'ennemi est un *Chouravi*. Comme je vais rapidement m'en rendre compte, les Afghans font preuve d'une grande imagination pour relater les événements. Les camions deviennent vite des chars, tandis que deux ou trois transports de troupes blindés deviennent d'immenses colonnes de chars. Quand je demande à un moudjahid de me dessiner le « char » qu'il a attaqué, l'image ressemble étrangement à une Jeep.

Si des tactiques aussi brouillonnes avaient pu fonctionner contre une armée afghane démoralisée dans la période précédant l'invasion, on était en droit de se poser la question de savoir si la résistance susciterait des réactions aussi molles de la part de l'Armée rouge. Non seulement les unités gouvernementales afghanes étaient désormais prises en charge par des officiers soviétiques, mais des rapports récents indiquaient un renforcement de la collaboration entre l'Armée rouge et l'armée afghane afin de booster le moral et d'améliorer l'efficacité des forces afghanes. D'autres rapports expliquaient que les Russes s'abstenaient pour l'instant de toute intervention majeure, sauf pour protéger les voies de communication terrestres ou les installations militaires, comme c'était le cas autour de Kaboul et de Kandahâr. Avec l'arrivée prochaine du printemps, les ambassades occidentales à Islamabad s'attendaient à ce que l'Armée rouge fasse usage de toute sa puissance contre ces moudjahidines insuffisamment préparés.

Tout cela ne semble entamer en rien l'enthousiasme des guérilleros. Beaucoup évoquent avec une assurance extraordinaire leur capacité à riposter. C'est le cas par exemple de Mahmed, vingt-trois ans, un ancien étudiant en science politique à l'université de Kaboul. Lui-même fait partie du Jamaat, mais souligne que ses collègues appartiennent à d'autres groupes, comme le Hezb-e-Islami de Gulbuddin Hekmatyar ou le plus modéré Mahaz-e Melli Islami (Front national islamique) du politicien royaliste Sayed Ahmed Gailani. Alors que nous nous enfonçons dans les steppes du sud de l'Afghanistan, il me déclare avec assurance : «Toute cette région est entre nos mains. Grâce à Dieu, les Russes ne peuvent pas nous atteindre ici.» La région dont parle Mahmed s'étend au sud de Lashkar Gah. Nous roulons jusqu'au bout de la zone irriguée, assez près de la ville pour apercevoir ses lumières. Mais nous n'osons pas nous en approcher plus.

Mahmed affirme que les différents partis travaillent en étroite collaboration, notamment sur le champ de bataille, mais ces affirmations ne me paraissent pas entièrement convaincantes. Alors que nous fonçons dans le désert, en pleine journée ou à la lueur des étoiles, nous croisons souvent des véhicules chargés de combattants brandissant leurs armes. Alors les uns et les autres ralentissent et s'observent mutuellement, mais sans prononcer une parole. Puis chacun repart de son côté, soulevant des nuages de poussière dans son sillage. Quand je demande à Mahmed qui étaient ces hommes que nous venons de croiser, il répond d'un air évasif : «Ce sont des moudjahidines... Mais ils ne sont pas avec nous.»

Il est temps de regagner notre base. L'attaque prévue n'a pas eu lieu. En une seule occasion nous avons aperçu deux hélicos Mi-8 traverser l'horizon en ombre chinoise. Et, à un moment, nous sommes arrivés à proximité d'une grande route s'étirant comme un ruban à travers la plaine au nord des collines de Chagai. Des colonnes de véhicules, parmi lesquels des cars, y roulaient dans les deux sens. Il était impossible que les guérilleros puissent attaquer la route sans être aussitôt repérés. Les nuages de poussière qu'ils soulèvent derrière eux trahissent immanquablement les véhicules traversant ces étendues désertiques.

Mohammed Khan nous propose de rester plus longtemps. Déçu de n'avoir assisté à aucune action, je suis tenté d'accepter, mais Judah et Kore sont impatients de rentrer. Judah est de plus en plus paranoïaque à l'idée que ces combattants afghans découvrent qu'il est israélien. Tout en condamnant Moscou en de très énergiques termes bibliques, ils ne manquent jamais, par solidarité islamique, une occasion de vouer aussi Israël aux gémonies en raison de la répression qu'elle mène en Palestine. Pour Kore, très nordique dans son sens de la procédure, il s'agit surtout de respecter son calendrier. Il ne cesse de rappeler aux moudjahidines qu'ils se sont engagés à nous ramener à Quetta dans un délai convenu.

Nous entamons les huit heures de trajet jusqu'à Dalbandin. Nous sommes stupéfaits de constater que chaque village sur notre route a préparé à notre intention un véritable festin. Au premier village, nous entreprenons avec enthousiasme de nous empiffrer de thé vert et de viande grillée – mouton, bœuf, poulet – accompagnés de riz pulao (la version sud asiatique du riz pilaf), d'aubergines, de pommes de terre, de yaourt, de fruits et de miel. Quelques kilomètres plus loin, un nouveau repas nous attend. Puis encore un autre. Et un autre. Nous sommes tombés dans une embuscade d'hospitalité afghane. Pour avoir séjourné longtemps en Asie, je sais qu'il est hors de question de la refuser. « On ne peut plus rien avaler, gémit Judah. Il faut partir d'ici. » Il est à présent convaincu que les moudjahidines ont découvert ses origines israéliennes. « Quoi que tu fasses, ne mentionne jamais Israël », me glisse-t-il entre ses dents. Quant à Kore, il continue d'insister pour que nos hôtes respectent leur engagement pour notre retour, comme si notre expédition était un banal voyage organisé. « Vous avez fait une promesse », ne cesse-t-il de rappeler à Tariq. Rauli et moi tentons de leur faire comprendre qu'ils doivent se plier aux coutumes locales et que les normes occidentales n'ont plus cours dans les déserts d'Aghanistan. Au quatrième repas, nos deux collègues refusent de descendre de leur véhicule. Les Baloutches commencent visiblement à s'énerver.

« Écoutez, mangez au moins quelques bouchées. Buvez un peu de thé. Mais montrez-leur que leur hospitalité vous touche. » Puis j'ajoute : « Je pense vraiment que vous ne pouvez pas faire autrement. » Kore secoue la tête d'un air déterminé. « Ces gens m'ont fait une promesse ! articule-t-il d'une voix forte. Je dois respecter mon calendrier. » Quant à Judah, il se cramponne d'un air buté au sac où il range ses appareils photo. « Je ne bouge pas de la voiture, gémit-il. Nous devons rentrer au Pakistan. » À court d'arguments, je fais signe à Tariq de me suivre et rejoins les anciens de la tribu, rassemblés en un groupe compact et discutant entre eux d'un air furieux.

« Écoute, dis-je à notre guide, dis à ces messieurs que nous travaillons pour la BBC et que nous avons recueilli des tas d'informations sur la façon dont leurs braves moudjahidines se battent contre les Soviétiques. » Le terme « BBC » est le seul qu'ils soient à même de comprendre pour décrire le travail d'un journaliste. « Nous voulons expliquer au monde que les Khalqis veulent leur prendre leurs terres et leurs maisons en obligeant de très nombreux Afghans à fuir leur pays. Mais nous devons absolument rentrer au Pakistan. Nous devons envoyer nos articles à la BBC. C'est pour cette raison que nos amis sont tellement pressés. Mais ils n'ont aucunement l'intention de blesser nos hôtes. »

Tariq leur traduit mes paroles en brodant longuement dessus. Les vieillards hochent gravement la tête en émettant de temps à autre des « ahh » et des « *al hamdou li-Allah* » (loué soit Dieu). Le chef des notables s'avance alors et nous étreint, aussitôt imité par le reste du groupe. Puis ils se dirigent vers le pick-up et serrent chaleureusement les mains de Judah et de Kore, toujours assis, l'air maussade, à l'arrière. Tariq me rejoint avec un grand sourire. « Allons-y. En route pour le Pakistan. »

Je commence à réaliser que, si je veux opérer de manière efficace en Afghanistan, je dois me familiariser avec les coutumes afghanes et montrer ma volonté d'honorer et de respecter les traditions. J'apprendrai en particulier que prendre le temps de boire le thé est un impératif pour quiconque entend établir la confiance et nouer de bonnes relations avec les Afghans.

À mon retour à Peshawar, j'apprends que le *Monitor* souhaite de nouveaux articles sur la question des réfugiés qui prend une ampleur croissante. Je vais régulièrement visiter ces vastes villes de tentes éparpillées dans la plaine qui s'étend au pied des collines de Sulaiman dans l'agence de Khyber. Au milieu des années 1980, c'est-à-dire à l'apogée de la guerre, le nombre des réfugiés afghans à Peshawar dépassera les deux millions, tandis qu'un autre million se sera dispersé dans d'autres régions du Pakistan.

Je suis intrigué par les sept agences tribales réparties le long des zones montagneuses de la Province de la frontière du Nord-Ouest. C'est là que se dirigent de nombreux réfugiés passant au Pakistan par les dizaines de défilés qui se succèdent depuis le district de Chitrâl au pied de l'Himalaya jusqu'au Waziristan et au Baloutchistan au sud. Au cours de la décennie suivante, je saisirai toutes les occasions de me rendre dans ces zones « interdites ». Il y a quelque chose d'infiniment romantique à voir ces hommes des tribus marcher dans les bazars, le fusil en bandoulière, le regard qui vous détaille d'un air provoquant, ou bien chevauchant sur des sentiers montagneux ou parmi les champs de pavot. L'imagination de mon enfance se trouve ravivée à la vue des solitaires fortins de pierre édifiés par les Britanniques au XIXe siècle pour contenir ces « sauvages agressifs », comme l'écrivit un colon. Même si sur ces forts flotte à présent le drapeau pakistanais vert à croissant blanc, ils ont toujours pour tâche de maintenir l'ordre dans ces régions où seul règne en maître le Pushtunwali, le code d'honneur des Pachtounes.

Un jour que je bavarde avec des membres d'organisations humanitaires, j'entends parler d'un camp de veuves réfugiées dans les montagnes de l'agence tribale de Bajaur, contiguë à la province afghane du Kounar. Il semble que ces femmes ont fui l'Afghanistan au printemps 1979 à la suite du massacre de leurs hommes par les Khalqis. C'était sous le régime du président Taraki et de son Premier ministre, Hafizullah Amin, huit mois avant l'invasion russe. Aujourd'hui, dix mois plus tard, je pars enquêter à Bajaur en compagnie de Kore Werpe, Nicholas Proffitt de *Newsweek* et Rauli Virtanen.

Quand nous y arrivons, dans la première semaine de février 1980, plus de trente-cinq mille réfugiés se sont déjà installés dans les vallées de l'agence. C'est une région d'une beauté éblouissante, avec ses villages de pierre et torchis noyés dans un voile de fumée de feu de bois ou d'excréments dégagé par les feux de cheminée. Le soleil de fin d'après-midi baigne d'une lumière douce les champs de maïs, de blé et de pavot aménagés en terrasses.

Nous trouvons rapidement les veuves, qui ont fui la ville afghane de Kerala. Logées chez des villageois du coin ou dans des tentes et bâtiments spartiates fournis par le gouvernement, ces femmes enveloppées dans des châles noirs et entourées de marmots maculés de boue semblent vivre dans le plus complet dénuement. Nous savons que nous parlons à des veuves car ce sont les seules femmes – désormais dénuées de toute valeur aux yeux des hommes des tribus – autorisées à côtoyer des hommes étrangers ou à parler avec eux. Elles représentent à elles toutes quelque quatre cents familles. La plupart ont perdu leurs maris, fils, oncles et frères lors de l'exécution, perpétrée par les communistes le 20 avril 1979, de plus d'un millier d'hommes et de jeunes garçons. C'est une histoire stupéfiante. Il y eut plus de morts à Kerala qu'à Lidice en Tchécoslovaquie, quand les nazis exécutèrent toute la population masculine du village durant la Seconde Guerre mondiale, ou qu'à My Lai en mars 1968, quand les soldats américains massacrèrent délibérément des dizaines de civils vietnamiens. Selon l'Afghanistan Justice Project, créé en 2001 pour enquêter sur les crimes de guerre et les crimes contre l'humanité commis entre 1978 et 2001, le massacre de Kerala constitue l'une des pires violations des droits de l'homme de toute la guerre d'Afghanistan.

Accompagnés de plusieurs moudjahidines et d'officiels pakistanais, nous allons de maison en maison, de tente en tente, nous nous entretenons avec de petits groupes de femmes occupées aux champs, afin de reconstituer ce qui s'est passé. Deux cents hommes à peine en ont réchappé. Certains ne se trouvaient pas au village lorsque les communistes sont arrivés. D'autres sont parvenus à fuir dans les collines et les champs environnants.

Kerala est située à une vingtaine de kilomètres seulement d'une ancienne piste à mulets conduisant au Pakistan par la passe de Raghani. Nichée au pied de l'Hindu Kouch, la ville domine la rivière Pech, qui se jette dans la rivière Kounar, laquelle coule en direction du sud par une large plaine plantée de vergers et de champs de blé avant de rejoindre la rivière Kaboul. Distante de trois kilomètres au nord de la capitale du Kounar, nommée Asadabad ou Chagaserai, où le PDPA possédait une importante garnison, Kerala était composée d'habitations en pierre et torchis, d'une école et d'un bazar animé avec ses étals et ses boutiques de réparateurs. La plupart des cinq mille habitants environ qu'elle comprenait à la fin des années 1970 travaillaient dans les champs ou coupaient du bois dans les forêts de cèdres et de pins qui couvrent les montagnes environnantes. En 1979, la plupart des districts de la province étaient tombés aux mains des moudjahidines. Les forces gouvernementales faisaient des incursions dans d'autres parties de la province, mais seulement accompagnées de colonnes blindées.

Tout changea au matin du 20 avril 1979, lorsque, peu après le lever du jour, une colonne de chars, de transports de troupes blindés et de camions s'approcha lentement de Kerala. Plusieurs habitants de la petite ville virent la colonne et ses quelque deux cents hommes, essentiellement des *askaris*, mais aussi des policiers et des membres de la milice Khalqi locale, franchir le pont sur la Pech. Des conseillers russes et est-européens étaient également présents. La plupart portaient l'uniforme de l'armée afghane, y compris un haut gradé, un homme de physionomie slave aux cheveux blonds et aux yeux bleus, que les habitants du coin appelaient « commandant ».

Il n'y avait rien d'inhabituel à voir arriver une telle colonne. Les troupes gouvernementales s'arrêtaient souvent à Kerala acheter des provisions avant de partir vers les hautes terres de la vallée de la Kounar au nord. En dépit de la multiplication des attaques de moudjahidines, le gouvernement continuait à « contrôler » la grand-route qui longeait la rivière. Il se trouve que la veille, des guérilleros locaux avaient attaqué la garnison de Chagaserai. Ils avaient été repoussés, mais les rebelles avaient infligé des pertes aux forces gouvernementales, obligeant celles-ci à demander d'urgence des renforts à Kaboul. Le régime du PDPA avait envoyé sur place Jaggran Saddiq Alamyar et sa Force Commando 444, une unité de la 11e Division de l'armée afghane.

Le 20 avril était un vendredi, jour de paix et de prières pour les musulmans. En vertu d'un accord tacite entre les deux parties, on s'abstenait de toute offensive ce jour-là. Si de nombreux Khalqis étaient des *kaffirs*, des non-croyants, les *askaris* ordinaires craignaient généralement Dieu. Alors que beaucoup d'habitants de Kerala se trouvaient encore chez eux, les soldats encerclèrent la localité, braquant les canons des chars et des mitrailleuses lourdes sur le centre-ville. Une partie des soldats restèrent en arrière pour garder les véhicules tandis que les autres se déployaient dans les rues et cognaient aux portes en criant aux hommes de sortir. « Tous les hommes reçurent l'ordre de se rendre à une *jirgha* afin de discuter des opérations des insurgés dans la région », raconte Abdul Latif, un ancien policier afghan de la circulation originaire de Kerala, qui a quitté son travail et son pays et se tient à présent parmi un groupe d'hommes survivants et de veuves devant un des bureaux pour les réfugiés de Bajaur. « Aucun des hommes n'était armé. Les femmes et les enfants furent rassemblés dans la mosquée. De là, on pouvait voir et entendre tout ce qui se passait. »

Pour illustrer son témoignage, Latif dessine un plan schématique de Kerala sur une page de mon calepin. Il me montre les maisons, la mosquée et les positions des chars et des transports de troupes. Il indique également, près du pont de la Puech, le champ où hommes et jeunes gens, dont des garçons de douze ou treize ans, furent rassemblés. Quand presque tous les hommes de Kerala eurent été regroupés, les officiers commencèrent à leur reprocher d'avoir collaboré avec la guérilla. Un des principaux interrogateurs était Alamyar, le commandant du Commando 444, proche confident du Premier ministre Amin (qui deviendra bientôt Président). Par la suite, Alamyar parviendra à obtenir l'asile aux Pays-Bas. Avec lui se trouvait Bahramuddin, le commandant opérationnel du 444ᵉ (qui trouvera la mort au cours d'une mutinerie à Jalalabad), et Jaggran Gul Rang, autre officier de la 11ᵉ Division, dont on pense qu'il est également mort.

« Les soldats gouvernementaux étaient très mécontents des attaques des moudjahidines, raconte Khalil Ullah, un instituteur vêtu d'une veste noire tachée par-dessus son *salwar kameez* gris. Ils savaient très bien que nous avions hébergé les moujahiddines et que nous leur avions donné de la nourriture, des munitions et de l'argent. » Un autre enseignant, qui était parvenu à s'enfuir après que des *askaris* qui sympathisaient avec la guérilla l'eurent averti que les Khalqis avaient l'intention de tous les exécuter, ajoute : « Ils étaient particulièrement en colère parce que le gouverneur du Kounar nous avait auparavant exhortés à prendre les armes contre les rebelles, et que nous avions catégoriquement refusé. »

Les chars se positionnèrent sur la route qui passait au-dessus du champ, lequel était bordé d'un côté par la rivière, de l'autre par des tas de bois. Des soldats se tenaient devant les maisons proches de la mosquée, bloquant tout accès à la ville. Sur ordre de leurs officiers, les soldats braquèrent leurs fusils d'assaut AK-47 en direction des villageois en leur demandant de crier des slogans procommunistes. « Ils voulaient qu'ils crient "Vive le régime !", déclare Latif, qui, de là où il se tenait avec d'autres policiers, avait assisté impuissant à la scène. Mais au lieu de ça, ils se sont tous mis à psalmodier "*Allahou akbar* !" (Dieu est le plus grand). »

Au comble de la fureur, les officiers avaient alors ordonné à leurs hommes de faire aligner les villageois. À coups de crosse, les soldats rassemblèrent les hommes sur une seule file. Un officier s'approcha pour prendre une photo. « Ils voulaient prouver que les hommes de Kerala soutenaient les moudjahidines et qu'ils devaient donc mourir », explique Latif. Lui et plusieurs autres me décrivent alors ce qui s'est passé au cours des ultimes minutes, mais le récit de Nabi Madez Khan, un écolier petit et trapu qui a perdu son père, son oncle et quatre cousins dans le massacre, est le plus saisissant et le plus tragique. Les hommes et les femmes du petit groupe le poussent doucement du coude pour qu'il raconte son histoire.

« J'ai accompagné mon père jusqu'au champ pour la réunion », se souvient Nabi qui se tient à présent debout devant les réfugiés, dont plusieurs portent une arme ainsi que l'autorise la coutume tribale. Avec son *pakol* brun posé sur ses cheveux coupés court, Nabi paraît plus jeune que ses dix-huit ans. « Les gens avaient peur et savaient qu'il allait se passer quelque chose. Plusieurs hommes et garçons ont tenté de rejoindre les femmes dans la mosquée, mais les soldats ont braqué leurs fusils sur eux et les ont obligés à faire demi-tour. »

Selon le témoignage de Nabi et de plusieurs autres réfugiés, un hélicoptère militaire surgit soudain au-dessus de la rivière et s'immobilisa au-dessus du champ, soulevant de la poussière mêlée de brins de paille. Le conseiller russe, qui se tenait près de Nabi, s'entretint par radio avec l'équipage de l'hélicoptère, lui donnant de toute évidence des ordres. « J'ai essayé de demander au commandant si je pouvais m'en aller, explique Nabi, mais il m'a ignoré. » Personne ne lui prêtant attention, le garçon commença à se rapprocher discrètement de la mosquée, puis se mit à courir en regardant à plusieurs reprises derrière lui. En raison peut-être de sa petite taille, personne ne tenta de l'arrêter.

Brusquement, l'hélicoptère reprit de l'altitude et disparut. On entendit crier des ordres, et les villageois furent contraints de s'accroupir face aux chars. Derrière eux, les soldats tenaient leurs AK-47 à hauteur de la ceinture. Plusieurs conseillers, dont celui que Nabi désigne comme le commandant, se placèrent derrière les soldats. Quelques villageois se mirent à prier à voix haute. C'est alors que les soldats ouvrirent le feu.

Nabi était toujours en train de courir et approchait de la mosquée lorsqu'il entendit les tirs. Il jeta un coup d'œil en arrière. « Les soldats tiraient et les hommes s'effondraient par terre. Je ne voyais pas mon père », se souvient-il. Tous les hommes des forces de sécurité ne tiraient pas. Certains *askaris* étaient horrifiés, plusieurs pleuraient devant ce qui prenait manifestement l'allure d'un carnage. Lorsqu'il se glissa dans la mosquée, les femmes revêtirent rapidement Nabi d'habits féminins. Plusieurs hommes qui étaient également parvenus à se faufiler à l'intérieur tentaient eux aussi de se dissimuler sous les tchadors intégraux.

Quand les femmes réalisèrent ce qui était en train de se passer, elles se mirent à hurler en se frappant la poitrine et en agitant les bras. À présent le champ était jonché de cadavres. Selon Bibi Rakhara, une vieille femme ratatinée qui ce jour-là avait perdu son mari, quatre frères, un fils et deux neveux, les femmes tentèrent de rejoindre leurs hommes. « Nous voulions les toucher, mais les soldats nous en ont empêchées », déclare-t-elle, le visage tendu par l'émotion alors qu'elle se tient assise à côté des neuf enfants qui lui restent. Les femmes se précipitèrent vers les soldats en brandissant leur Coran et en les implorant de cesser de tirer. Mais les gardes les repoussèrent. Lorsque certaines tentèrent de ramper pour rejoindre les hommes, dont plusieurs étaient encore en vie, les soldats les en empêchèrent en tirant au-dessus de leur tête ou en les repoussant à coups de pied. Soldats et miliciens continuèrent à tirer sur les cadavres emmêlés, achevant ceux qui remuaient encore.

En tout, la fusillade ne dura pas plus de cinq minutes. Un bulldozer entreprit d'enfouir les cadavres dans la terre qui, pour avoir été récemment labourée, était restée meuble. Certaines victimes étaient encore en vie, se traînant par terre ou remuant les doigts. Pendant ce temps, les officiers et les conseillers russes ordonnèrent à leurs hommes de fouiller la ville pour y débusquer les hommes ayant échappé à la rafle. Certains pénétrèrent dans la mosquée et, quand ils soupçonnaient telle ou telle silhouette de cacher un homme ou un garçon, lui arrachaient sa *burqa*. Ils découvrirent trois ou quatre hommes de cette manière. Ils furent emmenés, hurlant, jusqu'au champ et abattus.

Un survivant, qui vit à présent avec des parents pakistanais, nous raconte qu'il était caché chez lui quand les tirs avaient commencé. Montrant de la main l'autre versant de la montagne il explique : « Quand j'ai entendu les femmes hurler, j'ai compris ce qui se passait et je me suis enfui en courant. » Parvenu à la rivière, il s'était tapi parmi les saules poussant sur les berges caillouteuses et avait attendu que la nuit tombe. Il avait alors traversé les eaux glaciales de la rivière à la nage et traversé les montagnes jusqu'à la frontière pakistanaise. Quant au policier Latif, étant à l'époque un Khalqi, personne ne douta de sa loyauté. Trois jours plus tard, encore sous le choc, il quitta subrepticement la ville et gagna l'agence pakistanaise de Mohmand.

À peine quelques heures après le massacre, des groupes de femmes écrasées de douleur et d'enfants en pleurs commencèrent à fuir Kerala. Quelques hommes revenus des forêts où ils coupaient du bois au moment où avait eu lieu le massacre les accompagnaient. Un de ces groupes – quinze hommes, trente femmes et vingt enfants – traversa la rivière Kounar en barque puis marcha quatre jours avant d'arriver au Pakistan, se cachant dans les forêts et faisant de multiples détours pour éviter les patrouilles gouvernementales. « C'était une vision tragique, explique un commandant pakistanais alors que nous parcourons le camp à la recherche d'autres survivants que nous pourrions interviewer. J'ai vu ces malheureuses et ces enfants arriver à Bajaur les uns après les autres sur une période de plusieurs jours. Tous pleuraient. »

D'après une liste de noms établie par les survivants, mille cent soixante-dix hommes et jeunes garçons périrent dans le massacre de Kerala. Ils furent enterrés dans deux grandes fosses communes. Il s'agissait du premier cas répertorié de représailles à grande échelle perpétrées par les communistes depuis le début des combats près de deux ans auparavant. Jusqu'alors, on avait certes signalé des massacres et des exécutions sommaires, mais aucune preuve solide fondée sur des récits précis de témoins oculaires n'était venue les corroborer.

À deux reprises, alors que nous marchons en compagnie de nos guides moudjahidines en direction de la passe de Raghani, mes collègues et moi tentons d'apercevoir Kerala depuis les montagnes dominant la Kounar. Mais, chaque fois, les Pakistanais nous empêchent de nous en approcher. La première fois, ce sont les Bajaur Scouts qui nous donnent la chasse avant de nous reconduire dans la vallée à la pointe du fusil. La seconde fois, nous avons presque atteint la frontière quand des soldats de l'armée pakistanaise nous interceptent. Revêtus de leur tenue complète de combat, ils surgissent de la forêt où ils étaient en train de surveiller le côté afghan à partir de postes d'observation creusés à flanc de montagne. L'officier responsable se montre poli mais refuse de nous laisser approcher de la ligne Durand. Il nous invite tout de même à boire le thé.

Mon article, qui remportera le prix Sigma Delta Chi du reportage à l'étranger, paraît dans le *Christian Science Monitor* le 11 février 1980. Des articles similaires écrits par mes collègues sont publiés dans *Newsweek*, dans le *Morgenbladet* et dans le *Helsingin Sanomat*. Les récits du massacre de Kerala diffusés par la BBC, la VOA, ABC News et d'autres chaînes de télévision ou stations de radio sont aussitôt taxés d'affabulations par Radio Kaboul, Radio Moscou et le reste de la presse communiste mondiale, dont *L'Humanité*, l'organe du Parti communiste français.

C'est la première fois que j'ai le sentiment que mon travail journalistique débouche sur quelque chose de concret. Avec naïveté peut-être, je m'imagine que l'Histoire se souviendra désormais de Kerala comme elle garde le souvenir de Lidice et de My Lai. Malheureusement, le massacre de Kerala sombrera rapidement dans l'oubli. Il deviendra simplement un autre de ces massacres oubliés du tiers-monde qui ont entaché tant de conflits de la guerre froide. Quand je pus enfin me rendre à Kerala en 1989, deux monticules sur le sol, un grand et un petit, marquaient l'emplacement des fosses communes. En 2004, quand je passai à nouveau dans la ville, les habitants les avaient soigneusement entourés de murets en pierre et torchis plantés de roses et de pervenches. Mais aucune plaque ne rappelait la tragédie au visiteur.

Un de mes proches amis afghans sourit tristement lorsque je lui fais part de mon sentiment que les hommes et les garçons de Kerala sont morts en vain. « Tant de gens sont morts en Afghanistan pendant ces guerres… Il est difficile de dire que la tragédie de telle personne est pire que celle de telle autre. Les gens se souviendront, peut-être pas de la façon dont vous le faites en Occident, mais comme nous autres Afghans l'avons toujours fait… avec des poèmes, des chansons, et dans nos récits. »

De nombreuses années après, à la fin de l'été 2009, je me trouvais à Paris quand mon neveu m'appela de Genève. « La police hollandaise te cherche, m'annonça-t-il. Ils m'ont donné un numéro où tu peux les rappeler. » Pendant quelques instants, je me demandais si je n'avais pas oublié de régler aux Pays-Bas une contravention au code de la route… Intrigué, j'appelai le numéro et fus mis en relation avec Bertjan Tjeerde, de l'Unité pour les crimes internationaux de la Brigade criminelle néerlandaise. Il souhaitait m'interroger sur Kerala.

Son unité, m'expliqua-t-il, enquêtait sur les crimes de guerre commis par des ressortissants néerlandais ou par des personnes résidant aux Pays-Bas. Ils avaient déjà ouvert des enquêtes pénales pour torture contre de hauts responsables du régime communiste afghan affiliés au KHAD et vivant en Hollande, contre un citoyen hollandais impliqué dans un trafic d'armes au Liberia et contre un autre ressortissant hollandais lié aux armes chimiques irakiennes. Il ajouta qu'ils avaient été récemment informés d'allégations selon lesquelles un individu vivant aux Pays-Bas aurait participé au massacre de Kerala.

Tjeerde et son unité s'étaient déjà entretenus avec un certain nombre de personnes impliquées dans le massacre ou en ayant été témoins. Il avait remarqué mes articles dans le *Christian Science Monitor* et lu mon premier livre *Afghanistan : The Soviet War*. Il me demanda si nous pouvions nous rencontrer pour évoquer la question. « Les gens du Kounar ont porté plainte et ils sont disposés à coopérer », m'informa-t-il. Il souligna ensuite qu'il était important pour lui d'avoir des entretiens avec le plus grand nombre possible de personnes sachant des choses à propos du massacre car « beaucoup de temps a passé, et ça ne facilite pas les choses ».

J'étais heureux de constater que, même trente ans après les faits, le long bras de la justice pouvait encore contraindre les responsables à rendre des comptes. Je pensais que les gens de Kerala le méritaient. J'acceptai de le rencontrer. Quelques semaines plus tard, Tjeerde et un de ses collègues prirent l'avion pour venir me retrouver à mon domicile de la banlieue de Genève. Nous parlâmes durant quatre heures. Je compris peu à peu les difficultés d'entreprendre une enquête détaillée si longtemps après. Comment confirmer des allégations fondées sur le souvenir de témoignages recueillis à l'époque ? Tjeerde connaissait tous les gens cités dans mon article du *Monitor*. Plus tard je ressortirais mon calepin, rangé avec des dizaines d'autres dans un coffre d'écolier que je garde dans mon bureau aménagé sous les combles, mais constaterais que je ne pouvais guère fournir de détails supplémentaires à Tjeerde. Prudent, le policier hollandais se refusa à livrer l'identité de l'Afghan visé par les allégations. Mais, à partir d'informations obtenues par d'autres sources, et notamment les conclusions de l'Afghanistan Justice Project, je déduisis qu'il ne pouvait s'agir que de Jaggran Saddiq Alamyar de la Force Commando 444, qui vivait alors en Hollande. Comme me le rappela Tjeerde, il n'existe pas de prescription aux Pays-Bas. Le seul problème était de rassembler suffisamment de preuves pour l'inculper.

Un mois plus tard je me trouvais à Gdansk où je dirigeais un atelier de journalisme sur la pollution en mer Baltique. L'un des participants, un reporter d'origine afghane installé en Norvège, mentionna qu'un autre ancien officiel du PDPA ayant eu des responsabilités dans le massacre de Kerala avait obtenu le statut de réfugié en Norvège. Cependant, ajouta-t-il, l'homme ne pouvait plus être poursuivi car le délai de prescription de trente ans était écoulé. Alors même qu'il avait pris part à ce crime horrible, ce personnage pourrait poursuivre tranquillement sa vie en exil.

À l'été 2010, à la suite d'un projet de loi présenté par l'ancien djihadiste Abdul Rasoul Sayyaf, la Wolesi *Jirgha* (la chambre basse de l'Assemblée nationale afghane) accorda l'immunité aux anciens combattants accusés de crimes de guerre. On peut supposer que cette loi absoudra également les responsables d'atrocités commises durant la période communiste. Subsiste par ailleurs la question des Américains et autres Occidentaux responsables de meurtres, torture et « reddition extraordinaire » d'Afghans soupçonnés d'activités terroristes ou d'être ce que l'on appelle des combattants illégaux. Ce dernier terme, inventé par l'administration de George W. Bush, n'existe pas en droit international et notamment pas dans la Convention de Genève.

Ce sont là des questions qu'il faudra bien aborder un jour si l'on veut que la promotion de la démocratie, de la responsabilité et de la transparence à laquelle se livre l'Amérique soit prise au sérieux par les Afghans ordinaires. Comme l'a reconnu l'armée américaine, au moins trois Afghans auraient été assassinés par des soldats américains sur la base aérienne de Bagram au nord de Kaboul au cours des premiers jours de l'intervention. Pour deux d'entre elles, ces affaires ont été qualifiées d'homicide par l'armée américaine. Aucune compensation n'a jamais été versée aux familles, et les responsables n'ont jamais été poursuivis. Les troupes américaines et celles de l'OTAN ont fréquemment maltraité ou insulté des civils, y compris des femmes et des enfants, au cours d'opérations militaires, à des barrages routiers ou depuis un convoi.

Environ un millier d'Afghans ont par ailleurs été emprisonnés en 2002 et 2003 dans ce que Human Rights Watch a qualifié de

« climat d'impunité presque totale ». Plusieurs centaines d'entre eux, accusés d'appartenir à Al-Quaida, ont été transférés à Guantanamo, Bagram et dans d'autres centres de détention américains et détenus pendant des années sans inculpation ni procès. Beaucoup ont été torturés. Si certains pouvaient en effet avoir des liens avec les talibans, ce qui ne veut pas dire pour autant qu'ils aient été des terroristes, d'autres se sont retrouvés enfermés sur la base d'accusations dérisoires ou en raison de la pratique hautement discutable des primes versées aux informateurs – mille dollars ou plus, une fortune pour la plupart des Afghans. D'autres, enfin, ont été dénoncés sans aucune preuve par des responsables afghans progouvernementaux ou par des agents de l'ISI dans le cadre de quotas établis pour démontrer la « bonne collaboration » avec l'armée américaine, la CIA ou d'autres agences de renseignement.

Bien plus que toute autre chose, ce sont ces emprisonnements qui ont dégradé l'image de l'Amérique en Afghanistan et dans la région. À la suite de la mort à Guantanamo, au début de 2011, d'Awal Gul, un Afghan détenu pendant neuf ans sans inculpation ni procès, sa dépouille a été rapatriée en Afghanistan, où cinq mille personnes ont assisté à ses funérailles à proximité de Jalalabad. Selon les autorités américaines, Gul, qui a apparemment succombé à une crise cardiaque, avait admis avoir recruté et entraîné des combattants pour le compte des talibans. Il s'était également occupé d'une maison d'hôtes d'Al-Quaida et avait rencontré une fois Oussama ben Laden, à qui il avait fourni à plusieurs reprises une assistance opérationnelle. Dans la mesure où les Américains eux-mêmes ont soutenu et collaboré avec ben Laden, sont-ce là des raisons à même de justifier l'internement d'Awal Gul ? Où est la justice ? Le massacre de Kerala n'est que l'un des nombreux crimes commis contre les Afghans qui ne seront peut-être jamais punis. Les seules personnes qui peuvent à présent être inculpées de crimes de guerre doivent vivre aujourd'hui hors d'Afghanistan et ne pourront être poursuivies que si les lois de leur pays d'accueil l'autorisent. L'impunité règne en Afghanistan – et, pourtant, sans justice, la perspective d'une réconciliation et d'un redressement durables ne se concrétisera jamais.

Chapitre 5

Vous pouvez louer un Afghan, mais l'acheter, jamais !

Pour les Pakistanais, les Américains et les autres acteurs étrangers soutenant les moudjahidines, Peshawar était le portail logistique vers l'Afghanistan. La ville devint rapidement la base à partir de laquelle j'allais couvrir la résistance afghane. J'estimais indispensable de bien comprendre la nature de ces nouvelles guérillas. Le concept de résistance n'avait cessé de m'intriguer depuis ma rencontre avec les grands résistants de la Seconde Guerre mondiale. J'avais dévoré tout ce qui me tombait sous la main au sujet des maquis français et de la guerre de partisans menée par Tito en Yougoslavie, et j'entendais montrer comment les combattants « disparates » de la résistance afghane se comportaient face aux Soviétiques.

Pour ceux d'entre nous qui couvraient l'occupation de l'Afghanistan par l'Armée rouge, il était quasiment incroyable de constater le peu d'intérêt que la situation suscitait en dehors de la région ou de l'Union soviétique elle-même, au regard des conséquences que ce conflit pouvait avoir. Dès l'été 1980, la couverture journalistique de la guerre en Afghanistan s'était réduite comme peau de chagrin. Et, pendant la dizaine d'années durant lesquelles le conflit allait se poursuivre, il ne sera couvert au maximum que par deux dizaines de journalistes occidentaux. La plupart opéreront en free-lance, et tous effectueront des incursions répétées en territoire afghan. Un groupe restreint mais déterminé de photographes et de cameramen, que leur travail oblige à se porter tout près de la ligne de front, risqueront à de multiples reprises leur vie pour rapporter de bonnes images. On sera très loin de l'omniprésence de la presse occidentale en Indochine plus de dix auparavant. Certains de ceux qui couvrirent l'Afghanistan vinrent y chercher leur guerre à eux, un nouveau Vietnam sur lequel se faire les dents. D'autres avaient déjà une certaine expérience. Les correspondants de la BBC, de VOA, Reuters, AP et AFP basés à Islamabad et à Delhi suivaient les événements d'Afghanistan dans le cadre de leur affectation régionale normale. L'un des plus acharnés sera Kathy Gannon, d'Associated Press, qui suivra la guerre à partir de 1986. Riche de son expérience accumulée, elle s'occupait toujours de l'Afghanistan en 2010. De leur côté, les Russes et les autres pays de l'Est avaient des correspondants permanents à Kaboul et faisaient accompagner certaines unités de l'Armée rouge par des journalistes venus d'URSS. De même que la plupart des journalistes occidentaux aujourd'hui n'ont pas accès aux insurgés, les journalistes soviétiques n'étaient pas en mesure de présenter les choses du côté des moudjahidines. Ceux-ci les auraient traités comme des ennemis.

Effectuer aujourd'hui des reportages aux côtés des talibans et d'autres insurgés est généralement considéré comme dangereux. Il y a tout simplement trop de factions non fiables ou inconnues. Même si Al Jazeera et parfois la BBC ou CNN ont pu pénétrer les guérillas par le truchement de reporters pakistanais ou afghans, rares sont les journalistes occidentaux à avoir pris ce risque. Mes propres tentatives de rejoindre les insurgés par l'intermédiaire de mes contacts protalibans s'avérèrent mal avisées. Hormis Sky TV qui réussit fin 2010 à effectuer un reportage aux côtés de guérilleros du Kounar, seuls deux ou trois autres reporters, comme David Rohde du *New York Times*, ont eu l'occasion d'observer la guerre du côté taliban, mais ce fut bien malgré eux, après avoir été capturés.

Paradoxalement, certains des journalistes qui, plus d'une dizaine d'années plus tard, manifesteront le plus d'intérêt pour Massoud pendant sa lutte contre les talibans étaient russes. Un grand magazine d'actualités télévisées moscovite envoya à la fin des années 1990 une équipe dans le Pandjchir afin d'interroger le Lion sur ses écrivains, personnages historiques, plats et musiciens pop préférés. Et, quand on lui demanda quel était son film favori, Massoud répondit avec un sourire indulgent : « Je n'ai guère l'occasion de regarder des films. Nous n'avons pas beaucoup de cinémas par ici. »

Lors de mon premier voyage en Afghanistan, avant l'invasion russe, les factions de la résistance opposées au régime communiste de Kaboul étaient déjà en train d'installer leurs quartiers généraux en exil à Peshawar et à Quetta. Une poignée d'entre elles, notamment celles issues de la communauté Hazâra, faisaient de même en Iran, où l'ayatollah Khomeiny finançait une alliance chiite, la « Choura », ou « les Huit de Téhéran ». Un mois après l'invasion, Peshawar était devenu le quartier général opérationnel de la vingtaine de partis composant l'opposition afghane.

Au début, les Pakistanais accueillirent tous les opposants, mais, à mesure que le nombre de réfugiés augmenta, ils ne soutinrent plus que six – et plus tard sept – des principaux partis, ce qui leur permit de mieux les contrôler. Les Pakistanais se trouvèrent face à un éventail éclectique de tendances, depuis les maoïstes prochinois jusqu'aux nationaux socialistes pachtounes. Presque tous se réclamaient du sunnisme, la branche majoritaire de l'islam. Au travers d'un mélange de persuasion, de pots-de-vin et de menaces, Islamabad contraignit les groupes restants à s'unir.

Les Pakistanais espéraient qu'en réduisant le nombre de ces groupes, que l'on appela bientôt les « Sept de Peshawar », ou Unité islamique des moudjahidines afghans, ils favoriseraient la constitution d'un front commun contre les Soviétiques. L'alliance pourrait également être utilisée pour promouvoir les intérêts propres d'Islamabad tout en aidant l'insurrection en Afghanistan même. Mais c'était plus facile à dire qu'à faire. La corruption croissante et la multiplication des querelles entre les partis, qui finirent par se scinder en deux groupes, les « modérés » et les « fondamentalistes », éloignèrent d'eux de nombreux Afghans. La résistance unie que l'on avait espérée ne vit jamais le jour. Même quand les politiciens annonçaient qu'ils agissaient de concert, c'était généralement une comédie. Aucun dirigeant de la résistance ne souhaitait affaiblir sa position ou voir son financement se tarir. Le but du jeu, c'était l'argent.

En fonction de leurs moyens financiers, les partis de la résistance installèrent leurs sièges respectifs dans des résidences encloses de hauts murs, dans de vulgaires bureaux, voire dans de simples boutiques. En octobre 1979, lors de mon séjour à Peshawar, je devais faire preuve de discrétion en passant des coups de téléphone pour convenir de rendez-vous et m'éclipser de mon hôtel sans me faire remarquer par la police secrète pakistanaise. Tout cela changea du tout au tout après l'invasion russe. Dans la semaine qui suivit l'invasion, la plupart des mouvements politiques afghans possédaient des représentants qui traînaient toute la journée dans les halls des hôtels ou plaçaient à la réception des affichettes annonçant une conférence de presse. Dénicher leur quartier général était devenu tout simple. Il suffisait de donner au chauffeur de taxi le nom du parti que vous souhaitiez voir. Au cours de ces premières semaines, la popularité respective des factions s'évaluait au nombre d'Afghans qui se pressaient devant leurs sièges. Tout le monde voulait quelque chose. Beaucoup serraient dans leur main un coupon signé leur donnant droit à de l'argent, des armes ou un logement temporaire. Chaque fois qu'un des hommes de la sécurité ouvrait un portail, la foule se précipitait en avant, tous se bousculant en brandissant leurs petits papiers.

Les journalistes basés à Peshawar passaient d'interminables heures à interviewer les dirigeants de l'opposition afghane et les réfugiés. Dans leur quête de nouveaux angles de reportage, ils étaient disposés à écouter quiconque parlait un anglais correct, quelle que fût la crédibilité du personnage. Vingt ans plus tard, après l'effondrement des talibans, Kaboul sera pareillement submergé par des Afghans de la diaspora. Certains, animés de bonnes intentions, souhaitaient sincèrement participer à la reconstruction du pays. Mais d'autres, notamment lorsque les dollars et les euros de l'aide internationale commencèrent à affluer, ne se comportèrent guère mieux que des crapules avides de récupérer une part du gâteau.

Dans les années 1980, personne ne mesurait très bien l'influence que la CIA et les autres agences de renseignement américaines exerçaient dans l'ombre auprès de l'ISI pakistanaise. Le 3 juillet 1979, le président Jimmy Carter avait signé un ordre exécutif autorisant la CIA à mener des opérations de propagande contre le régime du PDPA. Le secrétaire à la Défense et ancien directeur de la CIA Robert Gates affirme dans son livre *From the Shadows* que les États-Unis avaient, six mois avant l'invasion, commencé à fournir une aide financière aux moudjahidines afin d'affaiblir les communistes afghans et leurs soutiens russes.

Pendant la guerre soviétique, l'Occident ne s'intéressera à l'Afghanistan qu'à partir du moment où les États-Unis feront monter les enjeux en apportant une aide massive aux moudjahidines au travers de l'opération Cyclone. Sur une période d'une dizaine d'années, largement plus de trois milliards de dollars (certains évoquent même le chiffre de dix-huit milliards) d'aide militaire furent fournis aux combattants rebelles, dont des missiles anti-aériens Stinger. Washington organisa en direction de la presse une véritable campagne pour montrer l'aide américaine aux résistants afghans sous un jour hautement favorable. La CIA, par exemple, invita un jour à dîner les responsables de *Newsweek* et de *Time*. La semaine suivante, des articles d'une similitude embarrassante vantant le rôle des Américains en Afghanistan paraissaient dans ces deux magazines. L'OTAN exerça une pression identique sur les médias, notamment ceux qui suivaient les affaires militaires, afin qu'ils donnent un accent patriotique à leurs articles.

Dès lors que les moudjahidines bénéficièrent d'un meilleur financement, la plupart des Sept de Peshawar transférèrent leur siège dans des locaux plus élégants à University Town, une paisible banlieue résidentielle aux rues bordées d'arbres. C'est également dans ce quartier que beaucoup d'agences de l'ONU et d'ONG s'étaient installées. Le HCR (Haut-Commissariat des Nations unies pour les réfugiés), le CICR (Comité international de la Croix-Rouge), l'IRC (International Rescue Committee) et les autres organisations devaient entretenir des relations étroites avec les partis. Les organismes, essentiellement français, qui menaient des opérations humanitaires en Afghanistan, comme Médecins sans frontières (MSF), le Bureau international pour l'Afghanistan (BIA) et Aide médicale internationale (AMI), mais aussi l'organisation britannique AfghanAid et le Swedish Committee for Afghanistan (SCA) devaient obtenir l'accord des responsables politiques et être parfaitement coordonnés avec les fronts intérieurs s'ils voulaient faire franchir la frontière à des médecins, conseillers agricoles ou convois d'aide.

Les coordinateurs de l'action humanitaire, comme Anders Fange, l'habile directeur du Swedish Committee et Juliette Fournot de MSF, une séduisante ex-dentiste qui avait vécu son adolescence en Afghanistan et dont le pseudonyme était Jamila, durent s'initier peu à peu aux arcanes de la politique afghane. « Nous avons passé beaucoup de temps à boire le thé avec les dirigeants des partis, mais aussi à rencontrer des commandants de différentes parties du pays, se souvient Fange. La sécurité de nos opérations en dépendait. »

Juliette Fournot, dont je fis la connaissance à Peshawar en 1980 alors que MSF venait juste de s'y installer, voulait par exemple savoir si tel défilé avait été récemment miné ou si tel village entretenait des liens avec le PDPA ou avec une faction de la résistance hostile à l'aide humanitaire. « Il faut constamment prendre le pouls de la situation, me disait-elle, ses cheveux blonds glissés sous son *pakol*, tandis qu'elle examinait des chevaux de bât au siège de MSF à Peshawar au milieu des années 1980. Il faut parler aux gens, aux conducteurs de chevaux, aux marchands, aux réfugiés… » Quelques mois plus tard cette année-là, ce travail de renseignement ayant été mal conduit, un médecin de MSF fut tué et sa collègue, brutalement violée par des moudjahidines incontrôlés.

Le manque de cohésion fut la principale raison pour laquelle le mouvement moudjahidine se désintégra de façon aussi désastreuse après l'effondrement du régime du PDPA en 1992. Les combats qui, sur fond de rapacité générale, éclatèrent parmi les anciens djihadistes permirent l'émergence militaire des talibans à partir de 1994. Et les talibans eux-mêmes commencèrent à donner des signes d'implosion lorsque des factions rivales s'employèrent à faire avancer leurs propres intérêts. Certains ne supportaient plus la domination du mollah Omar, le chef taliban reclus, et de ses Kandahiris, tandis que d'autres entreprenaient discrètement de négocier avec Massoud. Si les Américains n'étaient pas intervenus à la fin de l'année 2001, il est possible que les talibans eussent fini par s'effondrer de la même façon que les moudjahidines. Peut-être à la suite de pressions occidentales, mais aussi parce qu'ils étaient las des manipulations de l'ISI, certains talibans afghans de l'est du pays, originaires notamment du Nangarhâr et de la Paktiyâ, commençaient à rechercher de nouvelles options en se tournant vers le monde extérieur. Le manque d'unité a été le fléau récurrent des Afghans. Même pendant la première guerre anglo-afghane du milieu du XIXe siècle, les Britanniques trouvèrent toujours quelqu'un prêt à changer de camp pour de l'argent. D'où l'expression : « Vous pouvez louer un Afghan, mais l'acheter, jamais ! »

Comme me l'a confié en 2008, lors d'une réunion des Nations unies à New York, un haut responsable du ministère pakistanais des Affaires étrangères à propos des trente années de guerre menées par les moudjahidines et plus tard les talibans : « Les Afghans sont peut-être les gens les moins fiables de la terre. Vous pensez les avoir dans votre poche, mais ils vous ont déjà chapardé votre veste... » Pourtant, contrairement à ce que l'on pourrait penser, la désunion entre moudjahidines s'est également avérée une force. L'Armée rouge n'a jamais pu écraser la myriade de fronts et de factions qui composaient le mouvement, chacun avec son agenda politique et idéologique particulier. Lorsque les Sept de Peshawar émergèrent comme le principal bloc de la résistance, ils comprenaient quatre groupes dits fondamentalistes et trois partis modérés. Mais cela ne veut pas dire que leurs partisans aient pu être aussi commodément étiquetés. Certains des « commandants de l'intérieur » les plus indépendants liés aux partis fondamentalistes, comme Massoud, Abdul Haq et Ismail Khan, étaient en fait relativement modernistes. Au cours de la dernière décennie de guerre, toutefois, et après la disparition de Massoud et d'Abdul Haq, Ismail Khan est devenu encore plus rigide que les talibans, qui l'ont capturé et détenu pendant trois ans à la fin des années 1990.

Les chefs des quatre partis fondamentalistes s'étaient exilés à la suite du renversement du roi Zaher Shah en 1973, quand l'ancien président Mohammed Daoud lança la répression contre les islamistes conservateurs. Quelques-uns partirent en Égypte ou en Europe ; d'autres trouvèrent refuge au Pakistan, en Iran ou en Inde. C'est durant cette période qu'Islamabad commença à mettre en œuvre à l'égard de son voisin sa fameuse « politique active » qui, au fond, ne visait qu'à influer sur les événements de l'autre côté de la frontière.

Fuyant Daoud, une cinquantaine de fondamentalistes, dont quelques responsables mais surtout des étudiants, passèrent au Pakistan, où le Premier ministre Zulfikar Ali Bhutto les prit sous son aile. Entre 1973 et 1977, le Pakistan aurait entraîné cinq mille opposants afghans dans des camps militaires secrets. On était encore à une époque où aucune résistance populaire n'existait en Afghanistan. Les Pakistanais, cependant, comprirent vite qu'ils pouvaient jeter les bases d'une force insurrectionnelle anti-Daoud qui entretiendrait l'instabilité du gouvernement afghan. Avec la montée des communistes puis l'invasion russe, l'ISI perpétua ses habitudes en appuyant les moudjahidines durant les années 1980, mais aussi d'autres mouvements insurgés apparus après eux, notamment les forces d'Hekmatyar au début et au milieu des années 1990, pendant la période talibane, et à présent l'insurrection anti-OTAN.

Beaucoup de ces nouveaux combattants étaient des dissidents des Jeunes Musulmans. Le mouvement avait été fondé vers 1964-1965 par des théologiens de l'université de Kaboul, qui, alors qu'ils étudiaient au Moyen-Orient, étaient tombés sous l'influence de la très active organisation des Frères musulmans, fondée en 1928 par Hassan al-Bannah dans la ville portuaire égyptienne d'Ismaïlia. Violemment hostiles à la gauche, les Jeunes Musulmans non seulement affrontaient physiquement les deux factions du PDPA, le Khalq (les masses) et le Parcham (le drapeau), mais accusaient Daoud de collaborer avec les communistes. En juillet 1975, des opposants appuyés par les Pakistanais attaquèrent deux commissariats de police dans le Pandjchir. Ils occupèrent une grande partie de la vallée durant trois jours avant d'être mis en fuite par les forces régulières. On peut s'étonner du fait que parmi eux se trouvaient deux jeunes radicaux pourtant fort différents : Gulbuddin Hekmatyar et Ahmed Shah Massoud.

Daoud accusa aussitôt le Pakistan d'avoir fomenté le soulèvement, ce qu'Islamabad nia vigoureusement. Plusieurs années après, d'anciens responsables de l'ère Bhutto admettront avoir fourni les armes, assuré le financement et déterminé le *timing* de l'opération. Ce soulèvement avorté fut pour les dirigeants fondamentalistes la première occasion de goûter à la rébellion. Au cours d'une conversation tardive que nous eûmes un soir à Kaboul, en 1993, Massoud me déclara que cette expérience lui avait appris « comment ne pas déclencher une insurrection ». Hekmatyar, en revanche, m'assura avec arrogance que c'est lui qui avait entraîné l'Afghanistan dans la lutte contre les « infidèles ».

L'appui apporté par les États-Unis à Hekmatyar durant les années 1980 et le début des années 1990 a été la décision la plus ignominieuse prise par la Maison Blanche en Afghanistan. Sans aucun doute le mouvement le plus manipulateur des Sept de Peshawar, le Hezb d'Hekmatyar a été massivement soutenu par l'ISI et, sur injonction du dictateur pakistanais Zia ul-Haq, par les Américains. C'est Zia en personne qui persuada le représentant du Texas Charlie Wilson et d'autres responsables favorables aux moudjahidines de concentrer leurs efforts sur ceux qui, parmi les leaders de la résistance afghane, avaient les faveurs des Pakistanais, lesquels avaient plus à cœur de promouvoir leurs propres intérêts que ceux des commandants qui menaient le véritable combat en Afghanistan. Abandonné au milieu des années 1990 par les Pakistanais, qui lui préférèrent alors les talibans, Hekmatyar s'enfuit en Iran. Mais, après son retour en Afghanistan en 2002, il recommença à bénéficier du soutien de l'ISI.

Au printemps 2002, la CIA tenta de liquider Hekmatyar lors d'une attaque de drone qui échoua. Un an après, Washington qualifia officiellement l'extrémiste afghan de « terroriste international » en raison de son soutien public aux talibans, et les guérillas pro-Hezb multiplièrent dès lors leurs attaques contre les troupes occidentales et les civils afghans. Pourtant, un certain aveuglement continue de peser sur l'approche américaine à l'égard d'Hekmatyar. Plusieurs membres du Hezb infiltrés dans l'administration

Karzai ont été délibérément soutenus par les États-Unis. Les fréquentes divergences d'intérêts et la mauvaise communication qui règnent au sein de l'ambassade US elle-même (en 2009 elle abritait pas moins de cinq ambassadeurs simultanément), mais aussi l'absence choquante de mémoire institutionnelle concernant le passé afghan figurent parmi les raisons expliquant ce soutien.

La plupart des Afghans étaient parfaitement conscients que les Sept de Peshawar profitaient grassement de leurs positions. Tous les politiciens sans exception se bâtissaient de petites fortunes grâce aux fonds qui leur étaient alloués.

Les Pakistanais fournissaient fonds, cartes de réfugiés et laissez-passer par l'entremise des partis, et c'est par leur intermédiaire que le gouvernement et les responsables militaires pakistanais organisaient les magouilles qui permettaient à de larges portions de l'aide extérieure d'atterrir directement sur leurs comptes en banque personnels. La corruption était tacitement acceptée par les pays donateurs, qu'il s'agisse des États-Unis, de la Grande-Bretagne, de l'Allemagne ou de l'Arabie Saoudite. Comme me l'avoua en soupirant un responsable du département d'État américain en poste à Islamabad : « C'est le prix que nous devons payer pour que les Pakistanais restent dans le jeu. » Et les Pakistanais jouaient très bien leur main, et toujours à leur avantage.

Les détournements opérés étaient énormes : ils représentaient entre 40 et 60 %, parfois plus encore, de l'aide militaire et humanitaire internationale. Une fois que les Pakistanais avaient prélevé leur part, et les politiciens afghans la leur, l'aide alimentaire était écoulée sur le marché. Les victimes étaient naturellement les Afghans ordinaires.

Quand, à partir de 1986, plusieurs collègues et moi-même commençâmes à enquêter sur cette corruption pour le compte de l'Independent Television Network britannique et le *Christian Science Monitor*, le représentant Wilson, qui avait alors réussi à faire accorder six cents millions de dollars par an en armes et autres formes d'aide aux moudjahidines, nia avec véhémence qu'« un seul sac de blé américain » (ou anorak, paire de rangers ou arme donnés au titre de l'aide américaine) ait pu être détourné.

Dans une lettre au *Monitor*, il m'accusa d'être un « socialiste britannique antiaméricain ». Je lui répondis en soulignant que je n'étais pas britannique. Et que je ne me considérais ni socialiste ni antiaméricain. Je ne faisais que rendre compte d'une situation. Wilson ne réagit pas.

Grâce aux pressions exercées à Washington par les responsables de mon journal, je parvins à obtenir une interview avec Larry Crandall, responsable à Islamabad de l'USAID (US Agency for International Development) pour l'Afghanistan, mais que l'on disait également impliqué dans le travail de renseignement. Avant même que je me sois assis dans son bureau (et sans qu'il m'ait proposé la moindre tasse de thé), il m'avertit qu'il « me tuerait » si je citais « une seule de ses putains de déclarations ». Je lui dis de ne pas s'inquiéter ; que je ne travaillais pas pour un tabloïd britannique et que mon journal n'imprimait pas les jurons. Dissimulant à grand-peine un infini mépris à mon égard, il m'expliqua qu'on lui avait donné l'ordre de me décrire la situation, mais qu'il ne parlerait de rien de plus. À l'instar du représentant Wilson, il commença par m'assurer que « pas un seul foutu grain » de blé américain ne manquait à l'appel. Et que les Pakistanais et les dirigeants de la résistance afghane n'étaient pas corrompus. « Tout le monde travaille de concert », martela-t-il.

Pendant la demi-heure suivante, il s'employa à démolir méthodiquement tout ce que j'avais écrit. « Vous n'avez aucune idée de ce qui se passe, grogna-t-il. Que diriez-vous si je vous informais que nous avons construit six cents écoles en Afghanistan ? » Je lui répondis que je trouvais ça difficile à croire. « Eh bien, rétorqua-t-il, je vous le dis. Elles existent bel et bien. »

J'avais déjà entendu parler de ces six cents écoles prétendument bâties par l'USAID. Je m'étais rendu tout exprès dans le Nangarhâr et le Kounar pour en voir quelques-unes, mais n'avais guère trouvé que des murs de brique inachevés ou des trous creusés dans le sol. Voire rien du tout. Le Swedish Committee, qui fournissait un soutien médical, agricole et éducatif clandestin depuis le début des années 1980, et possédait l'un des meilleurs systèmes de supervision de la communauté humanitaire internationale, affirmait lui aussi que la plupart des écoles revendiquées par l'USAID étaient inexistantes. « Certaines ont bien été construites, mais elles ne fonctionnent pas car personne ne verse les salaires des enseignants », m'expliqua en 1989 son directeur Anders Fange. Si l'USAID a effectivement financé toutes ces écoles, ajoutait-il, alors c'est que l'argent n'est pas allé là où il devait aller.

Alors que les États-Unis s'efforçaient d'accroître leur influence en combinant la fourniture de montants substantiels d'aide à l'opposition et la transformation de leurs locaux consulaires à Peshawar en un important centre d'écoute, d'autres puissances employaient des moyens différents. Les Chinois, par exemple, se contentaient de partir une fois par semaine d'Islamabad pour Peshawar avec des bouteilles de whisky destinées aux chefs moudjahidines censés ne jamais boire d'alcool. D'autres puissances occidentales entretenaient de discrètes installations pour la collecte de renseignements : un bungalow de week-end (qui sera plus tard loué par ben Laden) dans le Cantonnement de Peshawar pour l'ambassade britannique, et le centre culturel de l'Alliance française dans le bazar de Saddar pour les Français.

Certains groupes humanitaires, comme le Mercy Fund (surnommé « Murky Fund », le fonds trouble, parce que personne ne savait exactement ce qu'il faisait), l'International Rescue Committee, AfghanAid, l'International Organization for Migration et même certaines agences de l'ONU, servaient à l'occasion de paravent aux agences de renseignement occidentales. La grande majorité des travailleurs humanitaires étaient bien des travailleurs humanitaires, mais quelques-uns demeuraient vagues sur la nature réelle de leurs activités. Les agences de renseignement n'étaient pas directement impliquées dans l'installation des organismes humanitaires, mais elles faisaient tout leur possible pour les utiliser afin de maintenir un lien avec les Afghans.

Certains de mes contacts, dont plusieurs journalistes et quelques aventuriers qui effectuaient de fréquents allers-retours en Afghanistan, se livraient manifestement à un travail de renseignement. On y faisait allusion au cours de rencontres informelles ou autour d'un verre. Vers le milieu des années 1980, l'*American Club* de University Town était devenu le principal lieu de rassemblement de la communauté expatriée et un endroit incontournable pour les agents de renseignement souhaitant obtenir des informations.

Les représentants de la résistance qui s'exprimaient avec facilité en anglais étaient ceux qui impressionnaient le plus favorablement les étrangers. La CIA préférait de toute évidence les Afghans possédant l'accent américain, qu'ils soient ou non compétents. L'un des anciens djihadistes vivant à Peshawar et jouissant de la faveur des Américains était le Président actuel, Hamid Karzai. Lorsque je le rencontrai pour la première fois au milieu des années 1980, ce suave Pachtoune anglophone avide de plaire aux étrangers était responsable de l'information publique du Front de libération nationale afghan dirigé par Sibghatullah Mujaddedi. Karzai aimait fréquenter la piscine de l'hôtel *Pearl Continental*, où il faisait des longueurs et pouvait rencontrer de manière informelle des Occidentaux.

Ses prestigieuses connexions familiales à Kandahâr ont certainement influencé Washington quand les Américains ont décidé de faire de lui leur représentant préféré, mais sa maîtrise de l'anglais y était également pour une grande part, tout comme son comportement charmant digne des meilleurs salons. Les Américains prennent grand soin de passer sous silence le fait que Karzai a brièvement rejoint les talibans au début des années 1990. En fait, beaucoup d'anciens moudjahidines qui en avaient assez des djihadistes se sont tournés, à un moment ou à un autre, vers les talibans qu'ils voyaient comme une alternative. Karzai, cependant, s'en détourna assez vite car il soupçonnait le mouvement d'être de plus en plus pris en main par les Arabes et les Pakistanais, et retourna auprès de ses protecteurs occidentaux.

Au début des années 1980, à Peshawar, je passais une bonne partie de mon temps à resserrer mes liens avec les résistants modérés qui, bien que tout aussi corrompus que ceux des factions fondamentalistes, constitueraient probablement le choix le plus acceptable pour un futur gouvernement afghan. En février 1980, quelques semaines à peine après l'invasion russe, les chefs tribaux, religieux et politiques se mirent à étudier la possibilité de convoquer une *Loya Jirgha* à l'échelon national afin de désigner un gouvernement de la résistance. Tous ces responsables espéraient que Zaher Shah, l'ancien roi exilé en Italie depuis 1973, en serait la figure de proue. Les proches de la famille royale, quant à eux, voyaient là une occasion de restaurer la monarchie.

Afin de mieux comprendre comment ces nouveaux chefs de la résistance, disposant tous désormais d'une escorte armée et de véhicules flambant neufs, allaient pouvoir se réunir pour une *Loya Jirgha*, je me rendis à Islamabad pour consulter des spécialistes de l'Afghanistan, notamment le célèbre ethnologue américain Louis Dupree. Louis et sa femme Nancy, elle aussi experte en affaires afghanes, et qui devait plus tard, dans la période post-2001, participer à la reconstitution du musée de Kaboul, connaissaient personnellement la plupart des acteurs et me transmirent une foule de renseignements à leur sujet. Quand la National Public Radio me demanda de faire une interview radiophonique de Dupree, un ancien Marine, je le suppliai de ne pas utiliser les jurons qu'il lâchait quand il évoquait la situation en Afghanistan. Je lui expliquai qu'il me serait impossible de les supprimer au montage. « Dans ce cas, vous n'avez qu'à les laisser. Après tout, nous parlons de ces putains de Soviétiques ! » lâcha-t-il.

En l'absence d'un front uni de la résistance afghane, je devais entretenir des contacts au sein des différents groupes. Je m'aperçus vite qu'aucun d'eux ne parlait au nom de tous les Afghans. En tant que mouvement, la résistance constituait un patchwork extrêmement complexe et diversifié de plusieurs centaines de fronts de combat. Je réalisai que le seul moyen d'avoir une vision d'ensemble des opérations en Afghanistan était de passer régulièrement au siège des différents partis afin de glaner des détails sur les opérations militaires qu'ils affirmaient mener. Les représentants étaient toujours amicaux, nous faisaient immédiatement servir du thé ou des sodas avant de se lancer dans des récits très enjolivés des exploits de leurs combattants. La plupart des partis étaient très mal organisés et faisaient preuve d'une pathétique naïveté en matière de relations publiques et de communication. Chaque parti faisait tout son possible pour promouvoir ses succès sur le front, car ils devaient offrir une bonne image à leurs donateurs étrangers s'ils voulaient garder leur soutien. Tout cela faisait partie du jeu. Ensuite, lorsque je rencontrais des Afghans nouvellement arrivés à Peshawar, je leur posais quelques questions évasives sur certains événements particuliers, comme un possible massacre ou un bombardement. Ou encore une offensive soviétique majeure qui avait provoqué le départ de nouveaux réfugiés. C'était le seul moyen de se faire une idée de ce qui se passait réellement.

Au début des années 1980, je m'arrêtai un jour dans les bureaux d'Hekmatyar en compagnie d'un journaliste du *Dallas Morning News* de passage. Le politicien afghan commença à raconter comment ses hommes avaient détruit tout un convoi russe. Son assistant, Hussein Mangal, que nous avions surnommé « Mengele les yeux noirs », était un mince Pachtoune aux yeux sombres enfoncés dans leurs orbites. Il me tendit un morceau de papier avec des mots et des chiffres soigneusement tracés. « Ce sont les pertes des *Chouravis* », annonça Mangal d'un ton grandiloquent. Je vis que figurait sur le papier le nombre précis de chars, transports de troupes et camions de l'Armée rouge détruits (plus de cinquante) et de soldats tués (largement plus d'une centaine). Si cela avait été vrai, c'eût été un désastre significatif pour les Soviétiques. Quelques mois plus tôt, j'aurais été impressionné. Mais, ce jour-là, je me contentai de hocher la tête. C'était la troisième ou la quatrième fois qu'une telle opération était revendiquée en moins d'un mois.

« Oh, bon sang, Mangal, arrêtez de nous refiler ce genre de trucs, dis-je. Je n'ai pas entendu un seul mot de cette attaque à la BBC ni nulle part ailleurs. Personne ne peut prendre ces bobards au sérieux. » Mon collègue américain suivait l'échange d'un air horrifié. Hekmatyar me fusilla du regard tandis que Mangal s'humectait les lèvres avant de répéter lentement ses chiffres. « Non, ces chiffres sont véridiques. Nous infligeons de sérieuses défaites aux Soviétiques », insista-t-il. J'aimais bien Mangal, qui possédait un diplôme de l'université de l'État de New York à Fredonia. Il prenait son travail au sérieux et ne se laissait jamais démonter par mes rebuffades. Mangal devint par la suite l'un des responsables les plus influents du Hezb. En 2004, Karzai, qui voulait renforcer la composante pachtoune de son gouvernement, le fit entrer dans son équipe.

Nous discutâmes encore une demi-heure. Alors que nous remontions dans notre taxi, mon collègue se tourna vers moi avec nervosité. «T'es complètement dingue ! éructa-t-il. J'ai vu le moment où ces types allaient nous égorger.» Je l'assurai que les gens d'Hekmatyar étaient trop malins pour faire une chose pareille. «S'ils veulent te tuer, ils le feront quand personne ne regardera», rétorquai-je à moitié sérieusement.

Malheureusement, à mesure que je connus mieux le Hezb, je compris qu'Hekmatyar, avec l'approbation tacite de l'ISI, était prêt à éliminer tous ceux qui osaient s'opposer à lui. Par la suite il fera liquider des intellectuels et des commandants de la résistance, mais aussi des journalistes. Le soutien inconditionnel de l'Amérique, au cours des années 1980, à Hekmatyar et à d'autres extrémistes basés à Peshawar devait finir par avoir des conséquences dangereuses. Malgré d'innombrables occasions d'apporter un soutien aux factions modérées de la résistance pendant la guerre soviétique, la CIA – sur insistance du Pakistan – s'entêtera à travailler étroitement avec les factions islamiques les plus fanatiques. Cette option s'avérera fatale. Elle conduisit à la destruction de Kaboul et contribua à mettre en place la direction insurrectionnelle qui combat aujourd'hui les troupes de l'OTAN. Pour dire les choses simplement, c'est le soutien américain aux extrémistes islamiques dans les années 1980 qui a contribué à créer le bourbier militaire actuel en Afghanistan.

Chapitre 6

Réfugiés, Tora Bora et vétérinaires combattants

Au début du printemps 1980, j'effectuais de nombreux allers-retours entre le Pakistan et l'Afghanistan pour couvrir la guerre et la crise humanitaire qu'elle provoquait. Le nombre des réfugiés atteignait désormais trois millions, et les camps de tentes blanches fournies par le Haut-Commissariat de l'ONU pour les réfugiés (HCR) et la Croix-Rouge ne cessaient de se multiplier dans les agences tribales et au Baloutchistan. Deux autres millions d'Afghans, essentiellement des Hazâras, s'étaient établis en Iran. Les Afghans aisés, souvent des citadins, trouvaient refuge dans les pays occidentaux. Au cours des six mois suivants, je me rendis en Éthiopie, en Somalie, en Thaïlande, à Hong-Kong, au Sri Lanka – et aussi en Guyane française, en Floride et en Californie – pour rencontrer des réfugiés et me faire une image plus précise de la façon dont cette vaste migration faisait perdre à l'Afghanistan des milliers de citoyens éduqués.

Certains regagnèrent leur patrie dans la période post-2001. Parmi les plus célèbres se trouvait l'ambassadeur américain à Kaboul, Zalmay Khalilzad. Pachtoune originaire de la ville de Mazâr-e-Charîf, dans le nord de l'Afghanistan, il avait séjourné aux États-Unis à la fin de son adolescence dans le cadre d'un programme d'échange universitaire. Il avait ensuite occupé diverses fonctions dans les administrations Reagan puis Bush avant de travailler comme consultant pour le consortium pétrolier américain UNOCAL sur le projet Trans-Afghanistan Pipeline, un oléoduc de mille cinq cents kilomètres devant relier le Turkménistan au Pakistan. Khalilzad participa à la préparation du renversement du régime taliban et agit comme envoyé spécial de Bush avant d'être nommé ambassadeur en 2003. Si beaucoup d'Afghans ne voyaient en lui qu'un type qui s'en était bien sorti, les non-Pachtounes estimaient qu'il favorisait les intérêts américains et pakistanais, et qu'il représentait le véritable pouvoir dans les coulisses du palais présidentiel de Kaboul.

Un autre de ces anciens exilés était Abdul Jabar Sabet qui, avec ses cheveux longs et son air d'homme des bois, avait dirigé un temps le service en pashto de la VOA. Ancien collaborateur d'Hekmatyar, ce Pachtoune deviendra conseiller juridique du ministère de l'Intérieur avant d'être nommé en 2006 ministre de la Justice par le président Karzai avec l'appui des États-Unis et de la Grande-Bretagne. Beaucoup d'Afghans ont eu du mal à comprendre comment les Occidentaux pouvaient soutenir un homme comme Sabet, qui était accusé de corruption et finira par être chassé du pouvoir en 2008 quand il deviendra évident qu'il poursuivait des objectifs politiques personnels et prévoyait de se présenter contre le Président lors des élections suivantes.

Je trouvais toutefois le temps, au cours de cette année 1980, de retourner plusieurs fois à Peshawar, et d'effectuer de fréquents voyages clandestins en Afghanistan pour poursuivre mes enquêtes. Avec nos guides moudjahidines, mes collègues et moi pénétrions discrètement dans des zones tribales fermées afin d'opérer de rapides incursions au-delà de la frontière. J'étais fréquemment arrêté, mais cela faisait partie du «jeu». Comme me déclara un jour un officier pakistanais : «Si vous faites un faux pas, vous serez pris ; sinon, bravo !» Il était important pour les Pakistanais que les Soviétiques n'aient pas l'impression qu'ils aidaient les journalistes et humanitaires étrangers à entrer illégalement en Afghanistan.

Voyager dans les régions frontalières est extrêmement dangereux aujourd'hui, mais à l'époque je ne ressentais pas la moindre appréhension à me déplacer dans ces zones. Même en 2005, je me rendais dans l'agence de Khyber sans trop d'inquiétude. En 2008, en revanche, l'armée pakistanaise menait de durs combats contre les talibans locaux et des éléments d'Al-Quaida, parmi lesquels des combattants étrangers venus de pays comme le Yémen, la Tchétchénie ou la Libye. Une bonne partie des affrontements se déroulaient dans la Province de la frontière du Nord-Ouest, y compris dans la touristique vallée de la Swat. De telles opérations de grande envergure dans le style de la Seconde Guerre mondiale, impliquant chars, mortiers, roquettes, hélicoptères de combat et avions de chasse, étaient presque impensables dans les années 1980 et 1990.

À partir de 2004, les États-Unis accentuèrent leurs offensives dans les zones tribales jouxtant la frontière pakistano-afghane avec la mise en œuvre de drones Predator, avions sans pilote équipés de caméras haute résolution et de capteurs, et pouvant tirer des missiles. L'administration Bush considérait ces drones comme l'une des armes les plus efficaces dans sa « guerre contre le terrorisme ». En dépit des protestations véhémentes des Pakistanais devant cette violation caractérisée de leur souveraineté, le *Washington Post* révéla en octobre 2008 qu'un accord secret avait été conclu entre Washington et Islamabad pour autoriser la poursuite des survols du territoire pakistanais par les engins américains. Le président Obama a approuvé l'utilisation de drones et a même multiplié leurs opérations.

Les autorités américaines sont convaincues que les Predator ont contribué à priver les talibans et Al-Quaida d'une bonne partie de leurs directions, notamment dans le nord et le sud du Waziristan. Un responsable de l'ambassade américaine à Kaboul faisait remarquer avec satisfaction que les dirigeants talibans de la région étaient si perturbés par ces attaques qu'ils avaient commencé à fuir leurs planques dans les montagnes de la Province de la frontière du Nord-Ouest pour aller s'installer à Quetta et à Karachi, une évolution qui a incité Washington à envisager d'élargir le domaine d'intervention des drones afin d'y inclure le Baloutchistan.

Dans les années 1980, voyager dans les zones tribales équivalait un peu à replonger dans les vieux ouvrages relatant dans un style chevaleresque les exploits coloniaux du XIXe et du début du XXe siècle. On était là dans un arrière-pays accidenté où les Pachtounes des tribus locales armés d'antiques *jezails* à silex et de fusils datant des guerres anglo-afghanes s'embusquaient dans les hauts massifs montagneux pour tendre des embuscades.

Ce n'est qu'à partir du milieu des années 1980 que ces armes à chargement par le canon seront remplacées par des AK-47 et des .303 Lee-Enfield fournis par les soutiens extérieurs des moudjahidines. Ces « rusés Pathans », comme aimaient à les appeler les Britanniques, vivaient dans des *qalas*, de petites forteresses en pierre et torchis dotées de tourelles.

En ce printemps 1980, notre principal souci est d'éviter les Frontier Scouts, la police des frontières pakistanaise. Pendant toute la guerre soviétique, pas un seul journaliste ne sera kidnappé et échangé contre une rançon en tentant de passer en Afghanistan, et, comme la plupart des membres des tribus adhéraient au djihad, le passage clandestin de la frontière restera possible, même s'il ne sera jamais garanti.

Ainsi, lors d'un voyage en compagnie du photographe américain Steve McCurry, célèbre pour sa photo de « la fillette aux yeux verts » parue dans le *National Geographic*, de Nick Proffitt de *Newsweek* et de mon collègue finlandais Rauli Virtanen, nous sommes interpellés juste avant la frontière afghane. C'est frustrant. Nous avons tous besoin de renseignements « de l'intérieur », mais les Scouts ont de bons informateurs dans la région. Ils ont délibérément laissé passer notre car, bondé de Pachtounes des tribus, avant de nous arrêter au dernier point de contrôle. « Je vais devoir malheureusement vous mettre au bloc », nous annonce un commandant pundjabi après nous avoir emmenés jusqu'à un fort des Scouts de l'agence de Mohmand orné d'alignements de pierres chaulées et d'impeccables parterres de roses. Ce sont bien entendu les Britanniques qui ont bâti le fort au XIXe siècle à un endroit dominant la vallée. Contre un arrière-plan de montagnes brunes et escarpées plantées de pins et de chênes verts, une rivière serpente au milieu des villages et des champs bordés de peupliers étincelants. « Vous n'avez pas le droit de traverser les zones tribales sans autorisation. On n'est pas à New York, vous savez. »

En montant la colline en direction de la grille ouvrant sur les bâtiments de la garnison, il me semble apercevoir un court de squash. Je demande au commandant si quelqu'un y joue. « Je suis le seul », se lamente-t-il avant de me dévisager quelques instants et d'ajouter : « Vous savez jouer ? – Ma foi, rétorqué-je, je crois que vous vous êtes trouvé un adversaire. » Le visage du commandant s'illumine. « Eh bien, dans ce cas, faisons une partie. » Il ordonne aussitôt à ses hommes de nous conduire aux quartiers des hôtes au lieu du « trou » qu'il nous avait promis. Le court est incroyablement poussiéreux et n'a pas dû être utilisé depuis des mois, sinon des années. Le commandant et moi disputons une partie serrée, mais jouer à une altitude de plus de deux mille sept cents mètres s'avère vite exténuant. Nous faisons cinq manches, que le commandant emporte facilement. Tandis que nous quittons le court en nous essuyant la sueur du visage avec des serviettes, il s'exclame : « Excellent match ! Nous rejouerons demain matin avant que j'envoie mes gars vous escorter jusqu'à Peshawar. En attendant, retrouvons-nous pour le dîner. »

Le mess des officiers est décoré de vieilles médailles et de trophées en argent récompensant le régiment, ainsi que de plaques nouvellement installées commémorant la visite de personnalités venues d'Allemagne et des États-Unis. Trois autres officiers nous attendent, ravis d'avoir de la compagnie, même s'il s'agit de prisonniers. Une ordonnance en uniforme se tient debout derrière chaque chaise, veillant à ce que nos verres soient toujours pleins d'eau, de Coke ou de Fanta. J'aurais apprécié du vin, mais c'est un souhait chimérique sous une dictature militaire dirigée par un fondamentaliste islamique. À la fin du dîner, composé de mouton rôti avec du riz et des patates, les ordonnances nous servent du thé. Avec un clin d'œil le commandant me glisse à voix basse : « Sous les Britanniques, nous aurions eu droit à du porto. »

À Peshawar, les Arabes manifestent un grand intérêt tant à l'égard du djihad qu'à celui du sort des réfugiés. Des Saoudiens et des Koweïtiens en turban rose font l'aumône en vertu du *zakat*. Un jour que je sors de l'hôtel *Intercontinental*, je vois deux hommes d'affaires arabes s'avancer en direction d'une foule d'environ trois cents Afghans. Ouvrant leurs serviettes de cuir, les deux hommes lancent des liasses de dollars américains à la foule, comme des os à des chiens. Les Afghans se disputent l'argent à coups de poing et de pied. Quelques instants plus tard, des policiers en uniforme accourent avec leurs matraques afin de disperser le rassemblement et « confisquer » ce qu'ils peuvent. Par la suite les Arabes créeront des fondations caritatives islamiques pour construire des madrasas, des cliniques et des mosquées dans les camps.

Les services de renseignement pakistanais s'emploient à surveiller les activités des correspondants étrangers. Avec mes employeurs du *Monitor*, j'ai mis au point un code désignant certains types de déplacements. « Prendre une pause-thé » signifie un rapide voyage dans les zones tribales. Partir « en vacances » veut dire que je vais entrer clandestinement en Afghanistan. Au début, je désignais les moudjahidines du terme d'« amis », tandis que les médecins français qui multipliaient leurs interventions en Afghanistan étaient les « Parisiens ».

Ces allers-retours à travers la frontière finissent par devenir un jeu. En raison de leur hostilité envers Moscou, les Pakistanais tolèrent que des journalistes et des humanitaires passent en Afghanistan à condition qu'ils ne le fassent pas ouvertement. Rentrer au Pakistan ne pose aucun problème. Les militaires paraissent chaque fois enchantés de me voir et nous avons d'amicales conversations autour d'une tasse de thé pendant qu'ils essaient de savoir ce que j'ai vu « à l'intérieur ». À l'occasion, s'ils jugent que ce dont j'ai été témoin mérite l'attention de leurs supérieurs, je reçois une invitation à boire le thé chez le secrétaire à l'intérieur ou l'un des agents politiques. Inévitablement, deux ou trois hommes aux cheveux courts assistent à l'entretien, mal à l'aise dans leur *salwar kameez* civil, écoutant en silence dans leur fauteuil de cuir, sans jamais toucher à leur tasse de thé.

L'ISI joue à l'évidence son propre jeu, et les Pakistanais sont ravis de pouvoir utiliser les journalistes comme sources d'informations officieuses. Et pour notre part nous n'hésitons pas à les utiliser si cela peut faciliter notre passage de la frontière. Un jour qu'un journaliste britannique et moi avons été appréhendés par les Chitrâli Scouts près de la frontière afghane et renvoyés à Peshawar, nous protestons auprès du haut-commissaire de Sa Majesté qui, nous le savons, doit dîner le soir même avec le général Zia. Le lendemain, deux officiers de l'ISI se présentent au *Dean's*. « Vous avez vingt-quatre heures pour repartir », nous informent-ils d'un ton brusque. Nous prenons immédiatement la direction de l'Afghanistan, mais, peu avant la frontière, retombons sur le même sergent de police qui nous avait arrêtés. Aussitôt il nous tourne le dos et s'éloigne. À la tombée de la nuit, nous sommes en Afghanistan.

Au bout de plusieurs mois d'occupation russe, je suis devenu un expert des incursions clandestines. Mais je n'ai encore assisté à aucune action. L'essentiel de mes articles est basé sur des interviews avec des réfugiés et des moudjahidines. Les différentes missions diplomatiques et agences d'aide occidentales ont chacune leur opinion, mais il est difficile de se faire une idée précise des événements qui se déroulent en Afghanistan.

Je ne suis pas le seul journaliste à qui cela pose un problème. C'est également le cas de Peter Jouvenal, un jeune Britannique au sourire réservé qui s'est enrôlé dans l'artillerie britannique afin d'acquérir une expérience comme photographe de guerre. Malheureusement, Peter souffre de dyslexie et n'a pas pu devenir officier. Après avoir effectué ses trois ans d'engagement, il a quitté l'armée avec l'intention de trouver une guerre à couvrir, et il est parti pour l'Afghanistan.

Calme, modeste et ayant une extraordinaire connaissance des armes, Peter avait pris un car de Londres jusqu'au Pakistan. Quand je le rencontre pour la première fois au *Dean's*, où il loge dans une chambre exiguë située à l'arrière de l'hôtel, il commence tout juste à vendre des photos à des journaux et magazines britanniques. Nous nous découvrons un même *esprit de corps*[1] et décidons de partager nos contacts afin d'organiser un voyage « à l'intérieur » pour « voir de l'action ».

Nous contactons les différents groupes de la résistance. Les grands partis nous font des promesses extravagantes au sujet d'opérations majeures. Par deux fois, nous sommes sur le point de partir assister à de grosses actions militaires, mais celles-ci sont annulées au dernier moment. Finalement, Peter et moi tombons sur un petit groupe obscur qui se fait appeler Afghan-e-Millat, une faction nationaliste pachtoune avec de forts, quoique confus,

1. En français dans le texte. *(N.d.T.)*

penchants socialistes et même maoïstes. Je me demandais ce que pourrait être l'équivalent tribal du national-socialisme en Afghanistan. Je sais que les nazis ont eu des contacts avec des groupes de jeunesse pachtounes dans les années 1930 et au début des années 1940, mais j'ignore si le Millat en faisait partie. Peter a déjà rencontré quelques-uns de ses militants à l'intérieur de l'Afghanistan. Ils nous proposent de nous emmener. Au siège du Millat dans le bazar de Saddar, un de leurs commandants, un ancien officier de l'armée afghane, s'entretient brièvement avec ses hommes. Il nous explique que les moudjahidines multiplient leurs attaques contre Jalalabad dans la province de Nangarhâr et nous demande en combien de temps nous pouvons être prêts. Immédiatement, répondons-nous. « Parfait, nous partirons demain », annonce-t-il.

Le lendemain nous prenons le car jusqu'à Parachinar, à environ six heures de route au sud-ouest de Peshawar. J'y ai été à plusieurs reprises, mais toujours avec une escorte officielle. Aujourd'hui nous avons l'intention de traverser le massif de Safed Koh (la montagne blanche) jusqu'en Afghanistan et ensuite de gagner la plaine de Jalalabad. Nous prenons un minibus au Khyber Bazaar de Peshawar. Notre guide s'assied deux rangs devant nous. Si nous sommes pris, il fera mine de ne pas nous connaître. Nous nous couvrons de nos *patous*. Le bus est bondé, essentiellement d'hommes des tribus et de femmes en *burqa* revenant de la ville. Je suis tassé contre une forte femme qui a relevé presque élégamment son voile sur le dessus de sa tête. Comme elle ne cesse de me poser des questions en pashto auxquelles, bien entendu, je suis bien incapable de répondre, je fais semblant de m'endormir. Peter fait de même. Nous devons nous arrêter à une bonne douzaine de points de contrôle sur la route de Parachinar.

De temps à autre, des Scouts ou des policiers montent à bord. À un moment, une fillette au nez qui coule vient s'asseoir sur mes genoux. Elle joue avec mes lunettes et urine sur moi, mais, estimant que c'est ma meilleure chance de ne pas être interrogé, je fais de mon mieux pour qu'elle ne parte pas. Cela n'empêche pas un policier de remarquer mon sac d'appareils photo à moitié dissimulé. Il me demande de l'ouvrir et y découvre plusieurs appareils, ainsi qu'une petite caméra que j'ai achetée pour envoyer des images à ABC News. Il se contente de hocher la tête et me laisse en paix. À un autre barrage, un policier me fait signe de descendre du car. Peter s'applique à somnoler, le visage sous son *patou*, mais le policier monte à bord et se dirige droit sur lui. Il aboie quelques mots et Peter lui présente d'un air endormi un papier à en-tête du ministère des Affaires étrangères qu'il a « emprunté » dans un bureau administratif d'Islamabad. Un de ses contacts y a rédigé en pashto un laissez-passer pour lui et moi. Les deux sceaux d'aspect officiel ont été réalisés avec un florin britannique que nous avons encré et appliqué sur le papier. Le document a un indubitable aspect d'authenticité. Le policier est impressionné. Il descend du car.

À notre arrivée à Parachinar, je remarque que le nombre des camps de réfugiés a significativement augmenté depuis ma dernière visite un mois auparavant. Les tentes ont surgi de partout – dans les champs, le long des rivières, sur le bord de la route. Les Afghans affluent désormais par milliers chaque jour. Des dizaines de camions du Programme alimentaire mondial (PAM) chargés de blé et d'autres produits alimentaires encombrent les rues.

À la gare routière, Peter et moi suivons notre guide jusqu'aux locaux de la guérilla. Le bâtiment sert également à d'autres partis de la résistance, chacun disposant de son propre bureau. Deux militants du Millat, des lycéens de Jalalabad à peine sortis de l'adolescence, nous accueillent. Ils nous conduisent à une petite chambre comportant trois lits, des affiches et des fanions du parti. L'endroit est crasseux, le sol couvert de détritus et constellé de crachats noirâtres. La cuisine et les W.-C. à la turque installés au bout du couloir sont encore pires. Il y flotte une forte odeur d'égout.

Le lendemain matin, une demi-douzaine de guérilleros font leur apparition et nous informent que nous devons nous préparer. Mais ils doivent d'abord s'assurer qu'aucun détachement de Scouts pakistanais n'a été dépêché durant la nuit pour surveiller les pistes. Ils savent où sont positionnées les troupes près du sommet, mais ce sont les parties boisées qui s'étendent en dessous qui les préoccupent. Pendant que nous attendons, des groupes de moudjahidines sortent des baraquements et montent dans des camions ornés de drapeaux verts. Ils partent vers l'ouest en direction de Teri Mangal, d'où ils passeront en Afghanistan pour aller se battre dans la province de la Paktiyâ. Brandissant à bout de bras leurs fusils, ils sont débordants de confiance et paraissent prêts à en découdre.

À 15h30, nos guides reviennent. Ils n'ont repéré aucune patrouille. Ils enveloppent nos affaires dans des couvertures qu'ils jettent à l'arrière d'un petit minibus Suzuki, et nous nous entassons dans l'espace restant. Le minibus roule à vive allure sur une piste défoncée traversant des champs irrigués et s'arrête à l'orée de la forêt. De là nous montons à pied en direction du *kota* (col), à plus de trois mille cinq cents mètres d'altitude. Au-delà s'étend l'Afghanistan. Nous sommes à la fin du printemps, mais les sommets sont encore enneigés. Le ciel est d'un pur bleu azur et il fait très chaud, mais l'ombre des cèdres et des pins nous procure une agréable fraîcheur. Je ne m'attendais pas à trouver ici des forêts aussi touffues. Nous rencontrons de nombreux ruisseaux, parfois un torrent. Nous devons traverser la rivière principale à quatre reprises, sautant de rocher en rocher ou marchant dans l'eau glaciale en tenant nos bagages à bout de bras au-dessus de nos têtes. Le terrain me rappelle les Alpes ou les Rocheuses.

Durant les deux jours suivants nous marchons en direction du nord. Nous suivons une piste empruntée par les bûcherons, les chasseurs et les bergers. Je suis surpris par les coupes sévères, parfois même excessives pratiquées ici. Les bûcherons, généralement par groupes de deux ou trois, armés de haches à long manche, abattent les arbres avant de les débiter en blocs rectangulaires. Cela facilite leur transport à dos de chameau jusqu'à Parachinar, d'où ils seront acheminés par camions à Peshawar. Ce qui reste des arbres est laissé sur place, et je constate qu'il n'est procédé à aucune plantation nouvelle.

Les hauteurs du Safed Koh sont très escarpées. L'ascension est difficile, nous grimpons parfois tout droit à travers des éboulis ou des prés parsemés de gros rochers. À un moment, nous rencontrons une plaque de neige que nous dévalons assis sur nos anoraks, en remorquant nos bagages derrière nous. Je me cogne durement le genou contre un rocher, ce qui me cause une douleur lancinante.

Les réfugiés affluent en sens inverse. Nous croisons des dizaines de familles, composées surtout de vieillards, de femmes et d'enfants, crapahutant dans ce massif magnifique mais périlleux. Ils escaladent les rochers ou cheminent le long d'étroits sentiers taillés au-dessus d'un précipice. Certains conduisent devant eux des chevaux ou des ânes chargés de bagages, mais la plupart ne transportent que quelques biens, sinon aucun : des couvertures et une bouilloire à thé noircie par le feu, ou quelques poulets attachés par les pattes à un sac à dos, et qui se balancent au rythme de la marche de leur propriétaire, un chien efflanqué sur les talons. Les réfugiés paraissent épuisés, leurs visages sont creusés par la résignation. Beaucoup sont déshydratés après plusieurs jours de marche. Craignant la présence possible de mouchards, nous marmonnons de brèves formules de salutation avant de repartir en hâte. Nous passons la première nuit dans un refuge de bûcherons. Les guérilleros allument un feu. Nous mangeons des pommes et buvons l'eau de la rivière. Une fois le col franchi, nous sommes en Afghanistan et nous nous sentons rassurés. La vue est époustouflante. L'Hindu Kouch, ruban d'un blanc brumeux sur lequel se détachent des pics rosâtres, barre l'horizon, tandis que la plaine de Jalalabad, ponctuée des taches plus sombres des terres irriguées, se déploie au pied des montagnes. Les moudjahidines, pour leur part, s'inquiètent surtout d'éventuels avions. Ils scrutent sans cesse le ciel pour repérer les hélicoptères ou les Mig. Les Soviétiques effectuent de plus en plus de sorties aériennes, sans trop se préoccuper de savoir s'ils attaquent des combattants ou des civils.

Le flux de réfugiés s'accroît à mesure que nous nous enfonçons en Afghanistan. Nous en croisons à présent de quarante à cinquante par jour. Une femme portant un nouveau-né dans un châle s'approche de moi. Elle me tend son nourrisson à la peau ridée qui arrondit la bouche comme pour téter un lait inexistant. Le bébé pousse un gémissement déchirant. Je ne sais que faire. Cette mère croit à l'évidence que je suis médecin, et elle sait que son enfant ne passera pas la nuit. Elle ne cesse de me tendre son enfant en gémissant. Je ne peux absolument rien faire pour lui.

Ces scènes de désolation se répètent constamment. Un peu plus loin un garçonnet qui doit avoir neuf ou dix ans sanglote de façon incontrôlée. Son père, alors qu'il est lui-même au bord du désespoir, tente d'une voix douce de le consoler sans cesser de marcher. En dépit de leur épuisement, ils s'approchent de nous pour nous serrer la main. Je suis profondément touché. Je ne peux m'empêcher d'admirer le courage et la grâce de ces gens.

Nous longeons des gorges bordées de part et d'autre d'épaisses forêts et arrivons enfin aux premières zones agricoles, de petits hameaux dispersés au milieu de champs en terrasses plantés de blé et de pavot. Avec leur toit plat, les maisons ressemblent aux habitations navajos. Des canaux creusés à flanc de colline, aux bords parfois renforcés de pieux en bois, et régulés par des vannes courent parallèlement aux torrents pour irriguer les terrasses situées en dessous. J'ai déjà vu de tels systèmes hydrauliques dans les montagnes des zones kurdes en Turquie et en Irak, mais également dans le nord de l'Inde et dans les Alpes suisses et françaises. Dans les étendues laissées libres par la forêt, des alignements de noyers, de chênes et de mûriers bordent les champs et les canaux, tandis que les grenadiers trouvent refuge dans les plis ou sous les surplombs rocheux qui les protègent du froid pendant l'hiver. Ce soir-là, nous arrivons dans le grand village où nous allons passer la nuit. Un jeune garçon nous montre une chambre sous le toit, habituellement réservée au bétail, et qui, nous ne tardons pas à le découvrir, grouille de tiques. Il revient quelques instants plus tard avec deux autres garçons qui nous apportent des couvertures, des verres et une bouilloire emplie de thé vert. Le plus âgé d'entre eux s'excuse de l'absence de sucre. Les paysans ont partagé le peu qu'ils possédaient avec les réfugiés, et leurs provisions sont épuisées.

Même si nos guides nous servaient d'interprètes, j'avais commencé à apprendre le pashto et consciencieusement apporté avec moi mon exemplaire du *Pashto en 50 leçons simples*. Je notais tous les mots que j'apprenais et que je devais connaître – arbre, théière, neige, montagne, avion… – de façon à pouvoir au moins saisir une partie des conversations.

Le *malik*, vigoureux bonhomme à la barbe blanche, vient bientôt nous rejoindre et nous assaille de questions. Que fait l'Amérique ?

Et la Grande-Bretagne ? Le monde se préoccupe-t-il vraiment de l'invasion des *Chouravis* ? Le vieil homme s'intéresse tout particulièrement à ma montre et à ma radio ondes courtes. D'une voix perçante, il me demande de lui en faire cadeau. J'éclate de rire. J'en ai besoin pour mon travail, lui expliqué-je. Sinon, comment ferais-je pour raconter au monde ce qu'est la guerre en Afghanistan et savoir l'heure qu'il est ? Il ne paraît pas convaincu. Quelques minutes plus tard, il nous souhaite bonne nuit et s'en va.

Le lendemain matin, le vieux *malik*, dont l'énergie me stupéfie, nous accompagne hors du village, dévalant le sentier abrupt pour nous montrer la piste qui nous conduira aux plaines. M'arrêtant un instant près d'un muret d'irrigation, je note rapidement dans mon calepin le nom de ce village mémorable et infesté de tiques : Tora Bora. Des années plus tard, après le 11-Septembre, on le soupçonnera d'être la cachette d'Oussama ben Laden, et il sera le théâtre d'une bataille majeure qui ne permettra cependant pas de capturer le chef terroriste.

D'après ma carte, Jalalabad se situe plein nord, à deux ou trois jours de marche. À mesure que nous perdons de l'altitude, le terrain se fait plus aride et finit par se transformer en un désert rocailleux. Il fait de plus en plus chaud. Ce n'est que lorsque nous traversons des zones irriguées parsemées de bosquets que nous pouvons profiter de quelques bouffées d'air rafraîchissantes. Les fermes s'accrochent aux berges des rivières. Distinguant enfin la ville au loin, je réalise que je me trouve à présent au pied même des montagnes que j'ai aperçues neuf mois auparavant, peu avant l'invasion, lors de mon voyage en car pour Kaboul. À l'époque, je m'étais demandé si des moudjahidines y opéraient. Deux décennies plus tard, les talibans et autres insurgés continueront à s'y battre, cette fois contre la coalition de l'OTAN.

Peter et moi sommes terriblement assoiffés et ruisselons de sueur. Ni l'un ni l'autre n'a pensé à emporter des tablettes de sel. Imprudemment, mais nous n'avons pas le choix, nous buvons de l'eau puisée à même les canaux d'irrigation. Nous la rejetons aussitôt par tous nos pores. Si l'eau de la montagne nous a paru relativement propre, il est évident que plus nous descendons dans les vallées, plus elle présente des concentrations croissantes d'excréments humains et animaux. Je tomberai gravement malade à mon retour à Peshawar, mais, au bout de deux ou trois ans de ce régime, mon estomac sera capable de résister à n'importe quelle bactérie. Je ne serai plus qu'exceptionnellement malade.

Un jour, pour nous procurer du yaourt, nous faisons halte dans un camp de Kuchis, des nomades pachtounes vivant dans de grandes tentes de peau et de toile noire. Une douzaine de chameaux et un troupeau de moutons et de chèvres paissent sur les rives d'un cours d'eau asséché. Mon genou me fait souffrir et j'accueille avec soulagement ces instants de repos. Un des guérilleros ramasse une pierre et s'approche précautionneusement des tentes, s'arrête à distance respectueuse et d'une voix forte fait part de notre demande aux femmes et aux enfants. Deux puissants Sage Koochees blancs, souvent utilisés dans les combats de chiens, sont affalés par terre, la tête posée sur leurs pattes, suivant de l'œil l'homme qui approche. Les Kuchis dressent leurs chiens à attendre que le visiteur importun franchisse une certaine ligne invisible avant de bondir pour l'attaquer. La pierre était donc une précaution. Deux enfants nous apportent des bols en métal emplis de *most* (yaourt) aqueux et salé. Nous nous asseyons par terre pour boire le liquide fermenté. Quand ils apprennent que nous sommes étrangers, les nomades refusent tout paiement, nouvel exemple de l'extraordinaire hospitalité afghane dont je serai à de multiples reprises le témoin.

Nous longeons à présent la rivière principale en direction d'une zone cultivée que nous distinguons au loin. C'est là qu'est située la base de nos moudjahidines. De temps en temps, nous apercevons des hélicoptères de combat MI-8 ou des hélicoptères de transport Mi-25 qui se dirigent vers l'aéroport de Jalalabad. Mais ils sont trop loin pour que nous nous en inquiétions. Alors que nous contournons une petite colline, deux MiG-21 surgissent soudain au-dessus de nos têtes à une altitude d'à peine cinq cents mètres. Nous avons juste le temps de nous dissimuler sous nos *patous* bruns afin de nous fondre avec les rochers du désert. Les MiG passent en rugissant puis effectuent un large virage pour revenir vers nous. Le cœur battant, je suis convaincu que les pilotes nous ont repérés. « Ne crains rien, me dit Peter. C'est très difficile de distinguer quoi que ce soit à cette vitesse. » Les appareils repassent juste au-dessus de nous, mais obliquent ensuite vers l'ouest en direction du district de Surkh Rod. Quelques minutes plus tard, nous entendons deux fortes explosions, suivies de deux autres, et voyons des colonnes de fumée s'élever lentement dans le ciel. Les deux appareils effectuent un second passage, larguant leurs dernières bombes et roquettes, puis disparaissent à l'horizon.

Après avoir suivi un réseau de canaux d'irrigation creusés en bordure de l'étroite vallée taillée par la rivière, nous traversons une série de villages ombragés environnés de champs en damier où poussent du blé, du trèfle et des pavots. À la suite des efforts d'éradication entrepris au Pakistan voisin, les trafiquants ont commencé à planter le pavot et à transférer les laboratoires de transformation de l'opium de ce côté-ci de la frontière. À la fin des années 1980, il ne restera quasiment plus de champs de pavot au Pakistan.

Pour la première fois, je remarque d'importants dégâts de guerre. Certains murs sont effondrés, tandis que de nombreux arbres ont été cisaillés par les éclats d'obus. Quelques habitants ont fui au Pakistan, mais beaucoup sont restés. Hommes et femmes travaillent aux champs, et, où que nous passions, les enfants traversent les canaux, juchés à califourchon sur un buffle, ou accourent à notre rencontre pour nous observer. Peu avant le crépuscule, nos guides nous conduisent jusqu'à un groupe d'habitations closes de murs et construites parmi d'épais bosquets de noyers, de mûriers et de mandariniers. De la vigne pousse le long des murs. Chèvres, vaches, chevaux et moutons broutent parmi les arbres, tandis que les poules grattent le sol des cours. Devant ce spectacle bucolique, je me dis que je pourrais tout aussi bien me trouver en Italie du Nord. Pourtant il y manque quelque chose. Soudain je sais ce que c'est. Il n'y a ni femme ni enfant. Le village est exclusivement peuplé de moudjahidines.

De quarante à cinquante jeunes hommes, pour la plupart d'anciens étudiants de Jalalabad et de Kaboul, sont basés ici. Des fusils, surtout des Enfield, mais aussi des Martini-Henry et des kalachnikovs, sont appuyés contre les arbres. Plusieurs caisses grises de munitions sont empilées près de la grille, à côté d'une mitrailleuse légère Bren modèle 1938. Un mégaphone est suspendu à une branche. J'apprendrai par la suite que c'est là leur unique moyen de communication pendant les combats.

Les moudjahidines nous souhaitent chaleureusement la bienvenue et nous proposent aussitôt des coussins pour nous asseoir sur les vieux tapis magnifiquement tissés disposés sous les arbres. « Hé, *bacha* ! » crie un des combattants, et aussitôt un garçonnet, l'un des rares présents, se précipite pour nous apporter du thé, des sucreries et des gâteaux. Plus tard, les groupes de défense des droits de l'homme affirmeront que les moudjahidines se servent d'enfants-soldats, mais, en dehors du fait qu'ils les utilisent pour de petites tâches courantes, je n'ai jamais vu ou entendu parler d'enfants participant aux combats. Les talibans et Al-Quaida, en revanche, n'hésiteront pas à envoyer des enfants commettre des attentats suicide.

Tandis que le coucher du soleil embrase de rouge les sommets du Safed Koh au sud et de l'Hindu Kouch au nord, nous nous asseyons pour manger un simple mais abondant repas de *nan* et de riz pilaf avec de la viande de mouton et des légumes. Nous parlons de la nouvelle guerre soviétique, dont nous évoquons les derniers développements annoncés par la BBC. Nos hôtes sont curieux de savoir comment est perçu l'Afghanistan en Europe et aux États-Unis. Quatre ou cinq d'entre eux au moins parlent étonnamment bien l'anglais. Zia, qui enseignait la médecine vétérinaire à l'université de Jalalabad, m'explique que la plupart des jeunes combattants présents autour de la table sont d'anciens étudiants à lui. Ils ont rejoint en masse les moudjahidines. « Ils prennent du retard dans leur éducation, dit-il avant d'ajouter en soupirant : Mais nous n'avons d'autre choix que de mener cette guerre. »

Le commandant est un jeune homme de vingt-cinq ans doté d'une épaisse barbe, avec des yeux bleus et des cheveux blond foncé, qui répond au nom d'Ulfat. Originaire du Laghmân, il était cadet à l'académie militaire de Kaboul jusqu'à sa démission en 1978 à la suite du coup d'État de Taraki. Depuis un an, il se bat aux côtés des insurgés du Millat dans les provinces du Nangarhâr, du Kounar et de la Paktiyâ. Son rêve, me dit-il, est de retourner à l'académie terminer sa formation. « Je n'aime pas cette vie, m'avoue-t-il. Mais je combattrai ces parasites de Russes autant de temps qu'il le faudra. » Je lui demande ce qui a changé depuis l'invasion russe. Que donnent les méthodes contre-insurrectionnelles de l'Armée rouge ? Ulfat éclate de rire. « Bah, ils ne sortent pas de leurs chars ! Ce sont des lâches. Un jour une unité s'est aventurée jusqu'ici, mais nous les avons tous tués, y compris quatre officiers, alors ils sont revenus avec des chars. Ils ont détruit de nombreuses maisons. Nous devons nous battre la nuit parce qu'ils ont des hélicoptères et que nous n'avons ni canons antiaériens ni missiles. »

À 20 h 30, les messagers sont de retour. Ulfat s'entretient brièvement avec eux avant de se tourner vers nous. « Ce n'est pas notre tour ce soir, mais nous allons quand même y aller », déclare-t-il avec un sourire. On se passe le mot. Les moudjahidines préparent leurs armes en riant et en plaisantant. La vanité des guérilleros afghans m'a toujours rendu perplexe. Certains se peignent soigneusement les cheveux ou se taillent la barbe en s'examinant soigneusement dans le miroir de leur boîte de *naswah* (tabac à chiquer). L'un d'eux, à moins de cinquante centimètres de moi, fait reluire d'un air nonchalant une grenade et, avec la même désinvolture qu'il mettrait à se couper les ongles, dévisse le détonateur avant de le remettre en place. Aux yeux de nombreux combattants durant ces premières semaines de guerre, la grenade est devenue un symbole de statut, un peu comme une montre Rolex. Au bout de quelques mois cependant, elle sera remplacée par la kalachnikov AK-47 qui sera disponible en quantités toujours croissantes. Deux hommes portent des jumelles à leur cou, mais je ne vois aucun système de vision nocturne. Ils sont tous coiffés de *pakols* et de turbans nouristanais. Pour ma part, je porte toujours mon turban qui se défait sans arrêt, et je me demande s'il ne serait pas sage de l'échanger contre un *pakol*.

« Alors, quel est l'objectif ? s'enquiert Peter.

– Oh, rétorque Ulfat, nous allons attaquer l'aéroport de Jalalabad. »

Peter et moi échangeons un bref regard. Si la perspective d'assister à une action militaire est séduisante pour ma curiosité journalistique, l'idée d'attaquer une base militaire russe me fait un peu hésiter. La seule question que se pose Peter, en revanche, est de savoir s'il aura assez de lumière pour pouvoir shooter. « J'aurais préféré une attaque à l'aube », lâche-t-il d'un ton détaché.

Enfin les moudjahidines sont prêts à se mettre en route. Ils prient ensemble avant de se scinder en unités de dix à quinze hommes chacune. Les munitions sont soigneusement comptées et distribuées, quarante balles par combattant. Jouant avec leurs frondes, des petits garçons du village voisin regardent avec admiration leurs héros mettre le fusil à l'épaule et s'enfoncer dans la nuit. Longeant les fossés d'irrigation, nous progressons rapidement dans l'obscurité en direction des lumières de Jalalabad, à trois heures de marche plus au nord. Nous entendons les autres groupes se déployer de l'autre côté de la rivière, suivant leur progression grâce aux aboiements de chiens et les cris réguliers de : « *Allahou akbar*. Dieu est le plus grand. » De temps à autre, la lueur d'une torche troue les ténèbres.

Nous marchons en file indienne le long des champs et des vergers, accompagnés par un concert de grenouilles et de criquets. Les guérilleros se déplacent rapidement, bondissant par-dessus murets et canaux sans ralentir leur allure. Plus nous nous rapprochons de la ville, plus les villages présentent des destructions. Des fusées éclairantes tracent des arches dans le ciel nocturne tandis que plus au nord, dans la province du Kounar, une importante bataille semble faire rage. Avec l'intensité d'un orage tropical, les explosions sourdes illuminent la nuit. Je suis fasciné par ce spectacle pyrotechnique se découpant sur le sombre arrière-plan des montagnes de l'Hindu Kouch. C'est trop beau pour être une scène de guerre.

« On dirait qu'il y a une sacrée opération en cours par là-bas », me dit Peter à voix basse. Un des commandants a mentionné une importante offensive de l'Armée rouge. Je suis heureux de ne pas me trouver dans le coin. À la fin de février, les Soviétiques avaient lancé leur première grande opération en Afghanistan, dans la vallée de la Kounar qui s'étend le long de la frontière pakistanaise. Mais, depuis, ils ne semblaient pourtant pas déployer une grande activité, même si certaines informations laissaient à penser qu'ils avaient renforcé leur capacité de réaction face aux attaques de la résistance.

Avant d'entreprendre notre incursion, Peter et moi avions rencontré à Peshawar l'écrivain américain Philip Caputo. Connu pour son best-seller *A Rumor of War*, Caputo était venu au Pakistan afin d'écrire un article que lui avait commandé *Harper's Magazine*. Homme au teint basané et au sombre regard italien, Caputo ne voulait effectuer qu'une rapide incursion en Afghanistan pour collecter le matériau nécessaire à son article. Il ne souhaitait pas se retrouver mêlé à des combats majeurs. « C'est juste pour pouvoir dire que j'étais sur place », nous avait-il expliqué. Nous lui avions donc suggéré le Kounar. « C'est tout ce qu'il y a de tranquille là-bas, lui avais-je dit. Mais c'est parfait pour la couleur locale. » Si Caputo se trouvait en ce moment dans le Kounar, il ne faisait aucun doute qu'il était le témoin de violents combats.

De l'avant de la colonne nous parvient bientôt l'ordre de nous mettre à couvert. Peter et moi nous accroupissons au bord d'un fossé d'irrigation. Je me sens rassuré par le gargouillis de l'eau et le coassement des grenouilles. À en juger par la lueur que l'on distingue, la ville doit se trouver quelque part sur notre gauche. L'aéroport de Jalalabad, en revanche, se trouve droit devant nous. En tout cas, on aperçoit une installation militaire vaguement circulaire éclairée par une demi-douzaine de lumières. C'est difficile de savoir de quoi il s'agit exactement. Aux cris des « *Allahou akbar* » relayés par mégaphone, les guérilleros ouvrent le feu. Ils tirent de façon hasardeuse, et je vois, comme hypnotisé, les traits rouges des balles traçantes se perdre paresseusement dans le ciel nocturne. Les moudjahidines se sont déployés dans les champs abandonnés. Soudain sur une tour de guet russe s'allume un puissant projecteur qui s'oriente dans notre direction. Une mitrailleuse commence à aboyer de façon intermittente, les balles traçantes filant au-dessus de nos têtes. Peter et moi plongeons dans le canal. L'eau est chaude et a un goût de terre. Je ressens une montée d'adrénaline et guette une éventuelle contre-attaque russe, mais rien ne se passe. Peter shoote une ou deux pellicules, puis cesse de photographier. « Ça ne donnera rien, dit-il. Pourquoi ces abrutis n'attaquent-ils jamais de jour ? »

Juste à ce moment-là, nous entendons de gros moteurs se mettre en marche à quelques dizaines de mètres de là. Une batterie de phares s'allume. En face de nous se tient un énorme char T-62. Ses phares découpent les silhouettes de pas moins d'une demi-douzaine d'autres blindés, alignés comme de gros crapauds. Ils allument à leur tour leurs phares. Peter et moi nous retournons d'un bloc, détalons à toutes jambes au milieu du sifflement des balles qui se croisent au-dessus de nous et nous jetons derrière un muret de boue. Le mince obstacle ne nous protégerait certainement pas des balles, mais nous nous sentons néanmoins rassurés. De là, nous regagnons en courant le dernier village que nous avons traversé en venant. Les chars avancent, mais obliquent bientôt vers l'ouest en direction de la ville. De toute évidence, l'attaque des moudjahidines ne les a guère inquiétés. Il se passe des choses beaucoup plus sérieuses au nord. L'attaque a duré une demi-heure. Je doute qu'elle ait infligé des dégâts graves. D'un point de vue psychologique pourtant, il est important pour les moudjahidines de montrer qu'ils peuvent venir chatouiller la puissante Armée rouge. Quant aux appelés russes terrés derrière leurs sacs de sable, il doit sans doute être éprouvant pour leurs nerfs d'entendre nuit après nuit les moudjahidines leur tirer dessus et les insulter.

Lorsque nous regagnons notre base, la nuit tiède a déjà séché nos vêtements. Épuisés, Peter et moi nous affalons sur nos paillasses et sombrons presque immédiatement dans le sommeil. Peu après l'aube, nous sommes réveillés en sursaut par de fortes explosions et des morceaux de toit qui nous tombent dessus. Six chars remontent le lit asséché de la rivière en tirant régulièrement devant eux. Deux nouveaux obus s'abattent tout près. Les moudjahidines courent en tous sens en criant, dissimulent leurs armes lourdes dans des cachettes ménagées dans les jardins avant d'emporter ce qu'ils peuvent. Puis ils s'enfuient par petits groupes en direction des contreforts du Safed Koh. Ils n'ont aucun moyen de riposter aux blindés. Au milieu des cris, plusieurs centaines de civils prennent eux aussi la fuite.

Peter et moi ramassons nos sacs et traversons la rivière avec nos guides. « Les chars ne peuvent voir que ce qui est directement devant eux », déclare Peter. Dissimulés derrière un muret, nous observons les blindés. Leurs pots d'échappement crachotent des nuages de diesel et leurs chenilles labourent le lit aride des rivières. Ils s'enfoncent dans le taillis de saules. De temps à autre, une des tourelles tire un obus en direction du village, soulevant des panaches de poussière et de fumée. Une heure après, les chars ont disparu. Ils ont endommagé ou détruit quelques maisons, tué ou blessé quelques civils, mais trois heures ne se sont pas écoulées que les moudjahidines sont de retour, comme si rien ne s'était passé.

Peter et moi décidons de retourner à Parachinar par un itinéraire qui, d'après notre carte, est plus court mais plus accidenté. Nous craignons que les Russes ne pourchassent les réfugiés et les guérilleros sur la piste où beaucoup d'entre eux se sont engagés. Mais nos guides sont réticents à l'idée d'emprunter une route qu'ils ne connaissent pas. Nous réalisons qu'ils ne savent pas lire une carte. Nous nous résignons à contrecœur à revenir par le même chemin qu'à l'aller. Pendant le trajet, j'échafaude sans arrêt des plans de fuite par la rivière au cas où nous tomberions dans une embuscade. Nous avons entendu dire que les Spetsnaz ont non seulement entrepris de poser des mines antipersonnel dans les principaux défilés, mais qu'ils attaquent également les colonnes de réfugiés.

Ni l'un ni l'autre n'ayant songé à emporter de la nourriture, nous ne mangeons rien pendant les deux jours suivants. Pourtant notre malheur paraît bien dérisoire comparé à celui des réfugiés. Vêtues de robes rouges, vertes et noires, les femmes sont repérables de très loin. Il est impossible qu'un avion de reconnaissance ne remarque pas ces longues colonnes de réfugiés avançant au pas. Les plus faibles s'arrêtent fréquemment pour boire de l'eau ou se reposer parmi les rochers. Nous croisons des tombes toutes fraîches, marquées par des tas de pierres et des bouts d'étoffe noués à des branches fichées dans le sol.

Au crépuscule, nous nous arrêtons pour la nuit. Nous faisons un feu et nous asseyons, le dos contre les rochers, le visage levé vers le ciel. Le simple spectacle des étoiles dissipe rapidement mes inquiétudes. Rien ne peut rivaliser avec une telle beauté. Des dizaines de réfugiés ont également fait halte. Leurs feux piquettent l'obscurité où l'on distingue, immobiles entre les arbres, les silhouettes de leurs chevaux, de leurs ânes et de leurs chameaux.

Sortant ma radio pour écouter la BBC, je lâche à mi-voix : « Qu'est-ce que je ne donnerais pas pour une tasse de thé !... » Comme s'il répondait à ma demande, un vieil homme s'approche de nous, portant un plateau avec deux verres de thé brûlant. Il y a même un bol de sucre. Nous faisons mollement mine de refuser, mais l'homme insiste. « Vous êtes des hôtes de notre pays. Et vous êtes journalistes. Vous devez raconter au monde ce qu'il se passe. » Manifestement, tout le monde sait qui nous sommes. Nous buvons en silence, à la fois touchés et honteux. Ces réfugiés n'ont plus rien, et pourtant, une fois de plus, je ne peux m'empêcher d'admirer la façon dont ils savent garder leur dignité.

Une fois de retour à Peshawar, nous allons dîner chez Doug Archard, le consul américain. Chaque mercredi, il projette un film, et ce soir, c'est *Apocalypse Now*. Sa maison est le seul endroit où je peux boire un bon verre de vin. Il y a là une douzaine d'autres invités, des humanitaires, plusieurs intellectuels afghans qui ne refusent jamais un ou plusieurs verres de la boisson interdite, ainsi qu'un ou deux collègues diplomates d'Archard. Nous avons presque fini de manger quand le majordome se présente à la porte.

« Excusez-moi, monsieur, dit-il à Archard. Il y a dans l'entrée un homme vêtu comme un Afghan qui prétend être un journaliste américain. Il est très sale. » Archard réfléchit un instant puis demande à ce qu'on fasse entrer le visiteur.

Quelques instants plus tard, Phil Caputo, toujours vêtu de sa tenue afghane et portant une épaisse barbe noire, surgit, l'air furieux. « Espèce de salopards ! nous hurle-t-il. Vous m'avez envoyé en plein milieu d'une putain d'offensive russe ! » Pendant près d'une semaine, il s'est trouvé pris dans l'opération du Kounar dont nous avions aperçu depuis le sud les explosions de roquettes et les fusées éclairantes. Il a été obligé de grimper dans les arbres pour ne pas se faire repérer par les hélicoptères en maraude. « Tu parles d'une virée pépère en Afghanistan ! » fulmine-t-il. Peter le toise calmement avant de lâcher : « T'as eu tort de t'attendre à des vacances. »

Chapitre 7

Sur la piste du Lion (2)

Michael, qui assure le service du matin à l'hôtel, frappe doucement à ma porte, vêtu d'une tunique et d'un pantalon blancs immaculés. « Monsieur, il y a des Afghans qui veulent vous voir, m'annonce-t-il. Ce sont des Tadjiks. » Quoique toujours poli, Michael ne dissimulait pas son mépris à l'égard des Afghans. Comme d'ailleurs des musulmans en général. Il m'a toujours considéré comme faisant partie d'une conspiration tacite en vertu de laquelle lui-même, chrétien pakistanais de Lahore, et moi, occidental et donc, déduisait-il, chrétien, devions unir nos forces contre les hordes non baptisées de l'Asie centrale et méridionale.

« Parfait, Michael, dis-je en faisant mine de ne pas remarquer son air dédaigneux. Fais-les entrer et apporte-nous du thé. »

C'est le début de l'été 1981. Depuis une semaine, j'attends au *Dean's* la confirmation de ce qui, je l'espère, sera mon premier grand séjour clandestin. Mes premiers voyages dans les régions méridionales et orientales de l'Afghanistan depuis l'invasion intervenue dix-huit mois plus tôt ont été relativement courts. Les combattants que j'ai accompagnés, essentiellement des Baloutches et des Pachtounes, n'étaient ni bien organisés ni très efficaces.

Cette fois-ci, le Jamaat m'a proposé quelque chose de spécial : me joindre à une équipe médicale française accompagnant un convoi de chevaux le long d'une des anciennes pistes caravanières menant au nord de l'Afghanistan. D'une durée de dix jours, le périple nous ferait traverser quelques-unes des plus hautes montagnes du monde. Pendant les mois sans neige, des dizaines de caravanes franchissaient un grand nombre des trois cents cols de haute altitude qui se succèdent le long de la frontière avec le Pakistan. Beaucoup de pistes anciennement utilisées par les commerçants, contrebandiers et nomades étaient tombées en désuétude pendant les années 1950 et 1960 avec la construction de routes goudronnées, mais à présent elles étaient à nouveau empruntées par les réfugiés et les moudjahidines.

Le voyage avait un aspect très XIXe siècle. Depuis les premiers mois de l'occupation, les Français opéraient à l'intérieur de l'Afghanistan, installant des cliniques clandestines dans de petites vallées isolées et des villages de montagne. Organisée par Aide médicale internationale, une ONG basée à Paris, l'équipe que j'accompagnerais devait gagner la vallée du Pandjchir afin d'y remplacer une autre équipe qui y travaillait depuis la fin de 1980. Le Pandjchir était généralement considéré comme l'un des centres de résistance les mieux organisés du pays. La première équipe d'AMI était rentrée en France à la fin du printemps 1981, en confiant la gestion de la clinique à un groupe d'infirmières afghanes. Vu le nombre croissant de blessés qu'occasionnaient les bombardements russes et les mines antipersonnel, l'équipe de remplacement – deux médecins et une infirmière – devait gagner la vallée le plus vite possible.

J'avais décidé d'enquêter sur la situation « de l'intérieur ». L'aide humanitaire ne franchissait la frontière qu'au compte-gouttes. La plupart des organismes d'aide internationale, comme l'Unicef, Save the Children et l'International Rescue Committee, concentraient leurs efforts sur le problème croissant des réfugiés au Pakistan. Mais ils ne faisaient pas grand-chose pour les millions d'Afghans qui tentaient de survivre dans les campagnes afghanes, où vivaient 80 % de la population. Les persécutions et les bombardements des communistes, y compris la destruction délibérée de fermes, de villages et de récoltes, s'intensifiaient de jour en jour. Beaucoup de civils avaient bien du mal à tout simplement rester chez eux.

Pour les centaines de groupes humanitaires accourus au Pakistan (il était difficile de travailler en Iran) pour organiser les opérations à destination des réfugiés, il était politiquement plus facile d'agir dans le cadre de l'aide «officielle». Les camps de réfugiés étaient un excellent moyen de récolter des fonds. La plupart des gouvernements donateurs et groupes humanitaires ne voulaient pas être impliqués dans des opérations clandestines. CARE, l'une des agences humanitaires les plus expérimentées au monde, travaillait dans la région depuis les années 1960. Quand on lui demanda pourquoi son organisation ne s'occupait pas des civils touchés par la guerre en Afghanistan même, un de ses hauts responsables basés à Atlanta répondit : «Nous ne faisons pas dans l'humanitaire clandestin.»

Paradoxalement, la prudence de ces approches ne faisait qu'encourager l'afflux des réfugiés. En installant camps, cliniques, écoles et points de distribution de nourriture du côté pakistanais de la frontière, les agences avaient créé un puissant aimant humanitaire. Même au plus fort de la guerre, pas plus d'une vingtaine de groupes, parmi lesquels MSF, AfghanAid et le Swedish Committee, ne se risquèrent à apporter une aide sérieuse à l'intérieur de l'Afghanistan. Pourtant toutes les crises et les guerres des années 1990 et 2000 survenues aussi bien en Afghanistan qu'en Asie du Sud-Est ou en Afrique centrale et orientale ont montré que les gens préfèrent rester dans leur région d'origine, même au risque de subir des représailles militaires.

À ce moment-là de la guerre, cependant, j'étais curieux de faire la connaissance de ce chef de guérilla encore relativement peu connu qui avait pris le *nom de guerre*[1] d'Ahmed Shah Massoud. C'est le «Lion du Pandjchir» lui-même qui avait invité les «French doctors» dans son bastion. Pierre Issot-Sergent, un documentariste originaire du midi de la France, avait été le premier à faire un reportage sur ce nouveau Che Guevara afghan. Plus tôt cette année-là il avait effectué un séjour en compagnie du chef moudjahidine de vingt-sept ans. «Avec Massoud, ce n'est pas de la simple bravade, m'avait dit Pierre à Paris en me montrant les images qu'il avait filmées récemment sur le front. Il pose de sérieux problèmes aux Russes.»

1. En français dans le texte. *(N.d.T.)*

Le Commandant, m'avait-il expliqué, était en train de devenir l'un des leaders admirés et respectés de la résistance. Non seulement ses forces avaient résisté à plusieurs offensives soviéto-afghanes visant à reprendre le contrôle de la vallée du Pandjchir, longue d'une centaine de kilomètres, mais elles lançaient régulièrement des attaques contre des convois de l'Armée rouge empruntant la toute proche route stratégique du col de Salang. Les Pandjchiris avaient mis au point un modèle de guérilla qui commençait à se propager à d'autres régions du pays.

Depuis plusieurs jours, les représentants du Jamaat passent me voir et nous discutons longuement du voyage en buvant du thé. Je déplie mes cartes et leur demande de m'indiquer le trajet de six cents kilomètres qui, à partir de Chitrâl et à travers le Nouristan et le Badakhchan, nous conduira au Pandjchir. Comme il est quasiment impossible de trouver des cartes modernes indiquant avec précision les noms de lieu, notamment pour ce qui concerne les régions isolées du nord-est de l'Afghanistan, je me sers d'une carte britannique de 1839 (qui s'avérera étonnamment exacte) provenant d'un livre que j'ai trouvé dans un bazar. Je recoupe cette carte avec deux cartes satellitaires, l'une publique et à usage aéronautique, et une seconde, établie par la CIA, qui m'a été donnée par un ami diplomate. Toutes deux comportent d'excellentes indications topographiques, mais peu de noms de lieu. Au fur et à mesure de mes déplacements, je les compléterai en y inscrivant les noms de villages, de rivières et de montagnes.

J'ai déjà fait connaissance avec l'équipe médicale, dont aucun des trois membres n'a plus de trente ans. Elle comprend Frédérique, une femme médecin romantique mais les pieds sur terre, originaire du nord de la France ; Philippe, un garçon mince et roux, médecin bénévole venu de Lyon ; et Évelyne, une infirmière parisienne. C'est une première mission pour Évelyne et Frédérique. Pour ne pas démentir la manière afghane habituelle, le voyage ne cesse d'être retardé. Plusieurs fois je me retrouve debout à 3 heures du matin, vêtu de mon *pakol*, de mon *salwar* et de mes Timberland, le sac à mes pieds, avec cinq ou six calepins dont les pages immaculées attendent d'être noircies. Et personne ne vient. À 7 heures, je bois ma énième tasse de thé en triturant dans mon assiette quelques œufs au plat peu engageants. Plusieurs heures plus tard, un messager à moto vient me présenter des excuses. L'unique raison qu'il me donne chaque fois est qu'il y a eu « un problème ».

Je suis un peu contrarié quand Massoud Khalili, l'envoyé personnel du commandant du Pandjchir (celui-là même qui sera grièvement blessé lors de l'attentat contre Massoud vingt ans plus tard), me demande si cela m'ennuierait de voyager en compagnie de deux journalistes français. Les Français, explique-t-il, tournent un documentaire pour la télévision, et cela faciliterait les choses si nous partions ensemble. J'y consens à contrecœur. Les deux cinéastes, Christophe de Ponfilly et Jérôme Bony, éprouvent d'abord la même appréhension que moi, mais très vite nous constatons que nous nous entendons bien. Pour être tout à fait honnête, je suis au fond heureux de leur compagnie, et de leur côté ils apprécient le fait que j'aie déjà effectué plusieurs voyages en Afghanistan.

Nous quittons enfin Peshawar pour Chitrâl. En plus de l'équipe d'AMI et des deux cinéastes, nous emmenons avec nous Jean-José Puig, un spécialiste informatique français au visage émacié de lutin. Avant la guerre, Puig venait en Afghanistan pour pêcher la truite dans l'Hindu Kouch, et il s'y est même marié. À présent, même s'il emporte son matériel de pêche dans son paquetage, il effectue un voyage d'évaluation pour le compte d'un organisme français désireux d'aider la cause de la résistance. Il travaille également, comme je l'apprendrai plus tard, pour les services de renseignement français.

Chitrâl est une ville animée bâtie autour de son bazar. Elle possède son propre aérodrome – seul lien avec l'extérieur durant les mois d'enneigement hivernal – ainsi qu'une cloche que l'on fait sonner pour avertir les passagers en attente que l'avion de Peshawar vient de franchir le col de Lowri. Le col constitue la ligne de partage des eaux entre l'Asie centrale et le sous-continent indien. Quand le temps est mauvais, aucun avion ne passe.

Nous nous arrêtons au siège local du Jamaat, où nos guides doivent se procurer des armes. Ensuite nous nous rendons en Jeep jusqu'à Garam Chashma, une localité qui doit son essor à de très anciennes sources d'eau chaude soufrée, tout au bout d'une longue et étroite vallée jalonnée de fermes et de vergers. Dominant la rivière Lutko, un affluent de la Chitrâl, la ville est entourée de champs en terrasses où des lopins de blé et d'orge alternent avec d'épais bosquets de noyers, d'abricotiers et de mûriers. C'est ici que l'Hindu Raj se fond avec l'Hindu Kouch, la dernière des chaînes himalayennes, avant de s'étirer vers l'ouest à travers l'Afghanistan pour se perdre peu à peu dans les steppes semi-arides d'Hérat, près de la frontière iranienne.

Ayant autrefois servi de point de transit aux colonnes d'Alexandre le Grand – le corps principal de son armée ayant pénétré en Inde par la passe de Khyber, plus au sud –, Garam Chashma (« souces chaudes ») est à présent devenue une importante base arrière pour les moudjahidines. C'est là qu'Agha Gul, un ancien policier aux manières affables, nous prend sous son aile. Son visage exprime une tristesse permanente qu'un pâle sourire ne vient que rarement chasser. Il me raconte qu'il a été emprisonné deux ans sous le régime de Mohammed Daoud pour « opposition au communisme ». Il y a été torturé. Il parle un peu l'anglais et parsème son dari de tous les mots français, russes et même allemands qui lui viennent à l'esprit. Agha Gul nous explique qu'il travaillait autrefois comme « détective » pour le ministère de l'Intérieur. « Quelque chose comme CIA », ajoute-t-il pour nous aider à nous faire une idée. Après le renversement du régime taliban en 2001, il sera nommé général au sein de la nouvelle police afghane. Ce sera l'un des rares à estimer nécessaire de verser à ses hommes un salaire correct. C'est la seule façon d'avoir une police efficace, dira-t-il.

Confident de Massoud, Agha Gul est chargé des équipes médicales et des caravanes de ravitaillement. La nôtre sera composée de cinquante chevaux chargés de fournitures médicales et de caisses d'armes, de munitions, de RPG, de mines, ainsi que de nourriture, de casseroles, de générateurs et de chaussures solides. La *pièce de résistance*[1] est un canon antiaérien russe ZPU-2 en pièces détachées.

1. En français dans le texte. (*N.d.T.*)

Peuplé à l'origine d'ismaéliens – disciples de l'Aga Khan –, Garam Chashma est située dans une zone «ouverte». Agha Gul insiste toutefois pour nous installer dans une maison sûre donnant sur le bazar. Il ne veut pas que les Pakistanais, qui ont des informateurs partout, apprennent notre présence. Les Soviétiques aussi ont leurs mouchards. «Vous restez peut-être trois, quatre jours», nous informe Agha Gul. Il nous interdit formellement de sortir. «Ces Pakistanais, pas bons. Police pas bon. Vous serez *bandi* (capturés), et beaucoup *bakchich* (pots-de-vin)», ajoute-t-il en tendant ses poings serrés pour mimer une arrestation.

Tout ce que nous pouvons faire, c'est rester assis ou allongés sur les tapis de notre chambre, à boire du thé, bavarder, lire et dormir. Durant la dizaine d'années suivante, une bonne partie du temps que je passerai avec les combattants de la résistance sera consacrée à attendre que les choses s'arrangent. Je prendrai des notes, écrirai des lettres, écouterai des heures durant la BBC, Voice of America, la Deutschewelle, Radio Moscou et Radio France Internationale sur mon poste ondes courtes. Je reviendrai souvent de mes voyages bien mieux informé des affaires du monde que je ne l'avais été à Paris.

Avant la guerre, Garam Chashma n'était guère plus qu'un hameau. À présent, la ville grouille de chevaux de trait, d'ânes, de mulets et parfois de quelques chameaux. Coiffée d'un voile de fumée bleutée, la petite bourgade dégage une forte odeur de feux de charbon de bois, d'excréments d'animaux et de viande grillée. Le long des rues, d'innombrables *dukans* (boutiques) et *chaikhanes* se sont installées pour répondre aux besoins grandissants de cette agglomération frontalière. Des groupes de moudjahidines venus se reposer des combats arrivent sans cesse des fronts intérieurs. Des troupes fraîches avec des armes neuves partent les remplacer. Des familles de réfugiés apparaissent par vagues. Certains conduisent des troupeaux de moutons, de chèvres et de vaches qu'ils vendent pour une bouchée de pain aux marchands pakistanais qui les guettent comme des vautours. Les paysans ont besoin d'argent. Ils n'ont aucun endroit où faire paître leurs bêtes. Les villageois locaux les chassent sans ménagements s'ils les surprennent sur leurs terres. La guerre est une aubaine pour les Pakistanais. La police de la frontière profite grassement des *bakchichs* qu'elle extorque aux moudjahidines comme aux réfugiés. La compassion islamique rencontre là ses limites. Mais quelle guerre ne voit pas fleurir les profiteurs ?

Pendant notre attente, je jette prudemment de fréquents coups d'œil par la petite fenêtre pour observer cet étrange monde à la Kipling. Des conducteurs de chevaux essaient des selles ou vérifient les sabots d'une bête pendant que le forgeron martèle de nouveaux fers. D'autres, assis en tailleur à même le sol, cousent les marchandises dans des sacs de chanvre brut. Les guérilleros se tiennent debout par petits groupes, leur *patou* jeté sur les épaules, parlant et criant, s'étreignant quand ils se rencontrent, certains à cheval, d'autres circulant à bord de pick-up, toutes ces scènes se découpant sur un arrière-plan d'étincelants pics enneigés sous un ciel d'un bleu azur profond.

Agha Gul veille à ce que nous ne manquions de rien. Il y a toujours des œufs frais, de la crème, du pain, des fruits et, bien entendu, des quantités inépuisables de thé vert, ou *kowa*. Un soir, tard, Agha Gul fait son apparition, le visage mélancolique barré d'un imperceptible sourire. « Venez, dit-il précipitamment. Savon. Laver. » Nous attrapons nos nécessaires à toilette et le suivons à travers un dédale d'étroites ruelles jusqu'à un groupe de cabanes en pierres. Plusieurs moudjahidines en armes montent la garde. Devant chacune des portes en bois, Agha Gul fait signe à l'un de nous d'entrer. De la vapeur sort des fissures du bois. À l'intérieur, je découvre une pièce minuscule avec une baignoire en pierre éclairée par une lampe à kérosène. La baignoire déborde d'une eau chaude s'écoulant d'un tuyau en terre cuite. Les bains grecs. Pendant une heure entière, je me récure, laissant l'eau chasser la saleté de mes pores. Ces bains n'ont guère changé depuis deux mille ans. Je me dis que les pierres mêmes qui m'entourent proviennent peut-être des bâtiments construits à l'origine par les soldats d'Alexandre, qui s'y sont pareillement lavés.

La lune est déjà levée quand Agha Gul nous fait sortir de Garam Chashma par un fossé d'irrigation abandonné. Nous traversons des bosquets de noyers disposés en terrasses, puis arrivons à la piste principale. Ce chemin nous a permis d'éviter les points de contrôle pakistanais établis aux entrées de la ville, et d'attendre le gros de la caravane des guérilleros. Pour que celle-ci puisse sortir sans encombre, il a fallu graisser la patte des Pakistanais.

Vêtus de *salwar kameez* débraillés et tachés, nous nous efforçons de ressembler à de rudes Afghans. Parmi notre groupe d'Occidentaux, les hommes ont commencé à se laisser pousser la barbe, tandis que les deux femmes tentent de se faire passer pour des garçons en dissimulant leurs cheveux sous leur *pakol*. Agha Gul nous a même donné des noms afghans. Le mien est Latif Khan (serviteur de Dieu). Il nous a intimé de ne pas ouvrir la bouche au cas où la caravane serait contrôlée. Il nous ferait passer pour des Kirghizes ou des Turkmènes d'Asie centrale ne parlant ni le dari ni le pashto. N'ayant probablement jamais vu ni Kirghize ni Turkmène, les Pakistanais ne se douteront de rien.

Après avoir remonté la vallée sur plusieurs kilomètres, nous faisons halte pour attendre la caravane. Au coucher du soleil les moudjahidines font leur prière au bord de la rivière puis regagnent leur campement pour manger un dernier repas de riz, viande et *nan*. Il nous faudra marcher au moins vingt-quatre heures avant d'accéder au col de Diwana Baba (stupide vieillard), situé à trois mille mètres d'altitude, et de nous retrouver en « sécurité » en Afghanistan. Vers minuit, nous entendons les chuchotements empressés des commandants qui ordonnent à leurs hommes de se mettre en route : « *Boro, boro bakhai !* Vite, allons-y ! » Telles des silhouettes de mercure sous la clarté de la lune, les premiers guérilleros apparaissent. Il y a là environ deux cents hommes marchant en formation irrégulière au côté de chevaux peinant sous leur charge. Beaucoup des moudjahidines sont à peine sortis de l'adolescence. Ils portent à l'épaule des fusils Simonov de la Seconde Guerre mondiale provenant sans aucun doute de livraisons faites par l'Égypte ou un autre pays du tiers-monde. Tous sont vêtus d'un simple *salwar* et transportent sur leur dos, enveloppés dans une couverture, leurs biens personnels ainsi que de la viande bouillie et du *nan*. Quelques-uns arborent fièrement des rangers, d'autres des sandales de cuir. La plupart portent des baskets en toile ou des chaussures en plastique. La résistance afghane en marche. Je ne peux m'empêcher de me sentir indécemment suréquipé avec mes Timberland, mon anorak North Face et mon sac de couchage Gore-Tex.

Les moudjahidines avancent avec l'air impatient et sérieux qu'ont les écoliers. Je me demande combien parmi eux ont la moindre idée de la guerre dans laquelle ils vont bientôt être plongés. Et combien survivront. Les hôpitaux du CICR au Pakistan sont déjà emplis de blessés graves, tant civils que combattants. Beaucoup sont des victimes des mines. Ce sont les plus chanceux. Ceux dont la poitrine ou le ventre sont déchiquetés par des éclats de balles ou d'obus survivent rarement jusqu'à l'hôpital. Dans les montagnes, les défilés sont jalonnés des tombes de pierres, surmontées des drapeaux de prière flottant au vent, de *chahids* (martyrs) et de civils.

Nous entamons notre marche vers l'ouest en direction de l'extrémité haute de la vallée. Des bouffées d'air frais et humide soufflées par la rivière tumultueuse chassent la fine poussière que soulèvent pieds et sabots. Dans la lumière diffuse, j'aperçois les montagnes qui se découpent tels les remparts de quelque ténébreuse forteresse gardant l'entrée des enfers situés au-delà. Déclenchés par l'ébrouement des chevaux, dont la charge oscille au rythme de leurs pas, des concerts d'aboiements de chiens s'élèvent chaque fois que nous dépassons un hameau ou une ferme. De temps à autre, nous entendons des coups de feu. Des bergers faisant fuir des loups, m'explique Agha Gul. Mais je sais que les moudjahidines aiment tirer pour le seul plaisir. Et on m'a raconté aussi pas mal d'histoires dans lesquelles des *shiftas* (bandits) attaquent réfugiés ou voyageurs.

Cela me fait du bien de marcher à nouveau. Mes collègues ne sont pas en grande forme. Ils doivent fréquemment s'arrêter pour reprendre leur souffle. Christophe est relativement en bonne condition car il fait du karaté. Jérôme, en revanche, s'effondre en grognant toutes les demi-heures. Les guérilleros n'ont d'ailleurs pas l'air particulièrement endurants non plus. Si la plupart sont des paysans, quelques-uns viennent de Kaboul. Ils ne sont pas habitués à la montagne. Chaque fois que la caravane fait une pause, ils s'accroupissent, le dos appuyé contre le muret de terre d'un canal d'irrigation et plongent les mains dans le ruisseau gargouillant pour boire ou asperger leur visage en sueur. L'air s'est raréfié et il fait un froid perçant. Nous avons devant nous une demi-douzaine de cols à franchir, la plupart à près de cinq mille mètres d'altitude.

Peu après 2 heures du matin, la caravane fait halte. Les conducteurs de chevaux attachent des sacs d'avoine au cou de leurs bêtes tandis que les combattants s'étendent à même le sol et s'enroulent dans leur *patou* pour la nuit. Nous faisons de même. Mais je n'arrive pas à fermer l'œil. La lune, le ciel constellé d'étoiles et la silhouette des montagnes sont trop impressionnants.

La caravane s'éveille aux premières lueurs de l'aube. Les hommes allument des feux pour faire bouillir l'eau du thé et se chauffent les mains à la chaleur des flammes. Agha Gul nous apporte du thé dans des chopes en plastique. Nous le buvons en silence, perdus dans nos pensées. Puis les hommes commencent à s'activer, les chevaux partent devant par groupes de trois ou quatre. Engourdis et frissonnants de froid, nous jetons nos sacs sur notre dos et partons sur l'étroite piste qui suit la rivière dont le débit va diminuant.

Le dernier poste-frontière surmonté du drapeau vert et blanc pakistanais ne consiste qu'en quelques tentes d'un blanc sale plantées près d'un ruisseau. Nous restons hors de vue pendant que les chefs de la caravane vont d'un pas nonchalant remettre quelques nouvelles liasses de roupies. Agha Gul a ordonné à ses hommes de dissimuler nos sacs parmi les chargements transportés par les chevaux. Nos bagages occidentaux nous trahiraient immédiatement.

À l'extrémité de la vallée, la piste se divise en deux. Nous gagnerons le Nouristan et le sud du Badakhchan par le col de Diwana Baba. L'autre piste conduit dans le nord du Badakhchan et au corridor du Wakhan par la passe de Dorah. Les deux sont largement utilisées par les réfugiés et les moudjahidines. Les Pakistanais y procèdent bien à quelques contrôles, mais la crainte d'une arrestation immédiate s'éloigne. Nous progressons en direction d'un haut plateau cerné d'escarpements vertigineux. Le terrain est difficile pour les chevaux, dont beaucoup ne sont pas habitués à ces altitudes. Le soleil brûlant est impitoyable et les conducteurs, avec leur visage de bronze luisant de sueur, doivent en permanence crier et siffler pour faire avancer leurs bêtes. Ils les fouettent sans merci. Un des chevaux trébuche et fait une chute de plusieurs centaines de mètres, éparpillant ses caisses de munitions. À notre surprise, il s'en sort avec seulement de légères blessures. Deux hommes descendent récupérer le chargement pour le répartir sur les autres bêtes.

Pendant les douze heures suivantes la caravane, étirée sur près de cinq kilomètres, gravit un sentier très escarpé. De temps à autre nous nous arrêtons près d'une cascade de neige fondue, entourée d'épais taillis de saules à l'ombre desquels les hommes font infuser leur thé et grignotent des noix ou des fruits séchés. Je bois mon thé avec plaisir et comprends à présent pourquoi les Afghans l'aiment si sucré. Il fournit l'énergie nécessaire. Puis retentissent les cris de : «*Boro, boro !*» et la caravane se remet en route.

Les deux cinéastes commencent à tourner. Le convoi avec ses guérilleros en armes crapahutant en terrain difficile fournira des images idéales pour la télévision. Christophe et Jérôme ont mis en commun leurs ressources pour entreprendre le tournage de ce qui deviendra *Une vallée contre un empire*, un documentaire qui obtiendra un prix international en 1983. Durant les deux semaines suivantes, jurant, discutant et riant entre eux, les deux Français vont filmer la caravane qui grimpe péniblement vers les défilés ou emprunte d'étroites pistes sinueuses. Non seulement ils suivent le rythme de la colonne qui marche durant douze à quatorze heures par jour, mais ils font des kilomètres en plus sur les flancs de la montagne à la recherche des meilleurs angles de prise de vues. Nous atteignons enfin le pied du Diwana Baba, où les moudjahidines font halte pour la nuit. Ils préfèrent attaquer les trois heures d'ascension au lever du jour. Un vent froid pénétrant balaie les rochers. Nous nous abritons, les six autres Occidentaux et moi, derrière le mur en pierres d'un coral à moutons, sur une épaisse couche de crottes. En guise de dîner, Agha Gul nous apporte des gaufrettes à la banane et du gâteau au citron avec du thé. C'est aussi succulent qu'un repas complet chez Lasserre à Paris.

Nous parlons de la marche du lendemain et des périls de la guerre. Les médecins envisagent avec appréhension les douze mois qu'ils vont passer en Afghanistan. Tout le monde sait que les Soviétiques ont renforcé leur contre-offensive. Et pourtant l'extraordinaire décor où nous sommes semble n'avoir absolument aucun rapport avec le nouveau «Vietnam» en cours de l'autre côté des montagnes. Un peu comme les autres organisations de «French doctors», AMI considère qu'il est de son rôle d'apporter du secours aux victimes de guerre, mais également, point tout aussi important, de porter témoignage. C'est la principale raison pour laquelle les fondateurs de MSF, le premier groupe de French doctors, avaient créé leur organisation pendant la guerre du Biafra à la fin des années 1960. Le CICR avait refusé de condamner publiquement les tueries de civils. Son travail impliquait de garder un profil bas afin de pouvoir œuvrer dans les deux camps. Les bénévoles médicaux français, en revanche, estimaient que personne ne pouvait, au nom de l'aide humanitaire, rester silencieux devant des atrocités.

C'est une même conviction qui avait incité Christophe et Jérôme à faire leur film. Ils étaient décidés à montrer les difficultés de toutes sortes auxquelles ces équipes médicales étaient confrontées : le paysan avec un éclat de bombe dans le crâne, l'enfant dont les mains ont été arrachées par une mine antipersonnel ou la femme morte en couches par manque d'accès aux soins médicaux les plus élémentaires.

Bientôt la fatigue nous gagne et nous cessons de parler. Je boutonne mon blouson et sors mon calepin. Je pose ma torche sur une pierre et, à sa clarté, couche mes pensées du jour sur le papier. Tout en écrivant, j'entends les moudjahidines qui bavardent, serrés autour des feux qu'ils ont allumés dans des endroits abrités. Débarrassés de leur fardeau, les chevaux se tiennent par petits groupes, un sac d'avoine suspendu à leur encolure. Ils ont toujours l'air terriblement tristes la nuit. Je scrute le ciel nocturne. Les Pléiades scintillent juste au-dessus de moi. C'était la constellation préférée de mon père et de mon grand-père. Je me demande si les envahisseurs grecs, qui ont peut-être installé leur camp à cet endroit même, ont eux aussi contemplé ces étoiles, qu'ils appelaient les

Sept Sœurs ou les Sept Nymphes, et si cette vision, si loin de chez eux, leur avait procuré quelque réconfort. À un moment, le ronronnement sourd d'avions à réaction volant à haute altitude se répercute sur les flancs des montagnes. Des appareils russes rentrant de patrouille ou d'une mission de bombardement ? Ou un vol commercial en route vers l'Inde ou l'Europe contournant la zone d'interdiction de survol ? Dans les deux cas, la guerre me paraît irréelle.

Il fait encore sombre quand Agha Gul se penche au-dessus de nous. «*Boro, boro !*» nous presse-t-il en nous tendant des biscuits et des tasses de thé fumantes. Les conducteurs ont commencé à charger leurs bêtes. Un commandant donne des coups de pied à un moudjahid qui tarde à se lever. Certains combattants s'évertuent en permanence à échapper à la corvée du portage ou, à la moindre occasion, s'esquivent pour fumer une cigarette. Je constate par ailleurs qu'ils ne sont pas particulièrement pieux. Nous observons un mollah, totalement incongru avec sa forte carrure et son épaisse barbe, réprimander d'une voix aiguë ces adolescents pour n'avoir pas fait leurs prières. Il court parmi eux en essayant de les frapper avec un bâton pendant que les garçons lui échappent en riant.

Les deux Français sont déjà en train de filmer lorsque la caravane s'engage sur la piste en lacets. Avec des cris et des sifflements, les conducteurs font avancer les chevaux en les tenant par la queue pour les empêcher de tomber dans le précipice. Lorsque émergent les premiers rayons du soleil, je me trouve loin devant la lente colonne. Le sentier est escarpé et l'ascension difficile. La piste pue l'excrément animal et l'urine, et les rochers sont tachés de sang. Les chevaux s'entaillent les pattes en grimpant. De temps à autre, la carcasse ratatinée d'un cheval bloque le chemin. L'animal est momifié, la peau tendue par le soleil, le crâne béant, les coins de la bouche tirés en arrière, les yeux dévorés par les oiseaux. Les caravanes perdent fréquemment jusqu'à 10 % de leurs bêtes à la suite de chutes ou de noyades lors des traversées de rivières.

Les Afghans ne sont guère portés à s'émouvoir des souffrances d'un animal. Les moudjahidines et les médecins rémunèrent les conducteurs au *sir* (environ sept kilos) de marchandise transportée. Les conducteurs ne prennent jamais la peine de soulager la souffrance d'une bête blessée. Pourquoi gaspiller une balle ? Ils me considèrent d'un air stupéfait quand j'insiste pour qu'ils le fassent. Une fois, la vue d'une pauvre bête agonisante me mit tellement en colère que je m'emparai d'un Enfield et menaçai le conducteur de le tuer s'il n'achevait pas son cheval. Au bout du compte, tout en plaisantant avec ses amis, mais tout de même inquiet que je mette ma menace à exécution, il prit le fusil et tira une balle dans la tête de l'animal.

Le col de Diwana Baba, corridor désolé tapissé de glace, est entouré de massifs monumentaux qui le cernent comme les ruines d'un monastère des Carpathes. Noyé de brumes tourbillonnantes, l'endroit me fait penser à un tableau de Caspar David Friedrich. Les croassements rauques d'énormes et sinistres corbeaux résonnent contre les falaises à pic et, devant nous, un aigle s'élève dans le ciel. Les nuages s'entrouvrent et le soleil se met à darder de brûlants rayons. Derrière moi s'étend le Pakistan. Devant, un immense océan de nuages et de pics enneigés de six mille mètres d'altitude s'étire sur cent cinquante kilomètres vers l'ouest : l'Afghanistan. Pendant l'heure qui suit, je ne peux que contempler avec béatitude ce paysage stupéfiant. Je n'ai jamais rien vu de tel. Je prends des photos et griffonne quelques notes, mais rien au monde ne paraît en mesure de donner ne serait-ce qu'une idée lointaine de l'immensité et de la beauté de ce pays.

Lorsque tous les chevaux ont atteint le sommet, j'amorce en compagnie de Frédérique et d'un petit groupe de moudjahidines la descente vers le Nouristan. Le Nouristan, qui a inspiré *L'Homme qui voulut être roi* de Kipling, était encore à l'époque une région sauvage et densément boisée. Ours, renards, léopards, mouflons, markhors et même, assuraient certains, tigres peuplaient ses montagnes. Un jour, je vis une bande de bouquetins dévaler en bonds gracieux une pente escarpée, mais, un peu plus loin, ce fut à mon tour de me sentir observé. Levant la tête, j'aperçus au loin trois loups qui me guettaient. Nos regards se croisèrent. Je tournai brièvement la tête. Quand je les cherchai à nouveau, ils avaient disparu. En un peu plus d'une décennie cependant, la vie sauvage allait subir les contrecoups du trafic de bois qui atteindra jusqu'à ces régions septentrionales de l'Hindu Kouch, et une grande partie de ces animaux seront abattus ou piégés. Le manque de respect pour les droits coutumiers fera disparaître tout sens de gestion des ressources. Il y aura trop d'argent en jeu.

Le Nouristan, déclaré province à part entière dans le nouvel Afghanistan d'après 2001, est toujours resté une entité distincte et quelque peu insolente. En 1981, sa partie orientale était tombée sous le contrôle de l'État islamique révolutionnaire d'Afghanistan, un *dawlat* (gouvernement) dirigé par un seigneur de guerre wahhabite d'une rapacité sans limite, Maulawi Afzal. Jusqu'à sa dissolution sous les talibans, cet État semi-autonome sera reconnu par l'Arabie Saoudite et le Pakistan. Cela convenait parfaitement aux Soviétiques, qui avaient choisi d'ignorer cette région. Les Nouristanais, quant à eux, attendaient du régime de Kaboul comme de la résistance qu'ils leur paient tribut. Cela remontait à l'époque où les *kafirs* (infidèles) lançaient des raids éclairs dans les régions avoisinantes afin de se procurer des esclaves. Tout le monde devait donc s'acquitter d'un tribut.

À descendre ainsi à travers de paisibles vallées alpines parsemées de ruisseaux gazouillants et de cascades, on oublie facilement la guerre. Nous pourrions aussi bien être en Suisse. Frédérique et moi nous retrouvons bientôt très loin en avant des autres, ce qui n'est pas prudent. Je réalise brusquement que les Soviétiques auraient pu tendre une embuscade en une dizaine d'endroits différents. Observant à travers mes jumelles, je calcule que le corps principal de la caravane est encore à une bonne heure derrière nous.

« Je crois qu'il est préférable d'attendre qu'ils nous rattrapent », dis-je avant de prévenir d'un coup de sifflet les moudjahidines qui nous accompagnent que nous devons nous arrêter. Tandis que nous nous asseyons pour nous reposer, l'un propose de faire du thé. Deux hommes déballent la bouilloire tandis que les autres s'égaillent pour ramasser du bois. Bruyère et rhododendrons séchés abondent. Soudain une explosion déchire le silence paisible de l'après-midi. « À terre ! » crié-je à Frédérique en la poussant. Mon premier réflexe est de penser qu'on nous tire dessus, une roquette peut-être, ou un obus de mortier. Mais, allongé dans l'herbe, je réalise bientôt que l'explosion n'a pas été assez puissante. Je lève la tête. Je vois à une vingtaine de mètres un guérillero ramper comme un crabe, à la seule force de ses mains. Je me relève prudemment. Il a un pied déchiqueté, des morceaux d'os et de chair pendouillent de la blessure sanguinolente.

« Une mine », dis-je à Frédérique qui m'a rejoint. La jeune doctoresse veut aussitôt intervenir mais je la retiens par le bras. « Non, il y en a peut-être d'autres. Il faut se déplacer avec prudence. Marche uniquement sur les pierres. »

Le guérillero blessé, Shah Mansour, est âgé de vingt ans. Nous étendons des couvertures sur lui et glissons un manteau roulé sous sa nuque. C'est à ce moment-là que Frédérique réalise que son matériel médical est resté à l'arrière avec les chevaux. Les autres médecins arrivent cinq minutes plus tard. Ils ont entendu l'explosion mais eux non plus n'ont pas leur matériel. L'équipe d'AMI commence à travailler avec ce qu'elle a sous la main. Ayant gardé mon sac avec moi, j'en sors un pansement d'urgence, des bandages, du désinfectant, ainsi que mon couteau suisse. Les autres proposent ce qu'ils ont. L'explosion a cautérisé la plaie, aussi Frédérique, après avoir stérilisé la lame de mon couteau, débarrasse-t-elle la blessure des fragments de chair et d'os. Mansour a perdu la plus grande partie de son pied, qu'il faudra plus tard amputer. Il est en état de choc et n'a pas besoin d'anesthésiant. On lui donnera un sédatif quand les médicaments seront là.

Fouillant les alentours, je retrouve des morceaux de plastique beige, les restes d'une mine antipersonnel PFM-1 de fabrication russe, que l'on appelle « mine papillon » en raison de sa forme. Les enfants les ramassent souvent en les confondant avec des jouets. La blessure de Mansour est typique des dégâts qu'est censé produire ce type d'engin : handicaper plutôt que tuer. S'il était mort, les amis de Mansour l'auraient enterré sur place et auraient poursuivi leur chemin. Au lieu de quoi ils sont obligés de confectionner un brancard improvisé, de le hisser sur un cheval et de le renvoyer, accompagné de quatre hommes, à la clinique de la Croix-Rouge à Chitrâl. De là, il sera transporté en ambulance jusqu'à l'hôpital pour blessés de guerre du CICR à Peshawar, où j'irai lui rendre visite deux mois plus tard. Ce qui signifie qu'un cheval solide, ainsi que cinq combattants potentiels en comptant la victime sont retirés du champ de bataille.

L'incident nous a fait froid dans le dos et rappelé les réalités de la guerre. Mais ce n'est pas le dernier incident de ce genre auquel j'assisterai. Plusieurs années plus tard, je descendrai une montagne escarpée pour rejoindre une position moudjahidine située au pied de la pente. Un commandant afghan qui suit la même piste que moi se déporte légèrement sur la gauche. Une explosion, et il se retrouve avec le pied gauche arraché. Il sautille sur sa jambe valide en jurant avec véhémence pour son manque de prudence. Nous retrouvons vingt-cinq mines parmi les rochers, sur une superficie à peine égale à un terrain de tennis.

Une autre fois, à la fin de l'occupation, un groupe de moudjahidines m'accompagna jusqu'à une position gouvernementale qu'ils avaient récemment conquise dans l'est de l'Afghanistan. Ils n'avaient pas pris la peine de vérifier le périmètre. Je sentis la sueur m'inonder en réalisant que nous nous étions engagés au beau milieu d'un champ de mines. Parmi les buissons environnants, je comptai une demi-douzaine de POMZ-2M, que nous avions baptisées « Noriega » parce que leur aspect grêlé rappelait le visage de l'ancien président du Panama. Nous revînmes prudemment sur nos pas. Soulagé, je m'assis par terre en m'essuyant le visage. En relevant les yeux j'aperçois, à moins de trente centimètres de moi, un fil tendu. Une autre mine. Si vigilant que l'on soit, il est impossible d'être constamment sur le qui-vive. On doit une bonne part de sa survie à la seule chance. Avec l'escalade de la guerre, les Soviétiques largueront des centaines de milliers de ces mines le long des sentiers et des cols de montagne, qui blesseront sans discrimination les combattants comme les civils.

Nous arrivons dans la vallée de Bashgal, où est installé le quartier général du *dawlat* de Maulawi Afzal. Des centaines de moudjahidines et de réfugiés campent aux alentours. Nous établissons notre camp pendant que les chefs de la caravane vont négocier. Ils doivent laisser quelques armes et munitions en guise de tribut. Agha Gul est nerveux. « Ces gens pas bons, me chuchote-t-il. Pas bons Afghans. Nous devons partir tôt demain matin. » Le *dawlat* considère quiconque pénètre sur son territoire comme une source de revenus. Dans les années qui suivront, ces Nouristanais indépendants prendront plusieurs étrangers en otage, notamment des journalistes et des humanitaires, afin d'en obtenir le plus d'argent possible. Le kidnapping s'avérera une affaire juteuse.

Je m'approche d'un groupe de moudjahidines qui virevoltent à cheval dans un vaste pré rocailleux. Ils disputent une partie improvisée de *buzkashi*, une sorte de polo dans lequel un torse de chèvre ou de veau décapité tient lieu de balle. L'un d'eux me passe son cheval et je joue un moment avant de gagner au galop le sommet d'une petite colline où je jouis de la fraîcheur du vent sur mon visage.

Le lendemain, la caravane s'ébranle de bonne heure. Nous suivons une vallée latérale où coule un torrent et traversons des villages en terrasses entourés de champs de maïs et de haricots plantés sur des flancs de collines escarpées. Nous arrachons de jeunes et tendres épis de maïs que nous grignotons en marchant. En 2004, à l'occasion de mon retour dans un de ces villages, je fus stupéfait de constater qu'il était désormais équipé de l'électricité. Les habitants avaient transporté un hydrogénérateur à travers les montagnes depuis le Pakistan et l'avaient installé dans un ancien moulin à farine. Le responsable du générateur était rémunéré en blé, à raison de sept kilos par mois et par ampoule électrique.

Après avoir franchi deux nouveaux cols, nous redescendons dans une région couverte de forêts. De temps à autre, nous passons la nuit dans un village. Un jour, nous pénétrons dans un hameau de trois ou quatre maisons. L'endroit ne pourrait être plus isolé. Les médecins soignent un petit garçon dont la main a été arrachée par une mine. Sa blessure a été enduite d'excrément animal et enveloppée dans un tissu crasseux, une forme traditionnelle mais dangereuse de traitement. Les médecins font de leur mieux pour nettoyer la plaie et conseillent au père d'emmener le garçonnet à la clinique du Pandjchir pour qu'il s'y fasse soigner. La clinique est à plusieurs jours de marche, mais c'est l'établissement médical le plus proche. Ils ne s'y rendront pas. Le garçon, ai-je appris plus tard, a succombé à l'infection.

Ces incidents fournissent aux cinéastes français des images dramatiques sur les effets dévastateurs de la guerre russe. Ils leur permettent de commencer à raconter – ce que Christophe continuera de faire durant des années – la façon dont une population paysanne largement analphabète mais animée d'une résilience indomptable peut, contre toute attente, résister à une superpuissance.

La piste se transforme souvent en une autoroute humaine. Nous croisons des groupes de moudjahidines qui, sans chevaux et avec très peu de bagages, se déplacent à une allure étonnamment rapide. Le problème dans ces rencontres, c'est que l'on est chaque fois obligé de serrer la main de tous les combattants, qui sont parfois cinquante ou soixante, en murmurant à chacun : «*As-salâm 'aleïkoum*» ou : «*Mandabashi*» («que la fatigue vous épargne») tout en portant la main droite à son cœur en signe de respect. S'ils aperçoivent nos appareils, ils brandissent leur fusil en criant : «*Allahou akbar*» et demandent qu'on les photographie. En général, l'idée qu'ils se font d'une photo est un portrait posé, le fusil fermement tenu en main. Je finis très vite par redouter l'apparition d'une de ces bandes nombreuses de combattants. En désespoir de cause, il m'arrive de m'allonger au bord de la piste en faisant mine de dormir, mais ils ne manquent pas de s'arrêter et de me réveiller pour me serrer la main. Rares sont ceux qui s'étonnent de voir un étranger «dormir» sur une piste au beau milieu de l'Hindu Kouch, comme si c'était la chose la plus naturelle du monde.

Les réfugiés aussi fréquentent ces pistes ; ils fuient péniblement, les femmes à la traîne, un enfant sur le dos, pendant que les hommes veulent savoir pourquoi nous sommes venus en Afghanistan. Quand Agha Gul leur explique que nous sommes journalistes et médecins, ils opinent gravement en touchant leur cœur de la main. Parfois l'un d'eux se tourne en direction du groupe des femmes et crie quelque chose, sur quoi un enfant ou une femme malade se présente pour être soignée. Ils nous supplient de raconter au monde ce qui se passe ici. «Les *Chouravis* essaient de nous voler nos terres, nos maisons, nos fermes. Mais ils ne nous prendront pas notre âme. Nous nous battrons jusqu'à ce que le dernier communiste ait quitté notre sol, nous combattrons jusqu'à notre dernier souffle», déclare un homme. Tous les autres acquiescent. C'est une promesse que j'entendrai à de multiples reprises.

Nous quittons le Nouristan et pénétrons dans les terres semi-arides du Badakhchan méridional. Nous marchons durant des heures dans un paysage désertique. Quand Christophe ne filme pas, lui et moi marchons souvent en avant et nous lançons dans de longues conversations. Il nous arrive d'imaginer les repas que nous nous offrirons une fois rentrés à Paris. Nous décrivons chaque plat avec un luxe de détails, évoquant la saveur d'huîtres fraîches ou le goût de tel ou tel vin de Bourgogne ou du Val de Loire. Nous choisissons nos restaurants et savons exactement le menu que nous commanderons.

La piste traverse des villages dont les toits plats, sur lesquels sèchent au soleil des abricots et du maïs, dessinent des patchworks orange et jaune. Certains de ces villages abritent de petits bazars ne comptant que quatre ou cinq boutiques. Leurs rayons ne sont guère garnis : thé, sucre, biscuits et chewing-gum. En temps de paix, les habitants de cette région vont s'approvisionner dans les vallées où sont situées les petites villes. Mais, ces temps-ci, le commerce est réduit au minimum. Seules les personnes âgées osent se rendre dans les zones sous contrôle communiste pour en rapporter quelques denrées.

Chaque fois que nous arrivons dans des zones cultivées, les femmes se hâtent de se couvrir le visage ou de nous tourner le dos. Déjà les hommes moissonnent avec des bœufs ou des ânes, ou vannent le blé en projetant les épis en l'air pour séparer la balle du grain. Les enfants nous poursuivent timidement, hurlant de joie – ou de terreur – à l'arrivée de ces visiteurs inattendus. Des bandes de garçonnets nous suivent d'un pas traînant, criant, se montrant d'un air excité nos appareils photo et nos sacs. D'une manière ou d'une autre, la vie continue.

Mais les traces des combats sont partout visibles. Maisons bombardées, arbres déchiquetés par les obus, canaux d'irrigation défoncés. Certains villages sont totalement abandonnés. On comprend vite à quel point ces communautés dépendent du système d'irrigation pour leur survie, et ce que la destruction des canaux signifie pour leur agriculture.

De temps à autre, nous repérons les traces de chars de l'armée russe ou afghane qui ont remonté le lit des rivières pour accéder aux villages. En général, avant que les soldats arrivent, les hommes s'enfuient dans les collines afin d'éviter d'être arrêtés comme moudjahidines ou enrôlés de force. Les histoires de viols, de brutalités, d'exécutions, d'incendies de récoltes ou de stocks de graines qui circulent un peu partout poussent les gens à fuir vers les villes contrôlées par le gouvernement ou vers le Pakistan.

Beaucoup d'*askaris* de l'armée régulière ne sont que des malheureux qui ont été interpellés dans la rue et enrôlés de force. On les déploie ensuite loin de leur région d'origine. Mais le taux de désertion reste élevé. Cela fait de l'armée afghane, en dehors de quelques bataillons ou corps de miliciens aguerris et bien rémunérés, une force sur laquelle les Soviétiques ne peuvent absolument pas compter. Les désertions renforcent la résistance, notamment quand un soldat emporte son arme, ce qui lui vaut la faveur de son nouveau commandant. Plusieurs décennies plus tard, les forces de la coalition rencontreront le même genre de problèmes lorsqu'elles tenteront de former une armée et une police afghanes.

Au cours de cette première période de l'occupation, il était encore facile de trouver de la nourriture. Ce n'est que plus tard que, estimant qu'il était injuste d'attendre des populations locales qu'elles me nourrissent, j'apprendrai à voyager avec mon propre cheval et mes propres provisions. Pour l'instant, les villageois nous accueillent avec du thé, des fruits secs et des noix. Parfois nous mangeons en plein air, à l'ombre d'un mûrier, dans un enclos ceint de petits murets qui fait également fonction de mosquée. Des garçonnets apportent des tapis qu'ils étendent sur le sol. Ou bien on nous conduit dans la maison d'un dignitaire local qui nous fait asseoir dans une pièce de réception garnie de tapis et de coussins. De jeunes garçons nous apportent alors des petites théières individuelles, des reproductions *made in China* de la porcelaine Gardner[1] peinte à la main aux XVIIIe et XIXe siècles et utilisée par les caravaniers, ainsi que des bols d'amandes sucrées. Du seuil des cuisines, des jeunes filles souriantes et parfois une vieille femme nous observent.

1. Provenant de la fabrique Gardner, à Moscou, notamment connue pour ses porcelaines à destination du marché islamique, en particulier la Turquie et l'Asie centrale. (*N.d.T.*)

Frédérique et Évelyne sont souvent conduites dans les pièces intérieures, où elles sont présentées aux femmes de la maisonnée. Celles-ci, me racontent-elles, leur donnent à manger et les noient de questions. Ou alors elles leur exposent leurs problèmes. Étant un homme, cette partie essentielle de la société afghane m'est naturellement inaccessible. Le point de vue des femmes est pourtant crucial pour vraiment comprendre la façon dont les choses fonctionnent, d'autant que les filles et les femmes représentent plus de la moitié de la population afghane. Je me sers donc fréquemment des médecins femmes comme intermédiaires pour savoir ce qui se passe. Mais les doctoresses françaises ont tendance à considérer cela comme une corvée. « La conversation est bien plus intéressante avec les hommes », se plaint Frédérique qui préfère rester avec notre groupe. Les hommes, et surtout les invités, se voient également offrir les meilleurs morceaux à table. Aussi, les étrangères sont souvent « désexualisées » et considérées comme des « hommes honoraires » par les Afghans ruraux qui sans cela ne sauraient comment se conduire avec elles.

Coiffés de leur turban, les anciens du village viennent en groupe parler avec nous. Curieux de savoir ce qui se passe ailleurs dans le monde, ils sont également extrêmement préoccupés de faire connaître leur point de vue. C'est important pour eux, nous expliquent-ils, que le monde comprenne la guerre en Afghanistan et la façon dont eux, Afghans, résistent à l'occupation. Grâce à la BBC et à VOA ils sont étonnamment bien informés des événements mondiaux, bien plus que nombre d'Américains disposant pourtant d'un accès facile aux moyens de communication. Pour ces paysans afghans, il est évident qu'accueillir une équipe médicale occidentale dans leur village est prestigieux. Les médecins reçoivent les malades et les blessés dans des installations de fortune. Agha Gul, cependant, ne tient pas à ce que nous nous éternisions. Il s'inquiète d'éventuels mouchards. Aussi, à peine avons-nous le temps de nous installer et de rattraper notre sommeil en retard qu'il nous presse de nous remettre en route. « *Harakat ! Boro !* »

Nous devons prendre garde aux factions rivales. Même si Agha Gul semble entretenir de bonnes relations avec tout le monde, il y a certains villages où il préfère que nous ne restions pas. « Des gens du Hezb, marmonne-t-il. Pas bons, ces gens. » Ou bien : « Des gens à Sayyaf. Des Arabes », voulant dire par là que tel village est affilié à l'Al-Ittihad[1] d'Abdul Rasul Sayyaf, et donc allié aux Arabes. Après nous avoir exprimé en privé son mécontentement, Agha Gul n'en salue pas moins chaque notable comme s'il s'agissait de son plus cher ami. Puis il invente quelque excuse et nous repartons.

Nous atteignons enfin la partie amont de la rivière Pandjchir. Nous venons de parcourir à pied, et le plus souvent en montant, plus de six cents kilomètres. Nous contournons les eaux bleues et transparentes du lac Anjuman – où je vois un pêcheur ramener pas moins de vingt truites d'un seul coup de filet – avant de suivre la sinueuse vallée de la Pandjchir jusqu'au premier patchwork de villages et de champs. J'ai l'impression d'entrer au paradis. Partout des pommes, des abricots, des œufs et des légumes frais, de petites vaches brunes produisant un lait épais, de la crème, du fromage et du yaourt. Ce dernier est le vestige d'un projet laitier suisse d'avant la guerre, dont j'ai rencontré le directeur à Kaboul peu avant l'invasion.

À mi-chemin environ de la vallée, nous faisons halte dans une maison chaulée de blanc de la petite ville de Dasht Riwat où l'on nous offre un somptueux repas. La maison appartient au « ministre des Finances » de Massoud. Une bonne vingtaine de plats différents, poulet grillé et ragoût de mouton à l'aubergine au yaourt, riz pilaf et crème parfumée au miel sont présentés sur la « table » formée d'un long tapis sur lequel les convives assis en tailleur sont alignés sur deux rangs les uns en face des autres. On nous fait asseoir aux places d'honneur et nous sommes invités à manger tout notre saoul. « Massoud sait que les Français aiment manger bien. Nous mangerons encore mieux quand nous le verrons », nous explique Agha Gul.

Je remarque deux hommes à l'extrémité de la pièce. L'un est corpulent et porte une épaisse barbe noire, tandis que l'autre, plus mince, arbore un air presque hagard. Le plus costaud nous

1. L'Al-Ittihad al-Islami, Union islamique pour la libération de l'Afghanistan, de tendance wahhabite, était dirigé par Abdul Rab Rasul Sayyaf. (*N.d.T.*)

adresse des sourires comme s'il cherchait à nouer la conversation. Lorsque je finis par m'approcher de lui, il s'adresse à moi dans un anglais étonnamment correct. Les deux hommes sont médecins et s'occupent d'une des trois cliniques du Pandjchir. Je leur demande s'ils font partie d'un groupe d'aide médicale. « Non », répond-il avant d'ajouter après quelques secondes d'hésitation : « Nous sommes prisonniers. » Les deux médecins afghans ont été capturés par les moudjahidines qui les accusent d'être des Khalqis. Peut-être le sont-ils, mais de toute façon tous ceux qui travaillent pour le gouvernement sont considérés comme communistes. La collaboration active est fréquente, mais pour des raisons très variées. Elle peut être motivée par un avantage personnel ou par un engagement idéologique. Ou parce que les forces « progressistes » des factions appuyées par Moscou paraissent moins redoutables que la perspective d'un gouvernement moudjahidine fondamentaliste dirigé par des individus du genre de Gulbuddin Hekmatyar, un cauchemar pour beaucoup d'Afghans éduqués.

Beaucoup d'autres Afghans, cependant, soutiennent la résistance. Massoud a tout spécialement demandé à ceux qui occupent des postes élevés, notamment les hauts gradés militaires, de rester en place. Pendant toute la durée de la guerre, ils lui fourniront de précieuses informations lui permettant d'avoir toujours un coup d'avance sur les Soviétiques. La même chose se produira avec le régime Karzai près de trois décennies plus tard. En 2010, beaucoup de ceux qui travailleront dans l'administration pro-occidentale de Kaboul, dont la police et l'armée, seront des collaborateurs actifs des talibans. On s'apercevra que même les forces américaines à Bagram et sur d'autres bases employaient des gens liés à l'opposition armée.

Au cours des semaines suivantes, je reverrai régulièrement les deux médecins, qui jouissent d'une relative liberté et travaillent en étroite collaboration avec les Français. Mais leurs activités prendront brutalement fin quelques mois plus tard, lorsqu'ils profiteront d'une offensive des forces soviéto-afghanes dans la vallée pour tenter de s'échapper. Ils seront repris. Je n'ai jamais su ce qui leur est arrivé ni s'ils ont survécu à la guerre. Tout ce qu'ils souhaitaient, m'avaient-ils dit, était de retourner auprès de leurs familles.

Nous nous reposons deux jours à Astana, un village aux habitations disséminées à flanc de colline, où AMI possède une maison d'hôtes. La clinique est située un peu plus bas dans la vallée. Les médecins se mettent aussitôt au travail. C'est à Sidiq, un Pachtoune au dos légèrement voûté, qui travaillait autrefois comme cuisinier pour une entreprise d'ingénierie étrangère, qu'a été confiée la responsabilité des médecins. À notre arrivée, il se présente avec un large sourire en nous apportant d'énormes plats de spaghettis à la sauce tomate et de salade fraîche. Puis il nous accompagne jusqu'à nos chambres, dont les lits sont pourvus de draps et de couvertures. Nous bénéficions par ailleurs du luxe de pouvoir prendre des douches chauffées par un poêle à bois.

Laissant là les médecins, Christophe, Jérôme et moi poursuivons notre chemin le long de la vallée jusqu'à la petite ville de Bazarak. C'est là, nous informe-t-on, que nous devons rencontrer Massoud. La plupart des maisons de Bazarak ont été détruites par de violents bombardements, mais quelques-unes sont encore habitables. On nous conduit jusqu'à un bâtiment ressemblant à une forteresse où notre hôte, un homme au physique imposant du nom de Hajji Saduddin, nous accueille avec effusion. Ancien commerçant de Kaboul, c'est l'un des principaux soutiens de Massoud. Me prenant la main à la manière afghane, il nous guide jusqu'à une pièce spacieuse au sol recouvert de tapis, où l'on nous sert du thé vert, des amandes sucrées et des *choclit*, des caramels afghans.

Soudain la porte s'ouvre brusquement et une demi-douzaine d'hommes armés d'Enfield et de kalachnikovs font leur entrée. À leur tête nous découvrons un jeune homme de taille moyenne avec des cheveux noirs ondulés et des traits finement taillés. Il a l'allure d'un homme habitué à exercer son autorité et à se faire respecter. Vêtu d'un blouson militaire vert, d'un *salwar* blanc et d'un *pakol* nouristanais repoussé à l'arrière du crâne, il s'arrête pour jauger les trois Occidentaux qui se lèvent pour le saluer. Puis il s'avance et nous serre chaleureusement la main. Je ne peux m'empêcher de sourire. Aucun doute, il s'agit bien du célèbre « Lion du Pandjchir ». Avec sa barbiche et son nez aquilin, il ressemble beaucoup à Bob Dylan. Il me regarde avec curiosité. « Vous êtes Girardet ? »

s'enquiert-il en français. Nous lui exposons brièvement le but de notre voyage. Massoud écoute attentivement en se caressant la barbe, hochant de temps en temps la tête. Mirabudin, le jeune étudiant en médecine de la clinique d'AMI qui nous sert d'interprète, traduit lentement. À un moment, Massoud l'interrompt : « Vous êtes américain ? me demande-t-il. – Oui, mais je vis à Paris. » Alors, avec un grand sourire, il déclare : « Il paraît que vous êtes un excellent marcheur. – Oui, je pense. J'adore marcher. – Bien, mais vous ne devriez pas marcher trop vite en laissant nos moudjahidines derrière vous. Si vous êtes capturé seul, on pourrait vous prendre pour un Russe, et ça ne serait pas très bon, surtout si vous êtes américain », dit-il avec un regard malicieux. Tout le monde rit. Il a l'air content de sa plaisanterie.

Pendant les trois semaines suivantes, nous sillonnons à pied la vallée, parfois en compagnie de Massoud ou de ses hommes. Parfois nous nous déplaçons à bord d'un véhicule. Il n'y en a que deux en état de marche : une Jeep russe qu'utilise Massoud, et une Moskvitch noire qui sert de taxi. Toutes deux ont été transportées en pièces détachées par des animaux de trait à travers la montagne. Le Pandjchir a été durement frappé par plusieurs offensives. De nombreux villages sont en ruines. Les troupes de l'Armée rouge ont abattu des arbres, parfois des vergers entiers, pour se ménager des axes de vue dégagés. Ils ont défoncé les canaux d'irrigation, condamnant au dépérissement les arbres, les vignes et les récoltes. Il n'y a rien de plus lugubre que de voir des arbres autrefois verdoyants mourir peu à peu par manque d'eau. L'Armée rouge se contente désormais de contrôler les hauteurs dominant la vallée, d'où elle bombarde au canon ou au mortier les positions des guérilleros. Et les hélicoptères de combat et les MiG effectuent régulièrement des raids.

Chaque fois que les Soviétiques tentent de s'emparer du Pandjchir, ils déposent des Spetsnaz sur les massifs afin de contrôler les hauteurs. Mais chaque fois ils se heurtent à une farouche résistance. Lorsqu'il est informé d'une attaque imminente, Massoud ordonne l'évacuation immédiate de tous les civils. Quant aux moudjahidines, ils disparaissent dans les étroites vallées latérales, se cachent dans des tunnels, souvent d'anciennes mines de lapis-lazulis, ou occupent des positions clés sur les massifs périphériques dominant la vallée principale.

Les Russes envoient alors des troupes terrestres qui remontent le lit de la rivière dans des véhicules blindés. Cette tactique est destinée à éviter les mines placées par les moudjahidines sur la seule route qui traverse la vallée sur toute sa longueur. Les soldats de l'Armée rouge et de l'armée afghane occupent rapidement les villages, mais les guérilleros se mettent à les attaquer de tous côtés et finissent par obliger les communistes à se retirer. Les carcasses détruites de transports de troupes blindés et de chars émergeant de la rivière ou gisant au bord de la route attestent de ces affrontements. Les mécaniciens de Massoud se hâtent alors de démanteler les véhicules pour en récupérer l'armement et certaines pièces.

Il s'agit d'un étrange conflit qui voit s'affronter une superpuissance du XXe siècle dotée des derniers perfectionnements en matière militaire et un peuple de paysans obstinés dont le profil de résistance reprend des coutumes vieilles de vingt siècles. Malgré les assauts de l'Armée rouge, les Pandjchiris continuent à mener une existence à peu près normale. Comme au Nouristan et au Badakhchan, nous voyons souvent des paysans occupés à rentrer leur récolte ou à mettre à sécher des abricots sur leur toit. Comme le faisaient déjà leurs ancêtres à l'époque de la Bactriane, ils utilisent des charrues tirées par des bœufs et des lampes à huile pour éclairer leurs logements. Ils vannent le blé en le projetant en l'air à l'aide de fourches en bois, puis les meuniers le réduisent en farine avec des meules actionnées par l'eau des rivières. Certaines familles entreprennent de reconstruire leur maison. Des boutiques ont même réouvert, mais elles ne vendent que les produits de contrebande transportés à travers les montagnes.

De nombreux paysans appartenant à la milice irrégulière arborent des *jezails* à long canon et des fusils à mèche. Ceux-ci seront bientôt remplacés par des armes modernes apportées par les déserteurs, échangées auprès des Soviétiques contre du haschich, ou acheminées depuis le Pakistan. La force principale de Massoud, cependant, est équipée d'armes plus récentes : fusils Enfield de la Première Guerre mondiale, pistolets Mark IV de la Seconde Guerre mondiale et, de plus en plus, des kalachnikovs AK-47 de fabrication chinoise. Pour l'instant, seuls quelques commandants possèdent le fusil d'assaut AK-74 Kalachnikov dernier cri, qui deviendra au cours des années suivantes l'arme standard des moudjahidines. La guérilla dispose également d'un matériel militaire hétéroclite récupéré de-ci de-là, comme des talkies-walkies, des grenades à main, des RPG, des mines, ainsi que quelques mitrailleuses lourdes Dashaka et des canons antiaériens ZPU-2. Extrêmement ingénieux, les Pandjchiris fabriquent, dans des ateliers dissimulés au fond des vallées secondaires, des pièces d'artillerie rudimentaires à partir de matériaux de récupération comme des paniers de roquettes d'hélicoptères ou des canons de chars.

Nos sorties nous emmènent parfois jusqu'aux lignes de front à l'embouchure de la vallée, où la rivière, après avoir franchi une gorge étroite, arrive bientôt aux villes sous contrôle russe de Jabal os Saraj et Gulbahar. Là est installé un camp où Massoud détient plus d'une centaine de prisonniers, essentiellement des responsables du parti et des officiers de l'armée. Les jeunes soldats sont généralement libérés rapidement et incités à rentrer chez eux. Aucun Soviétique ne s'y trouve. Ce n'est que plus tard dans le cours de la guerre que je verrai des soldats de l'Armée rouge capturés. Nous réussirons à en envoyer deux, un Estonien et un Ukrainien âgés d'à peine vingt ans, au Pakistan. Mais, une fois à Peshawar, ils seront enlevés par l'ISI et nous ne les reverrons jamais.

Pendant notre séjour, nous rencontrons régulièrement Massoud. L'homme est plus qu'un simple chef militaire. Il a établi un quasi-gouvernement dans le Pandjchir, avec ses propres administrations financière, éducative et sociale qui s'occupent des quatre-vingt mille à cent mille personnes qui continuent à vivre dans la vallée. Il veille tout particulièrement à ce que les civils ne soient pas pris dans les combats. Cela ne l'empêche pas de poursuivre son incessant combat à partir des vallées secondaires. Nous parlons de la guerre, des Soviétiques et de sa vision de l'Afghanistan post-communiste.

Amical, persuasif et résolu, Massoud est, sans conteste, le «patron». Il bénéficie du respect de tous et fait preuve d'une capacité exceptionnelle à impliquer les anciens, généralement conservateurs, dans le processus de décision. Massoud est à la fois un moderniste et un musulman pieux. Il lui arrive parfois de s'excuser au beau milieu d'une conversation pour prier, après avoir ôté son écharpe blanc et noir et l'avoir étendue sur le sol selon la *qibla*, la direction de La Mecque. Chaque fois qu'il fait ses dévotions, que ce soit au bord d'une rivière ou dans quelque position dissimulée dans la montagne, Massoud laisse à un autre le soin de diriger la prière tandis que tous – combattants, paysans, réfugiés, commerçants – se regroupent derrière lui. Je regarde avec fascination Massoud, plein de dévotion, prier solennellement, s'agenouiller et courber le dos en murmurant : «*Allahou akbar*» avec les autres. Enfin, après s'être passé les mains sur le visage, il se remet debout, comme rafraîchi. «Bon, fait-il en s'approchant à grands pas. Où en étions-nous ?»

Ce que Massoud a accompli en quelques années est impressionnant. La résistance pandjchirie n'est peut-être pas aussi structurée que l'UNITA angolais de Jonas Savimbi ou le Front populaire de libération de l'Érythrée (FPLE) dans la Corne de l'Afrique, mais, au regard des normes afghanes, rares sont les autres fronts de guérilla qui pourraient lui être, même de loin, comparés. Massoud est organisé non seulement militairement, mais aussi politiquement et socialement. Il a prouvé qu'il était un esprit éclairé et tolérant, animé d'une incessante curiosité à l'égard de l'existence telle qu'on la mène ailleurs. Massoud a compris qu'il devait s'accommoder des points de vue les plus divers, y compris celui des Afghans traditionnalistes dont il doit s'assurer le soutien. En même temps, il tient à consulter l'ensemble de la population, y compris les femmes. Même quand il sait exactement ce qu'il veut, il s'arrange toujours pour que les gens aient l'impression d'avoir influé sur sa décision. Ainsi en va-t-il de l'éducation. Massoud est intimement persuadé que l'enseignement, dont celui des jeunes filles, est la seule voie d'avenir. Or beaucoup d'Afghans des campagnes se sont révoltés contre le régime communiste précisément parce que celui-ci veut imposer l'éducation mixte. Plus de deux décennies plus tard, lorsque je visiterai les provinces tribales de l'est de l'Afghanistan, je constaterai que presque chaque village possède son école primaire mixte. Ce sera là le résultat de l'enseignement dispensé dans les camps de réfugiés au Pakistan jusqu'à l'effondrement des talibans, une période suffisamment longue pour que même les plus conservateurs des Afghans puissent en constater les résultats positifs. Pour les Pandjchiris, c'est déjà, au début de l'occupation russe, une réalité quotidienne.

Quand j'interroge Massoud sur l'hostilité envers l'éducation des filles, il sourit avant de me répondre : « Parfois, on ne peut pas tout faire d'un seul coup. Ni imposer les choses de force. Si les gens comprennent peu à peu l'importance de l'éducation, ils la soutiendront. Mais il faut leur apporter la preuve que c'est une bonne chose. » Après un instant de silence il ajoute : « Ce n'est que par l'éducation que nous parviendrons à développer ce pays. Il nous faut des docteurs, des professeurs, des ingénieurs, des pilotes, des juristes… Et peu importe que ce soient des hommes ou des femmes. »

Quand on lui a soumis la possibilité de faire venir des médecins français, Massoud a aussitôt accepté malgré la réticence de certaines barbes grises qui redoutent la mauvaise influence des femmes étrangères. Déterminé à ce que les femmes jouent un rôle clé dans la société afghane, Massoud considère ces médecins comme un moyen non seulement de prodiguer des soins élémentaires dans les difficiles conditions de la guerre, mais aussi de former des Afghans pour qu'ils deviennent des « médecins aux pieds nus ». Si les femmes afghanes ordinaires, soutient-il, apprennent les bases élémentaires de l'hygiène et de la nutrition, alors on peut espérer que les prochaines générations seront en meilleure santé. C'est un aspect essentiel dans une société où un enfant sur quatre meurt avant d'avoir cinq ans, très souvent à la suite de maladies aisément guérissables. Par ailleurs, la présence des Français est pour Massoud une façon de maintenir le contact avec le monde extérieur. Dès qu'il en a le temps, il passe les voir pour bavarder ou recueillir l'opinion qu'ils se sont faite à partir des dernières informations diffusées par la BBC et VOA sur l'attitude des différents pays à l'égard de l'Afghanistan.

Un jour Massoud nous demande, à Christophe, à Jérôme et à moi, si nous souhaiterions assister à une attaque contre le tunnel de Salang. Nous sautons sur l'occasion. Une semaine plus tard, il nous enjoint par un message de le rejoindre à plusieurs heures à pied à l'ouest de Bazarak. Nous empruntons une gorge qui nous conduit à un col peu élevé débouchant dans la vallée suivante. Au sommet du col, nous découvrons Massoud accompagné d'un détachement d'une douzaine d'hommes armés d'AK-47. Il s'agit manifestement de quelques-uns de ses meilleurs combattants. Massoud porte une chemise bleue soigneusement repassée, un impeccable pantalon kaki et des chaussures de marche de bonne qualité. Je me demande comment il fait pour être toujours aussi bien mis. Comme à son habitude, il porte son *pakol* à l'arrière du crâne. Il nous accueille chaleureusement. Tendant le bras, il nous montre le massif situé en face de nous. « C'est là que les *Chouravis* sont retranchés. Ils aiment bien nous bombarder. Des hommes à nous gravissent en ce moment même la montagne pour les chasser. » À travers mes jumelles, je distingue, juste sous la ligne de crête, une série de bunkers recouverts de bâches et surmontés d'un drapeau rouge. « Est-ce là où se trouve le tunnel ? demandé-je. – Non, il est là-bas, répond Massoud en montrant l'ouest. Mais les *Chouravis* ont des positions de ce côté, ajoute-t-il en désignant une suite de massifs. Nous allons devoir les contourner, ce ne sera pas long, peut-être cinq ou six heures. » Il tend à nouveau le bras. « Mais, d'abord, nous allons nous rendre dans ce village, et cet après-midi je vous donnerai tous les détails. » J'aperçois un village de l'autre côté de la rivière, distant d'à peine une heure de marche.

Massoud et moi marchons en tête pendant que les Français filment. L'Afghan marche à grandes enjambées sur la piste escarpée. Ses hommes suivent à peu de distance. De temps à autre, il s'arrête pour dicter un message à l'un de ses assistants ou griffonner une note à l'intention d'un commandant. Parfois, il crie ou répond à des appels reçus sur son talkie-walkie. Pour des raisons de sécurité, il préfère communiquer par note manuscrite transmise par messager. Enfin, Massoud ordonne à son assistant, porteur d'une douzaine de missives, de se mettre en route. L'homme redescend rapidement la montagne pour gagner Bazarak où il livrera les messages. Massoud se tourne vers moi. « Les montagnes suisses sont-elles aussi belles que nos montagnes afghanes ? – Elles sont beaucoup moins hautes. Mais je ne crois pas qu'il existe un plus bel endroit que l'Afghanistan », rétorqué-je. Massoud acquiesce d'un air entendu. « En tout cas, j'aimerais visiter la Suisse. Les Suisses sont de très bons soldats, à ce que j'entends. La prochaine fois que vous viendrez, apportez-moi donc des ouvrages sur le combat en montagne. Et aussi sur la construction de routes et l'énergie hydro-électrique. Certaines de leurs techniques pourraient nous être utiles ici. » Puis il reprend : « Est-il vrai que les Suisses font la guerre à vélo ? » J'éclate de rire. Les Suisses, expliqué-je, n'ont pas fait la guerre depuis le Moyen Âge, à l'époque où ils servaient comme mercenaires. Mais il est exact qu'ils utilisent des bicyclettes pour transporter du ravitaillement ou déployer des troupes, mais qu'ils ont aussi recours aux camions et aux mulets pour se déplacer en montagne. Chaque fois que je retournerai dans la région, j'apporterai à Massoud des livres sur les guerres de résistance en Indochine, en Algérie, en Afrique du Sud, ainsi que des ouvrages sur les techniques de combat des partisans yougoslaves pendant la Seconde Guerre mondiale. Massoud est un dévoreur insatiable de livres d'histoire militaire ainsi que de biographies de dirigeants célèbres comme Napoléon, Hô Chi Minh ou le général Giap. Il s'intéresse aussi à George Washington, Roosevelt, de Gaulle et Kennedy. « C'étaient de grands hommes, me dit-il. Ils ont œuvré dans l'intérêt de leurs peuples. »

Pour développer sa stratégie, Massoud se fondait sur ses propres lectures, mais aussi sur l'expertise de transfuges formés par les Soviétiques. Il avait également consulté deux ou trois anciens officiers déserteurs de l'Armée afghane qui avaient reçu une instruction militaire américaine dans les années 1960 et 1970. Massoud improvisait au fur et à mesure que la guerre progressait. Plus tard, quand je reviendrai de mes reportages sur les guerres civiles éthiopienne et angolaise au début et au milieu des années 1980, il m'interrogera en détail sur la façon dont les guérillas opéraient dans ces pays et comment elles organisaient leur soutien aux populations civiles. Il sera particulièrement impressionné par la capacité du FPLE à créer des unités chirurgicales complètes dans les montagnes d'Érythrée. Il voudra aussi savoir comment la guérilla érythréenne faisait fonctionner des écoles cachées parmi les rochers de rivières asséchées, mettait en place des réseaux de distribution d'aide humanitaire et connaissait même le nombre de femmes allaitantes dans chaque camp ou village.

À midi, Massoud et moi nous arrêtons au bord d'un ruisseau pour attendre l'équipe de tournage. Nous grignotons un morceau de *tokhum*, un gâteau de mûres séchées et fortement compressées, que le chef pandjchiri fait passer à la ronde. Avec sa couleur sombre, le morceau de pâte de fruit ressemble à du haschich, mais je sais que Massoud est violemment hostile à l'usage de drogue. Il est même contre le tabac et interdit de fumer à tous les hommes de son entourage proche.

« C'est comme le glucose, explique Massoud en arrachant un bout de pâte. Ça vous donne de l'énergie. » Il fait une chaleur agréable et nous bavardons paisiblement tandis que les explosions sourdes d'obus de mortier russes se répercutent dans la vallée. De temps à autre se fait entendre l'aboiement d'une mitrailleuse lourde. Christophe et Jérôme arrivent enfin. Massoud évoque l'importance stratégique du tunnel du Salang et expose les raisons pour lesquelles ses hommes l'attaquent régulièrement. L'une de ces raisons, dit-il, est de se procurer du ravitaillement, en particulier du carburant et des munitions. Un jour, raconte-t-il avec un sourire, ses hommes ont réussi à s'emparer de la voiture du ministre de la Défense. Ils ont essayé de la transporter à travers la montagne, mais le terrain était trop difficile. Par ailleurs, les moudjahidines de Massoud effectuent des attaques éclairs contre les lignes soviéto-afghanes qui contrôlent l'accès à Jabal os Saraj, à l'endroit exact où, par la suite, les talibans assiégeront le Front uni.

Vers le milieu de l'après-midi, Massoud annonce qu'il doit nous quitter, mais qu'il nous retrouvera pour le dîner. Sur quoi il redescend rapidement la piste où ses hommes le suivent en trottinant, leur fusil tenu en travers des épaules. Plus tard, lorsque le soleil commence à disparaître derrière les montagnes, nos guides nous emmènent jusqu'à une maison du village en terrasses. Nous y logerons cette nuit. Agha Gul nous rejoint avec une lampe à pétrole. Il a le chic pour surgir au moment où nous nous y attendons le moins. «*Nan*», dit-il. Le dîner. Il nous conduit dans une autre maison où le repas a été servi dans une pièce tout en longueur. La toile en plastique rouge étendue à même le sol est couverte de grands bols de riz *pulao* pilaf et d'assiettes plus petites contenant de la viande de poulet et de mouton. Une demi-miche de *nan* est posée devant chaque convive. «*Pishin*», nous dit Agha Gul en nous invitant à nous asseoir. Massoud entre avec son escorte. Les guérilleros murmurent une prière, lèvent les mains en remerciement à Allah, puis chacun s'installe, rompt le pain et commence à manger le riz et la viande en les saisissant de la main droite. Ne me sentant pas bien, trop de soleil peut-être, ou une infection, je ne mange rien, hormis un peu de riz et du thé sans sucre. Massoud me demande pourquoi je ne mange pas. «*Mariz hastam*», lui dis-je. Je suis malade. Mais vous devez manger quelque chose, insiste-t-il. «Nous avons une longue marche à effectuer demain.» Il se tourne alors vers Agha Gul. Tout le monde devra être prêt à partir dès l'aube, lui dit-il en dari. «Il faudra vous coucher tôt», ajoute-t-il à mon intention.

Le repas terminé, un des assistants de Massoud déplie deux cartes militaires russes. À la lueur jaunâtre d'une lampe à pétrole qui siffle doucement, Massoud nous montre l'emplacement des positions russes et l'itinéraire que nous prendrons pour approcher du Salang. «Il y a quelques *askaris* ici, dit-il en désignant un point sur la carte. Mais ils sont avec nous, aussi, nous n'aurons pas de problème. Vous devriez pouvoir filmer depuis les hauteurs.» Nous discutons encore une heure, puis nous quittons Massoud. Un jeune *muj* promet de venir nous chercher aux premières lueurs de l'aube. «Après *namoz* (prière du matin)», précise-t-il. Tandis que mes douleurs à l'estomac redoublent, je déroule mon sac de couchage, enroule mon anorak autour de mon sac à dos en guise d'oreiller et m'écroule sur mon lit sans même ôter mes chaussures. Christophe et Jérôme commencent à se déshabiller. Je parviens à me redresser sur un coude. «Je ne ferais pas ça si j'étais à votre place, mieux vaut dormir avec vos vêtements et vos chaussures. – Ce n'est pas très confortable, objecte Christophe. – Je sais, mais s'il arrive quelque chose, ça vous permettra de réagir plus vite. C'est juste un pressentiment», ajoutai-je. Mais ils se contentent de hausser les épaules et se couchent après avoir ôté pantalon et chaussures. J'écoute la BBC quelques instants et m'endors. Plusieurs heures plus tard, même si j'ai l'impression que quelques minutes seulement se sont écoulées, je suis réveillé en sursaut par une rame de métro traversant la pièce. Tout de suite après, un éclair lumineux et un choc assourdissant. Nouveau flash, nouvelle explosion. Des morceaux de plafond dégringolent. On nous arrose au mortier.

« Sortez ! » hurlé-je à l'adresse de Christophe et de Jérôme. « Foutons le camp d'ici ! » Je m'extrais d'un bond de mon sac de couchage, attrape ma sacoche et ma torche. Les deux Français jurent bruyamment en tâtonnant à la recherche de leurs vêtements. Deux autres obus explosent de l'autre côté du bâtiment. Je sens une odeur de brûlé dans l'air saturé de fumée et de poussière. « Dépêchez-vous ! » hurlé-je. La torche à la main, j'attends sur le seuil. « À la rivière ! Ils visent le village. » Les deux hommes parviennent jusqu'à la porte et nous nous enfonçons dans l'obscurité. J'évite d'allumer ma lampe. Je ne souhaite pas attirer l'attention des Soviétiques qui ont sans nul doute localisé Massoud grâce à leurs indicateurs. Nous profitons de la lueur des explosions pour nous orienter. Chaque coup tiré de la montagne illumine la vallée. Deux ou trois secondes plus tard, l'obus touche terre. À chaque explosion, les éclats métalliques, tels des grêlons, déchiquettent le feuillage des arbres. Je perçois le craquement du bois et le tremblement des murs qui s'effondrent, puis des cris et les gémissements des femmes et des enfants.

Nous traversons le village au pas de course. Par deux fois, nous nous engageons dans des culs-de-sac et sommes obligés de rebrousser chemin. Les obus explosent à présent toutes les vingt secondes. Tout en courant, je me mets à avoir des haut-le-cœur, la douleur et l'effort me plient en deux. Nous dépassons enfin les dernières maisons et fonçons vers la rivière. Fouettés par l'adrénaline, nous entrons sans hésiter dans l'eau glaciale et progressons vers l'autre rive en vacillant et en trébuchant dans le courant. Toujours secoué de nausées, je suis couvert de vomi. J'immerge ma tête et laisse l'eau furieuse me laver le corps. Christophe et

Jérôme m'aident à reprendre pied sur la berge où nous nous effondrons pour récupérer notre souffle. Nous observons le village que les mortiers continuent à pilonner. J'aperçois plusieurs maisons en flammes. « Il y a une ferme un peu plus loin, par là, dis-je en haletant. Je l'ai repérée quand nous sommes arrivés. Elle doit être hors de portée des tirs. »

Quelques minutes plus tard, nous nous effondrons sur une plate-forme de terre battue habituellement utilisée pour mettre à sécher le maïs. Nous apprendrons plus tard que trente secondes après que nous l'avons quittée, un obus a pulvérisé le toit de la maison où nous dormions et tué trois personnes. La chaleur nocturne et notre course éperdue ont pratiquement séché nos vêtements, mais nous sommes épuisés. Peu après l'aube, un commandant se présente, accompagné par trois moudjahidines et Farid, un Afghan qui a vécu en Allemagne et nous sert parfois d'interprète. « *Boro*, dit-il. Voulez-vous assister à l'attaque ? » Christophe, Jérôme et moi nous consultons du regard. Nous en avons assez vu pour l'instant. « Je crois que nous allons passer notre tour pour cette fois », dis-je. Le commandant nous adresse un regard compatissant avant de nous quitter en confiant à Farid le soin de nous raccompagner dans la vallée. Je ne retournerai au Salang que plusieurs années plus tard.

Le moment est venu pour nous de rentrer au Pakistan. Je dispose d'excellents éléments pour mes articles, et Christophe et Jérôme ont amplement la matière d'un film. Nous ne prendrons pas de chevaux, mais Massoud a promis de détacher quelques moudjahidines pour nous accompagner. Il nous rejoint à un poste de la guérilla pour nous saluer. Quelques instants avant le départ, Massoud demande à me parler en privé. Nous nous dirigeons vers un bosquet de mûriers et nous asseyons. Agha Gul est présent, ainsi que Mirabudin, l'interprète.

Massoud me regarde longuement. « Je ne sais pas qui vous êtes, quelqu'un de la CIA ou un journaliste, dit-il. Ce n'est pas à moi de juger. Mais je pense que vous êtes un ami de l'Afghanistan. Nous voulons prendre contact avec les Américains. Ils croient à la liberté et ils croient en Dieu. Pouvez-vous nous aider ? » Je lui explique qu'en tant que journaliste il n'est pas dans mon rôle de faire un travail de renseignement ou de m'engager dans une action clandestine de soutien. Mon travail est d'écrire des articles. « Mais je peux expliquer aux Américains ce que vous faites. Ensuite ce sera à vous de jouer. »

Massoud sourit. « Bien, dans ce cas, vous n'aurez qu'à présenter Agha Gul aux Américains. » Le trajet de retour ressemble à une randonnée de vacances. Nous oublions même les mines. Nous nous sentons en pleine forme, et franchir les défilés nous semble d'une facilité déconcertante. Au premier poste pakistanais, nous décidons de ne pas chercher à éviter les soldats. Je présente mon visa à entrées multiples et leur demande de tamponner mon passeport en leur promettant de les recommander auprès de Zia ul-Haq. Les deux miliciens, qui s'attendaient évidemment à un pot-de-vin, rédigent consciencieusement un mot me demandant de transmettre leurs salutations au Président. À Chitrâl, nous louons un pick-up pour regagner Peshawar. Nous nous arrêtons au consulat américain dans l'espoir de pouvoir présenter Agha Gul à Doug Archard, mais mon ami diplomate est toujours en congé. Devant la déception d'Agha Gul, nous décidons de l'emmener à Islamabad, où je le présenterai à quelqu'un de l'ambassade américaine. Désireux de retourner un peu de l'hospitalité dont les Afghans ont fait preuve à notre égard, nous réservons une suite double au *Holiday Inn*. Puis je m'assieds devant le téléphone. Pendant que je passe mes coups de fil, Agha Gul reste assis sur le sofa à boire du thé et à grignoter des biscuits. Tout ce luxe l'embarrasse. Lui qui montrait tant d'assurance dans les montagnes afghanes paraît totalement désarmé par ce confort à l'occidentale.

L'ambassade américaine ne dispose d'aucun persanophone ni de russophone, m'apprend-on. Cela me paraît tout à fait ahurissant à l'heure où le principal rival de Washington mène une guerre à quelques centaines de kilomètres à l'ouest. Le fait est pourtant révélateur de l'approche trop souvent incompétente dont les différents services américains ont trop longtemps fait preuve à l'égard de l'Afghanistan. Ils préféraient compter sur les Pakistanais plutôt que sur leurs propres sources. Finalement, le United States Information Service nous met en relation avec un officier politique dont je suppute qu'il doit appartenir aux services secrets. Il nous fixe rendez-vous dans un bâtiment proche de l'ambassade.

Avec son costume gris clair et ses lunettes à monture sombre, l'officier me fait penser à Clark Kent[1]. Je lui explique le but de notre visite. Il prend des notes au crayon sur un bloc-notes flambant neuf. Je lui fais part du souhait de Massoud d'entrer en contact. Hochant la tête en direction d'Agha Gul, j'explique que je souhaite seulement le leur présenter. « Vous pouvez compter sur lui », précisé-je en expliquant qu'Agha Gul se rend en Afghanistan jusqu'à une demi-douzaine de fois par an. Mais Kent ne manifeste guère d'intérêt pour notre ami afghan. Il préfère nous interroger nous, les Occidentaux. À plusieurs reprises, je souligne l'importance d'Agha Gul. Pourtant, hormis quelques sourires condescendants, l'Américain ne lui pose pas une seule question. Il est clair qu'Agha Gul comprend que tout cela ne mènera à rien. Ce soir-là, nous l'invitons dans le meilleur restaurant de l'hôtel, mais il ne veut manger que du riz et des kebabs. Juste à côté se trouvent une discothèque aux lumières clignotantes et une clientèle de riches pakistanais élégamment vêtus. « On se croirait en Afghanistan », dis-je en riant. Il esquisse un pâle sourire. Ma plaisanterie est lamentable.

Le lendemain matin nous louons une voiture pour ramener Agha Gul à Peshawar avec une lettre d'introduction qu'il devra présenter à Achard dès son retour. « S'il y a quelqu'un qui peut te mettre en contact avec les gens avec qui tu veux parler, c'est lui. » Des années plus tard, ayant rencontré Archard à l'occasion d'une conférence humanitaire organisée dans la ville sud-africaine du Cap, je lui demandai ce qui s'était passé. Agha Gul était en effet venu le voir avec la lettre, me répondit-il, et il l'avait mis en contact avec « les gens qu'il fallait ». Pourtant, pratiquement jusqu'à la fin de l'occupation russe, les Américains ne comprirent jamais que Massoud était l'un des acteurs clés de la résistance afghane et ne lui fournirent qu'un très modeste soutien.

---

1. L'identité secrète de Superman. (*N.d.T.*)

Chapitre 8

Le Lion et l'Hyène

Parmi les dizaines de milliers d'Afghans qui appartenaient aux factions communistes, djihadistes, talibanes et aux autres groupes armés au cours des dernières décennies, deux personnalités ont dominé la scène politique et militaire : Ahmed Shah Massoud et Gulbuddin Hekmatyar. D'un âge à peu près identique, les deux hommes, qui avaient évolué au départ dans la même mouvance islamique, devinrent rapidement de farouches rivaux. Cette rivalité entraîna la mort d'au moins cinquante mille personnes rien qu'à Kaboul. On appelait le premier le Lion, le second l'Hyène. Massoud était tadjik, Hekmatyar est pachtoune. Massoud était un chef de guérilla astucieux et persévérant qui avait pour héros Charles de Gaulle, le général Giap, Che Guevara et John F. Kennedy, et qui avait prouvé sa valeur au combat. Hekmatyar était un politicien rusé et calculateur qui, à l'époque, puisait son inspiration dans l'Iran de l'ayatollah Khomeiny après avoir été communiste. L'un et l'autre ont suivi des carrières parallèles mais très différentes qui devaient avoir des conséquences profondes pour l'avenir non seulement de l'Afghanistan, mais aussi pour la Russie, les États-Unis et l'Europe. Il est essentiel de connaître ces deux hommes pour bien saisir la nature de l'enchaînement dévastateur des guerres afghanes qui commencèrent avec les troubles de l'été 1978. Massoud et Hekmatyar expliquent en partie les forces et les faiblesses de l'Afghanistan d'aujourd'hui. Au long de mes années de reportage en Afghanistan, j'ai pu acquérir une assez bonne connaissance de l'un comme de l'autre. Mais ce n'est qu'après l'effondrement du régime du PDPA en 1992 que j'ai compris à quel point leurs actes respectifs étaient devenus pour moi des baromètres me permettant d'évaluer les événements d'Afghanistan.

Dans les années 1980 et 1990, Massoud et Hekmatyar étaient devenus des ennemis mortels, chacun étant déterminé à détruire son adversaire. Pourtant, au début des années 1970, alors qu'ils étaient tous deux étudiants en ingénierie, ils militaient dans la même mouvance islamiste conservatrice. Ils étaient l'un et l'autre des apprentis djihadistes. Pendant plusieurs années, les Pakistanais leur apportèrent leur soutien dans le cadre de leurs propres actions subversives contre le gouvernement de Daoud. Mais c'est l'Hyène qui, après avoir peut-être entretenu des liens avec le KGB, devait devenir le chouchou de la CIA et de l'ISI pendant la guerre soviétique. Et c'est le même Hekmatyar qui est aujourd'hui devenu l'un des plus impitoyables chefs insurgés combattant la présence internationale en Afghanistan.

Massoud, lui, était devenu au fil des années un chef charismatique et politiquement modéré, célèbre pour avoir tenu tête à l'Armée rouge grâce à une inflexible stratégie de résistance. Il restera comme l'un des chefs de guérilla les plus accomplis du XXe siècle. Ses exploits sont comparables au héros dont il se réclamait, le général Vo Nguyen Giap, le brillant commandant nord-vietnamien qui combattit les Français durant la guerre d'Indochine, puis les Américains pendant la guerre du Vietnam. Comme Giap, Massoud s'était ménagé le solide soutien des populations locales, mais entretenait également des liens étroits avec des sympathisants implantés au cœur même des structures militaires de l'ennemi. « Notre combat contre les *Chouravis* ne différait guère de celui mené par Giap contre les Français puis les Américains au Vietnam, me confia Massoud à Kaboul en 1993. Les Russes n'avaient pas la moindre idée des liens que nous entretenions avec les Afghans travaillant dans leur appareil militaire. Nous avions des informateurs au plus haut niveau, dans l'armée, les forces aériennes, la police… »

Deux décennies plus tard, les talibans, le réseau Haqqani, le Hezb et d'autres mouvements insurgés hostiles à l'OTAN pourront également compter sur un grand nombre de sympathisants au sein du gouvernement et des forces de sécurité afghans, parmi lesquels des interprètes, des chauffeurs et de simples personnels employés par les Américains et les autres armées de la coalition. À la différence toutefois de l'opposition armée post-2001, Massoud entretenait de bonnes relations avec le monde extérieur, au travers notamment des médecins français et des journalistes étrangers qu'il recevait régulièrement. Quant à la CIA et à l'ambassade américaine à Islamabad, elles l'ignoraient presque totalement. En dépit de leurs déclarations ultérieures selon lesquelles elles auraient soutenu le chef pandjchiri depuis le début, l'appui militaire qu'elles lui apportèrent resta toujours minime.

Dans une interview recueillie en 1986 pour l'émission *Newsnight* de la BBC par le Canadien Arthur Kent, l'un des rares journalistes occidentaux à avoir couvert la situation afghane depuis le tout début, Massoud affirma que ses forces attendaient toujours les fameux missiles antiaériens Stinger qui leur permettraient de repousser les hélicoptères et les chasseurs-bombardiers russes MiG et Su-24 qui causaient tant de pertes parmi les civils afghans. « Jusqu'à présent, je n'ai eu aucune nouvelle des lance-missiles Stinger et je n'en ai pas reçu un seul, déclara-t-il à Kent. Mon opinion personnelle, qui est aussi celle des moudjahidines et de tous les Afghans, est la suivante : l'Occident parle beaucoup, mais il ne prend aucune mesure concrète pour résoudre les problèmes et les souffrances de mon peuple. La radio évoque des fournitures d'aide, mais tout ce qui nous parvient, ce sont quelques médicaments et fournitures médicales, ou bien une aide financière dérisoire. Tout cela est négligeable. » Ce n'est que beaucoup plus tard que Massoud recevra quelques Stinger. Au milieu des années 1980, Peter Jouvenal et moi avons rencontré quelques-unes des caravanes de chevaux qui transportaient du matériel militaire américain clandestin à travers l'Hindu Kouch. Lorsque nous y jetâmes un coup d'œil, nous découvrîmes du matériel qui rappelait plus l'Imperial War Museum londonien que des armements à même de contrer les attaques aériennes d'une superpuissance du XXe siècle. La plupart des armes étaient des fusils Mark 1 de fabrication américaine, des kalachnikovs AK-47 égyptiennes et des mines chinoises. On trouvait également quelques canons antiaériens Dashaka ou Zigoyak ainsi qu'une poignée de missiles SAM-7. Washington persista à ignorer Massoud même quand celui-ci mit en garde les Américains et les Européens contre l'influence grandissante des extrémistes arabes en Afghanistan au début de 2001, quelques mois seulement avant le 11-Septembre. Quand l'administration Bush finit par réagir, il était trop tard.

Le zèle antioccidental d'Hekmatyar, en revanche, ne cessait de prendre de l'ampleur en dépit du soutien massif qu'il recevait de la part des États-Unis. Il utilisa sans le moindre scrupule argent et armes, et n'hésita pas à recourir à la répression et au meurtre pour satisfaire son ambition de s'installer à Kaboul à la tête d'un nouvel État islamique. L'objectif de l'ISI était de mettre en place en Afghanistan un régime favorable aux intérêts pakistanais et hors de la sphère de contrôle de New Delhi. Pour les Pakistanais, tout était alors lié et est toujours lié au Cachemire. Dans le même temps, Zia ul-Haq avait élaboré son propre calendrier visant à transformer le Pakistan en une société islamique puritaine.

L'ambition de Washington était beaucoup plus terre à terre. Elle consistait à saigner à blanc l'URSS en l'entraînant dans un Vietnam à la soviétique. Cette politique avait été conçue en 1980 par Zbigniew Brzezinski, le très anticommuniste conseiller à la sécurité nationale d'origine polonaise du président démocrate Jimmy Carter. L'approche de Brzezinski fut poursuivie avec enthousiasme par les deux administrations républicaines qui succédèrent à Carter. Les présidents Ronald Reagan puis George H. W. Bush restèrent sourds aux mises en garde les avertissant qu'aider des fondamentalistes musulmans ne ferait qu'engendrer des monstres. Washington choisit également d'ignorer le rôle subversif joué par l'ISI tout au long des années 1980 et 1990 (et qui se poursuit aujourd'hui) et, d'Hekmatyar aux talibans, apporta son soutien aux groupes les plus fondamentalistes. Plus important encore, cette politique allait déboucher sur un type de terrorisme qui modifierait radicalement l'approche occidentale de la sécurité. Cette politique désastreuse par bien des aspects eut pour conséquence directe la montée de l'islam radical en Afghanistan et permit aux djihadistes étrangers, comme ceux d'Al-Quaida, d'utiliser le territoire afghan comme terrain d'entraînement d'où ils purent ensuite lancer leurs opérations terroristes contre l'Occident.

Largement détesté par les Afghans ordinaires, Hekmatyar dirigeait une organisation soumise à une stricte discipline. Due peut-être à son passé communiste, son approche obéissait à un léninisme dictatorial, ce qui le rendait plus dangereux encore que d'autres dirigeants, tel le mollah Omar chez les talibans. Comme Khomeiny, Hekmatyar considérait l'islam extrémiste moins comme une idéologie religieuse que comme un outil de conquête du pouvoir. Pendant toute la guerre soviétique, il se livra à une stratégie méticuleuse de désinformation visant à convaincre les médias internationaux et les personnalités politiques étrangères, congressistes américains ou hauts dignitaires occidentaux visitant Peshawar, qu'il représentait la plus efficace des organisations de résistance. Il ne voyait guère de raison, ni n'éprouvait la nécessité de se mettre en valeur au travers de succès militaires attestés sur le champ de bataille.

Ni moi ni aucun de mes collègues journalistes n'avons jamais pu signaler une seule victoire décisive contre l'Armée rouge remportée grâce aux seules capacités de combat du Hezb. En revanche, les forces d'Hekmatyar n'hésitaient pas au besoin à attaquer ou à affaiblir d'autres manières les fronts de guérilla rivaux, un fait qui n'a jamais paru inquiéter Washington. Les États-Unis ont apporté à Hekmatyar un soutien financier et militaire équivalant au bas mot à un demi-milliard de dollars. Certains estiment que ce chiffre est beaucoup plus élevé. Les Saoudiens, Iraniens et autres sympathisants islamiques lui fournirent une aide à peu près équivalente. Au total, le Hezb d'Hekmatyar aura donc probablement reçu un bon milliard de dollars d'aide au cours des presque dix années que dura l'occupation russe. Parallèlement, le Hezb disposait (avec le soutien de l'ISI) de ses propres sources de financement, notamment grâce au trafic d'héroïne. La CIA était parfaitement au courant et d'une certaine façon l'y encouragea même quand elle apprit que les soldats de l'Armée rouge faisaient un usage croissant des opiacés.

Déterminer dans quelle mesure cette aide massive a effectivement servi à combattre les communistes est une tout autre question. Une part significative de l'arsenal d'Hekmatyar, dont les Stinger, fut en effet utilisée pour renforcer sa position face aux autres fronts de guérilla durant les années 1990. Et une décennie plus tard beaucoup de ces armes furent déployées par les militants du Hezb contre les forces de l'OTAN.

En 1990 un rapport du US House Republican Research Committee de la Task Force on Terrorism and Unconventional Warfare critiquait sévèrement la CIA et l'ISI pour leurs graves négligences et leur dissimulation des comportements répréhensibles du Hezb-e-Islami. Des rapports postérieurs, tels que le document « La nouvelle Internationale islamiste » publié par le Congrès en 1993, mettaient en lumière les conséquences des erreurs américaines tandis qu'un nombre croissant de militants partaient dans l'est de l'Afghanistan afin d'y suivre un entraînement dispensé par l'ISI.

Le rapport de 1990 laisse entendre que l'ISI avait parfaitement connaissance des liens d'Hekmatyar avec le KGB. Il suggère que l'image positive du chef du Hezb était le résultat de la propagande du KGB et du KHAD, et qu'elle servait d'ailleurs parfaitement les objectifs inavoués du régime de Zia ul-Haq. Le rapport poursuit en affirmant que le gouvernement de Benazir Bhutto qui remplaça la dictature militaire à la mort d'ul-Haq en 1988 n'osa ni ne fut capable de s'opposer à l'ISI et n'eut d'autre option que de poursuivre dans la voie initiée par l'ancien dictateur.

Les victoires revendiquées par le Hezb, précise le rapport, « servaient si bien les intérêts de l'ISI que le service n'avait aucune envie de les mettre en doute et n'aurait d'ailleurs pas pu se le permettre d'un point de vue politique ». Il était même dans l'intérêt personnel des nombreux officiers et agents de l'ISI qui détournaient à leur profit l'aide toujours croissante des États-Unis et de l'Arabie Saoudite de faire en sorte que le *statu quo* se poursuive. Des sources du département d'État ont par ailleurs reconnu depuis que certains agents des services de renseignement américains assurant la liaison avec l'ISI avaient retiré un profit personnel des fonds versés aux extrémistes durant cette période ainsi que du trafic d'héroïne auquel on les autorisait à se livrer. À présent que les diplomates et agents américains actifs à l'époque prennent leur retraite et peuvent donc s'exprimer ouvertement, les informations s'accumulent sur l'incroyable incompétence de la CIA et des autres agences de renseignement dans leur gestion de la question afghane.

Figures de la résistance de la fin du XXe siècle, Massoud et Hekmatyar avaient chacun leur propre vision de ce que devrait être le nouvel Afghanistan. Massoud était le poète et le moderniste qui exigeait de ses lieutenants qu'ils traitent humainement leurs prisonniers russes et construisent des écoles pour les filles. Chacun, affirmait-il, doit avoir son rôle à jouer en Afghanistan. Hekmatyar était le manipulateur qui prenait plaisir à torturer ou à exécuter ses prisonniers. Son projet était un État fondamentaliste sous domination pachtoune, assez semblable en définitive à celui qu'allaient instaurer les talibans. Pour lui, les femmes n'avaient aucun rôle à jouer. Massoud était un chef extrêmement charismatique en même temps que profondément humain. Il reconnaissait volontiers ses erreurs, parfois monumentales, comme celle de s'être entouré d'une bande d'acolytes corrompus – la mafia pandjchirie – après la prise de Kaboul par les moudjahidines en 1992. (Certains d'entre eux ont été soupçonnés de s'être enfuis en emportant l'équivalent de millions de dollars d'aide internationale pendant et après la chute des talibans.) Hekmatyar, en revanche, ne supportait pas la moindre critique. Ceux qui s'opposaient à lui étaient tués ou, d'une façon ou d'une autre, « disparaissaient ». Plus tard, devenu chef militaire du Front uni, Massoud poursuivit son action en tant que dernier commandant en mesure de barrer la route à un mouvement taliban en pleine expansion. Hekmatyar s'enfuit du pays sitôt que l'ISI l'eut lâché en faveur des talibans.

Malgré les morts, les destructions et, surtout, l'intolérance que représentait Hekmatyar au début de 2010, le régime de Karzai entreprit de passer un accord spécial avec lui. L'aile politique du mouvement d'Hekmatyar avait commencé dès 2004 à discuter de façon informelle avec Kaboul de la possibilité de se voir attribuer une place centrale dans toute initiative de paix à long terme. Mais, comme dans les années 1980, Hekmatyar poursuivait en réalité une double stratégie, puisque au même moment l'aile militaire du Hezb se faisait de plus en plus active non seulement dans les provinces largement pachtounes de l'est de l'Afghanistan, mais également dans celles du Nord.

Lors d'un voyage dans la province orientale du Kounar en 2009, j'eus l'occasion de rencontrer plusieurs personnalités locales bien placées qui avaient autrefois soutenu le Hezb. J'avais connu au moins deux de ces hommes dans les années 1980 et 1990. Tous m'ont assuré que Hekmatyar opérait depuis les agences tribales pakistanaises du Mohmand et du Bajaur avec le soutien de l'ISI. « Il vient dans le Kounar uniquement pour les réunions », me dit l'un d'eux. Une fois encore, la machine de propagande du Hezb tentait de faire croire que son chef combattait aux côtés de ses hommes sur le sol afghan. Or Hekmatyar, s'il est un politicien rusé, n'a rien d'un commandant militaire de première ligne. Je doute qu'il accepte de se rendre quelque part si sa vie risque d'y être en danger.

Au début des années 1970, quand Massoud et lui n'étaient encore que d'obscurs étudiants en ingénierie à Kaboul, la société afghane connaissait une transformation spectaculaire. Le pays subissait de plus en plus les influences étrangères, tant occidentales que communistes. Une classe moyenne urbaine en augmentation adoptait un mode de vie européen plus sophistiqué, non seulement dans la façon de s'habiller, mais aussi dans les comportements. L'idée de la société telle que se l'imaginaient ces nouveaux Afghans incluait désormais la télévision, les trolleybus électriques et l'emploi professionnel. Les femmes faisaient leur entrée dans la vie active, non seulement dans des professions où elles sont traditionnellement présentes comme médecins, infirmières et enseignantes, mais aussi comme employées de banque, présentatrices à la télévision ou fonctionnaires. Le gouvernement central, du moins pendant la période relativement calme de la présidence de Zaher Shah dans les années 1950 et 1960, puis sous celle de Daoud qui déboucha sur l'arrivée au pouvoir des communistes dans les années 1970, faisait rapidement entrer le pays dans le XXe siècle. Les États-Unis et l'Union soviétique rivalisaient à coups de programmes d'aide, chacun tentant de surpasser l'autre dans sa générosité. L'objectif était de développer le pays, dont la plus grande partie était restée essentiellement rurale, grâce à l'amélioration de l'infrastructure routière et de l'éducation, ainsi qu'au travers de projets agricoles, industriels et miniers de grande ampleur. Le financement par les États-Unis de l'irrigation de la vallée de la Helmand et du développement de la culture du coton dans le Kondôz, ou l'initiative russe visant à rationaliser la culture des olives et des oranges dans le Nangarhâr sont des exemples de ces ambitieux projets.

Tout en réprimant à la fois la gauche et l'opposition islamique, Daoud commença à se rapprocher des Soviétiques dans les années 1970 afin de mettre sur pied une armée plus moderne et mieux équipée. Moscou s'empressa de lui apporter toute l'aide nécessaire, non seulement en envoyant sur place des conseillers militaires et des experts en développement, mais aussi en augmentant le nombre des bourses permettant à de jeunes Afghans ambitieux, garçons et filles, de compléter leurs études en Union soviétique ou en Europe de l'Est. Furent ainsi formés, sous la houlette notamment des Allemands de l'Est et des Bulgares, de nombreux cadres militaires ainsi que des membres des services de sécurité, en particulier des agents de l'Amaniyat (le service de renseignement) et du KHAD (police secrète). Beaucoup rentrèrent en Afghanistan avec leur carte du PDPA en poche, même si cela n'impliquait pas obligatoirement qu'ils fussent des communistes convaincus. En Afghanistan l'adhésion à une idéologie politique est souvent une affaire de pure commodité. Cela est vrai de beaucoup de ceux qui ont soutenu ou soutiennent le gouvernement d'après 2001 : personne ne sait vraiment quelle est leur véritable position.

Aujourd'hui beaucoup d'Afghans éduqués parlent encore le russe ou une autre langue de l'ancien bloc de l'Est. Un ingénieur afghan réfugié à Bronxville, dans l'État de New York, a ainsi été formé à Prague et a participé à la construction du réseau de trolleybus de Kaboul avant qu'il ne soit détruit par les obus des forces d'Hekmatyar au début des années 1990. Un autre, aujourd'hui épicier à Londres, a obtenu son diplôme de médecine à l'université de Moscou. Beaucoup gardent une nostalgie tenace de cette période. À l'époque, affirment-ils, la bourgeoisie émergente se préoccupait sincèrement de l'avenir du pays. «Nous nous efforcions de faire sortir l'Afghanistan du XIXe siècle pour en faire une vraie nation, m'a déclaré l'ancien ingénieur en trolleybus. Quand nous sommes partis, nous avions tous l'intention de revenir. Et c'est ce que nous avons fait. Mais tout a changé avec les moudjahidines et les talibans.»

En réalité, tout en affichant une posture résolument prosoviétique, Daoud jouait Américains et Russes les uns contre les autres pour essayer d'obtenir encore plus d'aide internationale. Pour ne pas se laisser distancer, les Américains décidèrent de prendre en charge la formation aux États-Unis de jeunes officiers afghans prometteurs tels que Rahim Wardak, un ancien djihadiste qui deviendra le ministre afghan de la Défense du gouvernement Karzai. Les Français et les Allemands firent également venir chez eux des étudiants afin de compléter leur formation d'avocat, philosophe, ingénieur, ingénieur agricole et criminologue dans des universités comme celles de Montpellier ou de Paris, ou comme l'université technique de Berlin. Une partie de ce changement accéléré était le résultat de l'augmentation des échanges commerciaux, mais aussi du tourisme, une industrie parfaitement adaptée à la richesse du patrimoine culturel et des paysages afghans. Comme les archéologues français, polonais, russes et d'autres pays européens avaient fait des découvertes spectaculaires depuis les années 1930, le pays avait beaucoup de choses à montrer. Un nombre croissant de visiteurs venaient admirer les fameux Bouddhas de Bâmiyân, les ruines de l'ancienne ville zoroastrienne puis gréco-bactrienne de Balkh, dans le nord du pays, ou bien allaient faire de la randonnée ou chasser dans l'Hindu Kouch. Ces nouveaux visiteurs apportèrent avec eux le rock'n'roll, puis arrivèrent les hippies fumeurs de marijuana qui traversaient le pays pour se rendre en Inde et au Népal.

La présence de travailleurs humanitaires aida l'Afghanistan à s'ouvrir sur le monde extérieur. Et cela ne se vérifia pas seulement dans les villes. «Nous allions souvent passer des week-ends entiers dans un village. Les gens s'y souviennent encore de nous», raconte David Garner, un spécialiste américain du développement qui est arrivé pour la première fois en Afghanistan dans les années 1970 et a continué depuis à s'y intéresser. À la différence de la plupart des contractants internationaux qui arrivèrent à partir de 2002, beaucoup de ces humanitaires dévoués avaient pris la peine d'apprendre le dari ou le pashto. Ils avaient étudié la culture afghane et se rendaient souvent dans l'intérieur du pays durant leurs congés, établissant des liens qui perdurent aujourd'hui encore.

Également américain, Whitney Azoy était l'un d'entre eux. Parlant couramment le dari, il a vécu dans le Kondôz à la fin des années 1970 grâce à une bourse Fulbright et est devenu par la suite l'expert mondial du buzkashi, la version afghane du polo. Depuis, il est retourné à de multiples reprises en Afghanistan en tant qu'écrivain et anthropologue. « La culture afghane est extrêmement attachante, remarque-t-il. Les Afghans ont un sens extraordinaire de l'hospitalité. On ne peut s'empêcher de s'asseoir et de parler avec eux. Chaque Afghan, qu'il soit paysan, commerçant ou boulanger, est un conteur et un philosophe. »

Au sein de la société afghane traditionnelle, une classe urbaine porteuse de nouvelles aspirations et des jeunes gens éduqués originaires des zones rurales commençaient à remettre en cause la mainmise séculaire des oulémas et des chefs tribaux et ethniques. Ces forces extrêmement conservatrices s'opposaient à tout ce qui risquait d'entraîner un changement, comme la réforme agraire, la disparition de la *burqa* et les écoles pour filles. Les nouveaux journaux et magazines qui voyaient le jour représentaient un large éventail de doctrines politiques, d'expressions artistiques et littéraires, en particulier poétiques, destinées à satisfaire les besoins d'une société de plus en plus éduquée (même si plus de 70 % des Afghans étaient encore analphabètes au début de la guerre), assoiffée d'activités créatrices et d'une plus grande liberté d'expression.

Vers la fin du règne du roi Zaher Shah, la scène politique et la presse jouissaient d'une relative ouverture. Les deux factions du PDPA s'organisaient autour de deux revues politiques, *Parcham* (le drapeau) et *Khalq* (les masses). Grâce à leurs promesses de réformes, les communistes bénéficiaient d'un appui croissant au sein de la bourgeoisie, mais aussi parmi les jeunes Pachtounes qui cherchaient à rompre avec leur environnement rural. Par la suite, les profils respectifs du Khalq et du Hezb s'avérèrent très similaires, l'un et l'autre cherchant à grossir leurs rangs en en appelant aux Pachtounes radicaux peu ou non éduqués. Quand le régime du PDPA finit par s'effondrer en 1992, de nombreux militants du Khalq rejoignirent le Hezb. Plus tard encore, beaucoup de ces Pachtounes finirent par se joindre aux talibans, auxquels ils apportèrent une forme supplémentaire d'extrémisme, mais aussi leur expérience du combat.

C'est dans ce contexte d'ouverture et de libéralisme grandissants, puis de la réaction conservatrice qui suivit, que Massoud et Hekmatyar opérèrent leur formation politique. Massoud, qui était né le 1er septembre 1953 dans le village pandjchiri de Jangalak, près de la petite ville de Bazarak, entra dans l'âge adulte au moment où le mouvement communiste prenait de l'ampleur en Afghanistan. Diplômé du célèbre lycée français Istiqlal de Kaboul, Massoud s'inscrivit en 1973 à l'Institut polytechnique d'ingénierie et d'agriculture de la capitale. C'est au lycée qu'il avait commencé à tisser des liens étroits avec la France. Massoud a toujours dit que son ambition depuis son plus jeune âge était d'embrasser une carrière militaire. « J'ai toujours voulu être soldat », répétait-il. À l'instar de son père, haut gradé dans la police, il voulait s'engager dans le service public. D'après ses amis d'enfance, c'était un leader-né, prenant constamment l'initiative et entraînant ses camarades, que ce soit pour disputer une partie de foot ou pour jouer à la guerre. Pourtant, a-t-il toujours souligné, il ne s'était jamais imaginé jouant un rôle politique.

« Cela nous faisait rire quand il nous disait cela, parce qu'il avait une extraordinaire capacité à négocier de manière franche mais toujours ferme avec les gens, à quelque niveau qu'ils officient, se souvient son vieil ami Massoud Khalili qui connaît le commandant pandjchiri depuis le début des années 1970. J'ai toujours gardé de lui l'image d'un homme exceptionnel. J'ai été prêt dès le début à me battre à ses côtés. Et, quand il me l'a demandé, j'ai répondu : "Pourquoi pas ?" » Au début des années 1990, au moment où ses partisans le poussaient à assumer un rôle dirigeant, voire la présidence du pays, il me confia qu'il se sentait mal à l'aise dans l'exercice du pouvoir. « Je préfère être soldat », insistait-il. Jusqu'à la chute du régime du PDPA, les Pakistanais voyaient avec appréhension en lui l'un des rares nationalistes afghans capables de rallier ses compatriotes et de bâtir un Afghanistan uni.

C'est pourquoi l'ISI et Hekmatyar s'employèrent à torpiller systématiquement les efforts répétés de Massoud pour créer une alliance efficace des différents fronts de la résistance intérieure, ce qui risquait de mettre sur la touche les politiciens corrompus de Peshawar. Si Massoud n'avait pas été éliminé, de nombreux Afghans du Nord, mais aussi des Pachtounes de l'Est et du Sud avec qui il avait cultivé de bonnes relations, estiment qu'il aurait été un bien meilleur interlocuteur pour l'Occident que ne l'est Karzai. Khalili pense que Massoud aurait pu, au moins pour une période limitée, accepter ce rôle. « Même s'il n'a jamais souhaité devenir Président », précise toutefois Khalili. Savoir si les nombreux adversaires de Massoud, notamment les Pakistanais et les Pachtounes les plus intransigeants, l'auraient accepté est une autre question.

Très romantique, le jeune Massoud était passionné de poésie persane. Khalili, qui animait alors sur Radio Kaboul une émission très populaire pour la jeunesse, ne cessait d'encourager Massoud, doté d'une voix rocailleuse, à réciter des poèmes en public. En plus d'être un redoutable joueur d'échecs, Massoud adorait aussi le football et pratiquait le karaté. Il lui arrivait fréquemment, pendant la guerre soviétique, de s'arrêter au bord de quelque rivière où il avait repéré un terrain plat dont l'herbe rase avait été broutée par les vaches et les moutons. Il se débarrassait alors de son anorak et, en chemise bleue et pantalon de treillis, il entraînait ses hommes dans une partie de foot improvisée. Ses compagnons n'hésitaient jamais à tacler Massoud alors que, le visage à la fois concentré et réjoui, il tentait de les dribbler.

La langue maternelle de Massoud, un Tadjik du Nord, était le dari, mais il parlait couramment le pashto. Plus tard, au cours de ses brefs exils au Pakistan, il apprit aussi l'ourdou et parvint à acquérir une bonne connaissance de l'arabe. Il dévorait les ouvrages politiques et militaires en français. Cette aisance linguistique lui fut très utile.

Elle lui permit de garder un esprit ouvert et lui valut une forte sympathie en France et dans d'autres pays européens pendant et après la guerre soviétique jusqu'à son assassinat en septembre 2001. « Massoud avait ceci de particulier qu'il était animé d'une inlassable curiosité, se souvient le médecin français Laurence Laumonier. Il tenait à connaître votre opinion et savoir ce que pensait le monde extérieur. Il réfléchissait constamment à de nouvelles idées sur ce qui pourrait le mieux convenir à l'Afghanistan. »

Sa maîtrise du pashto lui permettait de s'entretenir aussi bien avec ses rivaux qu'avec ses partisans. Certains notables pachtounes, dont plusieurs étaient affiliés au Hezb, vivaient dans les zones qu'il contrôlait. Il semble qu'il ait toujours eu de bonnes relations avec ces groupes. Je me souviens d'une base de guérilla où je m'étais rendu, et dont le commandant, membre du Hezb, avait parlé chaleureusement de Massoud comme d'un « vrai moudjahid » avant de me demander de lui transmettre un message.

Le grand regret de Massoud était de ne pas savoir parler anglais. Il avait commencé à l'apprendre à la fin des années 1990, notamment grâce aux visites que lui rendaient des journalistes américains, britanniques et australiens comme Peter Jouvenal, Tony Davis et Sebastian Junger, mais il était trop tard. « Peut-être que les Américains se seraient plus intéressés à nous si j'avais su m'exprimer en anglais », déclara-t-il un jour. C'est sans doute vrai. J'ai toujours été convaincu qu'une des raisons pour lesquelles Washington lui a toujours préféré Hekmatyar était l'excellente maîtrise de l'anglais que celui-ci possédait.

Massoud n'a jamais terminé ses études d'ingénieur. Lorsqu'il entra à l'université, il adhéra – tout comme Hekmatyar – au Jamaat-e-Islami. C'est au cours de cette période que les deux hommes devinrent de proches collaborateurs d'Habib Rahman, un ardent islamiste qui organisa la première insurrection armée contre le régime de Daoud en 1973. Mais c'est Hekmatyar qui finit par devenir le responsable militaire du Jamaat. Tout en se proclamant toujours communiste, il commença à mêler militantisme politique et extrémisme islamique. Son affiliation au Jamaat n'avait rien d'étonnant : les deux tendances, islamisme et communisme, formaient un mélange naturel.

Né en 1947, Gulbuddin Hekmatyar est un Pachtoune Ghilzai « transplanté » de la tribu des Kharoti originaire de la province septentrionale du Kondôz. Son père, né à Ghazni, s'y était établi à la suite des migrations forcées qu'avait ordonnées le roi afghan de la fin du XIXe siècle Abdur Rahman Khan, un Pachtoune Durrani, qui avait trouvé là le moyen de se débarrasser de ses ennemis. Ces expulsions visaient à chasser les Ghilzai rivaux du Sud de l'Hindu Kouch pour les envoyer s'installer dans des zones non pachtounes au Nord afin de les disperser et, ainsi, les affaiblir.

Plus d'un siècle plus tard, ce sont les Pachtounes Ghilzai qui dominaient le mouvement taliban. Des descendants de ces mêmes « transplantés » participent aujourd'hui à l'insurrection contre l'OTAN dans le nord de l'Afghanistan. Le Hezb est devenu militairement actif dans le Kondôz à partir de 2004, et c'est lui qui fut responsable des attaques menées contre les forces allemandes qui y étaient déployées. En juin 2004, une attaque menée par une vingtaine d'insurgés causa la mort d'au moins onze ouvriers chinois de la construction qui dormaient dans leurs tentes au sud de la ville de Kondôz. Aucun groupe ne revendiqua l'opération, mais des indications ultérieures laissent penser qu'elle fut menée par le Hezb.

Lorsque je me rendis à Kondôz en 2004, je constatai que de nombreux habitants approuvaient l'assassinat des ouvriers chinois. Comme dans d'autres endroits en Afghanistan où la communauté internationale a entrepris de grands projets d'infrastructure, les villageois avaient été furieux de voir que les pays donateurs préféraient embaucher leurs ressortissants pour travailler sur les chantiers plutôt que de créer des emplois locaux. Comme en Afrique, les Chinois font venir leur propre personnel, jusqu'aux cuisiniers et aux chauffeurs, s'aliénant ainsi la population locale. Le Hezb et les autres groupes insurgés exploitent ce mécontentement pour élargir leur base.

Hekmatyar commença par devenir le protégé de Ghulam Serwar Nasher, prospère homme d'affaires et dirigeant tribal kharoti qui développa l'industrie cotonnière afghane au travers de son entreprise, la Spinzar Cotton Company. Cela contribua à faire du

Kondôz, où la culture irriguée du coton fut introduite dès les années 1950, l'une des provinces les plus riches du pays. En 1968, ayant deviné un homme de talent dans le jeune homme de vingt et un ans, Nasher fit entrer Hekmatyar à la célèbre académie militaire Mahtab Qala de Kaboul. Hekmatyar en fut expulsé deux ans plus tard en raison de ses activités communistes. C'est peut-être à cette époque qu'il fut recruté par le KGB, ou en tout cas qu'il commença à nouer des contacts avec les Soviétiques. Il s'inscrivit alors à l'université de Kaboul pour y étudier l'ingénierie. Quoique ses partisans le désignent souvent sous le surnom de «l'Ingénieur», il n'a, comme Massoud, jamais obtenu son diplôme. Impliqué en 1972 dans le meurtre d'un militant maoïste rival, il fut condamné à deux ans de prison, mais fut rapidement libéré à la suite d'une amnistie.

Hekmatyar et Massoud adhérèrent au Nahdat al-Shibab al-Muslim, une organisation de jeunesse clandestine affiliée aux Frères musulmans égyptiens qui avait été fondée en 1969 sous les auspices du Jamaat. Le groupe avait pour président Burhanuddin Rabbani, et pour vice-président Abdur Rab Rasul Sayyaf. Bien que toujours emprisonné, Hekmatyar devint le responsable politique du Nahdat. Certains éléments semblent indiquer qu'il accéda à ce poste à la demande du KGB qui souhaitait infiltrer les milieux fondamentalistes. Lui-même espérait ainsi s'assurer un avantage sur ses rivaux au sein du mouvement islamiste. C'est à cette époque qu'Hekmatyar aurait lancé une campagne pour que les militants aspergent d'acide le visage des étudiantes vêtues à l'occidentale, une tactique qui sera reprise par les talibans dans le sud du pays à partir de 2008. L'organisation de jeunesse du Nahdat dura à peine quatre ans. Lorsque le régime de Daoud entreprit de réprimer les groupes islamistes en 1974, la plupart de ses membres furent arrêtés ou se réfugièrent au Pakistan.

Le plan d'Habib Rahman visant à s'emparer du Pandjchir échoua lorsque la police secrète eut vent du projet. Il fut arrêté. Un second soulèvement fut fomenté en 1974, mais échoua aussi. Massoud et Hekmatyar durent s'enfuir au Pakistan. Durant leur séjour à Peshawar, ils fréquentèrent un groupe de militants afghans anti-Daoud en exil soutenu par Bhutto, hostile à la rhétorique propachtoune du régime de Kaboul. Pour ces jeunes militants afghans, la politique de Daoud était trop réformiste. Elle ouvrait la porte à des influences extérieures encore plus libérales, ainsi qu'à des médias ouvertement procommunistes liés à différentes factions allant des Khalqis les plus dogmatiques aux maoïstes. À cette époque, Hekmatyar avait commencé à prendre ses distances avec le PDPA et à professer un islam extrémiste.

Le Jamaat se scinda en deux tendances. L'une était dirigée par Rabbani, qui, non entièrement opposé au modernisme, proposait une approche graduelle permettant de garantir le respect de l'islam dans un nouvel Afghanistan. Cela, pensait-il, pouvait être réalisé en infiltrant les différentes institutions du pays et en persuadant les Afghans de soutenir les fondamentaux islamiques. La seconde faction, qui devint le Hezb-e-Islami, avec à sa tête Hekmatyar, revendiquait une approche plus radicale et plus révolutionnaire selon laquelle toute réforme, qu'elle vienne de l'Occident ou de l'Union soviétique, devait être immédiatement stoppée. Si certains n'acceptaient pas l'islam, notamment dans l'approche doctrinaire qu'Hekmatyar en avait, il faudrait le leur imposer.

Massoud, alors âgé de vingt-deux ans, revint en Afghanistan sous les auspices du Hezb d'Hekmatyar afin d'y préparer une nouvelle révolte. Il avait auparavant effectué plusieurs visites clandestines en Afghanistan afin de préparer le terrain en discutant avec d'éventuels partisans au sein de l'armée et de la police. Appuyés par les Pakistanais, Massoud et son groupe de rebelles armés de bric et de broc parvinrent à prendre le contrôle de la vallée du Pandjchir en octobre 1975, mais leur succès fut de courte durée car Hekmatyar avait trahi ses coconspirateurs. Le politicien du Hezb leur avait promis d'organiser un coup d'État militaire à Kaboul en galvanisant des officiers pro-islamistes. Au dernier moment toutefois, il se déroba, une tactique qu'il devait souvent réitérer à l'occasion d'opérations de la résistance contre les Russes, ouvrant ainsi dans les rangs de la rébellion des failles que l'Armée rouge était en mesure d'exploiter. C'est pourquoi beaucoup dans les années 1980 se demandaient si Hekmatyar ne travaillait pas en réalité pour Moscou. Selon certains, il avait délibérément torpillé le soulèvement de 1975 afin de neutraliser Massoud, en qui il voyait un rival potentiel. Le commandant pandjchiri et ses hommes réussirent de justesse à sauver leur vie. À partir de ce jour-là, Massoud ne devait plus jamais faire confiance à Hekmatyar.

Les mêmes allégations de double jeu de la part d'Hekmatyar furent formulées en 2010 par les talibans eux-mêmes. Le Hezb, affirmaient-ils, fournissait à l'OTAN des informations sur eux dans le but de renforcer sa propre position.

Les idéologies respectives de Massoud et d'Hekmatyar se précisèrent dans la seconde moitié des années 1970, accentuant les divergences entre les deux hommes. Hekmatyar poursuivit sa lutte désormais violente contre la gauche en adoptant une ligne dure marquée par une intolérance brutale. Cela se traduisit par des assassinats de personnalités gouvernementales, d'intellectuels et de rivaux islamistes, dont d'anciens amis et collègues. Plus tard, notamment pendant l'occupation russe, la guerre civile des années 1990 et l'insurrection antioccidentale à partir de 2003, ce mépris brutal des civils, afghans ou étrangers, deviendra caractéristique de la façon dont Hekmatyar conduira son combat. Massoud, lui, rejetait ce genre de brutalité. Le chef pandjchiri a toujours affirmé qu'il n'entendait pas atteindre ses objectifs à n'importe quel prix, notamment si cela impliquait la mort de civils. Comme Rabbani, Massoud estimait que la persuasion au travers de la discussion ouverte était le meilleur moyen de rallier les gens à son opinion. Il entendait s'adresser à un large spectre d'Afghans, depuis les notables villageois et les paysans conservateurs jusqu'à la bourgeoisie urbaine à l'esprit plus ouvert.

Avec le renversement de Daoud par les communistes en 1978 et la montée de l'opposition armée au régime du PDPA, les deux rivaux se rangèrent activement aux côtés des nouveaux moudjahidines, Massoud avec le Jamaat, Hekmatyar avec sa propre faction du Hezb. À ce moment-là, le général Zia, qui avait renversé puis pendu Zulfikar Ali Bhutto en juillet 1977, décida de soutenir les groupes rebelles afghans qui émergeaient, et notamment leurs composantes fondamentalistes. Musulman conservateur menant une vie quasiment spartiate, Zia confia à nouveau à l'ISI le rôle de principal intermédiaire entre Islamabad et les insurgés afghans. Opérant comme un État militaire au sein d'un État militaire, l'ISI avait ses propres idées sur les factions qu'il convenait de soutenir, et pour quelles raisons. Le service voyait les fondamentalistes afghans comme le meilleur cheval sur lequel parier pour aboutir à la mise en place d'un régime pro-Islamabad à Kaboul. La dernière chose que souhaitait l'ISI, c'était de voir des commandants non pachtounes tel Massoud prendre l'avantage parmi les groupes de la résistance intérieure.

Pour les Pakistanais, il importait avant tout de contenir le chef pandjchiri. L'ISI ne travaillait qu'avec ceux que ses agents étaient en mesure de contrôler. Or il n'y avait aucun moyen de contrôler les fronts de guérilla qui ne dépendaient pas entièrement de l'aide extérieure pour leur armement et leur planification stratégique. C'est cette philosophie qui séduisait les Américains. Certains officiers de l'ISI avaient été formés aux États-Unis et gardaient de bonnes relations avec leurs homologues américains des services de renseignement, une collaboration qui se poursuit aujourd'hui encore.

Bien que l'ISI refusât d'aider Massoud, le service surveillait de près ses activités. Il lui laissait se procurer des armes au compte-gouttes afin de pouvoir exercer un minimum de surveillance. L'ISI déploya ses informateurs tout le long de la frontière, ainsi qu'à Peshawar, Quetta et Islamabad. Le service savait exactement quand et d'où partaient les convois de ravitaillement à l'intention de Massoud. Les agents de l'ISI passaient régulièrement « bavarder » avec les coordinateurs occidentaux de l'aide humanitaire.

Dès le début, les Pakistanais considérèrent Hekmatyar comme leur dirigeant moudjahidine préféré. Ses idées conservatrices s'accordaient bien avec la vision que se faisait la dictature de Zia de l'avenir du Pakistan. Les Pakistanais étaient persuadés qu'en lui fournissant suffisamment d'armes et d'argent Hekmatyar serait leur pion. Il est toutefois évident qu'Hekmatyar avait d'autres idées et qu'il poursuivait avec constance ses propres objectifs. Pendant toute la guerre soviétique, l'ISI et la CIA firent tout leur possible pour projeter Hekmatyar au premier plan de la résistance. Pourtant, dans toutes mes rencontres avec lui, Hekmatyar ne chercha nullement à dissimuler le mépris, voire la haine qu'il éprouvait à l'égard des États-Unis.

Avec le début de la lutte contre le régime du PDPA, Hekmatyar comme Massoud consolidèrent leur position au sein des nouvelles formations moudjahidines. Tandis que Massoud allait bientôt émerger comme un commandant de terrain, Hekmatyar se contentait d'assurer la direction de sa faction à Peshawar. Les Pakistanais le poussèrent à mieux organiser les groupes disparates qui combattaient de façon aléatoire et non coordonnée dans différentes régions de l'Afghanistan. Hekmatyar entreprit d'enrôler dans ses rangs des commandants, dont beaucoup étaient des chefs de tribu ou d'anciens officiers de l'armée. En retour, il leur promettait armes et argent. Dans le même temps, les centres d'entraînement datant de la période Bhutto furent agrandis, et de nouveaux centres, installés dans les zones tribales. L'ISI en tant que tel restait omniprésent mais se contentait d'agir depuis la coulisse tandis que ses agents prodiguaient conseils et instructions. Hekmatyar était fréquemment convoqué au quartier général de l'ISI à Rawalpindi pour y discuter de stratégie.

Massoud, lui, s'était installé à Peshawar, qu'il ne quittait que pour de brefs déplacements clandestins en Afghanistan. Il y allait par exemple pour rencontrer le commandant nouristani Mohammed Anwar Amin, un nationaliste et ancien fonctionnaire de trente-six ans originaire du Kounar qui avait été arrêté et emprisonné par les Khalqis. Libéré en octobre 1978, Anwar Amin était aussitôt retourné dans le Kounar, où il rallia bientôt plusieurs milliers de Nouristanis contre le régime de Kaboul. Massoud l'avait contacté, et les deux hommes étaient devenus des amis proches. Avec pour toutes armes quelques fusils Enfield et Mauser, les hommes d'Anwar Amin commencèrent à attaquer des commissariats de police, des postes militaires et des armureries. Au printemps 1979, le Nouristan était entièrement passé sous le contrôle des rebelles. D'autres régions isolées comme le Badakhchan au Nord et le Hazârajat qui s'étend sur les hauts plateaux du Centre s'étaient également révoltées et largement libérées de l'emprise gouvernementale.

Anwar, qui fut plus tard tué par Hekmatyar, fut au début considéré, notamment par les Français, comme le plus charismatique et le plus prometteur des nouveaux jeunes dirigeants de la résistance.

Après l'invasion russe, toutefois, lui et les autres leaders nouristanis furent supplantés par l'extrémiste Maulawi Afzal, qui instaura son propre gouvernement wahhabite avec le soutien du Pakistan et de l'Arabie Saoudite. Afzal devait rester la principale personnalité du Nouristan durant les années 1980 et la plus grande partie des années 1990. Le Hezb d'Hekmatyar, de son côté, avait toujours cultivé ses soutiens dans la région et émergea bientôt comme son principal groupe insurgé.

Au cours de leurs rencontres en 1979, c'est Anwar Amin qui initia Massoud à l'action de guérilla organisée. Anwar lui fit cadeau d'un bonnet nouristani, le *pakol*, qui devint vite le signe distinctif du commandant pandjchiri et de sa résistance du Nord. Alors que je me trouvais au Kounar en 2004, je rencontrai par hasard le fils d'Anwar, devenu commandant dans les forces gouvernementales. Il m'invita à venir passer la soirée et la nuit dans son *qala* (maison cernée d'un enclos). Je ne compris qu'il s'agissait du fils d'Anwar qu'au moment où nous nous mîmes à parler d'Hekmatyar. Il déclara qu'il allait traquer et tuer l'homme qui avait assassiné son père. « Il a beaucoup de sang sur les mains. Il sait que beaucoup de gens veulent le tuer, alors il a peur. Mais je finirai par l'avoir », déclara-t-il d'une voix calme.

Avec l'intensification des combats, Massoud entreprit d'organiser sa propre opposition armée. En 1979, avec une vingtaine d'hommes, il retourna dans le Pandjchir, où il interrogea les anciens sur la volonté de la population locale de combattre les communistes. La plupart promirent de l'aider. On estime que jusqu'à trente mille Afghans, des nationalistes, des maoïstes, des intellectuels et même des communistes appartenant à la faction rivale du Parcham, auraient été tués par les Khalqis entre avril 1978 et l'invasion russe survenue près de dix-huit mois plus tard. Beaucoup d'entre eux étaient des Pandjchiris. Plusieurs riches marchands de la vallée, parmi lesquels Hajji Saduddin, dont j'ai fait la connaissance à Bazarak, s'engagèrent à soutenir financièrement l'insurrection. « Massoud était encore jeune, mais il était déterminé et nous avons vu en lui un leader. Il était évident à nos yeux que nous devions lui apporter notre soutien », m'a confié

Saduddin, qui mourut en 2009 après avoir été durant des années l'*éminence grise*[1] de Massoud.

Comme l'avaient fait celles d'Anwar Amin au Nouristan, les forces de Massoud attaquèrent les commissariats et garnisons militaires locales et chassèrent rapidement les Khalqis de la vallée du Pandjchir, longue d'une centaine de kilomètres. À partir de cet instant, le Pandjchir devint un vibrant symbole de résistance pour le pays entier. Lorsque les Soviétiques pénétrèrent en Afghanistan, ils voulurent sécuriser la vallée mais n'y parvinrent jamais totalement. Ils lancèrent contre elle pas moins de huit offensives majeures entre 1980 et 1984, date à laquelle Massoud négocia sa trêve tant critiquée avec l'Armée rouge. Il s'employa alors à étendre ses fronts de résistance à tout le nord du pays, mais aussi à passer des alliances avec d'autres importants chefs de la résistance dans d'autres régions. Les incessants obstacles que lui opposaient l'ISI et Hekmatyar l'empêchèrent toutefois de créer la large alliance des fronts de guérilla intérieurs dont il rêvait.

À Peshawar, les problèmes d'Hekmatyar étaient bien différents. Il s'agissait en l'occurrence de s'assurer une position prédominante parmi les différents groupes de moudjahidines. À cette fin, il n'hésitait pas à intimider tout intellectuel, commandant ou responsable de réfugiés qui osait critiquer son comportement dictatorial. On estime que plusieurs centaines d'exilés afghans ont été tués dans la seule ville de Peshawar sur ordre d'Hekmatyar. Aidés et encouragés par l'ISI, les meurtriers n'ont quasiment jamais été traduits en justice.

Hekmatyar veillait aussi à saper les activités des organismes d'aide internationale susceptibles de jeter un éclairage favorable sur d'autres commandants que lui-même. En 1986, Thierry Niquet, un coordinateur français agissant pour le compte de deux agences d'aide parisiennes, fut assassiné par Zabet Toufan, un commandant connu du Hezb. Niquet se rendait à pied à Mazâr-e-Charîf afin de remettre à des communautés villageoises déshéritées de l'argent qui leur permettrait d'acheter du blé subventionné dans des bazars contrôlés par le gouvernement. Un an plus tard, Médecins sans

---

1. En français dans le texte. *(N.d.T.)*

frontières signala que les hommes d'Hekmatyar s'étaient emparés d'une caravane de quatre-vingt-seize chevaux qui acheminait de l'aide dans le nord de l'Afghanistan. Selon Juliette Fournot, la coordinatrice de MSF qui a grandi en Afghanistan avec ses parents archéologues, la caravane représentait une année de ressources financières et de fournitures médicales. Interrogé au sujet de cette capture, Hekmatyar nia toute responsabilité.

En 1987, le Hezb d'Hekmatyar était de plus en plus critiqué, non seulement pour entraver les actions d'autres groupes de résistance, mais aussi parce qu'il négociait avec les milices procommunistes dans les zones qui échappaient à son contrôle. Le Hezb répétait à qui voulait l'entendre qu'il entretenait d'excellentes relations avec les autres moudjahidines. Ses responsables m'ont souvent invité à accompagner leurs combattants afin que j'en sois témoin. Mais, si j'avais pénétré à plusieurs reprises en Afghanistan avec des groupes du Hezb au début de l'occupation, j'ai toujours refusé par la suite de les accompagner s'ils ne me laissaient pas la liberté de contacter d'autres fronts de l'intérieur. Je voulais absolument éviter de devenir un reporter attaché à un groupe particulier de la résistance.

Mangal, le porte-parole du Hezb, insistait pour que je reste exclusivement sous la protection de son organisation. « Si vous voyagez avec nous, vous devez rester sous notre responsabilité, m'expliquait-il. Nous devons vous protéger. Que se passerait-il si vous voyagiez avec un autre groupe et que vous soyez blessé ou tué ? » En réalité, son unique objectif était de faire en sorte qu'un maximum des reportages qui seraient ensuite diffusés en Afghanistan par la BBC ou VOA montrent uniquement les opérations du Hezb.

En octobre 1987 les documentaristes américains Lee Shapiro, membre de l'Église de l'unification du Coréen Sun Myung Moon, et Jim Lindalos, cameraman et infirmier, se rendirent avec des hommes du Hezb dans l'est de l'Afghanistan. Shapiro avait déjà réalisé un long-métrage documentaire, *Nicaragua Was Our Home*, sur la guérilla des Indiens Miskito, qui avait été diffusé aux États-Unis sur PBS. Les propagandistes d'Hekmatyar savaient qu'un reportage américain sur les guérilleros du Hezb contribuerait à redorer leur blason. Plusieurs documentaires importants, parmi lesquels celui de Bony et De Ponfilly, *Une vallée contre un empire*, mais aussi le film de Sandy Gall d'ITV et celui de John Simpson et Peter Jouvenal de la BBC, avaient déjà été consacrés à Massoud, faisant de lui le héros de la résistance afghane.

Cependant, au cours de l'incursion de Shapiro et de Lindalos en Afghanistan, des combats éclatèrent entre les guérilleros du Hezb et ceux d'un front rival du Jamaat. Les deux journalistes furent tués. Hekmatyar et l'ambassade américaine tentèrent de faire croire qu'ils étaient tombés dans une embuscade russe. Pourtant, d'après nos sources, dont l'interprète des deux Américains, qui survécut, il n'y avait pas le moindre soldat de l'Armée rouge dans le secteur. À l'époque, tout le monde savait que les combattants du Hezb s'attaquaient régulièrement à d'autres groupes, de sorte que l'incident ne surprit personne. Jouvenal et moi-même reçûmes des menaces de la part du Hezb pour avoir mis en doute la version officielle de la mort des deux journalistes.

L'assassinat en octobre 1987 du grand caméraman britannique Andy Skrzypkowiak constitue un autre exemple des efforts déployés par le Hezb pour contrôler l'information. Skrzypkowiak avait réalisé des images saisissantes d'attaques menées contre les troupes russes, notamment par les hommes de Massoud. Hekmatyar était furieux de constater que la plupart des journalistes ignoraient les efforts de l'ISI et des États-Unis pour le pousser sur le devant de la scène. Grand de taille, ancien des SAS, Andy, que l'on surnommait « le Polonais », était quelqu'un de passionné. Interrogé dans *Last Images of War*, le film PBS de Stephen Olsson et Scott Andrews qui remporta l'Emmy Award 1992, il déclarait : « Cette guerre restera dans l'Histoire, et je veux être sur le terrain – tout près – pour la transcrire en entier sur ma pellicule. » Andy était un garçon prudent et avisé. Pourtant il fut intercepté par des hommes du Hezb près du village nouristanais de Kantiwah alors qu'il revenait du Pandjchir. Il fut tué dans la nuit, alors qu'il dormait dans une grotte, par ses « hôtes » qui s'approchèrent sans bruit et lui fracassèrent le crâne avec une pierre. En parcourant cette même région dans les années 1980, j'ai rencontré à deux reprises des combattants du Hezb qui, s'ils ne m'agressèrent pas physiquement, me dévisagèrent avec une profonde suspicion. Je veillais à ne pas m'attarder dans le coin.

Les efforts que nous déployâmes, et particulièrement la veuve d'Andy, pour que ses meurtriers soient traduits en justice furent tout simplement ignorés. Ses assassins furent même récompensés par Hekmatyar. Le ministre polonais des Affaires étrangères, Radek Sikorski, un ancien journaliste et un ami proche d'Andy, demanda qu'Hekmatyar soir jugé pour crime de guerre à la suite de cet assassinat. « Il faut espérer que nous finirons par l'avoir, me dit-il au cours d'une conversation que nous eûmes lors du Forum économique mondial de Davos en janvier 2011. Hekmatyar est une crapule. »

La plus éminente personnalité afghane assassinée par Hekmatyar fut le professeur Sayd Bahodine Majrouh, un des intellectuels résistants les plus respectés du pays. Majrouh, un vieil ami que je considérais comme mon mentor afghan, était issu d'une noble famille de soufis de la vallée du Kounar. Il avait été doyen de philosophie et professeur de littérature à l'université de Kaboul, et gouverneur de la province de la Kâpîssâ sous Zaher Shah. Deux mois après l'invasion russe, Majrouh s'était enfui à pied de Kaboul et avait gagné Peshawar par les montagnes.

Universitaire dévoué, titulaire d'un doctorat passé en France, Majrouh comprit qu'il avait un rôle essentiel à jouer. Il créa l'Afghan Information Center (AIC) qui publia bientôt l'un des rares journaux authentiquement indépendants rendant compte de la guerre soviétique. Il continua à écrire des livres, notamment *Le Voyageur de minuit (Ego-Monstre I)*, l'œuvre de sa vie qui est aussi une vaste allégorie poétique. Majrouh adorait parler du travail d'écriture et était impressionné par l'approche anglo-saxonne du journalisme, notamment dans son attachement au reportage direct. Il souhaitait faire la même chose avec son bulletin mensuel. Si les sympathies de Majrouh allaient manifestement aux modérés, il se considérait lui-même comme un libre-penseur indépendant. En privé (mais rarement dans son journal), il n'hésitait jamais à faire part de son opinion ni à mettre en cause le soutien apporté par l'ISI et les Américains aux extrémistes. Il critiquait les excès d'Hekmatyar et exhortait régulièrement les Américains à ne pas s'impliquer de manière irraisonnée avec les politiciens de plus en plus corrompus de Peshawar. C'est ce qui causa sa perte.

Le crâne dégarni, ses longs cheveux grisonnants retombant en boucle sur son col, le sourcil épais, clignant perpétuellement des yeux derrière ses lunettes à monture noire, Majrouh boitait à la suite d'un accident d'automobile qu'il avait eu dans sa jeunesse et ne se déplaçait qu'avec une canne. Son nom, Majrouh, signifie d'ailleurs «celui qui a été blessé». Il était régulièrement invité aux réceptions internationales organisées à Peshawar et harcelait les ambassades occidentales afin d'obtenir des fonds pour son journal. Il tapait ses articles sur une machine portative, et son bulletin souffrait souvent d'une impression médiocre. Il constituait pourtant une source d'information indispensable pour les journalistes, humanitaires et diplomates. Il manifesta une excitation enfantine lorsqu'il reçut son premier ordinateur, qui simplifia grandement la mise en page de son bulletin.

Ce qui rendait ce dernier si particulier, c'est que Majrouh veillait à y maintenir une rigoureuse neutralité de ton qui se confirma tout au long des soixante-dix numéros et quelques qui furent publiés avant sa mort. Cela était dû en partie à sa tradition familiale. Son grand-père, Pacha Sahib-e-Tigari, était un proche conseiller du mollah d'Hadda, qui résidait dans le haut Kounar, près de la frontière pakistano-afghane. En tant que *pir soufi* (maître soufi) il jouait le rôle de médiateur dans les querelles souvent violentes opposant les tribus Safi et Mohmand de la région. Le domicile et le bureau de Majrouh à Peshawar devinrent les lieux d'une version contemporaine de la même fonction.

Les gens qui venaient voir Majrouh savaient que leurs doléances seraient considérées avec respect et en toute confiance. Son journal rapportait événements et déclarations, mais se livrait rarement à des commentaires. Majrouh ne cessait d'interviewer ceux qui arrivaient de l'autre côté de la frontière, ou les Afghans vivant dans les camps de réfugiés afin de glaner des informations sur ce qui se passait dans le pays. Nous partagions souvent nos informations et passions de longues heures à discuter de la guerre. Chaque fois que j'allais chez lui, j'étais sûr de tomber sur des chefs de parti, des universitaires, d'anciens responsables gouvernementaux et des commerçants ayant fui la répression.

En novembre 1987, Majrouh publia une étude que ses enquêteurs avaient effectuée auprès de deux mille des trois millions de réfugiés afghans au Pakistan, dont la plupart étaient des Pachtounes originaires de l'est de l'Afghanistan. En dépit des affirmations du Hezb – ainsi que de l'ISI et de l'ambassade américaine – selon lesquelles Hekmatyar était la personnalité la plus populaire de la résistance, les résultats de l'enquête montraient que l'immense majorité des réfugiés n'avaient aucune confiance dans les politiciens de Peshawar. Ils leur préféraient l'ex-roi Zaher Shah. Il se trouvait en outre des commandants du Hezb qui étaient de cet avis. Même s'ils n'éprouvaient pas nécessairement un amour illimité pour leur ex-monarque, les Afghans voyaient en lui l'incarnation nostalgique d'une époque de paix qu'aucun des leaders de la résistance, avec leurs incessantes querelles, leur corruption et leur incapacité à s'unir, ne pouvait leur procurer.

Sitôt l'enquête publiée, Majrouh reçut de nombreuses menaces de mort. Lorsque je lui téléphonai depuis Paris, je sentis qu'il était nerveux. En vérité, cela faisait un certain temps que beaucoup d'entre nous s'inquiétaient pour la sécurité de Majrouh. Avant la publication de l'enquête, tout le monde parmi les partis politiques de Peshawar considérait que Majrouh était intouchable. Même l'ISI respectait ce consensus, notamment parce que l'Afghan Information Center représentait une source précieuse de renseignements. Mais, avec cette enquête, le journal de Majrouh mettait en cause l'existence même de l'Alliance de Peshawar.

Violemment hostiles au retour de Zaher Shah, les opposants radicaux considéraient Majrouh comme un monarchiste. Pourtant il avait toujours pris soin de souligner qu'il ne voyait le retour de l'ancien roi que comme un moyen de rallier des soutiens et comme une étape provisoire destinée à ouvrir la voie à la démocratie une fois que les Soviétiques se seraient retirés. L'enquête de l'AIC arrivait au moment où se menaient à Genève, sous l'égide de l'ONU, les négociations en vue d'un accord sur le retrait russe. La BBC cita l'enquête de Majrouh et interrogea à Rome l'ancien roi afghan au sujet du rôle éventuel qu'il pourrait jouer dans ce règlement. Zaher Shah, qui ne se livrait que rarement à des commentaires sur la situation afghane, déclara qu'il était tout à fait disposé à retourner dans son pays, mais uniquement à la demande du peuple afghan.

Parmi les nombreux visiteurs qui se rendaient chez Majrouh figurait Felix Ermacora, l'enquêteur de la Commission des droits de l'homme de l'ONU. Majrouh avait entrepris de compiler des données sur les exactions commises par les troupes russes et les groupes de moudjahidines. Les responsables de l'ONU basés à Islamabad et à Peshawar, ou qui arrivaient en mission de Genève ou de New York, rencontraient régulièrement Majrouh afin de recueillir son opinion. Lors de mes conversations avec eux, plusieurs me demandèrent si à mon avis Majrouh ferait un bon médiateur, acceptable aussi bien par la communauté internationale que par la résistance.

Un problème essentiel était de trouver le moyen de faire s'asseoir ensemble les différents acteurs et de répondre aux souhaits des Afghans ordinaires. On évoqua même la possibilité d'intégrer certains éléments du PDPA (un peu comme aujourd'hui on songe à prendre langue avec les talibans afin de mettre un terme à l'intervention de l'OTAN). C'est cette perspective d'un large programme de rassemblement pour la réconciliation destiné à éviter un vide politique qui inquiétait ceux qui avaient tout à y perdre, au premier rang desquels les partis de Peshawar et l'ISI. Au début de 1988, je me retrouvai à nouveau à Peshawar. J'appelai Majrouh pour lui annoncer que je passerais le voir dans les jours suivants. « Venez quand vous voulez, me répondit-il. J'aimerais vous présenter quelques personnes. »

Au matin du 12 février, je me rendis à vélo au domicile de Majrouh. Des policiers pakistanais et un groupe d'Afghans se tenaient devant la maison. Je me dirigeai vers la porte. Le seuil était éclaboussé de sang. M'apercevant, un des assistants de Majrouh me rejoignit en hâte. « On a tué le professeur », me dit-il. Son fils Naim me raconta plus tard ce qui s'était passé. Dans l'après-midi du 11 février, Majrouh attendait la visite du chargé d'affaires français. Les tueurs surveillaient la maison. Ils attendirent que le cuisinier de Majrouh soit sorti acheter du *nan* frais pour le repas, puis sonnèrent à la grille. Majrouh leur ouvrit. Les attaquants, estimés au nombre de quatre, ouvrirent le feu avec un ou plusieurs fusils d'assaut Kalachnikov. La volée de balles projeta mon ami en arrière, le tuant sur le coup.

Naim prit des photos du cadavre sanguinolent de son père. Il voulait rassembler le plus d'éléments possibles avant que la dépouille ne soit emportée. Les policiers pakistanais, qui, lorsqu'ils relevaient les empreintes ou interrogeaient les témoins, s'employaient à jouer les détectives minutieux à la Scotland Yard, avaient ensuite une fâcheuse tendance à « perdre » une partie des preuves matérielles dans les dossiers délicats. Mais cela n'avait probablement rien à voir avec les capacités individuelles des policiers. L'un d'eux me laissa entendre que des directives leur avaient déjà été transmises d'en haut, notamment par l'ISI. Très rapidement, l'enquête s'enlisa. L'assassinat de Majrouh choqua Peshawar. Personne pourtant n'eut jamais à en répondre devant la justice. Aucun détail crédible sur les circonstances de sa mort n'a d'ailleurs été officiellement publié. Beaucoup suspectèrent Hekmatyar, mais le chef du Hezb nia toute implication. Par la suite, des bruits coururent selon lesquels les meurtriers de Majrouh avaient été arrêtés. D'après un diplomate européen, on ignorait s'ils étaient pakistanais ou afghans. Puis les suspects disparurent. Selon certaines informations, l'ISI les aurait emmenés dans les montagnes avant de les abattre et de jeter leurs cadavres dans la rivière Kaboul. D'autres affirmaient que l'ISI avait ordonné aux meurtriers de se rendre dans les régions tribales et de s'y faire oublier. Personne ne parla. Et il est probable que personne ne saura jamais ce qui s'est réellement passé.

Il devint de plus en plus évident qu'Hekmatyar et l'ISI ne toléreraient pas la moindre critique susceptible de ternir l'image du Hezb. Pourtant, en tant que journaliste, je n'ai jamais hésité à faire allusion aux abus d'Hekmatyar. Un jour, au début de 1987, je fus invité, avec Jouvenal et le cameraman afghan Habib Hayakani, à intervenir dans un séminaire sur l'Afghanistan organisé par un cercle de réflexion de Washington. Mon livre *The Soviet War* venait de sortir, aussi, j'étais considéré comme un « expert », tandis que Peter et Habib étaient connus pour leur couverture exceptionnelle de la guerre pour le compte de la BBC, de CBS et d'autres télévisions.

Nous fûmes donc conviés à une réunion de spécialistes destinée à discuter de l'aide à apporter aux moudjahidines. Au moins une demi-douzaine d'agents de la CIA, chacun avec son nom épinglé sur la poitrine, étaient présents. À un moment donné, le directeur de la CIA William Casey entra discrètement dans la salle pour écouter le débat. Peter, Habib et moi fûmes stupéfaits de voir que la majorité des participants ne cessaient de souligner l'efficacité d'Hekmatyar et d'affirmer qu'étant le politicien-clé de la résistance c'est lui qu'il importait de soutenir. Quand nous objectâmes que sur le terrain Hekmatyar ne bénéficiait pas de la popularité qu'ils invoquaient, plusieurs intervenants réfutèrent longuement notre point de vue.

Plus tard, au cours d'une pause-café, un des délégués de la CIA m'accusa sans ménagement d'être politiquement naïf, ajoutant que je n'avais pas la moindre idée de ce qui se passait. « Hekmatyar est le meilleur commandant sur place. C'est celui que les Afghans soutiennent. » Les cyniques ayant eu à s'occuper de l'Afghanistan savent qu'une telle attitude n'était pas étonnante dans la mesure où les États-Unis n'ont jamais eu l'intention de soutenir une résistance qui soit réellement efficace. L'idée était tout simplement de faire durer aussi longtemps que possible la guerre soviétique.

Peu de temps après, à Peshawar, j'assistai à une *garden party* officielle organisée par l'USAID en l'honneur d'un groupe de représentants du Congrès en visite. Je fus amené à parler d'Hekmatyar avec Tom Gouttiere, que je connaissais depuis longtemps et qui était devenu le directeur hautement expérimenté du Center for Afghanistan Studies de l'université du Nebraska à Omaha. Il n'était absolument pas d'accord avec moi. « Tu sais, me dit-il le verre à la main, Hekmatyar n'est pas aussi mauvais que tu le prétends. C'est l'un des hommes les plus efficaces parmi les moudjahidines. » Pour avoir perdu plusieurs amis et collègues du fait du Hezb, j'eus du mal à avaler sa remarque. « Je peux comprendre la stupidité, mais ce que je ne peux admettre, c'est l'ignorance ! rétorquai-je en criant presque. Tu devrais te renseigner. » Un grand silence s'établit autour de nous et tout le monde nous regarda. Je quittai à grands pas la réception, embarrassé par mon comportement, mais aussi profondément écœuré de l'aveuglement de tant de décideurs américains. Il suffisait pourtant de visiter un camp de réfugiés ou d'aller en Afghanistan pour se rendre compte de ce qui se passait. Le problème, c'est que trop d'Américains en visite s'appuyaient sur les mêmes sources non fiables que leur fournissaient les Pakistanais et l'ambassade américaine à Islamabad.

C'est à ce moment que je réalisai que moi aussi je prenais des risques. Vers la fin de l'année 1988, Mike Malinowski, le consul américain à Peshawar, passa me voir à mon domicile d'University Town. Il venait me mettre en garde. « Il paraît qu'Hekmatyar veut votre peau, me dit-il. Comme vous êtes citoyen américain, il est de mon devoir de vous prévenir. » Hekmatyar, semble-t-il, était mécontent que je dénonce ses abus dans mes articles. Mes reportages étaient repris par les services en langue afghane de la BBC et de VOA. Malinowski s'était toujours efforcé de se rendre utile auprès de la presse étrangère. Il paraissait sincèrement inquiet. Il me conseilla de partir dès que possible. « Je n'ai vraiment pas envie de me retrouver avec le cadavre d'un journaliste américain sur les bras », ajouta-t-il avec un pâle sourire. Malgré le soutien de Washington à Hekmatyar, Malinowski n'avait jamais apprécié le chef du Hezb. Lors d'une de nos conversations à l'*American Club*, où nous nous retrouvions de temps à autre le soir, il m'avait confié : « Nous savons tous que ce type est un enculé. Mais c'est comme ça. » Je songeai quelques instants à la mise en garde de Malinowski. « Bah, Hekmatyar peut aller se faire voir », lui dis-je. J'étais décidé à ne pas me laisser impressionner. Pas en public, en tout cas. Mais je savais très bien de quoi étaient capables Hekmatyar et l'ISI. Après le départ de Malinowski, je réfléchis à ce que je devais faire. Je n'avais aucune intention de m'incliner, mais je savais que, si je mettais mes employeurs au courant de ces menaces, ils me demanderaient aussitôt de rentrer. Je décidai donc d'aller voir Hekmatyar en personne. Mais pas tout seul.

Accompagné de deux collègues, je me rendis à la résidence du chef du Hezb, qui n'était qu'à quelques rues de mon domicile. Comme d'habitude, vingt ou trente Afghans et quelques Pakistanais étaient rassemblés dans la cour. Nous entrâmes dans le bâtiment, une villa spacieuse située à côté de la voie de chemin de fer qui conduit à la passe de Khyber. On nous fit entrer dans le bureau d'Hekmatyar. Coiffé d'un turban noir, celui-ci était assis derrière sa table, examinant consciencieusement des papiers. Cinq ou six militants du Hezb buvaient du thé. Hekmatyar leva la tête et parut surpris de nous voir. « Bonjour, monsieur Hekmatyar. Il paraît que vous voulez me tuer », dis-je en lui tendant la main, qu'il saisit avec sa mollesse coutumière. Il eut un sourire blafard. « Allons, vous vous trompez. Asseyez-vous, je vous prie. Prenez du thé. » Ses hommes nous cédèrent aussitôt leurs sièges, tandis qu'un assistant nous servait du thé vert et disposait des bols de raisins secs et de noix sur la table.

« Où avez-vous entendu dire ça ? » s'enquit Hekmatyar avec le ton serein qu'il aurait mis à m'interroger sur le temps qu'il faisait, alors qu'il était visiblement perturbé. C'était un vrai plaisir d'être le témoin de son embarras. « De source sûre », rétorquai-je d'une voix ferme. Je m'efforçai de ne rien laisser paraître de ma nervosité. « Vous savez pourtant que me tuer ne serait pas bon pour votre image. » La réalité étant, bien entendu, que, si quelque chose devait m'arriver, Hekmatyar s'en tirerait sans doute, comme d'habitude, blanc comme neige. Il avait déjà assassiné suffisamment de gens pour mériter d'être traduit devant un tribunal international, mais il est probable que cela n'arriverait jamais. Il était trop bien protégé. Nous poursuivîmes notre hypocrite bavardage. La présence de mes collègues lui faisait comprendre que son intention de me supprimer, fût-elle vraie ou fausse, serait éventuellement rendue publique. Cela inciterait peut-être le seigneur de guerre à y réfléchir à deux fois avant de m'envoyer ses tueurs. En le quittant, je me sentais un peu mieux, mais pas vraiment en sécurité.

De retour chez moi, je réalisai que l'avertissement de Malinowski était on ne peut plus sérieux. Une bonne douzaine de moudjahidines, dont plusieurs armés d'AK-74, se tenaient debout à proximité du portail ou assis sous les arbres du jardin. Deux d'entre eux montaient même la garde sur le toit. C'étaient des hommes de Massoud. Mon ami Agha Gul vint à ma rencontre. Il avait entendu au bazar des bruits selon lesquels Hekmatyar cherchait à me supprimer. « J'ai détaché ces hommes pour vous protéger, me dit-il. Il est important de faire savoir à Hekmatyar que nous sommes présents. »

Je lui en fus reconnaissant, mais restai néanmoins sous le choc. Pendant les deux semaines suivantes, plusieurs hommes de Massoud demeurèrent à la maison. Deux d'entre eux m'accompagnaient dans tous mes déplacements. Par la suite, alors qu'on m'avait retiré cette garde rapprochée, je découvris qu'Agha Gul continuait à me faire surveiller discrètement par un de ses hommes. Malgré cela, pendant plusieurs mois, chaque fois que j'entendais un scooter ou une voiture embrayer dans mon dos, je me tenais prêt à me jeter à plat ventre dans le caniveau.

Que la CIA persistât à soutenir un homme aussi violemment antiaméricain était difficile à comprendre. Malgré les avis répétés de responsables bien informés du département d'État, mais aussi de journalistes et d'humanitaires opérant en Afghanistan même, Washington s'entêtait à ne pas voir les réalités du terrain concernant les extrémistes. S'il y eut un vrai héros de la diplomatie américaine dans l'arène afghane, ce fut Edmund McWilliams, lequel fit de cette question, comme il disait, son Rubicon personnel.

Après avoir servi en Asie du Sud-Est puis, à partir de 1983, à Moscou, McWilliams avait été nommé à l'ambassade américaine de Kaboul et, dans la seconde moitié des années 1980, ne cessa de faire la navette entre la capitale afghane et les villes pakistanaises d'Islamabad et de Peshawar. En 1989, après le retrait soviétique, il fut muté à Islamabad. Sa critique virulente de la politique américaine, du soutien de Washington à Hekmatyar et à d'autres islamistes radicaux, mais aussi de la dépendance de l'administration à l'égard de l'ISI pour l'orientation de son action lui valut l'hostilité des vieux combattants de la guerre froide basés à l'ambassade américaine d'Islamabad. Furieux du jugement critique porté par McWilliams sur la situation, l'ambassadeur américain Robert Oakley et le chef de station de la CIA Milt

Bearden lancèrent une enquête interne sur l'intégrité du diplomate. L'enquête ne donna rien, mais McWilliams n'en fut pas moins mis sur la touche au sein du département d'État. Selon lui, Oakley et Bearden étaient parfaitement conscients des problèmes que posaient Hekmatyar, Sayyaf et d'autres. McWilliams, que j'ai rencontré en de nombreuses occasions à Peshawar et à Islamabad, m'a affirmé qu'ils savaient qu'Hekmatyar sabotait d'autres groupes de la résistance en Afghanistan.

« Ils étaient également contrariés par le fait – qu'ils admettaient en interne – que les fondamentalistes s'en prenaient aux intellectuels afghans à Peshawar et menaçaient les journalistes étrangers et les membres d'ONG internationales dans la région de Peshawar et, bien entendu, à l'intérieur de l'Afghanistan », m'écrivit McWilliams à la fin de 2010. Bearden, le chef de station de la CIA, avait joué un rôle central dans le financement et l'entraînement des moudjahidines à partir du milieu des années 1980. Il est ironique de constater que ce même Bearden fut engagé comme conseiller sur le film de Mike Nichols *La Guerre selon Charlie Wilson*, tiré du livre éponyme de l'auteur, également producteur chez CBS, George Crile. Alors que le livre relate de façon exacte l'action du représentant démocrate texan Charles Wilson dans le soutien à Hekmatyar, Hollywood a redoré le blason du rôle des États-Unis en remplaçant Hekmatyar par Massoud.

Diplomate de carrière, Oakley a pu croire sincèrement qu'Hekmatyar était le commandant le plus efficace. Bearden, en revanche, ne pouvait ignorer qu'il n'en était rien. Vu l'aide énorme fournie par les Saoudiens, de manière aussi bien officielle que privée, aux extrémistes par l'entremise de l'ISI, la question de s'opposer frontalement au service de renseignement pakistanais se posa trop tard. C'était, selon la formule de McWilliams, « un pont trop loin ». Alors que les Russes manifestaient leur désir de se retirer, il s'avéra bien plus facile de continuer à faire l'apologie d'Hekmatyar en réfutant les mises en garde des journalistes ou des agences d'aide humanitaire et en désinformant Washington et le Congrès lui-même.

Selon McWilliams, cette tromperie prit une forme particulière : « Nous avons clairement alimenté en armes Hekmatyar et les pires éléments de la résistance, mais en même temps nous étions prêts à utiliser l'aide alimentaire et humanitaire afin d'obliger les moudjahidines modérés à se montrer dociles. » Reconnaissant que c'est le soutien dont a bénéficié Hekmatyar durant des années qui lui a permis d'accumuler la richesse, les armes et le pouvoir dont il se sert aujourd'hui, il précisa que tout le monde savait que le leader du Hezb n'avait aucune stature significative à l'intérieur de l'Afghanistan, et que le seul pouvoir qu'il détenait provenait de l'extérieur.

Même les Afghans favorables à Hekmatyar n'avaient qu'une connaissance très approximative de leur soi-disant leader. McWilliams m'a raconté une visite qu'il avait effectuée dans le désert du Baloutchistan à la fin des années 1980 pour rencontrer des commandants afghans dans la ville de Zhob, connue sous le nom de Fort Sandeman à l'époque britannique. La CIA avait organisé la rencontre afin d'amener le diplomate américain à changer d'opinion. Il interrogea le représentant du Hezb sur son « chef », mais la réponse lui parut avoir été écrite d'avance. McWilliams voulut alors l'interroger sur des aspects plus personnels et lui demanda quel genre d'homme était Hekmatyar. « Il y eut un silence général, me raconta McWilliams. Finalement, le plus haut gradé des commandants répondit en m'adressant une autre question : "Savez-vous qui était le père de Gulbuddin ?" J'avouai que je ne le savais pas. "Nous non plus", dit le commandant, et tout le monde éclata de rire. »

Chapitre 9

De l'autre côté du Goudron

« Tu n'y arriveras jamais si tu n'es pas en meilleure forme », admonestai-je mon ami du magazine *Time.* Il était épuisé avant d'avoir couru un tour complet dans les allées verdoyantes du parc Monceau, dans le XVIIe arrondissement de Paris. « Même si nous prenons la route du Sud, il nous faudra franchir des montagnes. »

Nous étions au début du mois de mai 1982. William Dowell, qui avait à peine passé la quarantaine et souffrait d'un sévère embonpoint, s'appuya sur un des bancs du parc. « Ne t'inquiète pas, je serai prêt », fit-il avec un halètement rauque. C'est Bill qui, le premier, m'avait conseillé de partir en Afghanistan pour couvrir cette « petite guerre » qui commençait. Aujourd'hui, près de deux ans plus tard, il avait décidé de m'accompagner dans l'un de mes voyages clandestins. C'était ma quatrième incursion majeure à l'intérieur de l'Afghanistan. J'avais comme projet de me rendre dans la vallée du Pandjchir afin d'y rencontrer Massoud. J'avais été informé que les Russes préparaient une énième offensive – la cinquième – contre le bastion montagneux du commandant afghan. Ce serait intéressant de connaître le point de vue de Bill qui avait eu plusieurs années d'expérience au Vietnam. J'éprouvais constamment le besoin d'établir des comparaisons militaires avec ce qui se passait en Afghanistan. Mais je ne voulais surtout pas qu'il me claque entre les doigts.

Il m'avait paru évident qu'il lui serait impossible de survivre au trajet difficile à travers les massifs de l'Hindu Kouch. C'est pourquoi j'avais opté pour la route du Sud, plus facile. Courant sur plus de deux cent cinquante kilomètres, la piste nécessiterait plus de sept longues journées de marche et de cheval. Les messagers de Massoud la parcouraient en moins de quatre jours. Mais ils marchaient vite et parfois même couraient. Les Pandjchiris utilisaient cet itinéraire pour expédier leur courrier ou acheminer clandestinement les médecins français. De plus, elle était franchissable durant les mois d'hiver quand les routes septentrionales étaient recouvertes de plusieurs mètres de neige.

La tortueuse piste méridionale nous ferait franchir les forêts de pins des montagnes de l'est de la province de Paktiyâ, avant de redescendre dans les basses collines ondulantes du Nangarhâr occidental. De là nous obliquerions vers l'ouest avant d'atteindre la rivière Kaboul et la grande route de Jalalabad. Une fois de l'autre côté du Goudron, comme nous appelions la route asphaltée, il nous faudrait contourner la partie orientale dangereusement exposée de la plaine de Shomali, où était située la base aérienne russe de Bagram, sévèrement gardée. Il nous faudrait ensuite franchir une nouvelle rivière, la Pandjchir, à son point le plus large. Nous nous trouverions alors au pied de l'Hindu Kouch, à une journée de marche seulement des positions avancées de Massoud.

Au début des années 1980, il était rare que les Soviétiques surveillent ces routes. Hormis leurs vols de reconnaissance, ils ne disposaient pas des satellites et des drones dont bénéficieront après 2001 leurs homologues occidentaux. Quand les troupes russes entreprirent de couper les lignes de ravitaillement de la guérilla, ils occupèrent les défilés stratégiques et déployèrent des Spetsnaz pour poser des mines ou tendre des embuscades. Les hélicoptères larguaient des troupes spéciales à plusieurs kilomètres afin que les guérilleros n'entendent pas le bruit des moteurs. Ensuite les troupes gagnaient rapidement leur objectif, posaient les mines ou lançaient leur attaque, puis se retiraient. Les guérilleros étaient souvent pris au dépourvu. Les opérations nocturnes de l'Armée rouge causaient de nombreuses pertes parmi les moudjahidines et les réfugiés.

Plus la guerre durait, plus je devenais prudent. Aux premières lueurs du jour, quand personne n'avait encore emprunté la piste, j'examinai le sol afin de repérer des fils tendus en travers du chemin, ou des signes montrant que la terre avait été remuée. Nous prenions la précaution de nous faire précéder d'un ou deux chevaux. Je priai pour que nous ne tombions pas dans une embuscade lorsque nous franchissions d'étroits défilés. Chacun comptait sur les hommes de tête pour tester la piste. À mesure que les déplacements se firent plus dangereux, les moudjahidines furent contraints d'emprunter des trajets plus ardus. Le coût du kilo de marchandise transporté à dos de cheval et de chameau ira jusqu'à quadrupler.

Tout cela m'obligeait à préparer soigneusement mes déplacements et à ne voyager qu'avec des guérilleros très expérimentés. Je pus continuer à opérer de cette manière jusqu'au retrait russe au début de l'année 1989 et l'effondrement général des forces communistes au cours de l'année suivante. Pourtant, vu la capacité de l'OTAN à suivre à distance les mouvements de la guérilla, je ne me risquerais pas à faire la même chose aujourd'hui avec les talibans. La surveillance occidentale est en mesure de déclencher très rapidement une frappe aérienne. C'est la tactique qu'employèrent les Américains, avec des conséquences dévastatrices, lors de leurs opérations de bombardement des talibans en 2001. Plus foudroyant encore, ils peuvent ordonner à un drone de détruire un groupe d'individus suspects marchant sur une piste montagneuse, ou simplement endormis dans une maison de village.

Quinze jours après notre jogging parisien, Dowell et moi étions en Afghanistan. Pour tenter de voir de près les Soviétiques – mes demandes de visa auprès de l'ambassade afghane à Paris avaient été rejetées –, nous avions opté pour un vol régulier sur un DC-10 des Ariana Afghan Airways reliant Londres et Paris à Dehli *via* Kaboul. Tandis que nous survolions l'Hindu Kouch, Bill montra une certaine nervosité en me voyant déplier ma carte de la CIA, toute rafistolée avec du Scotch et couverte d'ajouts manuscrits. Je jetai un coup d'œil par le hublot afin de déterminer où nous nous trouvions. « Mon Dieu, le Pandjchir est là ! m'exclamai-je en tendant le doigt. Et là, c'est la route du Nord à travers le Nouristan.

– Bon sang, fais attention, me chuchota Bill d'un ton pressant. Tu veux nous faire arrêter ? » Il était persuadé qu'à l'atterrissage on nous bouclerait aussitôt comme espions. Quant à moi, j'estimais qu'une arrestation nous fournirait une formidable occasion de découvrir la capitale afghane. J'étais à peu près convaincu que nous ne subirions rien de plus méchant qu'un interrogatoire pour la forme suivi d'une expulsion.

Tandis que l'appareil amorçait une descente en spirale afin d'échapper à d'éventuels missiles, je repérai la rivière Kaboul qui, à l'est, se frayait un chemin dans de profondes gorges. Je me demandai laquelle, des innombrables pistes serpentant parmi le terrain semi-aride que nous survolions, serait la nôtre. Pendant que l'appareil s'approchait à faible allure du terminal, nous aperçûmes des hélicoptères de combat russes Mi-24 hérissés de roquettes de cinquante-sept millimètres s'aligner sur la piste par groupe de six. Ils soulevaient de petits tourbillons de poussière qui s'éloignaient lentement au-dessus du tarmac. Nous observâmes les hélicoptères décoller un par un comme des ballerines gris acier et, après un instant de stabilisation, prendre la direction du nord pour aller probablement attaquer des positions de la guérilla au-delà du cercle de montagnes teintées d'ocre qui dominaient la ville.

Un peu plus loin, sur les aires de stationnement, des soldats russes torse nu en pantalon de treillis, le crâne coiffé d'un chapeau de brousse avachi, déchargeaient des avions de transport à proximité d'un groupe de chasseurs MiG. Les soldats, essentiellement des appelés, s'immobilisèrent un instant pour regarder l'avion de passagers qui faisait escale ici deux fois par semaine, afin sans doute de se souvenir de ce qu'était la vie civile. Un ou deux d'entre eux agitèrent la main dans notre direction.

La scène me rappela certaines images du Vietnam. Ces jeunes hommes ressemblaient trait pour trait à des GIs américains, certains assez jeunes pour être encore quasiment imberbes. Ils éprouvaient la même ambivalence à l'égard d'une guerre dans laquelle ils n'avaient aucun intérêt. Trente ans plus tard, en visitant des bases de la Coalition comme Bagram, ou Camp Bastion dans le Helmand, j'ai vu de jeunes soldats qui, à part l'uniforme, leur ressemblaient beaucoup.

Une poignée de passagers seulement se dirigèrent vers le hall des arrivées. Parmi eux, quelques personnels diplomatiques afghans, une équipe de responsables de l'Unesco, trois militants du Parti communiste français et plusieurs Russes. Avec le reste des passagers nous gagnâmes la salle de transit. Les quelques heures que nous passâmes à l'aéroport ne nous fournirent que de brefs aperçus de la vie dans la capitale afghane. Quand je me déplaçais avec les guérilleros dans les collines environnantes, nous passions à quelques kilomètres de la ville, mais il était impossible de s'en approcher plus. Les Russes avaient établi trois périmètres de sécurité autour de la capitale. Mes seules sources d'information sur Kaboul provenaient d'interviews et de discussions informelles avec les quelques diplomates et ressortissants occidentaux qui y résidaient encore. « Il se passe rarement une nuit sans que l'on entende des fusillades ou des explosions dans la ville », m'avait confié un diplomate américain de passage à Islamabad. Le couvre-feu était instauré de 22 heures à 4 h 30, mais les rues étaient quasiment désertes dès 19 h 30, et il n'y circulait pratiquement plus que des patrouilles militaires. À partir de la fin d'après-midi, les taxis jaunes pratiquaient des tarifs exorbitants, et ils interrompaient leur service dès que l'obscurité tombait.

À Kaboul, les assassinats nocturnes de membres du PDPA étaient courants, même si ce n'était pas forcément le fait des moudjahidines. Aux yeux des Soviétiques, les incessantes querelles entre les factions Khalq et Parcham du parti posaient pour la formation d'un gouvernement uni un problème tout aussi épineux que celui auquel étaient confrontés les Américains et les Pakistanais avec les partis politiques de Peshawar. Les communistes afghans aimaient régler leurs comptes à la faveur de l'obscurité imposée par le couvre-feu. Les moudjahidines prévenaient généralement leurs victimes, comme ils l'avaient fait avec cette journaliste radiophonique à qui ils avaient ordonné de cesser ses émissions hostiles à la guérilla. Devant son refus, ils l'avaient exécutée. Des phénomènes semblables se produiront après 2001, avec des agressions ou enlèvements d'Afghans et d'étrangers qui seront aussi bien le fait d'insurgés appartenant aux talibans ou au Hezb que celui d'éléments hostiles au sein des ministères gouvernementaux ou affiliés à tel ou tel seigneur de guerre.

Curieusement, les conseillers russes qui se déplaçaient en groupes et armés étaient moins vulnérables que leurs homologues du PDPA. Les gens les insultaient ou refusaient de leur donner des indications, tandis que les gamins leur jetaient des pierres. Mais il arrivait parfois que des soldats de l'Armée rouge soient assassinés, et, fin 1981, la guérilla était parvenue à tirer des obus sur la résidence de l'ambassadeur soviétique. Toutefois, comme me l'a déclaré un Russe ayant travaillé pour l'ambassade soviétique dans les années 1980 et qui est retourné à Kaboul en 2009 comme employé de l'ONU : « C'était une époque dangereuse, mais nous allions quand même faire nos courses dans les bazars et rencontrer nos contacts. Nous savions que la situation était mauvaise, mais nous ne restions pas terrés comme nous y sommes obligés aujourd'hui. »

À la mi-1982, cependant, les moudjahidines avaient annoncé une offensive sur la capitale afin de démontrer qu'ils n'étaient pas seulement une force disparate opérant dans les zones rurales. Lors d'une attaque dans l'est de Kaboul à laquelle assista le journaliste anglo-néerlandais Aernout van Linden, une unité de trente-sept hommes dirigée par Abdul Zabil Halim, un commandant de la résistance aguerri ayant à sa disposition plus de trois cents guérilleros urbains, attaqua une base de ravitaillement communiste, tuant ou blessant trente soldats afghans et russes, détruisant quarante-deux camions et camions-citernes ainsi qu'un commissariat. Les explosions projetèrent d'énormes boules de feu dans le ciel nocturne. Quelques jours plus tard, les forces soviétiques tuèrent Halim dans une embuscade punitive.

Un autre commandant, Abdul Haq, intensifiait ses opérations dans la capitale, au travers notamment d'assassinats et d'attaques éclairs. « Nous devons montrer aux communistes et à la population afghane que nous ne sommes pas une simple épine dans le pied des Soviétiques. Nous pouvons leur rendre la vie très difficile », m'avait-il déclaré à Peshawar. Il arrivait généralement sur sa Honda 250 cm^3 pétaradante, coiffé de son célèbre casque de pilote d'hélicoptère russe. Nous buvions le thé et il m'informait des dernières opérations militaires. Un jour il était venu accompagné d'un garçonnet, le fils d'un commandant mort au combat. Lorsque arriva le moment de s'en aller, cet homme basané à l'allure d'énorme ours en peluche, mais qui reconnaissait volontiers qu'il était un tueur, souleva gauchement le jeune garçon qui s'était endormi sur le divan. Ne sachant pas très bien quoi faire, il le tint à bout de bras et le secoua comme un sac de haricots. « Voilà, dit-il d'un ton satisfait quand le garçon ouvrit des yeux surpris. Il est réveillé ! »

Bill et moi arrivons à Parachinar au début de juin 1982. Comme la fois précédente, je me suis arrangé pour voyager en compagnie d'une équipe d'AMI, composée de deux médecins et d'une infirmière, qui se rendait dans le Pandjchir. C'était un bon moyen d'en apprendre plus sur la situation militaire, car les blessés et leurs familles avaient des histoires à raconter. En ce début des années 1980 n'opéraient encore que trois organisations médicales françaises (AMI, Médecins sans frontières et Médecins du monde), avec un total de vingt-cinq docteurs apportant une aide dans huit provinces. L'équipe d'AMI devait remplacer les deux femmes médecins qui dirigeaient depuis plusieurs mois la clinique du Pandjchir. La guerre contraignant un nombre croissant de civils à quitter la vallée, le plan était d'installer d'autres cliniques ailleurs.

À Parachinar, accompagnés d'Assad, un Pandjchiri incroyablement maigre et proche confident de Massoud, nous rejoignons une vingtaine de moudjahidines appartenant à la faction de Massoud au sein du Jamaat-e-Islami, qui, par une piste défoncée, nous emmènent en pick-up jusqu'à Teri Mangal. Cette localité est un point de ravitaillement de la guérilla situé à proximité de la frontière. C'est également là que tout le bois abattu illégalement en Afghanistan est rassemblé avant d'être acheminé à l'intérieur du Pakistan. Teri Mangal baigne dans une ambiance romantique rappelant le Far West. C'est une bourgade composée de bâtiments à un étage faits de boue et de pierre, d'étals de bazar branlants, de *chaikhanes* enfumées et de tentes. Des centaines de chevaux portant des sacs d'avoine à leur encolure, d'ânes et de chameaux sont entravés en groupes parmi la boue et les détritus.

Des groupes de combattants armés, mais aussi des contrebandiers et des réfugiés se fraient un chemin à travers la foule, chargent des animaux ou bavardent, assis devant les maisons de thé. Nous passons la soirée dans une *chaikhane* et levons le camp peu après minuit. Nous gravissons lentement la montagne pour atteindre le col en direction de Jagi, du côté afghan de la frontière. Les moudjahidines emmènent avec eux huit chevaux chargés d'armes et de munitions, dont des RPG de fabrication russe, des mines antichars chinoises et d'immenses sacs de toile emplis de cartouches en vrac. Avant même que nous ayons atteint le dernier poste militaire pakistanais, je constate que Bill montre de sérieux signes d'épuisement. Hors d'haleine, il s'arrête constamment pour se reposer tandis que les moudjahidines et les bêtes de somme nous dépassent. Certains rebelles rient en le voyant, et Bill se contente d'agiter faiblement la main comme pour chasser une mouche. Je suis inquiet. Mon principal souci, toutefois, ce sont les Pakistanais. Assad, qui a fait le voyage à de nombreuses reprises, se dirige vers les policiers de la frontière qui se tiennent à côté d'une arche métallique séparant symboliquement les deux pays. Il leur glisse un *bakchich* et nous passons. Il est impossible que les Pakistanais n'aient pas remarqué ce grand Occidental essoufflé au visage empourpré vêtu d'un costume afghan tout neuf qui n'est même pas à sa taille.

Au lever du soleil, nous découvrons devant nous un large chemin de terre où se croisent hommes, chameaux et chevaux à travers une forêt de pins. On pourrait se croire dans les Grand Tetons du Wyoming. Nous dépassons également la carcasse rouillée d'un transport de troupes blindé russe, ainsi qu'un vaste groupe de bâtiments, une ancienne école, totalement détruits par les bombes.

Nous quittons bientôt l'axe principal pour prendre une piste bien marquée qui se dirige vers le nord. Nous y rencontrons moins de monde, quelques paysans et moudjahidines, mais aussi des réfugiés. Chaque fois, nous nous arrêtons pour parler avec eux. La plupart viennent de Kaboul. Certains, pour garder leur dignité, ont tenu à voyager en costume, chaussures de ville et même cravate, ce qui n'est pas la tenue idéale pour fuir à travers montagnes et déserts. Ceux qui parlent anglais, français ou allemand nous racontent tous la même histoire. La répression sous les communistes devient insupportable. Les gens sont arrêtés, battus et tués.

La plupart des quatre mille écoles du pays ont fermé, seules celles de Kaboul et des autres villes fonctionnent encore. De nombreux professeurs d'université ont fui, ce qui a fait baisser le niveau de l'enseignement. De nombreux étudiants disparaissent du jour au lendemain, soit parce qu'ils ont été enrôlés de force par une des milices omniprésentes, soit parce qu'ils ont fui au Pakistan, soit encore, ce qui est le cas de beaucoup, parce qu'ils ont rejoint la résistance. Un des réfugiés, Mustapha, un garçon de dix-huit ans qui fréquentait le lycée français Istiqlal, a emporté ses manuels et est bien décidé à terminer ses études. À l'époque, les Pakistanais renâclaient à ouvrir des établissements scolaires dans les camps de réfugiés, et seuls les Afghans aisés pouvaient se payer des écoles privées. Et ils n'étaient pas au bout de leurs frais, car ils devaient bien souvent donner des pots-de-vin aux professeurs pour pouvoir passer leurs examens.

La discipline s'est complètement effondrée au lycée Istiqlal, nous raconte Mustapha dans un français précis et éloquent qu'il améliore en écoutant régulièrement Radio France Internationale. Sur la trentaine d'élèves que compte chaque classe, dit-il, au moins deux ou trois sont des Parchami. « Ils sont armés et font ce qu'ils veulent. Ils donnent des ordres aux professeurs et dénoncent ceux qui leur déplaisent. Nous n'avons aucun respect pour les professeurs communistes, nous ne respections que les cinq Français qui enseignent encore. Quant au directeur, il se promène avec une kalachnikov et n'entend rien à l'éducation. »

Certaines ambassades occidentales proposaient des études supérieures en Europe ou en Amérique du Nord, mais cela ne concernait que quelques centaines d'étudiants afghans. C'est un véritable dilemme, m'avait confié un diplomate britannique dont le gouvernement avait accordé vingt-huit bourses étudiantes en 1982. « D'un côté, nous voudrions donner à beaucoup de ces jeunes gens l'occasion de bénéficier d'une bonne éducation. Mais, en toute franchise, une fois qu'ils ont quitté l'Afghanistan, il est hautement improbable qu'ils y retourneront un jour... Tout cela ne fera que favoriser une fuite des cerveaux, et il ne restera personne sur place pour remettre le pays sur pied. »

La piste court à flanc de montagne, et nous apercevons parfois dans la plaine en contrebas une ferme ou un village. Certains ont été gravement endommagés par la guerre, les murs sont écroulés, les toits effondrés, les vergers déchiquetés par les éclats d'obus, des pans entiers de forêt calcinés. Pourtant de nombreux champs sont cultivés. Comme nous sommes tout près du Pakistan, des paysans, vieillards ou jeunes garçons continuent à travailler la terre pendant que les femmes et les enfants vivent dans les camps de réfugiés de Parachinar. Dans de nombreux endroits, toutefois, les Soviétiques attendent que les récoltes soient rentrées pour attaquer les fermes et les brûler.

Au bout des seize heures de marche de cette première journée, Bill peut à peine bouger. Il est épuisé et déshydraté. Il m'a paru littéralement maigrir à vue d'œil au cours de la journée. Je n'ai jamais vu quelqu'un se détériorer aussi rapidement. Il s'est effondré plusieurs fois au bord de la piste. « Laisse-moi mourir ici, gémissait-il. – Arrête de dire des bêtises, rétorquais-je. Tu verras, tu finiras par t'habituer. »

J'ai réparti son paquetage parmi les moudjahidines, mais dans cet état il n'ira certainement pas bien loin. Même sans vouloir dramatiser, je me dis qu'il est fort possible qu'il meure. J'examine les chevaux pour voir si je ne pourrais pas répartir la charge de l'un d'eux sur les autres et l'utiliser pour transporter Bill, mais chaque bête est chargée à son maximum. Finalement, un paysan nous croise, menant un cheval efflanqué. Je demande aussitôt à Assad d'en négocier l'achat. Au cours des jours suivants, Bill alternera la marche et le trajet à cheval. Il ressemble beaucoup plus à une version décatie du chirurgien Brydon arrivant à Jalalabad après l'annihilation de la force expéditionnaire britannique en 1842 qu'à un journaliste chevronné en route pour couvrir une guerre.

Nous passons nos nuits dans des *chaikhanes* ou dans des villages, mais plus nous nous éloignons du Pakistan, plus la nourriture se fait rare. Nous n'avons que du thé, du *nan* et, parfois, un bouillon où flottent quelques morceaux de viande et de pommes de terre. Un biscuit au citron ou à l'ananas constitue un délice rare. On s'habitue vite à un régime aussi frugal. Les *chaikhanes* sont crasseuses, infestées de puces, les matelas empestent la sueur. Bill n'y attache aucune importance. Il se jette sur sa paillasse et sombre aussitôt dans le sommeil. Du thé très sucré auquel il ajoute une pincée de sel est la seule chose qu'il soit en mesure d'avaler.

Dans une auberge bâtie de terre sèche et de pierres, où fume un immense samovar et où se pressent paysans locaux et moudjahidines, les hommes débattent bruyamment de la prochaine offensive russe dans le Pandjchir. Dans un pays où la conversation reste un des passe-temps favoris – mais que l'apparition de la télévision satellitaire dans les années 1990 et au début des années 2000 tendra à faire disparaître –, les voyageurs représentent une source de nouvelles et de potins. À 17 heures, tout le monde se tait quand l'aubergiste pose un gros transistor au centre de la pièce. Les accents familiers du « Yankee Doodle » se font entendre parmi les craquements et sifflements des ondes courtes, puis la voix ferme du présentateur du service en farsi de Voice of America présente les principaux titres des actualités. Lorsqu'il mentionne l'opération contre le Pandjchir, des chuchotements excités parcourent la pièce. Après une semaine d'intenses bombardements, une force soviéto-afghane de douze mille hommes a pénétré dans la vallée le 17 mai. À la fin de la soirée, ces gens pour la plupart illettrés auront écouté d'autres versions de la nouvelle sur la BBC, la Deutschewelle, Radio Moscou, Radio Kaboul et Radio Téhéran.

Assad interroge les commandants en provenance de l'intérieur pour obtenir les dernières informations sur la situation. La région de Sorubi, avec son terrain désertique dénudé qui s'étend le long de l'axe Kaboul-Jalalabad est particulièrement dangereuse. Bien que largement dominée par le Hezb, personne n'a jamais très bien compris de quel côté au juste sont les moudjahidines. Ils ont conclu des accords avec le régime du PDPA pour protéger les pylônes électriques du barrage de Sorubi qui alimente la capitale. Assad se méfie de ces combattants. « Ce sont surtout des bandits », estime-t-il. Il préfère que nous traversions ce secteur aussi vite que possible.

Parmi ceux qui opérèrent dans le district de Sorubi vers la fin de la guerre soviétique, il faut mentionner Faryadi Zardad Khan, un monstre sadique qui promenait au bout d'une chaîne un « chien humain » velu qui déchiquetait ses victimes. Ce « chien » était en réalité un débile mental afghan que Khan tenait enfermé dans une cage. Entre 1991 et 1996, Zardad instaura un règne de terreur en dévalisant, en brutalisant et en kidnappant des voyageurs. À l'arrivée des talibans, il s'enfuit au Pakistan. En 1998 il gagna la Grande-Bretagne grâce à un faux passeport et finit par ouvrir une pizzeria dans le sud de Londres. Scotland Yard arrêta Zardad en juillet 2003 après que Peter Jouvenal eut retrouvé le commandant afghan pour le compte de l'émission *Newsnight* de la BBC. Au terme d'une affaire retentissante qui donna lieu à deux procès d'un coût total excédant les 4,5 millions de dollars, dépenses incluant des dépositions de témoins par satellite depuis l'Afghanistan, Zardad, reconnu coupable d'une « atroce » campagne de tortures et de prises d'otages, écopa de vingt ans de prison. C'était la première fois qu'un tribunal britannique condamnait un ressortissant étranger pour des crimes commis hors du territoire national.

Après avoir contourné à bonne distance les eaux bleues miroitantes du lac de Sorubi créé par le barrage construit par l'Allemagne de l'Ouest, nous traversons un vaste village en pierre et pisé. Plusieurs familles y vivent encore. Moment de tension lorsque, tournant au coin d'une maison, je découvre un groupe d'*askaris* en uniforme gris jouant au foot avec une boîte de conserve, et plusieurs véhicules militaires garés plus loin. Ils se contentent de nous adresser des signes de la main. « Des amis à nous », m'informe Assad avec un petit sourire. De nombreuses positions gouvernementales mises en place par les Russes ont passé des accords avec les moudjahidines. Certains de ces gouvernementaux, notamment parmi les jeunes appelés, mais aussi parmi les officiers, voudraient passer à la résistance, mais les guérilleros préfèrent qu'ils restent dans l'armée du régime. Ainsi, ils sont assurés que les secteurs où ils se trouvent sont neutralisés, et cela leur permet d'obtenir des informations toutes fraîches.

Au cinquième jour, et alors que Bill commence à récupérer, nous atteignons le sommet d'un étroit défilé qui descend jusqu'à la rivière Kaboul. « Nous marcherons toute la nuit, annonce Assad. Nous devons traverser la rivière, mais c'est dangereux. Il y a des *Chouravis.* » Les chevaux seront conduits dans la matinée du lendemain à un autre gué et nous rejoindront plus tard. Le terrain est devenu beaucoup plus accidenté. Des escarpements de sable et de gravier rendent la marche difficile et nous devons descendre dans des ravins à pic en pleine obscurité. Parfois, nous sentons des bouffées d'air chaud en atteignant des poches où les rochers n'ont pas encore dégagé la chaleur accumulée durant la journée. Je distingue enfin le rugissement de l'eau et aperçois des lumières électriques sur notre droite. Nous nous trouvons dans les gorges de la rivière Kaboul, avec la route sur l'autre rive. Assad nous intime de garder le silence. Nous devons traverser un barrage qui fait partie de l'installation hydroélectrique de Moi Pan. Et celle-ci est gardée par des soldats de l'Armée rouge.

J'ai du mal à voir dans l'obscurité. Je ne parviens à distinguer que quelques bâtiments en pierre. Nous nous approchons prudemment et longeons bientôt le parapet d'un mur en béton au pied duquel l'eau s'écoule en tourbillonnant. J'entends une radio et des voix. Elles semblent s'exprimer en russe. Les soldats sont à vingt ou trente mètres de nous, probablement à l'intérieur de leur poste de garde. Je ressens une montée d'adrénaline. Le parapet oblique vers la gauche, et brusquement la rivière est à nos pieds. Nous devons la franchir par une passerelle de bois branlante. Je suis stupéfait qu'aucun garde n'y soit posté. Assad m'expliquera plus tard que c'étaient des *askaris* qui auraient dû être en position. À l'évidence, on les a « persuadés » de fermer les yeux. En 2011, des arrangements similaires seront conclus entre les soldats et policiers afghans et les talibans sur cette même route.

Sur l'autre rive se déroule le Goudron, ce long ruban d'obscurité synonyme à la fois de confort et de peur. Poser le pied sur l'asphalte procure une sensation bizarre, la texture en est totalement différente du terrain semi-aride que nous arpentons depuis plusieurs jours. Je m'agenouille pour le toucher. L'asphalte est chaud, presque sensuel. Je me relève rapidement lorsque Assad me chuchote : «*Boro*. Allons-y!» Nous nous engageons dans un sentier de chèvres escarpé qui part de la route pour monter jusqu'aux remparts de rochers qui dominent la gorge.

Nous continuons à marcher toute la nuit en direction du nord avant de faire halte sur le sable d'un lit de rivière asséchée après nous être assurés que nous ne sommes pas visibles du haut des airs. Les premiers postes avancés du périmètre extérieur de sécurité installé par les Soviétiques autour de Kaboul ne se trouvent qu'à quelques kilomètres à l'ouest. Il y a deux mois, une équipe médicale française a été prise au piège par des chars russes menant une opération nocturne. Les humanitaires s'en sont sortis de justesse.

Au lever du soleil, nous traversons de nouvelles collines basses et, au bout d'un moment, apercevons au loin la base aérienne de Bagram. Au-delà se dresse l'Hindu Kouch. Quelques familles kouchies font paître leurs troupeaux de chèvres et de moutons dans la partie haute de la plaine. Nous nous dirigeons aussitôt vers leurs basses tentes noires éparpillées comme des feuilles mortes à l'embouchure d'une petite vallée secondaire. Tout en prenant comme d'habitude garde aux chiens, nous leur crions que nous voulons du *most* (yaourt). Quatre ou cinq gamins accourent aussitôt avec de grands bols métalliques et du pain. Ils les posent à terre et nous observent avec curiosité tandis que nous trempons notre pain dans le yaourt. En dépit de la chaleur, le yaourt, qui a été délayé d'eau et auquel on a ajouté du *namaq* (sel gemme), est délicieusement frais et savoureux. Je demande à Assad combien nous devons donner à ces gens. Il secoue la tête. Rien, ils nous offrent l'hospitalité. Je lui demande de les remercier en notre nom. Il secoue à nouveau la tête. Cela ne se fait pas. Une fois de plus, je m'émerveille de la générosité de ces gens ordinaires, même en temps de guerre. Aussi rassasiés qu'après un plantureux festin, nous nous levons et reprenons notre route.

Plus nous nous rapprochons de Bagram, plus Bill devient nerveux. Au Vietnam, me dit-il, nous aurions déjà été repérés. Nous nous trouvons à moins de un kilomètre de la base, dont nous distinguons nettement la piste avec ses avions et hélicoptères. De temps à autre, un appareil de transport ou deux chasseurs en formation s'élèvent dans le ciel ou amorcent leur lente descente vers l'aérodrome. Bagram est le principal point de départ des raids aériens contre le Pandjchir. Il y a quelques semaines, une force de moudjahidines venus du Pandjchir et de la ville de Gulbahar a attaqué la base avec des mortiers et un canon sans recul de quatre-vingt-huit millimètres. Ils sont parvenus à percer le périmètre et auraient détruit vingt-cinq hélicoptères et trois MiG. Ils ont également pris l'hôpital de la base, dont ils ont achevé les patients dans leur lit. Comment ont-ils pu tuer des blessés ? demandons-nous à Assad. Il nous jette un regard étonné. Parce qu'ils sont bien plus faciles à tuer, réplique-t-il. Plus tard, des prisonniers russes nous diront que l'attaque a été un vrai traumatisme pour l'Armée rouge. Écraser Massoud est désormais devenu une priorité.

Bill ne cesse de s'inquiéter de ce qu'il qualifie d'insouciance totale de la part des moudjahidines. Alors que, pour des raisons de sécurité, nous progressons en file indienne avec de larges intervalles entre nous, un des guérilleros, encore adolescent, tient absolument à écouter à plein volume de la musique sur sa radio. Bill lui crie de l'éteindre. Comme le garçon lui rit au nez, Bill saisit le transistor et menace de le fracasser par terre. Assad doit intervenir et expliquer au jeune combattant que son comportement est dangereux. Le moudjahid glisse à contrecœur la radio dans son paquetage. Notre formation en file indienne est par ailleurs fréquemment désorganisée chaque fois que d'autres combattants viennent grossir la colonne. Notre caravane rassemble à présent soixante hommes et plus de trente chevaux. Bill et moi sommes inquiets. Il ne nous reste plus qu'à espérer que les Soviétiques n'enverront ni chars ni hélicoptères.

Vers midi, nous atteignons un gué de la rivière Pandjchir suffisamment peu profond pour que nous puissions traverser. De nouveaux groupes de moudjahidines ne cessent de se joindre à nous pour aller aider Massoud. Les haltes prennent un petit air de réception mondaine quand des commandants lourdement armés se présentent pour exprimer à Assad leur admiration au chef Pandjchiri et se mettre à son service. La traversée de la rivière provoque un embouteillage. Enchaînés bras dessus, bras dessous pour lutter contre le fort courant, avec de l'eau jusqu'à la ceinture, des groupes de quinze ou vingt hommes gagnent péniblement l'autre rive. D'autres font traverser les chevaux en les retenant par la bride. De temps à autre, d'énormes radeaux faits de troncs et de branchages fendent le courant, dirigés par un homme ou un jeune garçon agrippé à l'arrière.

Une fois de l'autre côté, nous empruntons une large piste en direction de Gulbahar. La rivière coule à notre gauche, tandis qu'au-delà s'étendent les fertiles champs irrigués et bordés de peupliers de la plaine de Shomali, plantés de blé, de vigne et de vergers. C'est le crépuscule. Un cavalier solitaire s'approche au galop, poussant sa monture en la fouettant de ses rênes. Sa magnifique selle brodée étincelle dans la lumière de fin d'après-midi. Il nous croise sans s'arrêter, galopant pour son seul plaisir, porté par un exaltant sentiment de liberté. Les moudjahidines, qui sont désormais plusieurs centaines, entrent en silence dans la petite ville. Alors que nous dépassons les premières maisons en pisé, le chaud soleil nous frappant de face, des femmes environnées d'enfants qui s'agrippent à leurs jupes nous lancent des bonbons et des amandes sucrées. Murmurant la formule de bienvenue traditionnelle : «*Mandabashi* (que la fatigue vous épargne)», elles sont venues saluer les combattants. C'est un moment extraordinaire qui nous procure la même émotion que doivent ressentir les soldats d'une armée de libération.

J'ai du mal à croire que les plus proches installations gouvernementales, une usine et quelques bâtiments administratifs, ne sont qu'à quelques centaines de mètres plus loin. Les Soviétiques tiennent également un fort un peu au-delà. Quelques semaines auparavant, l'Armée rouge a même massé des chars et des transports de troupes blindés sur la route principale à l'ouest de Gulbahar en vue de son offensive imminente contre le Pandjchir. Et, pourtant, sans même prendre la peine de se cacher, plusieurs centaines de moudjahidines armés ont pu traverser la périphérie de la ville avant de s'enfoncer dans les montagnes.

Assad nous conduit jusqu'à une maison enclose d'un haut mur non loin des bâtiments gouvernementaux. C'est le domicile d'un commandant local. L'homme est un Pachtoune de haute taille à l'épaisse barbe noire, vêtu d'un anorak vert provenant d'un surplus militaire ouest-allemand. Il nous accueille chaleureusement et nous invite dans sa chambre d'hôtes au sol recouvert d'épais tapis, avec un samovar fumant dans un coin. Nous nous effondrons sur les coussins disposés contre les murs tandis qu'un garçonnet nous apporte le thé. Une douzaine de combattants entrent à leur tour dans la pièce et s'assoient en tailleur. D'autres groupes opèrent dans le secteur, nous explique le commandant, mais la plupart, composés de Tadjiks et de Pachtounes, sont partis dans le Pandjchir il y a plusieurs semaines pour renforcer les défenses de Massoud. Je suis surpris d'apprendre que notre hôte appartient au Hezb d'Hekmatyar. Assad m'assure qu'ils sont amis, et tout le monde s'esclaffe quand il traduit mes inquiétudes en afghan. « Massoud est un grand homme, déclare en riant le commandant. Nous combattons ensemble. » Quand je l'interroge sur les forces gouvernementales toutes proches, il prend un air dédaigneux. « Ça n'est pas un problème. Les *Chouravis* viennent ici de temps à autre, mais ils ne comprennent rien. Toute la population est du côté des moudjahidines. Même les *askaris*. »

Le lendemain matin, bien avant l'aube, nous entamons l'ascension de l'Hindu Kouch. Nous percevons déjà au loin le grondement sourd de l'artillerie ou des bombardements aériens. À présent il s'agit de trouver Massoud. Nous sommes le 30 mai, et l'offensive soviéto-afghane dans le Pandjchir en est à sa deuxième semaine. Avant l'assaut, Massoud a entrepris d'évacuer la vallée des cinquante mille civils qui s'y trouvaient encore. Beaucoup ont gagné le Pakistan, tandis que d'autres ont préféré attendre la fin des combats en se réfugiant dans les vallées secondaires. Nous rencontrons des dizaines de Pandjchiris déplacés vivant comme des troglodytes dans les gorges avec leurs vaches, leurs chèvres et leurs poulets, à moins d'une journée de marche de la vallée principale tombée aux mains des Russes. Les Pandjchiris se sont construit des abris parmi les éboulements ou dans des grottes bien dissimulées, dont certaines sont d'anciennes mines d'émeraude ou de lapis-lazuli. Tous attendent la fin de l'offensive.

« Ils [les Russes] ne sont jamais restés aussi longtemps », se lamente un enseignant qui a été séparé des membres de sa famille durant l'évacuation. Il ignore où ils se trouvent, et même s'ils sont encore en vie. Les réserves de nourriture diminuant, Massoud a ordonné à ses hommes de partager leurs rations. Celles-ci se composent de blé, de sucre et de thé qu'il a pris la précaution de stocker dans des cachettes quelque temps auparavant. Les Afghans des provinces voisines lui envoient du ravitaillement, mais les Spetsnaz se sont emparés de plusieurs cols et vallées secondaires, bloquant ainsi plusieurs lignes d'approvisionnement. Le Pandjchir est maintenant occupé jusqu'au col d'Anjuman au nord, où les troupes les plus aguerries de Massoud lancent leurs attaques depuis des massifs d'une altitude de trois mille cinq cents à plus de cinq mille mètres.

L'équipe médicale française souhaite trouver le moyen de rejoindre leurs collègues Laurence Laumonier et Capucine de Bretagne. Personne ne sait où elles se trouvent. Assad nous emmène dans un village voisin toujours tenu par les moudjahidines. « Il paraît qu'il y a là-bas un Britannique et un Hollandais, deux journalistes », nous dit-il. À mon avis, le premier ne peut être que Peter Jouvenal. Je sais qu'il est parti il y a plusieurs semaines pour rejoindre la vallée. Le village a été lourdement bombardé, mais quelques maisons sont restées intactes. Leur arme posée en travers des genoux, des groupes de moudjahidines sont assis sous les mûriers. Tous portent le *pakol* nouristanais, l'anorak militaire et les rangers tchèques noirs, tenue qui est devenue l'uniforme des forces du Nord. Au moins deux canons antiaériens ZPU sont positionnés parmi les rochers qui dominent le village. Nous pénétrons dans une maison abritant une vaste pièce aux fenêtres brisées. Assis en compagnie de plusieurs moudjahidines, Peter boit du thé dans une tasse chinoise à décor fleuri. Recroquevillé dans un coin, l'air maussade, nous découvrons un autre Européen, grand et blond, vêtu d'un *salwar kameez* beige et coiffé d'une casquette de l'Armée rouge. Peter lève la tête. « Salut, Eddie, j'ai entendu dire que tu étais par là, me dit-il. Un peu de thé ? » Rien ne semble jamais surprendre ce discret Britannique. Nous nous serrons la main, puis je me tourne vers l'autre homme, le journaliste néerlandais Wicher. Il s'est blessé le genou sur des rochers. « Vous avez l'air d'un Russe, lui dis-je. À votre place, je ne porterais pas cette casquette. Vous risquez de vous faire descendre. – Je porte ce qui me plaît, rétorque-t-il. – Laisse tomber, monsieur connaît tout», intervient Peter. De toute évidence, la relation entre eux est un peu tendue. Nous passons la nuit dans la maison et nous préparons à monter sur le front le lendemain matin. Peter s'est déjà rendu sur l'une des positions les plus proches et connaît le chemin. Wicher attendra ici les médecins français.

Avant l'aube, nous suivons un étroit sentier qui monte à travers des bosquets de mûriers et de noyers. Aux premières lueurs du jour, nous percevons le bourdonnement inquiétant des hélicoptères. Petits points noirs à l'horizon, ils survolent l'Hindu Kouch par vagues successives. Ce sont surtout des appareils de combat Hind Mi-8 et Mi-24, mais il y a aussi de lourds hélicos de transport Mi-6 et Mi-25 qui déferlent par groupes de deux, quatre et six. Lorsque nous atteignons le sommet, ils sont juste au-dessus de nos têtes. À la fin de la matinée, nous avons compté pas moins de deux cents hélicos, mais certains d'entre eux ont dû effectuer plusieurs passages après être retournés à leur base pour se ravitailler. Nous voyons les appareils de combat virer de bord pour attaquer des objectifs dans la montagne tandis que les autres se posent en des points prédéterminés où ils dégorgent troupes et matériel.

Lourdement armés de kalachnikovs et de RPG, un groupe de moudjahidines se repose parmi les rochers. Massoud dispose de plus de deux mille combattants réguliers, plus quinze cents autres qui, impatients de combattre les *Chouravis*, sont arrivés de diverses provinces. Avec leurs cheveux longs, leurs barbes fournies et leur air de durs, les membres de ce groupe de professionnels sont les *motoraks* de Massoud, ses commandos mobiles. Ils sont bien entraînés et bien payés. Ils ont déjà repoussé, parfois dans des combats au corps à corps, plusieurs assauts lancés par l'Armée rouge pour s'emparer des crêtes. Massoud est l'un des rares commandants afghans à avoir mis sur pied de telles unités d'élite. Ils me font penser aux révolutionnaires cubains.

Les hommes de Massoud nous demandent de nous dissimuler sous les rochers afin de ne pas nous faire repérer par les hélicos, qui volent si bas que nous pouvons distinguer le casque des mitrailleurs. Les moudjahidines nous apportent en souriant des verres de thé vert et du *nan*. Tout cela est fort civilisé. Sous le soleil brûlant qui tape à cette altitude, nous restons assis, adossés au rocher. En dessous de nous, la vallée principale ressemble à quelque tableau du XIXe siècle dans lequel des pique-niqueurs observent une bataille qui se déroule en plusieurs points. Avec leurs chars, transports de troupes et artillerie lourde, il est clair que les Soviétiques contrôlent le fond de la vallée principale. À ma gauche, j'aperçois une longue colonne de chars qui lâche de noirs petits nuages de diesel tandis qu'elle progresse lentement dans le lit de la rivière pour éviter les mines. Dans un pré sur lequel, il y a un an, j'ai regardé Massoud entraîner ses hommes et disputer avec eux une partie de foot, sont à présent posés plusieurs hélicoptères, plus une douzaine de transports de troupes et des pièces d'artillerie motorisées, rangés non loin de camions équipés de lance-roquettes multiples Katioucha BM-21, le successeur moderne des orgues de Staline de la Seconde Guerre mondiale. De temps à autre, l'un d'eux ouvre le feu, probablement pour pilonner une position rebelle, peut-être une mitrailleuse embusquée. Mais les roquettes semblent n'avoir qu'un effet limité. Avant même que la fumée et la poussière se soient dissipées, la mitrailleuse recommence à tirer.

Sur ma droite, je vois six hélicoptères de combat tournoyer comme des requins avant de foncer l'un après l'autre pour pilonner de leurs roquettes des rebelles retranchés sur les pentes. De temps à autre, des formations de deux chasseurs MiG-23 d'attaque au sol ou de ces chasseurs-bombardiers Sukhoi Su-25 extrêmement manœuvrables auxquels l'OTAN a donné le nom de code de Frogfoot déchirent le ciel en rugissant avant de larguer leurs bombes dans une des vallées latérales.

De l'endroit où nous nous tenons, nous apercevons la ville de Rokha, et au-delà Anaba, où les Russes ont installé une base importante ; plus loin encore, c'est Bazarak. C'est dans cette dernière ville, sur une petite colline dominant la vallée de la Pandjchir, que Massoud sera plus tard inhumé dans un mausolée blanc coiffé d'un dôme vert. À travers mes jumelles, je vois sur les toits des soldats de l'Armée rouge qui prennent le soleil, torse nu, allongés sur des tapis volés dans les maisons. Ils semblent ne prêter aucune attention aux obus et aux bombes qui explosent autour d'eux. Non loin d'eux, d'autres soldats se redéploient en trottinant en file indienne à travers les vergers de mûriers ou d'abricotiers déchiquetés par les obus.

Bill, Peter et moi sommes impatients de rencontrer Massoud. Le commandant du secteur, qui est en contact radio régulier avec « le Lion », nous dit seulement qu'il faudra plusieurs jours de marche pour le rejoindre, car il se trouve de l'autre côté de la vallée principale. Ce qui signifie que nous allons devoir nous faufiler à travers les lignes soviéto-afghanes, une perspective qui ne nous enchante guère. Le commandant envoie un message à Massoud pour connaître son avis.

Massoud a mis en place un système de communication grâce auquel ses commandants lui transmettent par messager un rapport quotidien sur la situation. Il formule alors ses directives dans une lettre qu'il reproduit à des dizaines d'exemplaires sur une ronéo. Les messagers partent alors en courant porter ces directives aux différents villages et positions de combat. Le soir, les commandants et les notables villageois se réunissent avec leurs hommes pour un dîner commun. Quelqu'un sachant lire lit alors à haute voix la lettre de Massoud, et une discussion s'engage. Nous sommes toujours volontiers acceptés dans ces réunions. Personne ne nous soupçonne d'être des espions. Pour ces hommes, du moment que Massoud est d'accord pour nous recevoir, c'est que nous faisons partie de sa stratégie de résistance. De fait, Massoud compte sur les journalistes pour informer le monde extérieur et il fait tout son possible pour nous aider.

Le style des lettres de Massoud est extrêmement franc et personnel. Il n'hésite pas à faire part de ses doutes et à envisager d'éventuels échecs. C'est un peu comme si Massoud était dans la pièce et conversait directement avec ses hommes. Cela renforce le lien entre lui et ses combattants, et suscite de leur part une profonde loyauté. Mais, au bout du compte, comme le savent tous ceux qui le connaissent, c'est Massoud qui prend les décisions.

Le deuxième jour, nous visitons une autre position avancée et, une fois de plus, assistons au déroulement de la bataille. Avant l'offensive générale, les avions russes ont largué des tracts promettant l'amnistie à tout civil s'engageant à soutenir le gouvernement.

Puis les Russes ont procédé à deux jours de bombardements intensifs. Simultanément, et pour la première fois, les hélicoptères ont largué des commandos sur toute la longueur de la vallée. Les médecins français nous diront plus tard que Massoud les avait prévenus la veille qu'un assaut était imminent. Grâce à cette information, les guérilleros et la population civile n'ont subi pratiquement aucune perte. Les Soviétiques, qui n'ont capturé que quelques vieillards ayant refusé de partir, ont tenté de leur faire révéler les cachettes des moudjahidines. Certains ont accepté, mais, après avoir emmené les Russes dans les montagnes, se sont esquivés en laissant les soldats au beau milieu de sentiers impraticables. Les tentatives de l'Armée rouge pour s'emparer des crêtes ont échoué. Massoud a installé une douzaine de mitrailleuses lourdes et de canons antiaériens chinois sur les sommets. Les hélicoptères ont du mal à opérer au maximum de leurs capacités à de telles altitudes. Quand ils tentent de déposer les commandos, ils essuient un feu nourri, ce qui oblige les Spetsnaz à monter à l'assaut des hauteurs à partir de la plaine. Dès lors, les guérilleros embusqués au-dessus d'eux peuvent se livrer à un véritable tir aux pigeons. Les forces soviéto-afghanes ont subi de lourdes pertes au cours des premiers jours, certaines estimations évaluant à plus d'un millier le nombre de tués et de blessés. Bien qu'il soit impossible de confirmer ces chiffres, plusieurs diplomates à Kaboul signaleront par la suite qu'un grand nombre de camions ont acheminé des corps de soldats tués jusqu'aux aéroports de Bagram et de Kaboul, d'où ils ont été rapatriés en Union soviétique.

Les bombardements n'ont pas été plus efficaces. En un seul jour, deux cent vingt-trois bombes furent larguées sur la petite ville de Parandeh. Bilan : un villageois tué, un autre blessé, une vache déchiquetée. De nombreuses bombes n'ont pas explosé. Cela est peut-être dû au fait que, l'hiver précédent, qui avait été glacial, les soldats russes avaient ouvert les bombes pour en récupérer les explosifs afin de s'en servir pour se chauffer. Une autre explication pourrait être que, le terrain étant très escarpé, les bombes rebondissaient en touchant le sol. Les Russes finiront par équiper leurs bombes de petits parachutes de façon qu'elles percutent le sol selon l'angle voulu.

Plusieurs jours s'écoulent sans que nous ayons la moindre nouvelle de Massoud. Mais, un matin, un groupe de moudjahidines nous rejoignent à grands pas. L'un d'eux est Mirabudin, l'ancien étudiant du lycée Istiqlal qui m'avait servi d'interprète lors de mon premier voyage dans le Pandjchir. Il me remet un message personnel de Massoud. Vu la gravité de la situation, il me demande de raccompagner au Pakistan les médecins et infirmières français, ainsi que les autres Occidentaux qui se trouvent avec moi. Il ne veut pas courir le risque que nous soyons capturés. Le danger ne réside pas seulement dans les opérations en cours, mais aussi dans la possibilité que le KHAD informe les Russes de la présence d'étrangers dans le secteur. Mirabudin me demande de l'aider à récupérer Laurence et Capucine, les deux femmes médecins, qui ont trouvé refuge dans une grotte à haute altitude. Il nous faudra quatre heures de marche pour les rejoindre. Ensuite, je devrais les raccompagner au Pakistan. Les hommes de Massoud se chargeront de rassembler les autres étrangers, et nous nous rejoindrons tous dans un défilé proche. Il faut faire vite, car Massoud a appris que les Russes s'apprêtent à pénétrer dans les vallées secondaires. Il ne veut pas faire courir le moindre risque aux humanitaires.

Je mets brièvement Bill et Peter au courant. Tous deux sont déçus de ne pouvoir rencontrer Massoud après avoir fait tout ce chemin. C'est également mon cas, mais j'éprouve par ailleurs une obligation personnelle à l'égard des médecins français. Bill finit par décréter qu'il a suffisamment d'éléments pour rédiger un bon article. Le trajet de retour en compagnie des médecins peut même lui en fournir un meilleur encore. De toute façon il nous faut envoyer nos articles, et ni lui ni moi ne pouvons prendre le risque d'être coincés ici durant plusieurs semaines. Peter, en revanche, tient à filmer d'autres images de l'offensive et décide donc de rester.

Laissant Bill avec les moudjahidines, je pars avec Mirabudin. Les Russes ont positionné une mitrailleuse à l'embouchure d'une petite vallée que nous devons traverser. À travers mes jumelles, j'aperçois le servant avec sa chemise à rayures, accroupi derrière son arme. Je me dis que, si je peux le voir, il peut probablement me voir aussi. Les moudjahidines ouvrent le feu pour faire diversion pendant que Mirabudin et moi traversons en courant. Nous progressons difficilement à travers des éboulis à pic avant d'atteindre une série de crêtes déchiquetées. Nous arrivons à la grotte au début de l'après-midi. Je connais les deux médecins depuis Paris. Épuisées, elles dorment dans leur sac de couchage. Les deux femmes ont dû évacuer leur hôpital lorsque des commandos héliportés ont atterri à quelques centaines de mètres des bâtiments. Capucine était en train d'amputer un homme de sa jambe lorsque la porte de la salle s'était brusquement ouverte. Apercevant un hélicoptère russe qui s'apprêtait à faire feu, elle avait aussitôt plongé de côté. Quelques secondes plus tard, le bâtiment explosait, tuant le patient étendu sur la table d'opération. « Si seulement les Russes étaient arrivés avant que je lui coupe la jambe, cela lui aurait au moins épargné des souffrances », dit-elle. Pendant que les guérilleros tentaient de retarder l'avancée des commandos, les médecins et leurs assistants s'étaient employés à charger leurs patients sur des ânes et des chevaux. Elles avaient ensuite procédé à deux nouvelles évacuations, parvenant chaque fois à s'échapper de justesse, non sans perdre plusieurs patients.

Les deux femmes ne sont chaussées que de tennis. Elles n'ont pas eu le temps de récupérer leurs chaussures de marche, ni leurs passeports, que les Russes finiront par trouver. L'Armée rouge savait parfaitement que des équipes médicales françaises opéraient dans le Pandjchir, et que la majorité des médecins étaient des femmes. En manière de propagande, ils larguèrent des tracts affirmant que Massoud avait fait venir des putains françaises. Brandissant leurs passeports, le gouvernement de Kaboul annonça avoir capturé les deux femmes. Les communistes prétendirent également avoir appréhendé deux journalistes, Peter Jouvenal et moi, ayant probablement appris nos noms par des informateurs. À Paris, l'ambassade américaine s'efforçait de réagir à différentes allégations dont certaines avaient fini par devenir embarrassantes. L'attaché de presse de l'ambassade dut ainsi appeler un de mes amis, Mike Barry, célèbre spécialiste américain de l'Afghanistan basé en France, afin de déterminer laquelle, parmi les trois femmes qui ne cessaient d'appeler l'ambassade pour avoir de mes nouvelles, était ma petite amie. Ce fut Doug Archard, le consul de Peshawar, qui finit par faire taire les affirmations de Kaboul. Si les Soviétiques avaient réellement capturé quatre Occidentaux, déclara-t-il, ils les auraient à coup sûr exhibés à la télévision. Le KGB avait peut-être établi que nous étions dans la région, mais rien ne montrait que nous ayons été arrêtés.

Le soir, je m'apprête à remmener au Pakistan un groupe de cinq médecins et infirmières, plus Bill et Wicher. Mais finalement Bill et moi décidons de rester un jour ou deux de plus avec Peter, puis de rejoindre le groupe plus tard. J'étudie la possibilité d'emprunter un trajet plus court par l'est, que j'ai déjà suivi une fois. Il consisterait à passer par les contreforts méridionaux de l'Hindu Kouch jusqu'à la vallée du Pech au Kounar, mais les Pandjchiris ne disposent pas de contacts fiables dans la région. De nombreux villages sont connus pour être favorables au Khalq ou au Hezb. Mais, une fois de plus, l'Afghanistan s'avère une terre de contradictions. Alors que, nous apprêtant au départ, nous emplissons nos gourdes à une source d'eau vive, un groupe de trente à quarante combattants du Hezb venus du Laghmân arrivent dans notre camp. Ils sont venus renforcer Massoud.

Bill et moi rattrapons bientôt l'équipe médicale qui n'a progressé que lentement. Nous empruntons à peu près le même itinéraire que pour l'aller, à part que cette fois nous franchissons la route Jalalabad-Kaboul plus à l'est. Bill est en meilleure forme. Il a perdu quinze kilos et a laissé pousser sa barbe. Laurence et Capucine, en revanche, souffrent terriblement. Leurs fuites répétées, les patients tués pendant les évacuations et l'angoisse permanente de la capture les ont traumatisées. Les trois autres membres de l'équipe médicale prennent la situation avec plus de philosophie et sont même heureux de rentrer au Pakistan.

Le Hollandais, par contre, pose un véritable problème. Les Français le méprisent. Proche de la cinquantaine, Wicher a l'arrogance de quelqu'un qui connaît tout alors qu'il ne possède que très peu d'expérience. Les Afghans aussi n'ont aucun respect pour lui. Wicher insistant pour porter son *salwar kameez* kaki avec sa casquette russe, aucun moudjahidine ne veut rester en sa présence. Le simple fait qu'il ressemble à un *Chouravi* leur suffit. En raison de sa blessure, il les a payés pour qu'ils portent ses affaires, mais ils abandonnent régulièrement son sac au bord du chemin. En les réprimandant fréquemment, voire en les frappant, Wicher ne fait qu'aggraver la situation.

Je n'éprouve aucune animosité personnelle envers Wicher. Mon seul souci est de faire en sorte que nous rentrions tous sains et saufs au Pakistan. Toutes les quelques heures, je dois renégocier avec les Afghans. Chaque fois malheureusement, Wicher lâche une nouvelle remarque désobligeante, et les Afghans laissent une fois de plus son paquetage sur le bord de la piste. « Il a mal à la jambe, leur dis-je. Et, d'accord, c'est un idiot, mais il vous donnera 10 dollars pour porter son sac. Massoud veut qu'il rentre en un seul morceau. » Ensuite je me tourne vers Wicher. « J'ai arrangé les choses. Ne fous pas tout en l'air. »

Mais Wicher, bien entendu, ne lâche pas le morceau. À un moment, il se couche dans un pré, sur le dos, bras et jambes étendus, clairement visible depuis le ciel. Je ne bougerai pas, m'informe-t-il, tant que les Afghans ne me traiteront pas correctement. « Tu es un imbécile, rétorqué-je. Si tu insistes pour rester étendu comme ça, je te garantis que tu finiras par te faire tuer. Soit ce sont les Russes qui te descendront, soit des Afghans te prendront pour un soldat russe et te découperont en morceaux. Sauf s'ils ont pitié de toi, auquel cas ils se contenteront de te tirer une balle dans la tête. » Les Français me reprochent d'essayer de l'aider, tandis que Bill suggère que nous l'abandonnions sur place. « Laissons-le mourir, si c'est ce qu'il veut », propose-t-il. Même si l'idée est tentante, je sens que je ne peux le laisser là. Je patiente jusqu'à ce qu'il consente à se remettre debout.

En traversant les villages, nous comprenons que nous n'avons que cinq ou six heures d'avance sur les mouchards. Des villageois amicaux à notre égard nous informent que le bruit court qu'un groupe d'étrangers est en train de regagner le Pakistan. Je doute que les indicateurs disposent d'émetteurs-récepteurs. Leur seule option est d'expédier un message par voiture à la base militaire la plus proche. À deux reprises, toutefois, nous devons modifier notre itinéraire après que des villageois nous ont avertis que des

Kahlqis ou des Spetsnaz ont pris position devant nous et guettent notre passage. Je n'ai jamais su s'il s'agissait d'autre chose que de simples rumeurs, mais nous ne pouvions prendre aucun risque.

Nous nous déplaçons beaucoup plus rapidement qu'à l'aller. Je m'inquiète pour Laurence et Capucine. À l'évidence, elles sont au bout du rouleau. À un moment, la tension leur devient intolérable. Laurence, qui s'est toujours montrée une femme solide et résiliente, s'effondre en sanglotant. Capucine s'agenouille aussitôt auprès d'elle et la prend dans ses bras. « Pleure, *ma chérie*[1], pleure, lui chuchote-t-elle avec douceur. Laisse-toi aller. » Les relations du groupe avec Wicher ne font qu'empirer. Les Français l'ont à présent complètement rejeté, et Bill ne lui adresse la parole qu'en cas de nécessité. J'en ai assez de devoir sans arrêt intervenir.

« Pourquoi me détestent-ils ? ne cesse de me demander Wicher.
– Écoute, lui dis-je, tout le monde est sous pression, alors fais un effort pour te montrer aimable. Et, surtout, ferme-la. » Les Afghans sont les plus intolérants à son égard. Ils prennent désormais un malin plaisir à tourmenter le Hollandais. Un soir, alors que nous nous sommes arrêtés pour la nuit dans une cabane au bord d'une rivière proche de la frontière pakistanaise, tout le monde s'apprête à se coucher. Quelques heures plus tard, je suis réveillé par Wicher qui gémit dehors. Il souffre d'une violente diarrhée. Je saisis ma torche et le découvre accroupi, le pantalon baissé, essayant de se soulager au milieu des Afghans qui l'entourent. Ils lui lancent de petits cailloux en scandant son nom : « Wicher ! Wicher ! » « Oh Seigneur, aide-moi. Je ne peux même pas chier tranquille », grogne-t-il. Je demande aux Afghans de le laisser en paix, ils s'en vont en ricanant. Mais cela ne règle en rien la situation. Chaque jour, il y a un nouvel incident avec Wicher. Mais au moins nous sommes presque au Pakistan. Je promets à tous qu'une fois à Teri Mangal nous louerons un véhicule qui nous ramènera directement à Peshawar. Même si les militaires pakistanais nous arrêtent, ils ne voudront surtout pas se retrouver avec une bande de journalistes et d'humanitaires sur les bras dans les zones tribales.

1. En français dans le texte. (*N.d.T.*)

Non loin de Jagi, nous entendons de fortes explosions et le crépitement de mitrailleuses. Je me dis aussitôt que les Russes sont en train d'attaquer les positions moudjahidines le long de la frontière. Mais les combats se déroulent en territoire pakistanais. Les guérilleros nous apprennent qu'un village sunnite se bat avec un village chiite rival. Les affrontements durent depuis deux jours. Le plus stupéfiant est qu'ils utilisent des armes lourdes telles que des mortiers de quatre-vingt-deux millimètres et des roquettes dont même les moudjahidines ne disposent pas facilement. C'était une véritable guerre. Des années plus tard – à partir de 2008 –, ces zones tribales deviendront des territoires interdits dans lesquels les talibans pakistanais livreront des batailles rangées contre l'armée d'Islamabad. Mais, en 2010, certains villages shiites refuseront le passage aux talibans, ce qui irritera l'ISI, qui, comme à son habitude, joue double jeu.

Je ne suis pas d'humeur à laisser ce petit conflit nous empêcher de regagner l'hôtel *Dean's*, prendre un bon bain chaud, passer des vêtements propres et manger un vrai repas. « Il va falloir gagner le poste militaire le plus proche et nous rendre, expliqué-je. Les Pakistanais nous feront passer la frontière. Ils ne tiennent pas à ce que nous assistions à ce genre de choses. » Je me tais un instant. « Et surtout, ajouté-je, ils nous offriront probablement une tasse de thé. » Wicher me fusille du regard et se redresse de toute sa hauteur. « En tant que doyen de ce groupe, déclare-t-il d'un ton grandiloquent, c'est moi qui décide de ce qu'il faut faire. Nous allons rester ici jusqu'à ce que les affrontements prennent fin. »

Mais j'ai épuisé ma patience à son égard. « Nous allons rentrer au Pakistan que ça te plaise ou non, rétorqué-je d'un ton glacial. Si tu veux rester ici, ça m'est égal. Je ne suis plus responsable de toi. Je t'ai ramené sain et sauf. » Wicher se tait aussitôt, puis marmonne qu'il ne m'a jamais vu dans cet état. Je récupère théâtralement mon sac, franchis la ligne Durand et me dirige droit vers le vieux fort frontalier britannique en rondins sur lequel flotte le drapeau pakistanais. Plusieurs Frontier Scouts armés de kalachnikovs en émergent. Je demande à être conduit à l'officier commandant. Manifestement déroutés par cette soudaine irruption d'étrangers, ils discutent un moment entre eux avant de nous conduire près d'un pick-up. Nous montons sur le plateau et ils nous emmènent au poste de commandement, orné des habituels alignements de pierres blanches et parterres de rosiers.

Un commandant pakistanais vient nous accueillir. Je lui explique que nous arrivons d'Afghanistan et que nous voulons nous rendre à Peshawar. Sans sourciller, il nous invite à venir prendre le thé. Peu après, assis sur des chaises de jardin blanches, nous bavardons aimablement en buvant du thé dans des tasses en porcelaine et en grignotant des biscuits tout en observant les échanges de tirs dans la vallée qui s'étend à nos pieds. « Ces gens des tribus ont une petite prise de bec, nous explique le commandant d'un ton magnanime. Nous n'y pouvons pas grand-chose. Je crains malheureusement que nous devions attendre que ça se calme. »

Remarquant plusieurs véhicules blindés garés non loin de là, je tends le doigt dans leur direction. « Si vous pouviez nous faire traverser la zone, alors nous ne serions plus votre problème, mais celui de l'agent politique », dis-je d'une voix onctueuse. Le commandant se déclare d'accord et ordonne à ses hommes de nous accompagner. Sous les obus d'artillerie qui sifflent au-dessus de nos têtes, nous fonçons droit à travers le champ de bataille en direction du bureau de l'agent politique. Quelques heures après, nous nous trouvons dans un autre convoi escorté par des miliciens armés qui nous conduisent à la limite de l'agence tribale, et, de là, nous louons un véhicule pour Peshawar. Le lendemain, Wicher vient frapper à la porte de ma chambre à l'hôtel *Dean's*. Il porte une caisse de bières. « Je viens te présenter mes excuses, m'annonce-t-il. J'apprécie ce que tu as fait. L'Afghanistan produit des effets qu'il est difficile de contrôler. » Enfin, songé-je, Wicher a dit quelque chose avec lequel je peux être d'accord.

Au cours des semaines suivantes, il devint clair que la cinquième offensive russe dans le Pandjchir était un échec. Mais cela n'empêchait pas l'Armée rouge de clamer victoire. Les forces de Massoud tenaient toujours la plupart des hauteurs et des vallées latérales. Elles n'avaient subi que des pertes légères et, bientôt, multiplièrent les attaques contre les positions retranchées des occupants. Elles attaquèrent également les garnisons gouvernementales isolées. Les *askaris* afghans, mal rémunérés et démoralisés, désertaient la nuit avec leurs armes pour rejoindre la résistance ou rentrer chez eux, parfois en traversant tout le pays à pied. À la fin juin, l'Armée rouge procédait à son retrait en laissant sur place deux garnisons gouvernementales. Elles aussi firent long feu.

Les Russes lancèrent une nouvelle offensive en septembre, mais elle ne déboucha sur aucun résultat. Les commandos mobiles de Massoud répliquèrent farouchement, tuant un total estimé de quatre cents Spetsnaz et fantassins russes. Au total, les Soviétiques lanceront neuf offensives contre le Pandjchir, dont aucune ne leur permit de renforcer leur occupation. L'offensive de 1982 à laquelle nous venions d'assister en constituait un exemple. Les Soviétiques parvinrent, toutefois, à rendre la vie impossible aux civils. Mais le Pandjchir n'était pas unique à cet égard, le même scénario se produisait dans d'autres zones tenues par la résistance.

Les raids de représailles massifs causaient d'incommensurables souffrances parmi les Afghans et finissaient par les démoraliser. Les Soviétiques bombardaient fermes et villages, détruisant délibérément les réseaux d'irrigation. Vergers et champs autrefois prospères étaient transformés en terrains vagues pelés sur lesquels subsistaient des troncs desséchés. Les Russes multipliaient également les opérations aériennes visant à déverser des mines antipersonnel sur les zones suspectées d'abriter des guérilleros, qu'il s'agisse de pistes ou de terres agricoles. « Les Soviétiques sont parvenus à désorganiser les bases économiques et sociales de certaines zones de forte résistance en exerçant une pression permanente », souligna Jean-José Puig, président de l'Association des amis de l'Afghanistan basée à Paris, à la suite d'un voyage de dix semaines qu'il effectua à travers huit provinces à la fin de l'année 1982.

La situation devint si mauvaise que Massoud et d'autres commandants de l'intérieur firent appel à la communauté internationale pour obtenir de l'aide humanitaire d'urgence. Si l'on ne donne pas aux gens vivant encore en Afghanistan les moyens de survivre, prévinrent-ils, un nombre croissant de civils devront fuir. L'Occident fut cependant très loin de manifester à l'égard du calvaire subi par les Afghans de l'intérieur la même sollicitude qu'il avait montrée à l'égard des millions de Cambodgiens pris dans l'entreprise de massacre de Pol Pot quelques années auparavant. La plupart des agences internationales fournissant une aide « officielle » à partir du Pakistan choisirent d'ignorer ce qui se passait de l'autre côté de la frontière. C'est simple, souligna Étienne Gille, responsable d'Afrane, une ONG française qui faisait passer des caravanes de nourriture, de vêtements et de matériels médicaux dans l'intérieur du pays : « Moins les Afghans recevront de l'aide en Afghanistan même, plus le nombre de réfugiés contraints de fuir sera grand. »

Les Soviétiques poursuivirent leurs attaques contre le Pandjchir. En 1983, à la surprise de beaucoup, Massoud conclut avec eux une trêve d'une durée d'un an. Pendant cette période et au cours des années suivantes, j'effectuai plusieurs voyages dans le Pandjchir. Je passai de longues heures à discuter avec Massoud afin d'essayer de comprendre sa stratégie. J'ai toujours été frappé par sa pertinence et sa capacité à évaluer les forces et les faiblesses de l'Armée rouge pour la conduite de sa guerre. Dans un entretien que nous eûmes en 1984 dans une grotte située à quelques centaines de mètres de positions soviétiques, il m'expliqua que les Russes étaient arrivés en Afghanistan en appliquant des tactiques héritées de la Seconde Guerre mondiale, notamment en ce qui concerne l'artillerie lourde, et un entraînement totalement inadapté aux conditions régnant dans le pays.

« Mais ils se sont nettement améliorés, me dit-il. Ils utilisent mieux leurs hélicoptères et ont à présent des troupes plus mobiles, avec un équipement plus léger spécifiquement conçu pour ce type de guerre et ce type de terrain montagneux. Ils sont devenus des ennemis beaucoup plus redoutables. » Mais, en même temps, Massoud était absolument convaincu que, vu ses ressources et le nombre de ses troupes, il était absolument impossible que l'Armée rouge puisse contrôler beaucoup plus que les villes et un nombre limité de bases fortifiées dans les campagnes. « Nous pouvons ignorer certaines d'entre elles, ajoutait Massoud. Il est inutile de les attaquer. Au final, il ne leur restera aucune autre option que de se retirer. »

Si la trêve de 1983-1984 permit à l'Armée rouge d'adopter une politique de «prendre et tenir» – un peu comme le feront les Américains dans le sud de l'Afghanistan en 2010 –, et d'établir quelques garnisons dans la vallée, celles-ci, d'un autre côté, les immobilisaient. Les bases devaient être ravitaillées par hélicoptère. Un certain nombre de civils revinrent, tandis que les moudjahidines tenaient leurs propres positions dissimulées dans les vallées secondaires et les montagnes. C'était une situation absurde où vous pouviez très bien vous déplacer en compagnie de guérilleros à portée de vue d'une position russe, avant de gagner les montagnes où les rebelles menaient ailleurs des opérations contre l'Armée rouge.

Au cours de cette année de trêve, les Soviétiques tentèrent par deux fois de capturer ou de tuer Massoud. Une fois, ils tentèrent de l'attirer dans leur garnison puissamment fortifiée d'Anaba afin de procéder à de nouvelles négociations. Un interprète gouvernemental avertit toutefois le dirigeant pandjchiri qu'on projetait de l'arrêter. Il ne se rendit pas à Anaba. La seconde fois, le KGB tenta de soudoyer un des hommes de Massoud, un cuisinier, afin qu'il verse du poison dans la nourriture du Commandant. Là encore, un informateur avertit les Pandjchiris, qui plus tard exécutèrent le cuisinier.

Finalement, le Dr Najibullah, chef du KHAD et futur président du PDPA, ordonna personnellement l'assassinat de Massoud. L'homme qui devait exécuter ce contrat était Kamran, le capitaine de l'équipe nationale afghane de football, qui était allé à l'école avec Massoud. Il fut envoyé dans le Pandjchir avec la mission d'assassiner son ancien condisciple à l'aide d'un pistolet muni d'un silencieux. Lorsqu'il revit Massoud, Kamran fut à ce point impressionné qu'il lui révéla les plans du KHAD et, avec l'aide de Massoud, parvint à gagner le Pakistan. Kamran finit par se réfugier en Allemagne de l'Ouest. C'est paradoxalement Massoud qui protégera la vie de Najibullah lorsque les moudjahidines entreront dans Kaboul en avril 1992.

La trêve entre Soviétiques et Pandjchiris fut vivement critiquée par les autres partis de la résistance. Elle entrait pourtant dans les plans à long terme du Commandant, à savoir créer une résistance nationale mieux coordonnée grâce à l'unification des différents fronts de combat. L'arrangement permit à Massoud d'opérer ailleurs tout en clouant sur place les Soviétiques. Il attaquait régulièrement les convois de carburant et de ravitaillement sur la route du col de Salang, ce qui provoquait de sévères pénuries à Kaboul. Il s'empara également de bases gouvernementales vitales dans le Nord. Au cours des années suivantes, Massoud sut bâtir une force régionale de haute capacité, interdisant aux communistes de larges portions du territoire.

Chapitre 10

Peshawar : travailleurs humanitaires et assassins

Je réalisai que l'ambiance à Peshawar était en train de salement se dégrader le jour où, durant l'été 1988, les islamistes pendirent trois chiens à l'aide de fils téléphoniques et laissèrent leurs cadavres pourrir sur un tas d'ordures devant l'*American Club*. Tuer ces chiens était pour les fondamentalistes une façon de dire ce qu'ils pensaient des *kafirs* occidentaux qui vivaient à Peshawar et fréquentaient ce club de University Town. La vision de ces cadavres tout raides, la langue sortie de la gueule, le câble téléphonique leur entaillant le cou, m'a choqué. Qu'est-ce que ces chiens avaient à voir avec l'idéologie religieuse ?

Des dizaines d'humanitaires, bénévoles, diplomates, espions, mercenaires, aventuriers, agents de la DEA et autres se retrouvaient le week-end au club pour manger, boire un verre et passer un bon moment. C'était une oasis décontractée où je pouvais me détendre et m'offrir un bon repas et un café. Beaucoup de ceux qui venaient là étaient des employés d'agences humanitaires qui travaillaient dans les camps de réfugiés et les zones frontalières ou revenaient d'Afghanistan. Et puis il y avait les journaleux, ceux qui jouaient les durs avec leur gilet Banana Republic et leur barbe de trois jours, qui se pavanaient d'un air fanfaron en chuchotant qu'ils venaient juste de rentrer « de l'intérieur », ce qui voulait généralement dire qu'ils revenaient de la frontière d'où ils avaient fait une incursion de quelques heures au plus en Afghanistan.

L'*American Club* était le seul endroit où l'on pouvait boire un vrai verre à Peshawar. Il proposait des vins californiens étonnamment bons. Bien que Masud, le barman musulman, préparât les meilleurs Martini de ce côté-ci de la passe de Khyber, les musulmans étaient, sur ordre du gouvernement pakistanais, interdits d'entrée au *Club*. Mon partenaire de squash, John Soden, un assistant humanitaire à l'air posé, refusait de venir à l'*American Club*. Il considérait cette interdiction comme une discrimination, on lui avait même interdit d'y amener des musulmans américains, et il était très remonté. «Nous nous comportons exactement comme des colons», disait-il. Il avait raison, bien sûr, mais la plupart d'entre nous n'hésitaient pas à enfreindre la règle et à faire entrer discrètement leurs amis musulmans.

La veille du jour où nous découvrîmes les chiens pendus était un vendredi, jour de prière pour les musulmans, et le *Club* avait organisé une soirée rock and roll particulièrement bruyante. Quoique entouré d'un haut mur, l'endroit était loin d'être insonorisé. D'énormes haut-parleurs installés dehors diffusaient à plein volume des morceaux de Dire Straits, des Rolling Stones, de Fleetwood Mac et de Phil Collins qui déferlaient sur les toits des maisons voisines. La musique occidentale rivalisait avec les percussions et les coups de feu tirés à l'occasion d'un mariage tribal qui se déroulait de l'autre côté de Canal Bank Road, à deux ou trois pâtés de maisons plus loin. Pour les islamistes, c'était là le son de la décadence.

Je décidai de rentrer peu avant minuit. Un groupe de Britanniques et de Scandinaves ivres zigzaguaient dans la rue. C'est à ce moment que je repérai, sous un réverbère, un groupe d'Arabes vêtus de longues djellabas blanches. Ils étaient une bonne demi-douzaine, probablement des volontaires djihadistes arrivés du Moyen-Orient par l'intermédiaire de l'une des organisations islamiques qui avaient installé leurs bureaux à la mosquée Momin Khan voisine. Les Arabes observaient avec mépris la bande de soûlards, puis ils se mirent à siffler et à les insulter d'une voix gutturale. La police pakistanaise avait prévenu l'*American Club* d'observer une certaine discrétion lors de ses soirées. Certains djihadistes étrangers s'étaient plaints de ce qu'on laisse entrer de tels mécréants dans le pays. En y repensant aujourd'hui, je me dis qu'ils devaient probablement travailler pour Oussama ben Laden, dont la propre organisation, Maktab al Khidamar (MAK, « Bureau de services »), avait son siège à quelques centaines de mètres d'où nous nous trouvions. « Allez donc vous faire foutre ! » marmonna un des Anglais. Ses amis éclatèrent de rire, et le groupe s'éloigna.

Avant de quitter le club, j'avais remarqué un groupe de femmes, des humanitaires européennes et américaines, qui s'apprêtaient à rentrer à pied. Je décidai de retourner sur mes pas et de les accompagner au cas où les Arabes les accosteraient. Les incidents dans lesquels des djihadistes s'en prenaient verbalement à des Occidentales se multipliaient, bien que nombre d'entre elles aient adopté le foulard afin de ne pas offenser inutilement les Pakistanais et les Afghans. Mais cela n'était pas suffisant aux yeux des djihadistes. Quand je quittai le club en compagnie du groupe de femmes, les islamistes nous attendaient. Ils se mirent aussitôt à cracher et à nous lancer des pierres. Nous nous mîmes à courir jusqu'à ce que nous soyons hors de leur vue.

C'est le lendemain matin, alors que je me rendais paisiblement au club sur mon vélo chinois, une machine rudimentaire mais fonctionnelle, pour y manger un petit déjeuner rapide que je découvris les chiens. Je me demandai combien de temps il faudrait attendre avant que les islamistes se mettent à tuer des Occidentaux et à exposer ainsi leurs cadavres. Dans les années 1980, Peshawar était typique d'une ville en temps de guerre. Avant l'escalade du conflit afghan, les Américains présents étaient simplement représentés par le consul américain Doug Achard, une poignée de responsables d'USAID et deux ou trois agents de la Drug Enforcement Agency (DEA) qui ne cessaient de se plaindre du degré de corruption de leurs homologues dans la police pakistanaise. Mais, à mesure que la guerre s'intensifia, le nombre d'Américains et d'autres étrangers monta en flèche.

Pour beaucoup d'entre nous, c'était l'endroit le plus excitant au monde – une ville frontalière qui mêlait l'ambiance de Casablanca des années 1940 au rock de la guerre froide, au sexe vite consommé et à la bravade télévisée. Nous nous sentions partie prenante de l'Histoire en train de s'écrire. Ce mélange improbable d'individus et de contextes – aide humanitaire, journalisme, armée, diplomatie, espionnage, narcotiques, trafics, art – provenant de toutes les régions du monde était très inhabituel.

L'un des principaux établissements de Peshawar était le Centre américain, géré par ce qui était alors le United States Information Service (USIS). De nombreux Afghans, hommes et femmes, se rendaient dans les salles de lecture climatisées du Centre pour consulter la presse, apprendre l'anglais ou effectuer des recherches. C'est également là que l'USIS dispensait des cours sur la démocratie à l'intention des commandants moudjahidines ; perte de temps, peut-être, mais cela mettait ces hommes de tribus en contact avec les idées du monde extérieur et a permis de nouer des amitiés qui ont perduré jusqu'à l'heure actuelle. La « Liste de contacts afghans » tenue à jour par le Centre était une source précieuse pour quiconque venait à Peshawar. L'officier de l'USIS invitait invariablement les nouveaux arrivants, quelle que soit leur nationalité, à venir boire un verre pour leur présenter du monde.

Les Français avaient leurs propres conseillers culturels attachés à l'Alliance française, qui possédait une bibliothèque et projetait des films. Pakistanais et Afghans adoraient ces projections. Ils ne voyaient jamais un baiser à l'écran dans les cinémas locaux. Le consul honoraire français, mon ami Raza, ne parlait pas français… « Je ne sais pas du tout pour quelle raison ils m'ont choisi, me disait-il. Ils me demandent juste d'organiser des soirées et de les aider à retrouver les Français égarés. » Nous avons toujours soupçonné le responsable du centre culturel de travailler pour les services de renseignement, mais nous nous en moquions.

Il y avait, enfin, les vieux Britanniques restés sur place après la disparition du Raj. L'un des plus extraordinaires était Hubert M. Close, le professeur d'anglais de l'Islamia College de Peshawar, l'une des universités les plus réputées du Pakistan, qui était arrivé pour la première fois en Inde en 1937. Je le voyais parfois sur sa bicyclette, allant à ses cours ou en revenant. Il nous arrivait aussi de nous rencontrer. Ses étudiants, qui le surnommaient affectueusement Hajii Mohammed, le considéraient comme un authentique Pachtoune. Chaque été, il partait avec eux pour vacciner les enfants contre la variole ou distribuer des bombes insecticides contre la malaria. Profondément mais discrètement chrétien, animé d'un sincère respect à l'égard de l'islam, Close était le seul professeur du campus à interrompre ses cours pendant l'*adhan*, l'appel à la prière.

Il évitait la foule cosmopolite qui gravitait autour de l'Afghanistan, mais il m'invita une fois à l'université où nous eûmes une longue conversation devant un thé. Il se lamenta sur la baisse du niveau éducatif et l'échec général, y compris de sa part, à améliorer la société. Personne, regrettait-il, n'investissait suffisamment dans l'éducation, notamment auprès des réfugiés. Soulignant que c'était les extrémistes islamiques qui remplissaient ce rôle, il redoutait que cela ne finisse par saper la cohabitation et la tolérance entre communautés. « Il y a trop de bavardages et pas assez de substance, disait-il. Nous paierons dans l'avenir notre manque d'engagement. » C'étaient là des paroles inquiétantes si l'on songeait à l'influence croissante des madrasas dogmatiques qui transformaient une génération entière d'Afghans et de Pakistanais en fanatiques religieux et en futurs talibans.

La Peshawar des années 1980 fut affectée par deux tendances successives. La première fut l'arrivée d'abord graduelle puis accélérée des agences d'aide internationale. La seconde fut le développement du trafic de drogue et de la contrebande d'armes. La guerre permettait de juteuses affaires. L'expansion rapide du commerce, des quartiers résidentiels et des bureaux à Peshawar n'était pas seulement due à l'argent de l'aide internationale, mais aussi à celui de la drogue et d'autres trafics, parmi lesquels la pornographie et la prostitution des garçonnets, jeunes filles et femmes afghanes. La variété de ceux qui trempaient dans ces trafics illégaux était étourdissante : ISI, militaires, policiers, responsables officiels et hommes d'affaires pakistanais, ainsi que des partis politiques afghans, des Saoudiens, des chauffeurs routiers, des islamistes, des commerçants afghans, sans oublier certains ressortissants occidentaux.

Lors de mon premier séjour en 1979, la grande route qui mène vers la province du Khyber était bordée de rizières idylliques entre lesquelles se nichait parfois une maison. En moins de quatre années, la zone s'était couverte d'un enchevêtrement de blocs d'habitation, de concessionnaires automobiles, d'ateliers de réparation, de restaurants, de boutiques vidéo et de bureaux occupés par une flopée de nouvelles entreprises d'« import-export ». On appelait « maison construite avec le hash », ou « maison financée par l'aide » ces villas cossues dotées d'ostentatoires façades de marbre, de portails en treillis métallique et de belles fontaines. Dès le départ, il apparut qu'une grande partie de l'aide internationale n'allait pas là où elle était censée aller et que différents intervenants prélevaient d'énormes commissions. Comme à Kaboul aujourd'hui, il y avait tout simplement trop d'argent.

Après l'invasion russe et à la suite de l'exode massif des Afghans, des centaines d'ONG commencèrent à s'installer à Peshawar, la plupart dirigées par des expatriés originaires des États-Unis, du Canada, de l'Allemagne de l'Ouest, du Royaume-Uni, de France, d'Italie, de Scandinavie, du Japon, d'Australie et d'ailleurs. Ces groupes finirent par créer l'ACBAR (Agency Coordinating Body for Afghan Relief), un collectif destiné à coordonner leurs activités. Des Saoudiens, Koweïtiens, Jordaniens, Égyptiens et d'autres ressortissants du Moyen-Orient fondèrent également leurs propres organisations. La plupart étaient bénévoles. Certaines, et notamment celles financées par les Saoudiens, s'intéressaient avant tout à la construction de mosquées et de madrasas.

Pour les Pakistanais, les réfugiés représentaient un problème, mais aussi une source de revenus et d'opportunités. Sans pouvoir dissimuler une certaine satisfaction, le régime de Zia ul-Haq ne pouvait que constater que l'invasion russe avait replacé le Pakistan « sur la carte ». La guerre fournissait à la dictature une légitimité qu'elle n'aurait jamais pu acquérir sans cela.

L'assistance aux réfugiés afghans au Pakistan devint rapidement la plus grosse opération d'aide internationale depuis la fin de la Seconde Guerre mondiale. Les Pakistanais mirent en place une structure administrative relativement efficace, gérée de manière militaire et employant sept mille personnes. Presque tous les hauts responsables des camps étaient d'anciens officiers. Pendant les trois premières années, les camps fonctionnèrent comme des villages de toile auxquels les agences d'aide fournissaient tentes, couvertures, eau et nourriture de base. Ce n'est qu'après bien des réticences que les Pakistanais autorisèrent l'édification de murs en pisé pour protéger les réfugiés de la chaleur, du vent, de la pluie et de la neige. Tout ce qui évoquait la permanence était découragé. Mais les camps s'enracinèrent dès lors que les réfugiés remplacèrent leurs tentes battues et déchirées par le vent par des *katchas*, ces maisons traditionnelles en terre et pierre. En 1984, il y avait plus de trois millions d'Afghans au Pakistan, la majorité d'entre eux vivant dans les quelque trois cent quatre-vingts villes et villages de réfugiés qui avaient vu le jour. Beaucoup d'autres s'étaient installés chez des parents ou des amis dans les zones tribales, tandis que les plus fortunés étaient partis pour Islamabad, Lahore ou Karachi.

Des frictions éclatèrent avec les Pakistanais de la région lorsque les Afghans commencèrent à développer des activités professionnelles et commerciales, et notamment lorsqu'ils voulurent prendre pied dans le secteur du transport. Alors que jusque-là on n'y entendait quasiment que du pashto, tous les bazars résonnèrent bientôt de persan dari. Malgré ces transformations, les autorités continuèrent à entretenir l'illusion que tout cela n'était que provisoire. « Nous ne les décourageons plus de construire des *katchas*. Cela ne fait que refléter leur mode de vie et n'implique en aucun cas une présence permanente », insistait un coordinateur pakistanais pour les réfugiés de Peshawar.

Très rapidement, les nombreuses agences d'aide présentes à Peshawar rivalisèrent d'efforts pour obtenir les fonds distribués par les Américains, les Européens, les Australiens, les Saoudiens et d'autres. Comme pour le Rwanda dans les années 1990 et le tremblement de terre en Haïti en 2010, les médias internationaux constituaient une caisse de résonance essentielle pour doper leur collecte de fonds et asseoir leur image dans l'opinion. Les sujets de reportage susceptibles d'attirer les journalistes ne manquaient certainement pas à Peshawar.

Ancien correspondant d'Associated Press et un temps rédacteur en chef de l'*International Herald Tribune*, Mort Rosenblum se souvient que les événements qui survenaient à Peshawar le laissaient fréquemment pantois. Un jour, raconte-t-il, une famille de réfugiés demanda à un docteur pakistanais d'examiner leur fillette malade. Quand il ressortit de la tente, les anciens le lapidèrent à mort pour être resté seul avec la fillette. « Ce genre de choses était encore nouveau pour nous autres infidèles », conclut Mort.

Au début des années 1980, je séjournai généralement au *Dean's*, mais je dus déménager à University Town quand la circulation devint impossible. De nombreux propriétaires pakistanais avaient loué leur maison. Lorsque la présence occidentale augmenta, on construisit de nouveaux logements sur le moindre espace libre. Au milieu des années 1990, j'ai eu du mal à reconnaître la maison en pisé, une villa de sept pièces, où j'avais logé avec quatre autres étrangers. Le jardin autrefois charmant était désormais occupé par des logements neufs. L'*American Club* lui-même s'était agrandi et comprenait à présent une piscine et un court de tennis tout neuf.

La présence de la communauté internationale, perçue comme une énorme vache à lait, entraîna les habituelles escroqueries. Les opérateurs de PTC, la Pakistan Telecommunication Company, multiplièrent les propositions d'abonnement à bas prix auprès de leurs concitoyens en faisant payer leurs factures, parfois de plusieurs milliers de dollars par mois, aux étrangers. La mienne explosa avec des dizaines d'appels vers la Libye, l'Égypte, dont certains d'une durée de plusieurs heures. Quand j'allai me plaindre auprès de la compagnie de téléphone, un employé me proposa benoîtement de « remédier à ce problème » en échange de 500 dollars pour « frais de service ». Il n'aurait plus ensuite qu'à transférer les appels sur la facture d'un autre étranger.

Peshawar attirait une quantité inhabituelle d'esprits originaux. Comme cela se passe dans beaucoup de crises humanitaires à leurs débuts, il régnait un fort esprit pionnier. Bien qu'exerçant des emplois ordinaires aux États-Unis et en Europe, certains, considérés comme inadaptés dans leur pays, trouvaient leur place à Peshawar. Et, bien souvent, ils trouvaient aussi l'amour. Juliet Crawley, une Britannique, débarqua à Peshawar à vingt-quatre ans et rencontra peu après son premier mari, Dominique Vergos, un flamboyant photographe de mode français devenu reporter de guerre mâtiné d'espion. Très jolie, fille d'un pasteur anglais, Juliet était dotée d'un humour cinglant souvent exaspérant. Elle devint bientôt la responsable d'AfghanAid, qui opérait clandestinement à l'intérieur de l'Afghanistan. Blonde aux cheveux courts, elle ne cessait de fulminer à propos du soutien américain aux extrémistes afghans.

Juliet formait un couple improbable avec Dominique, un grand type onctueux, le cheveu soigneusement taillé pour affleurer aux épaules, toujours vêtu d'une très chic tenue de ligne de front. Il portait des écharpes en soie, des bottes de cavalier mongol, des gilets brodés turkmènes et des turbans tribaux. Dominique s'était aperçu qu'il pourrait gagner plus d'argent en faisant l'espion pour divers services de renseignement de l'OTAN que comme simple journaliste. Partout où il allait, il se trimballait avec un revolver et une dague ghaznie recourbée. Il ne se déplaçait pas non plus sans son énorme couteau de chasse en acier Damas, qu'il posait sur la table au restaurant ou aux réceptions. Poussant à l'extrême son sens de l'aventure, Dominique, excellent cavalier, disparaissait plusieurs mois d'affilée dans l'intérieur de l'Afghanistan, officiellement pour prendre des photos, mais également pour relever les numéros de série des fusils utilisés par les guérilleros afin d'avoir une idée de la façon dont les armes étaient réparties.

Le jour de Noël 1988, Dominique trouva la mort alors qu'il revenait de l'*American Club*. La version officielle fut que le *chawkidar* (gardien de nuit) de son domicile lui avait tiré deux balles de kalachnikov dans la nuque. Quand il avait trop bu, Dominique adorait tirer au fusil d'assaut dans le jardin, et même sur la cahute du gardien à côté du portail. Ils s'étaient querellés, poursuivait la version, et les coups étaient partis accidentellement. Cependant, vu les activités de renseignement de Dominique – et son comportement souvent agressif –, d'autres explications, plus sombres, de sa mort circulèrent.

Une autre figure connue de Peshawar était Rory Peck, ancien officier britannique et aventurier *par excellence*[1]. Grand, fougueux

1. En français dans le texte. (*N.d.T.*)

et d'un charme irrésistible, Rory était né aux États-Unis mais avait grandi en Irlande. Il sautait sur la moindre occasion de s'amuser – et sur toutes les femmes. Divorcé et père de deux enfants, Rory était venu à Peshawar pour s'essayer à la caméra. Un jour, mon ami Charles Norchi arriva avec une assistante arménienne aux cheveux noirs afin de mener des recherches sur les droits de l'homme. Dans l'espoir de séduire la jeune femme, Rory entreprit un soir, totalement ivre, de peindre en grandes lettres noires, sur les murs de Canal Bank Road, le slogan « Vive l'Arménie ! Dehors les Russes ! » L'incident des graffitis avait été précédé par une course en *rickshaws* de la vieille ville jusqu'à la maison où nous logions, course au terme de laquelle plusieurs prétendants se retrouvèrent à patauger dans les eaux crasseuses du canal devant la maison de l'Arménienne. Que le fond du canal soit jonché de balles de canons antiaériens et d'obus de mortier non explosés ne sembla déranger personne. C'était des souvenirs que Rory avait rapportés d'Afghanistan et que, jusqu'à une date récente, il avait exposés sur la cheminée. Je les avais balancés dans le canal, ce qui n'était sans doute pas la chose la plus intelligente à faire, et m'étais rendu, penaud, au commissariat de police pour déclarer qu'un idiot irresponsable y avait jeté des munitions non explosées. Plusieurs mois plus tard, l'armée envoya une équipe de sapeurs les récupérer.

Par la suite, Rory s'avéra l'un des cameramen les plus intrépides qui soient. Alors que je couvrais la ligne de front avec lui dans l'est de l'Afghanistan, il insista pour que nous nous rapprochions des positions gouvernementales, sans se préoccuper du fait qu'ils nous avaient déjà repérés et nous visaient avec leurs mortiers. Il riait comme un fou tandis que les obus passaient en sifflant au-dessus de nos têtes avant d'exploser dangereusement près de nous. À ma surprise, Rory et Juliet, la veuve de Dominique, nouèrent une relation et finirent par se marier. Plus tard, Juliet aida Rory à mettre en place le bureau moscovite de Frontline News, une agence de télévision basée à Londres. Rory fut tué en 1993 alors qu'il filmait à Moscou. Juliet créa le Rory Peck Trust afin d'aider les familles des journalistes free-lance tués dans l'exercice de leur métier.

Quelques années après la mort de Rory, Juliet et moi nous retrouvâmes autour d'une tasse de thé à Londres. Elle n'avait pas perdu son sens de l'humour. Quand je lui demandai si elle envisageait de se remarier un jour, elle rétorqua : « Pas question, bon sang ! Qui voudrait d'une femme dont les deux maris ont été tués, hein ? Le pauvre se dirait sans arrêt : "Jamais deux sans trois" ! » Le sort s'acharna durement sur Juliet. Elle fut victime d'un cancer qui lui fit perdre son œil droit. Elle dut porter un bandeau noir qui lui donnait une allure impressionnante de rebelle. Le cancer connut une rémission, mais finit par réapparaître pour finalement la tuer en 2007.

Autre personnalité de Peshawar, le corpulent Steve Masty était un auteur, chanteur, conteur et dessinateur humoristique exceptionnellement brillant. D'origine américaine, titulaire d'un doctorat de l'université écossaise de St. Andrews, il avait écrit certains discours de Reagan. Masty devint gérant de l'*American Club*, et une soirée n'était pas complète à Peshawar sans que Steve prît sa guitare et nous régalât, à la manière d'Elvis, de ses dernières chansons ridiculisant les moudjahidines, les humanitaires étrangers, le gouvernement américain et d'autres :

« Dans un coin de Peshawar où jamais nul n'est allé,
Vit un *chawdikar* aux dents de charognard
C'est le plus sale type que vous puissiez rencontrer
Mais son patron est encore pire, car c'est Hekmatyar... »

Aussi pertinents qu'hilarants, ses dessins rendaient bien mieux compte de ce qui se passait dans cette guerre que tout ce que nous pouvions écrire. Je le revis lors d'un dîner à Kaboul vers la fin de 2009. Il était resté le même Steve irrévérencieux et drôle, mais décochant cette fois ses traits contre la communauté internationale et son incapacité, une nouvelle fois, à s'occuper correctement de l'Afghanistan. « Bah, c'est exactement comme avant. Les étrangers qui veulent tout régler sans que les Afghans aient leur mot à dire sur leur avenir. Beaucoup de blabla, beaucoup de fric, mais pas le moindre résultat », se lamentait-il.

Peshawar attirait aussi de nombreux « soldats de fortune » désireux d'en découdre. Beaucoup effectuaient de rapides incursions de l'autre côté de la frontière mais trouvaient la situation un peu trop dure, surtout quand elle s'accompagnait d'un maigre régime de thé et de *nan* trempé dans un peu de sauce à la viande. D'autres renonçaient après avoir contracté une hépatite ou la dysenterie, ou déçus par le manque de combats. La vérité était que l'Afghanistan n'était pas une guerre d'action, ponctuée de fréquents contacts avec l'ennemi. On y effectuait surtout des marches interminables, avec des bombardements au loin. Cela dit, tous revenaient avec des photos d'eux posant avec une kalachnikov en compagnie de moudjahidines. Le nombre de « mercenaires » ayant réellement combattu de façon prolongée aux côtés de la résistance, comme l'a fait John Walker Lindh, le taliban américain, en 2001, peut probablement se compter sur deux mains. Pour ma part, je n'ai entendu parler que d'un Américain, deux Allemands (des convertis à l'islam), plus une poignée de soldats de l'Armée rouge qui avaient déserté ou été capturés.

Certains semblaient participer à une tragi-comédie permanente. Rudolf, un Américain d'origine est-allemande violemment anticommuniste, était animé d'un ardent désir de combattre les Russes. Il arriva à Peshawar avec tout un attirail de combat. Gilet pare-balles, baïonnette, rangers à semelles métalliques, lunette de visée nocturne, filet de camouflage, cantines... le tout acheté dans un surplus militaire aux États-Unis. Il n'avait pas fait l'armée mais en connaissait parfaitement le jargon. Il était constamment en train de négocier avec les différents groupes afin qu'ils l'emmènent à l'intérieur. Je l'apercevais souvent au café de l'hôtel *Green*. Il attendait, de plus en plus déprimé. Les moudjahidines lui avaient déjà soutiré plusieurs milliers de dollars pour « acheter des chevaux » en vue de l'expédition. Autant que je sache, il n'a jamais franchi la frontière. Et il n'a jamais vu la couleur de ses chevaux.

Il y avait aussi un photographe italien à la barbe soigneusement taillée et au treillis vert foncé tout droit sorti d'un magazine de mode milanais. Il voulait couvrir la guerre, mais aussi se battre. Il s'entraînait tous les jours dans le jardin du *Dean's Hotel*, prenant un air de dur à la Rambo, faisant des pompes et exécutant des mouvements de karaté. Finalement, après des semaines de négociations, les moudjahidines l'emmenèrent dans la province de Paktiyâ. Il en revint au bout de trois jours, quasiment en larmes. Alors qu'ils franchissaient la frontière, ils avaient été attaqués par des MiG. Le cheval qui transportait ses bagages – et ses appareils – avait été pulvérisé.

Plusieurs des journalistes couvrant la guerre possédaient une expérience militaire, ce qui les a sans doute aidés à supporter le stress de la situation. Un jour, à l'occasion d'une rencontre, je trouve Peter Jouvenal en train de prendre son repas au salon. En m'asseyant, je remarque qu'il arrache des petites choses noirâtres de son bras. Je lui demande ce que c'est. « Oh, c'est rien, juste quelques éclats. – Comment ça, des éclats ? je m'enquiers d'un ton incrédule. – Bah, le type juste à côté de moi a eu la tête emportée », répond-il d'un ton énigmatique. Jouvenal était en train de filmer une opération russe quand une roquette était tombée non loin de lui. L'explosion avait fait deux morts, et il n'avait eu la vie sauve que grâce à sa caméra qui l'avait protégé, mais qui avait été très endommagée. C'est tout ce que je pus tirer de lui.

À Peshawar les choses se sont mises à bouger vers la fin des années 1980. Des délégués du CICR transformèrent une de leurs résidences en lieu de fête hebdomadaire avec l'ouverture du *Bamboo Bar*, où l'on pouvait boire et rencontrer des gens. Ils ouvrirent même un casino clandestin où humanitaires, diplomates et beaucoup d'autres se pressaient autour des tables de jeu. Plus tard le CICR dut fermer discrètement l'établissement, devenu un peu trop connu à l'extérieur.

Une bonne part de la vie sociale et mondaine tournait autour de l'*American Club*. Les conversations au bar étaient distrayantes, sinon toujours crédibles. Un Américain menant d'obscures activités pour le compte des services antidrogue m'expliqua un soir que son équipe et lui avaient introduit clandestinement en Afghanistan, à dos de cheval, des canons antiaériens, et cela « au nez et à la barbe des foutus Pakistanais ». Quand je lui demandai comment ils étaient parvenus à faire passer leur caravane, il se pencha vers moi, m'enveloppant d'une haleine chargée de whisky. « On a badigeonné ces putains de trucs avec du crottin de cheval, me confia-t-il d'un air de conspirateur. Aucun foutu Pakistanais ne va fourrer son nez dans de la merde de canasson ! » Je restai sceptique.

Un autre soir, un coordinateur de MSF entra dans le restaurant et, m'apercevant avec quelques amis et une bouteille de vin, vint à notre table. « Je peux ? fit-il en prenant un verre et en se servant à boire. Quelquefois, poursuivit-il avec un fort accent, ça devient vraiment trop. » Alors qu'il s'occupait de former une caravane d'aide, un Afghan qui aidait au chargement lui avait dit qu'il souhaitait emprunter du matériel et trois ou quatre chevaux pour rencontrer le commandant d'un village. Il connaissait une fille de ce village. Elle vivait dans un camp de réfugiés, il l'aimait (il n'avait vu son visage qu'une seule fois) et voulait l'épouser. Mais sa propre famille était pauvre et ne pouvait rassembler la dot, de sorte que c'était au commandant de décider. Il pensait que les chevaux parviendraient à le convaincre. Mais, si ça ne marchait pas, avait ajouté le jeune homme, est-ce qu'il pourrait avoir une des infirmières françaises à la place ? Il avait entendu dire qu'une dot n'était pas obligatoire en France. Et aussi que les Françaises « aimaient l'amour ». Islam ou non, il y avait de nombreux jeunes hommes frustrés dans les rangs des moudjahidines. « Je pense que *le petit con*[1] veut juste baiser », poursuivit le médecin. Évidemment, reconnut-il, le fait que beaucoup de bénévoles français aient, sans être mariés, des relations sexuelles entre eux n'aidait pas. « Ces choses-là se savent », dit-il.

Beaucoup d'humanitaires venus à Peshawar sortaient du lycée ou de l'université, mais d'autres exerçaient un métier dont ils s'étaient lassés et souhaitaient se lancer de nouveaux défis. L'un d'eux était Anders Fange, le responsable blond et fumeur de pipe du Swedish Committee. Ancien journaliste à la voix rauque et à la barbe bien taillée, il était arrivé au début des années 1980 pour couvrir la guerre soviétique. Je l'avais rencontré à Peshawar peu après son premier voyage à l'intérieur. Il avait été tellement affecté par ce qu'il avait vu qu'il était rentré à Stockholm pour fonder en 1983 ce qui devint rapidement – et est toujours aujourd'hui – l'une des ONG les plus efficaces sur l'Afghanistan. Anders avait laissé à plusieurs reprises l'Afghanistan pour aller travailler en Éthiopie, en Palestine et ailleurs, mais il ne pouvait s'empêcher d'y revenir.

1. En français dans le texte. (*N.d.T.*)

« Il faut apprendre à traiter personnellement avec les commandants, me dit-il plus tard. Il faut oublier les affiliations. Ce sont avant tout des hommes. Ils veulent faire du mieux qu'ils peuvent pour leurs familles et leurs enfants. » Après l'effondrement du régime taliban, Fange entra à l'UNAMA (U.N. Assistance Mission in Afghanistan), mais s'en détacha rapidement. Il était amèrement déçu par la façon dont les Nations unies géraient le processus de redressement.

N'étant pas homme à mâcher ses mots, Anders devint vite une épine dans le pied des Américains. Au milieu des années 1980 l'aide internationale à destination de l'Afghanistan était devenue une affaire hautement politisée. Le gouvernement américain exerçait d'énormes pressions sur les agences d'aide pour qu'elles relaient le discours antisoviétique et élargissent leurs opérations de secours, sans se préoccuper de savoir si ces initiatives étaient utiles ou non. Les fonds ne manquaient pas. Cette même approche du « tout est permis » fut adoptée par les États-Unis et la communauté internationale dans l'effort de redressement opéré dans les années post-2001, lorsque des milliards de dollars furent stupidement engloutis en l'espace de quatre ou cinq ans dans des projets inappropriés.

Anders rejeta les insistantes demandes américaines pour que le Swedish Committee multiplie par deux, voire par trois ses activités en Afghanistan. Lorsque le chef de l'USAID proposa un financement illimité au comité, qui avait mis en place un processus de contrôle totalement transparent pour ses programmes internationaux afin de s'assurer que son aide n'était pas gaspillée ou mal utilisée, Anders lui opposa un refus. À l'époque, le budget annuel du comité était d'environ onze millions de dollars. Anders remarqua qu'il pourrait probablement élargir ses opérations à douze ou treize millions de dollars, mais qu'au-delà ce serait stupide. « Nous n'aurions pas eu les moyens de contrôler de telles dépenses, expliqua-t-il plus tard dans une interview sur l'aide internationale menée par le producteur américain Tom Woods et moi-même pour la principale émission télévisée américaine d'actualités, la *MacNeil-Lehrer NewsHour* sur PBS. C'eût été une totale perte de temps et d'argent. » Le refus d'Anders rendit le chef de l'USAID furieux. Il ne comprenait pas que l'on puisse refuser du bon argent américain. « Ils n'apprennent jamais rien, me confia Anders au cours d'un dîner chez lui à Kaboul en décembre 2009 en évoquant le penchant américain à vouloir mettre toujours plus d'argent sur le problème afghan. Ils n'ont rien appris dans les années 1980 et ils n'ont rien appris de la situation actuelle. »

L'organisation étrangère sans doute la plus influente était le Comité international de la Croix-Rouge (CICR). Le CICR put établir des bureaux à Peshawar et à Quetta, et assurer une présence temporaire à Kaboul. L'un de ses objectifs était de rendre visite aux moudjahidines détenus par le régime de Kaboul. Un autre était de s'occuper des soldats russes et afghans capturés par la résistance. En 1980, en l'espace de moins de six mois, le CICR put ainsi rencontrer quatre cent vingt-sept prisonniers politiques enfermés dans la célèbre prison de Pul-e-Charkhi. Il distribua également deux tonnes de médicaments à différents hôpitaux et dispensaires. Mais, en juin de cette même année, le régime de Kaboul obligea la Croix-Rouge à partir. Ce n'est qu'en 1986 que le CICR put ouvrir une antenne permanente à Kaboul.

Le CICR considérait que sa principale tâche était de veiller à l'application du droit humanitaire international. La Convention de Genève stipule clairement que les membres d'un mouvement de résistance capturés appartenant à une force armée organisée ont droit au statut de prisonnier de guerre. Pourtant, pendant toute l'occupation russe, ni Moscou ni le régime de Kaboul n'ont jamais considéré que les moudjahidines étaient concernés par cette disposition. Par la suite, lors de l'invasion dirigée par les États-Unis, l'administration Bush rejeta de la même façon la Convention, emprisonnant des milliers d'Afghans et d'étrangers engagés aux côtés des talibans en tant que combattants « illégaux », en prétendant qu'avec leurs tenues hétéroclites ils ne constituaient pas une force légitime ou officielle.

Déclarant qu'il ne pouvait travailler à l'intérieur de l'Afghanistan sans l'autorisation du gouvernement « hôte », le CICR décida d'installer deux hôpitaux de campagne au Pakistan, l'un à Peshawar, l'autre à Quetta. Ils seraient chargés de traiter le flux ininterrompu de civils et de combattants blessés amenés à pied, à cheval, à dos de chameau, en camion, *rickshaw*, ambulance, taxi, voiture et car depuis la frontière.

Je finis pour ma part par me retrouver dans une position particulière par rapport au CICR en raison du calvaire enduré par les prisonniers de guerre russes aux mains des moudjahidines. Au cours des dix-huit premiers mois de la guerre, j'entendis souvent parler de soldats russes capturés. D'après ce que je comprenais, la plupart d'entre eux avaient été exécutés, souvent de manière atroce, en raison de la haine des Afghans à leur égard. Le premier cas documenté d'un Soviétique ayant été capturé par les moudjahidines et laissé en vie fut celui d'un pilote ukrainien de MiG abattu au-dessus du territoire afghan. Des guérilleros lui firent franchir clandestinement la frontière avec la province pakistanaise du Khyber, d'où il fut ensuite acheminé dans une maison sûre à Peshawar. Conscient de la publicité que cela pouvait valoir, le détenu fut exhibé devant la presse internationale. Mais avoir un prisonnier de guerre soviétique sur le territoire pakistanais était bien la dernière chose que souhaitait le très susceptible gouvernement d'Islamabad. Il pressa donc les moudjahidines de le lui remettre. Ensuite les Pakistanais le transférèrent discrètement à l'ambassade soviétique, qui le réexpédia promptement en URSS.

Le fait que les Pakistanais aient contraint les moudjahidines à leur remettre leur prisonnier n'arrangea pas les choses. Il y avait désormais peu de chances pour que les guérilleros se séparent de leurs captifs. En 1982, on signala de nouveaux cas de prisonniers russes détenus dans des conditions horribles, et que leurs gardiens tentaient de manière répétée de convertir à l'islam, ou bien affamaient avant de les exécuter d'une balle dans la tête ou de les battre à mort. Certains articles affirmaient que des prisonniers de l'Armée rouge, notamment des pilotes, avaient été dépecés vifs. Dans un autre cas, une vidéo montrait deux prisonniers russes contraints d'ôter leurs bottes, blouson et treillis avant d'être abattus. On avait souvent l'impression que les guérilleros ne savaient tout simplement pas quoi faire de ces prisonniers. Ils ne voyaient pas l'intérêt de les garder en vie. Et ils n'avaient pas la moindre idée de ce qu'était la Convention de Genève. Par ailleurs, pour un moudjahid (ou un taliban), tuer un *kafir* signifiait devenir un *ghazi*, un héros.

Je discutai de cette question avec Jean-Michel Monod, le délégué responsable du CICR à Peshawar au début des années 1980. Monod, un Suisse de haute taille, le visage séduisant et la moustache épaisse, avait lui aussi entendu parler d'affaires similaires, et le CICR avait commencé à évoquer d'éventuelles options avec les commandants de la guérilla. Un des principaux soucis de Monod était de ne pas convaincre seulement ces chefs militaires de respecter la Convention de Genève, mais aussi leurs hommes sur le terrain, pour la plupart illettrés. Nous convînmes d'échanger des informations tant que cela ne compromettait pas la traditionnelle position de confidentialité du CICR, qui est la principale raison pour laquelle les belligérants autorisent le comité à inspecter les conditions de détention au regard de la Convention de Genève. Monod me passa des bandes dessinées spécialement publiées en pashto et en dari expliquant les objectifs de la Convention. Si la distribution de « propagande » humanitaire ne ressortissait pas forcément de la responsabilité d'un journaliste, j'en emportai toujours quelques exemplaires avec moi, que je distribuais aux commandants de guérilla à l'intérieur de l'Afghanistan.

En elles-mêmes, je ne pense pas que ces brochures aient eu un impact ou qu'elles aient sauvé des prisonniers. Mais elles suscitaient chaque fois une discussion, autour d'un thé ou lors d'un repas durant mes incursions en Afghanistan. Les commandants illettrés ne comprenaient absolument pas au nom de quoi ils auraient dû gaspiller de la nourriture et un lit pour des ennemis capturés. Au bout du compte, l'argument le plus convaincant était de souligner qu'un commandant puissant était aussi un commandant miséricordieux. En remettant leurs prisonniers au CICR, ils bénéficieraient d'un écho international et seraient même mentionnés par la BBC. Les murmures ponctués de « Aha » qui parcouraient alors l'assistance indiquaient que j'avais touché là un point sensible, ou en tout cas flatté leur vanité.

La question des prisonniers de guerre en vint rapidement à représenter un dilemme majeur pour le CICR. Pour la première fois de son histoire, l'organisation genevoise se trouvait confrontée à un nouveau concept de responsabilité envers les détenus, à savoir l'internement par procuration, en territoire neutre, de soldats d'une armée conventionnelle capturés par un mouvement de guérilla non reconnu. Depuis la fin du XIXe siècle, le CICR avait veillé au traitement correct des prisonniers de guerre en visitant les camps d'internement, en organisant des échanges de prisonniers et même en servant d'intermédiaire pour la libération de civils capturés dans des zones tenues par une rébellion.

L'Afghanistan, toutefois, n'était pas une guerre conventionnelle. Avant l'invasion russe, les rebelles ou « bandits » capturés étaient sommairement exécutés ou jetés en prison par le régime. En retour, les moudjahidines désarmaient les soldats capturés enrôlés par Kaboul, tandis que les militants du Parti communiste et les officiers de l'armée étaient jugés par des tribunaux appliquant la *charia* puis exécutés. Le CICR n'avait pas obtenu l'autorisation de visiter la célèbre prison de Pul-e-Charkhi, ni aucun des centres de détention à Kaboul, à Kandahâr, à Jalalabad et ailleurs.

L'invasion changea la situation. Alarmé par des rapports insistants faisant état d'exécutions de prisonniers allant de soldats de l'Armée rouge qui s'étaient fait égorger à des partisans afghans ligotés écrasés par des chars russes, les représentants du CICR à Peshawar avaient commencé à négocier avec la plupart des partis de la résistance dès le début des hostilités. « Nous rencontrions Hekmatyar, Rabbani, Mojadeddi, Mohammadi, Khales, Pir Sayed Gailani, Mansour et quelques autres chaque jour si nécessaire afin de les convaincre de garder en vie les prisonniers », se souvient Monod. Finalement, Moscou adressa une demande officielle au CICR afin qu'il participe à la récupération de ses personnels capturés.

Plusieurs mois après que les guérilleros eurent été contraints de remettre le pilote ukrainien de MiG, le commandant Abdul Haq, appartenant à la faction Khales du Hezb, organisa, en plein jour, un raid audacieux au cœur de Kaboul pour kidnapper E. R. Okrimyuk, un géologue russe réputé. Ayant appris leur leçon, les moudjahidines ne le transférèrent pas au Pakistan, et Haq, un dur et solide Pachtoune, approcha Monod. Il lui proposa d'échanger le géologue, qui avait été trahi par son chauffeur, contre cinquante prisonniers afghans. « Il arrivait discrètement à moto, le soir, dans la maison de University Town, coiffé de son casque de pilote d'hélicoptère, pour négocier », raconte Monod.

Les Soviétiques se retrouvèrent dans une situation délicate car ils ne souhaitaient pas être perçus comme négociant avec des « terroristes ». S'ils le faisaient, cela risquait d'encourager de nouveaux enlèvements, notamment de conseillers civils russes, plus vulnérables. Mais, s'ils s'y refusaient, ils risquaient de démoraliser les troupes de l'Armée rouge en Afghanistan. Le CICR était tout à fait disposé à négocier pour qu'Okrimyuk ait la vie sauve, mais était hostile aux échanges de prisonniers. Monod fit remarquer que rien n'empêcherait les autorités de Kaboul d'arrêter des gens au hasard à Kaboul pour pouvoir les taxer de rebelles et les utiliser comme monnaie d'échange. « Constituant de toute évidence une question politique, ce genre de choses pouvait faire boule de neige et finir par échapper à tout contrôle », souligne Monod.

Finalement, le Kremlin refusa de négocier. Et, pour bien souligner leur intention de ne jamais négocier avec les *basmachi* (bandits), ils exécutèrent les cinquante Afghans figurant sur la liste établie par les moudjahidines. Six mois après la capture d'Okrimyuk, la guérilla annonça avec amertume qu'ils avaient exécuté le géologue russe. D'autres rapports indiquèrent toutefois qu'il était mort de causes naturelles.

La pression augmenta à mesure que les combats s'intensifièrent et qu'un nombre croissant de soldats russes se faisaient capturer ou désertaient. À la fin de 1982, on disait que plusieurs centaines de Soviétiques, essentiellement des Russes, Lituaniens, Estoniens, Ukrainiens et ressortissants des provinces d'Asie centrale, se trouvaient aux mains de la guérilla. Les organisations humanitaires internationales avaient dressé une liste détaillée d'au moins cinquante prisonniers attestés, dont certains avaient déjà été exécutés. Ces exécutions étaient parfois provoquées par des attaques soviétiques contre les villages où ces prisonniers étaient soupçonnés d'être détenus, les moudjahidines les exécutant devant l'avance des troupes de l'Armée rouge. La Croix-Rouge persista dans ses tentatives de trouver une solution. Les délégués du CICR se rendaient régulièrement dans les bureaux des différents mouvements de moudjahidines, mais discutaient également avec les commandants de l'intérieur avec lesquels ils burent une quantité phénoménale de tasses de thé.

Parfois impressionnés par les soins médicaux prodigués par les hôpitaux du CICR à leurs combattants blessés, les commandants contactaient spontanément les Suisses. Une des options discutées était la possibilité de transférer les personnels soviétiques capturés vers un pays tiers neutre où ils seraient internés. Cela offrirait aux moudjahidines un moyen commode de se plier aux exigences de la Convention de Genève. En retour, le CICR obtiendrait le droit de rendre visite aux résistants détenus par le gouvernement. Les contacts étroits qu'entretenaient les Afghans avec les médecins, journalistes et militants des droits de l'homme occidentaux leur avaient fait réaliser que travailler avec le CICR non seulement rehausserait leur position, mais plongerait les Russes dans un embarras non négligeable. Cela permettrait de rappeler au monde qu'une guerre était en cours.

En mai 1982 enfin, après vingt-quatre mois de négociations impliquant l'Union soviétique et quatorze organisations de résistance, le CICR parvint à conclure un arrangement en vue du transfèrement des prisonniers soviétiques vers la Suisse. Il s'agissait du premier accord important entre le CICR et l'URSS depuis 1945. En application de la Convention de Genève, le CICR assumerait la pleine responsabilité à l'égard des prisonniers durant deux ans, ou pour la durée de la guerre. Le gouvernement suisse mettrait à disposition des locaux d'internement gardés par des soldats helvétiques, tous les frais étant payés par Moscou. En retour, le CICR aurait accès aux prisons de Kaboul afin d'y visiter les moudjahidines capturés ainsi que d'autres détenus politiques.

Concrètement, le CICR se trouva brusquement confronté à une situation extrêmement inhabituelle pour une organisation humanitaire : il était chargé d'interner des prisonniers de guerre. Le premier transfèrement eut lieu en juin 1982, alors que Monod s'apprêtait à quitter Peshawar. « Ça aussi, c'était quelque chose de totalement inédit [...]. C'était la première fois depuis la Seconde Guerre mondiale que des prisonniers soviétiques étaient détenus dans de telles conditions », observe-t-il. Mais en 1985, malgré tous ces projets soigneusement élaborés, seuls onze prisonniers de guerre soviétiques avaient été transférés vers la Suisse.

Chapitre 11

Arabes, légionnaires islamiques et Versets sataniques

Dès le début de l'occupation soviétique, de nombreux Arabes et musulmans éprouvèrent le besoin de réagir face au calvaire de l'Afghanistan. En quelques jours à peine, argent et aide humanitaire affluèrent. Enveloppés dans leurs *dishdashas* blanches et coiffés de leur keffieh à damier rouge et blanc, les hommes d'affaires d'Arabie Saoudite et du Golfe faisaient fréquemment le voyage de Peshawar pour distribuer personnellement de l'aide ou de l'argent aux réfugiés. Certains le faisaient pour se plier à l'obligation du *zakat* (aumône), qui exige de consacrer un modeste pourcentage de ses biens ou de sa richesse à la charité. D'autres cherchaient véritablement à se rendre utiles. J'ai souvent rencontré des Arabes, dont les luxueux 4 × 4 aux vitres teintées étaient garés dehors, dans les bureaux des moudjahidines. Cette générosité s'organisa rapidement avec la création et l'installation d'agences d'aide islamiques, mais aussi par la mise en place d'opérations gérées par le Croissant-Rouge moyen-oriental, l'équivalent musulman de la Croix-Rouge.

Au début, beaucoup d'Afghans considérèrent les Arabes comme une source facile de financement. Cela changea lorsque Saoudiens et Koweïtiens, qui avaient tendance à regarder de haut les Afghans, se mirent à n'accorder leur aide qu'à certaines conditions. « Ce qu'ils font est très clair, m'expliqua le commandant Abdul Haq. Ils vous donnent tout ce dont vous avez besoin, mais, si vous ne faites pas ce qu'ils veulent, ils arrêtent aussitôt de vous aider. »

Un de ces sympathisants saoudiens arrivés peu après l'invasion soviétique était un certain jeune homme du nom d'Oussama ben Laden. Détenteur d'une fortune fabuleuse, il faisait souvent don de son argent à différents groupes. Par la suite, comme tout bon investisseur, il lèvera des fonds auprès d'autres sources, parmi lesquelles des Arabes d'Arabie Saoudite et du Golfe ayant les mêmes opinions que lui. Ce n'est que beaucoup plus tard, au cours de la guerre soviétique puis des années 1990, qu'il devint, comme l'a noté le journaliste américain Jonathan Randal dans un livre publié en 2004, *Oussama, la fabrication d'un terroriste*, « un croisement entre le président de la machine financière Jihad Incorporated et le chef d'une Fondation Ford indépendante distribuant des fonds d'amorçage d'une nature très particulière ». Au début de la guerre, ben Laden rencontra l'ensemble des responsables afghans afin de connaître leurs besoins, mais ne collabora qu'avec ceux qui entretenaient déjà des liens étroits avec les Arabes.

Ben Laden retourna peu après en Arabie Saoudite afin de solliciter un soutien à la cause afghane, soutien qui, au moins au début, avait des objectifs essentiellement humanitaires. Il effectua de nombreux voyages en Asie du Sud-Est et, bientôt, se mit à livrer aide et armes à la résistance afghane. Cela fut grandement facilité à partir du moment où les Américains, les Saoudiens et d'autres intervenants extérieurs eurent réglé avec l'ISI les détails logistiques concernant l'introduction clandestine de l'aide en Afghanistan. L'aide militaire et non humanitaire en provenance du Moyen-Orient fut acheminée en discrète collaboration avec la CIA et l'ISI. L'aide saoudienne, toutefois, fut organisée par le prince Turki bin Faisal al Saud, qui en tant que chef du Mukhabarat Al A'amah, ou Directorat général du renseignement, entretenait des liens étroits avec la CIA. Ben Laden devint de fait un collaborateur de la CIA.

Les Pakistanais ne voulaient pas que les Soviétiques sachent à quel point ils aidaient et armaient la résistance. Des vols secrets débarquaient de nuit armes et munitions à l'aéroport de Peshawar. J'entendais le ronronnement des appareils atterrissant et décollant dans la nuit. Des valises entières de dollars étaient distribuées aux différents partis politiques afghans. L'argent saoudien était également utilisé pour acheter sur les marchés libres des armes à l'origine difficilement traçable, comme des kalachnikovs égyptiennes, des RPG soviétiques et des mines antipersonnel chinoises. Le gouvernement saoudien persista cependant à jurer qu'il n'avait rien à voir avec le wahabbisme, même si les destinées politiques de cette secte ultra-puritaine étaient étroitement liées à la famille royale saoudienne régnante depuis près de deux siècles. L'essentiel du soutien saoudien, insistait Turki, devait aller aux Afghans eux-mêmes.

Au cours des premières années de l'occupation, les seuls Arabes que je rencontrai étaient ceux qui géraient sur le terrain les opérations des agences d'aide islamiques. Ils avaient des bureaux à University Town, mais aussi à Islamabad. Leur présence dans la capitale pakistanaise était destinée avant tout à cultiver leurs liens avec le gouvernement. Ils rencontraient régulièrement les agents de l'ISI – quelquefois en présence de membres de la CIA –, car le QG du service de renseignement pakistanais, situé à Rawalpindi, était tout proche. L'ambassade américaine considérait manifestement les Arabes comme une carte à jouer dans le jeu de déstabilisation de Moscou engagé par les États-Unis. Je tentai à plusieurs reprises d'interviewer des Saoudiens ou des Koweïtiens, mais ils manifestaient une extrême réticence à l'égard des journalistes occidentaux. Mes sources diplomatiques les plus bavardes étaient les attachés militaires de l'ambassade égyptienne, qui paraissaient tout à fait enchantés de me parler. Mais il était bien rare qu'ils divulguent la moindre information intéressante, surtout si je commençais à les interroger sur les livraisons d'armes.

Vers le milieu des années 1980, on commença à voir dans les rues de University Town de plus en plus d'Arabes et de Noirs africains musulmans vêtus de *jalabiyas* ou de *dishdashas* et chaussés de sandales. Certains étaient si jeunes qu'ils étaient encore imberbes. Ce n'étaient pas des humanitaires. C'étaient les premiers vrais djihadistes, dont le but était d'entrer en Afghanistan et de combattre les Russes athées, voire de mourir dans la guerre sainte. Moralisateurs et fanatiques, ils étaient l'équivalent islamique des Brigades internationales qui partirent combattre

Franco en Espagne, à cette différence près qu'ils ne luttaient pas pour la liberté et la démocratie. Ils s'identifiaient plus aux musulmans qui avaient résisté aux croisades aux XIe et XIIe siècles. «Au fond, le djihad afghan répond parfaitement à leurs objectifs, remarquait un spécialiste du monde arabe attaché au département d'État américain à la fin des années 1980. C'est le seul qu'ils ont. C'est la première véritable guerre sainte depuis le Moyen Âge.»

Quelques-uns semblaient issus de milieux cultivés et aisés, alors que d'autres sortaient à peine d'une madrasa où ils n'avaient reçu qu'une éducation rudimentaire. Ils s'exprimaient surtout en arabe et se déplaçaient toujours en groupes. Si certains étaient arrivés par des filières organisées à partir de l'Égypte, du Soudan ou de l'Algérie, d'autres avaient fait le voyage de leur propre initiative. Aucun ne paraissait avoir manipulé une arme de sa vie, et, comme on le constatera par la suite, beaucoup s'avérèrent de piètres combattants. Ce n'est qu'avec la montée en puissance des talibans dans les années 1990 que les camps d'entraînement installés par Al-Quaida et d'autres groupes radicaux dans les zones tribales pakistanaises et au cœur de l'Afghanistan commencèrent à former des guerriers expérimentés.

J'arrivais parfois à nouer conversation avec certains anglophones, mais tous manifestaient un profond mépris pour les *kafirs*. Il était toujours extrêmement difficile de leur faire dire pour quelle raison ils étaient là et d'où ils venaient. C'était comme de tenter de pénétrer une secte religieuse particulièrement fermée. Sans doute, de surcroît, me considéraient-ils comme un espion. Même si certains se montraient aimables, ils redoutaient la façon dont les autres musulmans les percevraient. Leurs critères de correction politique étaient très stricts. Ils ne révélaient presque jamais leur nom, ou, s'ils le faisaient, il s'agissait à l'évidence d'un pseudonyme. Ils ne vous serraient jamais la main non plus, comme si l'impureté païenne risquait de les souiller.

Je parvins cependant à bavarder avec un Britannique d'origine pakistanaise. Il parlait avec l'accent du Yorkshire, région du nord de l'Angleterre, et semblait heureux de pouvoir converser dans sa langue natale. Il était venu se battre en raison de ce qu'il avait vu à la télévision et lu dans les journaux. L'Afghanistan était souvent évoqué dans les mosquées britanniques, et certains musulmans envisageaient de se joindre au djihad. Ce que les Russes faisaient, disait-il, était mal. Ils n'avaient aucune religion. Le jeune homme était par ailleurs convaincu que ce n'est qu'au travers de l'islam que l'on pouvait réellement aider l'Afghanistan. Profondément croyant, il me parut plutôt sympathique et me souhaita même bonne chance lorsque nous nous séparâmes. Il n'alla cependant pas jusqu'à me serrer la main, mais parut embarrassé de son refus. J'eus l'impression que, même s'il ne buvait pas, il aurait aimé aller vider une chope avec moi au pub. Il avait le mal du pays.

D'autres avec qui je réussis à parler se montrèrent moins amicaux. L'un d'eux, frisant la trentaine, le nez chaussé de fines lunettes, l'air méprisant, aurait pu être algérien. Le croisant dans la rue avec deux autres djihadistes alors qu'ils revenaient de la mosquée, je les entendis parler en français. Je supposai qu'il s'agissait de Nord-Africains, ou de Français d'origine maghrébine de deuxième ou troisième génération. Je savais qu'un nombre assez important d'entre eux étaient venus des banlieues de Paris ou de Marseille où réside une forte population musulmane. Je les saluai aussitôt d'un «*As-salâm 'aleïkoum !*» enthousiaste. Je demandai à l'un d'eux s'il était français, mais il fit mine de ne pas comprendre. Comme j'insistais, il aboya : «Qu'est-ce que tu veux ?» Tout en essayant de donner l'impression que j'étais de leur côté, j'expliquai que j'étais journaliste et que j'écrivais sur le djihad. Il ne mordit pas à l'hameçon. «Nous n'aimons pas les gens comme vous, déclara-t-il d'un ton péremptoire. Vous n'avez rien à faire ici.» Nous continuâmes à parler pendant quelques minutes tandis que d'autres djihadistes s'agglutinaient et demandaient aux Français ce qui se passait. Mon «Algérien» était de plus en plus mal à l'aise. C'est alors que je compris que ni lui ni ses compagnons ne connaissaient l'arabe. De toute évidence, s'être fait surprendre en train de parler en français avec moi les embarrassait. Ils me plantèrent là et s'éloignèrent en toute hâte.

Beaucoup de ces djihadistes vivaient dans des maisons d'hôtes disséminées dans différents secteurs de University Town. Ces maisons servaient de lieux de ralliement avant le départ pour l'Afghanistan. L'une d'elles était gérée par le Maktab al Khidamar

(Bureau de services) d'Oussama ben Laden. Je ne suis jamais arrivé à entrer dans l'un de ces établissements et en fus réduit à m'imaginer que, à l'image des logements que les Afghans réservaient aux moudjahidines de passage à Peshawar, ils comportaient des chambres simplement meublées de tapis et de matelas sur lesquels les gens dormaient, mangeaient et priaient. Ce n'est que plus tard, lorsque leur nombre s'accrut, que ben Laden installa des camps dans les zones tribales et à l'intérieur de l'Afghanistan. L'un d'eux, le camp de Jagi, était installé sur les hauteurs dominant Teri Mangal dans l'agence de Kurram. C'est ainsi qu'émergea le nom d'Al-Quaida, « la Base » : ces installations logistiques devinrent peu à peu des centres de formation d'où allaient sortir de nombreux combattants.

Ce n'est qu'à partir de 1987 que nous commençâmes à observer la présence croissante d'Arabes en Afghanistan. Il apparut que, jusque-là, ils n'avaient fait que tâter du djihad. Il y en avait même au Nord, autour de Massoud, qui les avait accueillis fraternellement en tant que musulmans, mais la grande majorité des Arabes étaient concentrés dans les régions frontalières pachtounes. Ils ne se mêlaient guère aux Afghans, qui se plaignaient souvent de leur arrogance. Les Arabes possédaient leurs propres commandants et partaient du principe que l'argent et les armes étaient capables d'acheter n'importe quoi, même les allégeances. « Je suis parfois extrêmement étonné que les Afghans aient toléré cette attitude pendant si longtemps, m'a confié un travailleur humanitaire européen opérant dans l'est de l'Afghanistan. L'argent parle d'une voix forte, mais il n'est pas dans la nature des Afghans de laisser se développer un tel comportement sans réagir. »

Certaines factions des moudjahidines, comme le Hezb d'Hekmatyar, recevaient depuis des années de l'argent saoudien, mais ils étaient à couteaux tirés avec les wahhabites les plus fanatiques sur le plan religieux, qui militaient pour la création d'un « homme islamique nouveau ». Les légionnaires islamiques se considéraient comme de meilleurs musulmans que leurs homologues locaux. De nombreux Afghans supportaient très mal que des étrangers leur disent ce qu'ils devaient faire. Mais surtout ils détestaient qu'on les considère comme n'étant pas de vrais fidèles de l'islam.

Cela n'empêchait en rien les wahhabites de tenter de prendre le contrôle du djihad. Ils cherchaient à imposer leurs vues au travers d'un intense prosélytisme et s'efforçaient d'acheter les moudjahidines avec de l'argent, des armes, des uniformes et d'autres formes d'aide. La plupart des Afghans de ma connaissance ayant ostensiblement embrassé le wahhabisme l'avaient fait pour de l'argent. Ils semblaient ne pas avoir beaucoup réfléchi aux problèmes qu'un tel ralliement risquait de poser au cours des années suivantes. « Les Arabes ont *besiaw paise*, beaucoup d'argent ! » me dit en riant un guérillero de la région de Safed Koh. En Afghanistan, c'est le présent qui compte, pas l'avenir. Et, si l'on peut se faire de l'argent avec ces Arabes, pourquoi s'y refuser ?

Les frictions entre wahhabites et moudjahidines commencèrent à occasionner de sérieuses querelles au sein de la résistance. Le commandant Abdul Haq alla même jusqu'à déclarer que les mauvaises relations avec les Arabes risquaient de dégénérer en conflit ouvert. « Quelque chose finira par arriver et il serait préférable que cela arrive le plus rapidement possible afin que les Afghans réalisent à quel point ces wahhabites arabes sont dangereux », souligna-t-il. Cette attitude était partagée par d'autres commandants importants de l'intérieur. Début 1989, lors d'une réunion de la résistance à Islamabad, des délégués furieux s'emparèrent du micro et demandèrent que les Arabes soient renvoyés chez eux. Ces wahhabites ne sont là que pour leurs intérêts, non pour ceux de l'Afghanistan, déclarèrent-ils. C'est en raison de tels sentiments que les Afghans finirent par expulser ben Laden et les autres islamistes étrangers au début des années 1990.

Durant la guerre soviétique, toutefois, les Afghans éprouvaient une certaine perplexité devant l'obsession de ces Arabes à mourir dans la guerre sainte, alors que les moudjahidines ne cherchaient évidemment pas à se faire tuer. L'un des termes les plus courants employés par les Afghans pour désigner leurs frères musulmans arabes était « *diwana* ». Des fous. Ces étrangers n'avaient pas encore introduit en Afghanistan le concept d'attentat suicide. Je voyais parfois des groupes d'Arabes dans les *chaikhanes* ou dans des bases afghanes, mais ils restaient entre eux. Alors que les Afghans, de par leur hospitalité traditionnelle, sortaient immanquablement nous accueillir ou nous offrir du thé, les djihadistes étrangers nous tournaient délibérément le dos ou sortaient de la pièce d'un air dédaigneux en nous voyant. Les Afghans jugeaient ce comportement grossier. Un jour, dans la province de Paktiyâ, nous filmâmes un groupe d'une soixantaine d'Arabes qui rentraient au Pakistan par une piste poussiéreuse, accompagnés de plusieurs moudjahidines portant des kalachnikovs à l'épaule. Les Arabes avaient une allure qui n'avait rien de militaire ni de particulièrement discipliné. Leurs vêtements étaient sales et déchirés, leur tête était ceinte de chiffons. Ils étaient totalement dépourvus de cette fierté que les Afghans semblent en permanence dégager. Aucun d'entre eux ne portait d'arme. Quand ils aperçurent la caméra, ils brandirent aussitôt le poing en scandant : «*Mard au Israel, Mard au America !*» Mort à Israël, mort à l'Amérique. Plusieurs nous crachèrent dessus. Je croisai le regard d'un des Afghans qui les accompagnaient. Il haussa les épaules comme pour s'excuser de leur attitude. Je n'ai jamais entendu un seul Afghan, même parmi ceux qui n'aimaient pas l'Occident, dire devant moi du mal des États-Unis. Même Hekmatyar s'abstenait d'exprimer ses sentiments personnels quand il se trouvait en présence de journalistes ou de visiteurs occidentaux. Ce n'est tout simplement pas afghan d'insulter ses invités.

Début 1989, les Soviétiques s'apprêtaient à opérer leur retrait final d'Afghanistan après une guerre coûteuse et vaine de près d'une décennie. Le *Christian Science Monitor* et la *NewsHour* de PBS à New York m'avaient demandé un article qui serait publié au moment même où les dernières unités de l'Armée rouge franchiraient la rivière Oxus pour rentrer en URSS. Mon partenaire habituel pour les reportages télévisés était Tom Woods, de Paris, qui viendrait me rejoindre dès que j'aurais procédé à une «*reccy*», une reconnaissance. Je décidai d'effectuer une première incursion par la frontière du Kounar en compagnie du photographe de *National Geographic* Steve McCurry. Si les Russes s'étaient alors déjà retirés du Kounar, des combats acharnés opposaient encore les moudjahidines et les troupes gouvernementales afghanes aux environs de Jalalabad. Il me semblait que nous pourrions réaliser de bonnes images dans ce secteur.

Comme de vastes parties du Kounar étaient à présent aux mains de différentes factions de moudjahidines, notamment du Hezb d'Hekmatyar et de wahhabites afghans bénéficiant du soutien arabe, je décidai de m'y rendre avec mes propres gardes et interprète pachtounes afin de n'être redevable à aucun de ces groupes. J'engageai donc Abdul, un enseignant d'Asadabad, la capitale du Kounar, qui travaillait fréquemment comme interprète auprès des journalistes et des humanitaires. Abdul avait appris l'anglais au Centre américain de Peshawar et je le connaissais bien. Je lui demandai de me présenter deux hommes de confiance. Nous nous rendîmes en voiture à Nawagai, le principal bazar du Bajaur, la plus petite des sept agences tribales pakistanaises. Deux décennies plus tard, en 2008, c'est là que l'armée pakistanaise lancera, pour chasser les talibans de ce secteur, une vaste offensive qui donnera lieu à de véritables batailles rangées au cours desquelles périront, estime-t-on, plus d'un millier de militants et deux cents soldats pakistanais.

L'Afghanistan était juste de l'autre côté du col de Nawa, auquel conduisait encore, à cette époque, une simple piste de terre. Aujourd'hui il est traversé par la route goudronnée qui conduit d'Asadabad au Bajaur. Il nous fallait donc un véhicule 4 × 4 pour franchir les collines escarpées qui s'élèvent à la frontière avec le Kounar. Les deux gardes que m'avait présentés Abdul passèrent récupérer leur kalachnikov chez eux, dans un camp de réfugiés voisin, et nous nous mîmes en route. Peu après avoir entrepris l'ascension de la piste conduisant au col de basse altitude, environné d'épaisses forêts de pins et de cèdres, nous rencontrâmes notre premier « point de contrôle », une simple corde tendue en travers de la route par des hommes armés. Nous dûmes nous acquitter d'un « péage » de quelques roupies avant de pouvoir reprendre notre chemin. Quelques centaines de mètres avant le dernier point de contrôle pakistanais, Steve et moi nous descendîmes de voiture et poursuivîmes à pied. Les Frontier Scouts vérifiaient les véhicules, mais, grâce à nos costumes afghans, personne ne prêta attention à nous.

Une fois la frontière passée, nous descendîmes à vive allure la piste d'une quinzaine de kilomètres menant au pont d'Asadabad qui franchit la rivière Kounar. En vertu d'un accord tacite conclu avec les moudjahidines, le pont n'avait jamais été attaqué durant toute l'occupation russe, et ce en dépit de la présence d'une base militaire soviéto-afghane dans les environs. Près d'une décennie et demie plus tard, les Américains, qui, à la fin de l'année 2001, établiront dans le secteur des bases opérationnelles avancées gardées par des forces spéciales, construiront une base de PRT (Provincial Reconstruction Team) puissamment fortifiée au-dessus de la route principale à quelques centaines de mètres seulement. Ils seront confrontés exactement aux mêmes problèmes que les Soviétiques : l'Armée rouge « contrôlait » la petite ville, mais les moudjahidines opéraient la nuit dans toute la vallée dans une relative impunité.

Durant la guerre soviétique, j'avais traversé le Kounar à pied jusqu'à la vallée de la Pech, qui était désormais un bastion de la rébellion, et, pendant mon retour depuis le Pandjchir, j'avais suivi la route qui passe au sud de l'Hindu Kouch. La rivière était trop impétueuse et trop profonde pour que l'on puisse la franchir à gué, de sorte que nous dûmes la traverser, au milieu d'un marécage, sur des chambres à air de camion attachées ensemble. Ce sont de jeunes hommes et des garçons des villages alentour qui faisaient fonctionner ces *ferries*, sur lesquels une douzaine de moudjahidines pouvaient prendre place à chaque voyage. Ils pouvaient également transporter des animaux comme des vaches ou des moutons. Au cours d'une de ces traversées, deux hélicoptères d'attaque russes apparurent soudain dans le ciel. Suivant le lit de la rivière, ils passèrent à une centaine de mètres au-dessus de nos têtes, fonçant en direction de Jalalabad. Je me jetai parmi les roseaux. Les moudjahidines éclatèrent de rire, mais je faillis vomir de peur.

Asadabad avait été prise par les guérilleros lorsque les Soviétiques s'en étaient retirés quelques mois plus tôt. La ville était gouvernée par deux *chouras* issues de la résistance. L'une était formée d'une alliance de moudjahidines locaux, tandis que l'autre se composait de wahhabites afghans et arabes. Les moudjahidines alliés aux wahhabites étaient rémunérés 50 dollars par mois, ce qui représentait une jolie somme pour des Afghans. Ils se reconnaissaient immédiatement à leurs armes flambant neuves, leurs véhicules coûteux, leurs gilets Banana Republic et leur treillis camouflés.

À l'époque, certains observateurs avaient le sentiment que les Afghans se contenteraient de jouer le jeu en acceptant les dollars wahhabites puis laisseraient tomber leurs financiers quand ils n'auraient plus besoin d'eux. D'autres n'en étaient pas si sûrs. En réexaminant les choses après coup, il est évident que c'est à ce moment-là que ces influences extérieures, qui allaient à l'encontre des valeurs traditionnelles, ont commencé à s'enraciner. Leur poids se faisait sentir parmi les jeunes combattants, dont un grand nombre avaient grandi dans les camps de réfugiés et n'avaient connu que les madrasas pour leur éducation. C'est également à cette période que les talibans ont commencé à émerger en tant que mouvement politique, et non plus seulement militaire.

Les deux *chouras* exerçaient, non sans mal, leur pouvoir de façon parallèle. Par courtoisie, Steve et moi nous rendîmes auprès de l'une et de l'autre. Dix jours plus tard, lorsque je revins avec l'équipe de télévision, nous étions en train de filmer l'interview d'un enseignant local lorsque des wahhabites firent irruption dans l'école et commencèrent à emporter les chaises et les tables. Ils expliquèrent qu'ils en avaient besoin pour leurs bureaux. Le professeur tenta de protester, mais ils l'ignorèrent. «Ce genre de chose arrive sans arrêt, nous dit-il. Ces Arabes se moquent de l'éducation.»

Les moudjahidines locaux étaient mécontents de la façon dont les légionnaires islamiques étrangers s'efforçaient de dresser les Afghans contre les étrangers non musulmans, en particulier les journalistes et les humanitaires. Un des grands sujets de discussion était un incident récent au cours duquel plusieurs Arabes s'en étaient pris aux membres d'une équipe de l'ONU en visite, qu'ils avaient menacé d'exécuter s'ils ne quittaient pas immédiatement le Kounar. «Ces Arabes ne sont pas des Afghans, me déclara avec colère un commandant du Hezb. Ils n'ont pas le droit d'insulter ainsi nos hôtes.» Peu de temps après, un photographe français fut passé à tabac, par trois Black Muslims new-yorkais, semble-t-il.

Nous prenons la direction du front, établi à une cinquantaine de kilomètres au sud, le long de la route Asadabad-Jalalabad. Cet axe parcourt toute la vallée de la rivière Kounar jusqu'à la plaine où celle-ci rejoint la rivière Kaboul qui court vers l'est en direction du Pakistan et de l'Indus. Échappant l'hiver aux gels mais entourée de montagnes couvertes de neige, cette partie relativement chaude de la vallée constitue une riche région agricole possédant des champs irrigués de blé et de maïs, des vergers d'agrumes et même des rizières, sans compter des zones humides attirant une variété incroyable d'espèces d'oiseaux comme les grues de Sibérie, les aigrettes et les canards. En dépit du fait que des dizaines de milliers de paysans ont fui au Pakistan, les champs continuent d'être entretenus par des agriculteurs restés sur place. Certains villages et certaines fermes ont été délibérément détruits par les Soviétiques en guise de représailles au soutien apporté par la population locale aux moudjahidines. Les murs effondrés et les tas de gravats constituent un rappel permanent de la brutalité de la guerre. Quelques petites villes et des districts sont toutefois connus pour être pro-Khalqi. Cela a moins à voir avec le marxisme-léninisme qu'avec les liens que leurs familles entretiennent avec des membres importants du Parti à Kaboul. Une de ces villes, surnommée la « petite Moscou », est protégée par des miliciens lourdement armés, commandés et payés par des militaires favorables au gouvernement. Les Soviétiques ont « tenu » la grande route pendant la majeure partie de l'occupation, mais ils ne pouvaient l'emprunter qu'en convois protégés par des hélicoptères. Lorsque les moudjahidines ont pris le contrôle de toute la vallée, la route était ponctuée de nids-de-poule, bosselée de passages en « tôle ondulée » et de dos-d'âne, de sorte qu'en roulant dessus on avait l'impression de naviguer sur une mer démontée.

Avant même d'arriver au front, nous entendons le fracas des lignes près d'Abdel Khel, là où la rivière s'incurve vers l'est. L'air résonne de l'écho des obus de mortier explosant à quelques kilomètres au sud-ouest. Le commandant moudjahid nous avise de suivre un chemin de terre qui s'ouvre non loin de la route. « Nous pourrions aller dans les tranchées, ajoute-t-il. Vous verriez les Khalqis de là-bas, mais pour l'instant les combats sont trop intenses. Peut-être ce soir.» Pendant les vingt minutes suivantes, nous progressons en zigzag en direction d'une ligne de collines basses émergeant de la plaine. Sur notre gauche, de l'autre côté de la rivière, nous découvrons la vaste étendue verte de l'une des quatre immenses plantations d'orangers que les Russes ont créées à l'est de Jalalabad, à présent abandonnée.

Nous faisons halte au pied de la plus haute des collines. Sur notre droite s'ouvre un réseau de tranchées occupées par des moudjahidines afghans qui nous invitent avec de grands gestes à venir boire le thé. L'un accompagne Steve jusqu'au sommet de la colline pour voir s'il peut photographier les lignes gouvernementales sur l'autre versant. Le duel d'artillerie dure depuis plusieurs semaines. À gauche je remarque une autre série d'excavations. Plusieurs hommes sont assis près d'une ouverture étayée par des poutres en bois, tandis que du linge a été mis à sécher au soleil. Comme ils n'ont pas l'air d'Afghans, je m'approche d'eux avec Abdul. Ce sont bien des Arabes. L'un d'eux crie quelque chose en arabe et un type immense à la mince barbe noire, qui doit avoir entre vingt-cinq et trente ans, et dont j'apprendrai plus tard qu'il est saoudien, émerge de l'abri. Il est manifestement le chef.

«Qui êtes-vous et que faites-vous en Afghanistan?» s'enquiert-il en bon anglais marqué d'un léger accent américain, comme s'il l'avait appris à l'école. Vêtu d'un anorak militaire et d'un pantalon bouffant, chaussé de rangers noirs, il dissimule mal son mépris pour le *kafir* que je suis. Il s'exprime avec l'assurance de quelqu'un ayant grandi dans un milieu aisé, mais aussi comme un enfant gâté habitué à toujours obtenir ce qu'il veut. En quelques minutes, une bonne douzaine d'autres Arabes, certains aux traits arabes, d'autres à la peau noire, chacun armé d'un fusil d'assaut AK-47 ou d'un RPG, se regroupent derrière lui. La plupart ont l'air d'être à peine sortis de l'adolescence. Une douzaine de combattants afghans se rassemblent à leur tour derrière moi.

Je comprends aussitôt qu'il s'agit là d'une confrontation qui doit être gérée avec doigté. Je n'aime pas la façon dont il me parle, mais je ne dois pas donner l'impression de céder. Sauver la face est essentiel en Afghanistan. Il est important de montrer à cet Arabe hautain, tout aussi étranger que moi, qu'il n'a pas à me demander qui je suis ni ce que je fais ici. Aussi, à l'intention de mes compagnons afghans, je me tourne vers Abdul et, d'une voix forte, lui demande en anglais ce que l'homme a dit. C'est juste un stratagème destiné à garder mes distances avec les Arabes et à établir ma position, tant par rapport à eux qu'à l'égard des Afghans qui m'accompagnent. Abdul me jette un regard interrogateur du fait que l'homme s'est adressé à moi en anglais. « Il veut savoir qui vous êtes et ce que vous faites ici », répète-t-il.

Dis-lui, déclaré-je du ton le plus emphatique possible, que « je ne partirai que lorsque mes amis afghans ne voudront plus de moi comme invité, tout comme je suis sûr que lui et ses hommes s'en iront sitôt que les Afghans ne les considéreront plus comme des invités ». Comprenant ce que j'étais en train de faire, Abdul répète consciencieusement, avec un air amusé, ce que je viens de dire en anglais. Puis il traduit mes propos en pashto à l'intention des Afghans, très curieux de suivre l'échange entre ces deux étrangers. « C'est notre djihad, non le vôtre, réplique l'Arabe qui dit s'appeler Abu-al Kakar. L'Afghanistan ne veut pas de vous. » Abdul traduit à nouveau ses paroles en anglais à mon intention.

Mais à présent que je me suis bien fait comprendre, je m'adresse directement à mon interlocuteur. Nous commençons à discuter, d'abord avec passion, puis avec plus de circonspection, sur ce que lui et moi faisons en Afghanistan, et pourquoi. À un moment, la conversation devient même carrément détendue. En premier lieu, comme chaque fois que je me lance dans une discussion à caractère religieux, je fais savoir que je suis « *ali Kitab* », du livre, de l'Ancien Testament. Je lui explique que je couvre cette guerre depuis le début et que ne les avais encore jamais vus, lui et ses camarades. L'Arabe me jette un regard furieux quand je lui fais remarquer que les médecins français, dont la plupart, insisté-je, sont des femmes, risquent leur vie depuis 1980 pour aider les Afghans. J'ajoute également que la majorité des Afghans semblent accueillir avec reconnaissance les journalistes et les humanitaires internationaux venus dans leur pays pour les aider ou pour écrire des reportages.

« Où étiez-vous pendant tout ce temps ? ne puis-je m'empêcher de lui demander. Vous ne faites que distribuer de l'argent en prétendant mener le djihad.» Ce n'est sans doute pas la meilleure façon de formuler la chose, en particulier devant des hommes armés, mais je me sens obligé d'exprimer mon sentiment. Quand Abdul a fini de traduire mes paroles, j'entends quelques gloussements s'élever parmi les Afghans. Ils sont enchantés de ce moment de théâtre des tranchées. Il est évident qu'ils n'aiment pas les Arabes. Le commandant arabe, qui me traite sans scrupule de *kafir*, affirme aider l'Afghanistan depuis les premiers jours de la guerre soviétique, mais ajoute que ses hommes et lui se battent désormais dans le cadre du djihad. «L'Afghanistan n'a aucune importance, dit-il. C'est l'islam qui importe.» Levant ses mains au ciel tout en saupoudrant son discours de références coraniques, il m'explique pour quelles raisons lui-même et plusieurs milliers d'autres militants arabes et musulmans sont venus dans la région. «Nous sommes ici pour Allah, dit-il. Les Afghans sont nos frères en islam, mais nous sommes ici pour combattre tous nos ennemis. Les Américains, les Russes, les Israéliens…» À présent notre discussion s'est transformée en une sorte de concours, chacun des participants étant appuyé par ses supporters qui écoutent et commentent ce qui se dit. «Nous sommes ici pour libérer nos frères d'Orient et d'Occident, poursuit l'Arabe. Nous devons leur enseigner l'islam véritable. Beaucoup manquent d'éducation et ignorent la voie authentique. C'est là notre devoir au service d'Allah le miséricordieux.»

Nous parlons depuis près d'une heure. Steve est revenu, et je dois veiller à ne pas poursuivre indûment la conversation. L'ambiance reste tendue et pourrait facilement dégénérer. Je déclare à l'Arabe qu'il est temps que nous partions et lui souhaite bonne chance pour son djihad. Je m'approche de lui, la main tendue, mais il a un mouvement de recul et refuse de la saisir. «Ah, c'est vrai, soupiré-je. Vous voyez, vous n'arrêtez pas de dire à quel point les Afghans manquent d'éducation, et quels mauvais musulmans ils font. Mais, pour moi, ces gens sont d'authentiques êtres humains. Ils comprennent la civilité et l'hospitalité. Même s'il vous méprise, un Afghan ne refusera jamais de vous serrer la main. C'est ce qui vous différencie d'eux. C'est pour cela que l'Afghanistan est un pays extraordinaire, et que ce peuple extraordinaire ne vous ressemblera jamais.»

Bien entendu, je dis tout cela à l'intention des Afghans rassemblés derrière moi, mais c'est aussi quelque chose que je ressens profondément. Pendant toutes mes années de reportage en Afghanistan j'ai presque toujours été reçu avec une hospitalité exceptionnelle. Que ce soit à l'abri de tout danger ou au milieu des combats, j'ai partagé le thé, l'eau et la nourriture avec mes hôtes afghans, et même dormi, sur leur proposition, dans des mosquées de village, alors qu'eux-mêmes s'efforçaient de survivre dans un pays déchiré par la guerre. J'ai envie d'expliquer cela à mon interlocuteur et suis même tenté d'ajouter que j'ai probablement passé plus de nuits que lui dans une mosquée, mais je m'en abstiens car cela serait un peu puéril – et dangereux. Sous le régime extrêmement strict instauré par les talibans à la fin des années 1990, autoriser un *kafir* à dormir dans une mosquée deviendra tout simplement impensable. Mais c'est parce que les talibans auront renoncé aux formes traditionnelles afghanes de respect et de bienveillance à l'égard des étrangers.

Pourtant, je réalise que c'est la première fois que je me sens mal à l'aise en Afghanistan. Alors que je fais demi-tour pour partir, l'Arabe me crie, comme si notre conversation n'avait pas eu lieu : « Si je te revois, je te tue. Ne reviens plus jamais ! » Je ne lui réponds pas. J'agite la main avec un bref hochement de tête et m'éloigne.

Une semaine plus tard, je retrouve Tom Woods, le grand et blond producteur de l'État de New York basé à Paris. Nous allons filmer ensemble pour le compte de *NewsHour Special*. C'est son troisième séjour en Afghanistan ; il est venu pour la première fois en 1980 faire un reportage sur une organisation humanitaire française menant des opérations clandestines en Afghanistan, avant de filmer la guerre soviétique pour NBC News. Il en garde un très mauvais souvenir, un char russe ayant pris pour cible l'équipe de télévision. Très secoué, Tom n'est pas revenu depuis, mais au fil du temps il a éprouvé la forte envie que nous effectuions un bon reportage sur ce qui se passe dans le pays au terme de près d'une décennie de guerre. En raison de notre budget très serré, nous faisons rapidement d'Abdul l'assistant de Tom, lui apprenant comment tenir un micro, disposer l'éclairage et recharger les batteries.

Nous commençons par passer plusieurs jours à filmer dans les environs d'Asadabad et de Chagaserai. Je tiens également à me rendre sur le lieu du massacre de Kerala, que je n'ai jamais vu. Nous réalisons les habituels plans généraux et inserts, et consacrons une journée à tourner dans les bazars et les villages de la région. Asadabad est à présent redevenue une ville animée, où les commerçants ouvrent presque chaque jour de nouvelles boutiques. Assis à de grandes tables installées dehors sous un chaud soleil, nous buvons du thé sur la place principale en observant les minibus et pick-up faisant office de taxi qui emmènent et ramènent les combattants du front.

Comme la dernière fois, nous prenons la route principale en direction de Jalalabad et filmons en chemin. À un moment, nous nous arrêtons dans un important poste de la guérilla pour boire un thé et réaliser quelques images. Soudain un solide guérillero à la barbe épaisse aperçoit Tom et se précipite pour l'étreindre. C'est l'homme qui a aidé Tom et l'équipe de NBC en 1980. Ancien enseignant, Safi est devenu commandant. Il s'arrange pour nous faire rencontrer la *choura* moudjahid des commandants du front. Il nous assure qu'ils pourront nous obtenir tout ce que nous voulons. Il nous détache également quelques-uns de ses hommes afin de s'assurer que nous serons bien traités.

Nous passons la nuit au poste de commandement de la *choura* et dînons en compagnie d'une vingtaine de commandants et d'assistants, qui nous mettent au courant de la situation sur le front, soulignant que les forces de Kaboul se battent plus farouchement que prévu. « Maintenant que les *Chouravis* sont partis, ils savent qu'ils ne peuvent compter que sur eux-mêmes, remarque le commandant en chef. Ils ont peur que nous les tuions. Mais, si ce sont de bons musulmans, nous les traiterons correctement. Ils n'auront rien à craindre. » Parmi le groupe se trouvent deux hommes qui, au vu de leur coupe de cheveux, de leur teint sombre et de leurs traits sud-asiatiques, ne sont manifestement pas afghans. « Êtes-vous des Pendjabis ? » leur demandé-je. Les deux hommes esquissent un sourire embarrassé. « Non, nous sommes afghans, répond l'un d'eux en anglais. – Vraiment ? Et vous ne parlez pas le pashto ? » Les Afghans les observent avec un sourire sardonique. Il s'agit bien entendu de conseillers militaires pakistanais, probablement membres de l'ISI. Ils ont d'ores et déjà entrepris d'organiser l'offensive de la guérilla contre la grande ville de Jalalabad qui, espèrent-ils, propulsera Hekmatyar au pouvoir. Au cours des mois suivants, je rencontrerai souvent des Pakistanais de l'ISI dans les zones frontalières et en Afghanistan même, aux côtés des moudjahidines. Nous demandons à nos hôtes à quel endroit du front nous pouvons filmer sans risque de tomber sur les Arabes. « Vous êtes en Afghanistan et c'est notre pays. Ces Arabes n'ont pas à nous dire ce qu'il faut faire. Si nous voulons vous emmener là-bas, nous vous y emmènerons ! »

Le lendemain matin, nous nous entassons dans deux pick-up et partons pour le front. Je comprends peu à peu que nous nous dirigeons vers l'endroit exact où je suis allé avec Steve McCurry. La seule différence est que, cette fois-ci, toute la zone est soumise à un intense bombardement au mortier. J'aperçois les petits panaches de poussière et de fumée qui s'élèvent de l'autre côté de la rivière, près de la plantation d'orangers. Parfois un obus tombe dans la rivière, soulevant une haute gerbe d'eau. Je remarque également que le barrage d'obus se rapproche peu à peu de nous.

Une fois parvenus aux tranchées de la ligne de front, je conseille à Tom d'agir avec discrétion. Il allume sa caméra, mais la garde à hauteur des genoux et filme tout en marchant. Soudain nous entendons un hurlement. « Je t'avais dit de ne plus revenir ! » C'est le Saoudien de l'autre jour. Vêtu d'un *salwar kameez* beige et coiffé d'un turban blanc, il s'approche de nous, suivi d'un détachement de combattants armés. Il a l'air furieux. Il veut savoir pourquoi nous sommes revenus. « C'est pas bon, marmonne Tom. Pas bon du tout. »

Tous les Arabes nous hurlent dessus – ainsi que sur les Afghans – pour avoir osé revenir. Les Afghans leur répondent en criant de colère. En quelques secondes, les deux groupes se braquent avec leurs armes. À cet instant, le Saoudien remarque le témoin rouge de marche sur la caméra de Tom. Il s'approche de lui et lui demande : « Pourquoi filmes-tu ? Je sais que tu es en train de filmer. Éteins cette caméra. » L'homme n'est pas un pauvre Arabe ignorant la façon dont fonctionne une caméra de télévision. Tom se lance dans des dénégations tout en éteignant discrètement sa caméra. « Ces types sont dingues, me dit-il. Nous ferions mieux de partir. » « Qui est-ce que tu traites de fou ? chevrote un gros Arabe aux épais cheveux bouclés. Qui est-ce que tu traites de fou ? » Il arme sa kalachnikov et en pousse le canon dans les reins de Tom. La situation est en train de déraper. En même temps, je ne peux m'empêcher de remarquer que les obus de mortier s'abattent de plus en plus près – et que ces types semblent s'en moquer éperdument. Mais je redoute surtout qu'une fusillade éclate entre les deux groupes. Je suis certain que, si cela devait arriver, Tom et moi serions les premiers à être abattus. J'ai réussi à rester indemne pendant toute la guerre et je vais me faire descendre par une bande d'Arabes cinglés.

C'est alors que notre commandant afghan s'interpose entre les deux groupes rivaux et lève les bras. « Arrêtez ! Arrêtez ! hurle-t-il en arabe et en pashto. Tout ça n'est pas bon pour l'islam. Nous devons arrêter. Nous sommes frères en islam. » Des deux côtés les armes sont toujours pointées sur le groupe d'en face, mais les vociférations se sont calmées. Deux obus explosent à moins de cent cinquante mètres de là. Je jette un coup d'œil aux véhicules en essayant de calculer si nous allons avoir le temps de les rejoindre avant que le bombardement se rapproche encore. Le commandant crie un ordre à un de ses hommes, qui nous entraîne aussitôt, Tom et moi, en direction des pick-up. Plusieurs combattants grimpent avec nous à l'arrière, leurs armes toujours pointées sur les Arabes. Les autres Afghans commencent à refluer vers l'autre véhicule. Nous fonçons au bas de la piste alors que deux obus tombent à l'endroit même où nous étions garés, nous arrosant d'une pluie de terre et de pierres. L'autre pick-up, à présent bondé de moudjahidines, ne semble pas touché et démarre à son tour.

Tom et moi sommes secoués de tremblements. Nous ne nous attendions pas à cela. Je me suis déjà retrouvé dans des situations délicates, mais c'est la première fois que j'ai senti la mort aussi proche. Nous n'en avons été séparés que d'une brève pression sur une détente. Les Arabes étaient suffisamment furieux pour nous abattre, même au risque d'être abattus à leur tour. Ils voulaient éprouver la satisfaction et l'honneur d'avoir tué un infidèle.

Pendant le trajet de retour, alors que nous sommes tous deux plongés dans nos pensées, nous dépassons une clinique du CICR installée dans une maison de pisé et de pierre. Un drapeau de la Croix-Rouge flotte sur le toit. Un Land Cruiser de l'organisation, surmonté d'une grande antenne, est garé devant le bâtiment. Cette base médicale avancée a dû être installée dans la journée, car nous ne l'avons pas remarquée ce matin. Je fais arrêter notre chauffeur et dis au commandant que nous devons alerter les gens de la Croix-Rouge. Ils se feront tuer s'ils se rendent au front alors que ces Arabes à l'esprit échauffé s'y trouvent aussi. Nous faisons demi-tour pour revenir à la clinique. Deux délégués suisses portant un badge du CICR sortent à notre rencontre. Nous nous serrons la main. Je leur parle des Arabes présents sur le front. « Ils vous tueront s'ils vous voient, leur dis-je. – Mais non, rétorque l'un d'eux dans un anglais au fort accent germano-suisse. Nous sommes du CICR, voyez-vous. – Je pense qu'ils se foutent pas mal de qui vous êtes, répliqué-je. Vous êtes étrangers, et cela leur suffit. » Nous apprendrons plus tard que les deux humanitaires n'ont pas tenu compte de nos conseils et se sont rendus sur le front. Leur Land Cruiser a été la cible de tirs et ils en ont réchappé de justesse.

Nous faisons à nouveau halte un peu plus loin, mais cette fois sur ordre du commandant. Il me fait signe de le rejoindre. « Venez voir ! » Nous pénétrons dans un champ de maïs dont le sol desséché est encore jonché de chaumes de la moisson précédente. C'est alors que je découvre ce qu'il veut me montrer. Des mains, des pieds et d'autres parties de corps humains momifiés sortent de terre. « Des Khalqis », m'explique le commandant. Il y a une soixantaine de cadavres là-dessous, ajoute-t-il. Les Arabes ont capturé ces soldats gouvernementaux et les ont exécutés dans ce champ, précise-t-il en passant son index sur sa gorge. « Ils les ont égorgés. Au couteau. » Il se tait un instant d'un air dégoûté avant d'ajouter : « On ne tue pas un homme comme un chien. On le tue d'une balle. » Je n'ai jamais su s'il objectait à l'exécution des prisonniers, dont certains étaient de simples appelés, ou s'il réprouvait uniquement la méthode utilisée.

Tom et moi décidons que nous avons suffisamment de matière pour notre documentaire. L'incident nous a tellement secoués que nous avons le sentiment que rester plus longtemps serait tenter inutilement le sort. Nous disons au revoir au commandant et à ses hommes. Il est furieux de la façon dont les Arabes nous ont traités. Les Afghans considèrent que c'est un affront fait à leur honneur. Quelques jours plus tard, un groupe de moudjahidines lourdement armés se rendit sur le front et procéda à l'arrestation d'une demi-douzaine d'Arabes. D'après les informations que j'obtins plusieurs semaines après, mais que je n'ai jamais pu corroborer, les Afghans exécutèrent leurs prisonniers en manière d'avertissement aux autres Arabes. L'une des principales raisons de ces représailles était que ces légionnaires islamiques étrangers avaient non seulement insulté et menacé les invités que nous étions, mais qu'ils leur avaient fait honte en tant qu'Afghans.

Nous repartons en direction de la frontière. Notre véhicule devant retourner à Asadabad, il nous faut parcourir les derniers kilomètres à pied. Il se met à neiger alors que nous gravissons la montagne. Les énormes flocons humides masquent en partie la forêt et les collines environnantes. La scène est d'une extraordinaire beauté. La piste, à présent boueuse et glissante, est encombrée dans les deux sens d'un flux ininterrompu de pick-up, d'hommes, de chevaux et d'ânes. De nombreux camions sont chargés de moudjahidines qui se rendent sur le front. Il y a aussi beaucoup d'Arabes lourdement armés. Certains nous insultent et nous adressent des gestes obscènes.

C'est alors que j'aperçois trois ou quatre camions gravissant à petite allure la colline en direction du Pakistan. Ils sont bondés de femmes et de jeunes filles. Chaque véhicule est gardé par un ou deux combattants armés assis à l'arrière. Au moment où les camions nous dépassent, les femmes enveloppées dans des couvertures et des châles sombres nous fixent d'un regard vide. Le fait qu'aucune n'ait la tête couverte me paraît étrange. Comme nous nous trouvons dans une région pachtoune très conservatrice, c'est là quelque chose de très inhabituel. J'interroge le moudjahid qui marche à mon côté. « *Khalqi zan*, des femmes khalqies, me répond-il en dari tout en agitant la main d'une façon sexuellement explicite. Pour les Arabes… »

Abdul me confirmera la chose plus tard. Ce que nous voyons là n'est rien d'autre qu'un trafic d'esclaves sexuelles, en l'occurrence celui de femmes et de filles de Khalqis ayant été tués ou capturés par la résistance ou les légionnaires islamiques étrangers. Les Arabes les expédient dans leurs pays. Les Pakistanais ont parfaitement connaissance de ce trafic, tout comme les Américains, mais personne n'ose faire pression sur les Saoudiens ou les djihadistes pour y mettre fin. Ces femmes sont un butin de guerre. Tom réussit à prendre quelques photos avant que les camions disparaissent dans la zone tribale. Ce trafic honteux, que nous-mêmes et d'autres journalistes avons dénoncé, n'a jamais été vraiment évoqué dans les rapports d'organisations de défense des droits de l'homme.

En arrivant à la frontière, nous décidons de discuter avec les soldats pakistanais qui gardent le fortin chargé d'observer le côté afghan. Nous ne courons aucun risque d'être arrêtés et souhaitons aborder avec eux la question des combattants arabes. Un des Frontier Scouts nous escorte jusqu'au fort qui domine le poste-frontière. Là, nous découvrons trois officiers pundjabis, un commandant et deux capitaines, absorbés par le match de cricket Inde-Pakistan que diffuse un petit téléviseur noir et blanc alimenté par une batterie de voiture. Ils nous invitent aussitôt à boire le thé et nous offrent des sièges pour regarder le match. C'est beaucoup plus important que de surveiller les entrées et sorties d'Afghanistan.

Je leur raconte ce qui s'est passé sur le front et leur demande pourquoi le Pakistan laisse entrer tous ces Arabes en Afghanistan. D'une voix enjouée, le commandant dément aussitôt que ce soit le cas. Lorsque je lui montre un nouveau groupe d'Arabes franchissant la frontière à quelques mètres de l'endroit où nous sommes, il réplique : « Mais non, ce sont des Afghans, des Pachtounes. Ils se ressemblent beaucoup. » J'insiste sur le fait que ce sont bien des Arabes. Il secoue la tête. « Vous vous trompez », dit-il. Je lui parle alors des femmes emmenées dans les camions. Il nie à nouveau. « Ce sont de simples réfugiées qui viennent au Pakistan. » Il est évident qu'ils ont reçu l'ordre de fermer les yeux sur ce qui se passe. Nous les remercions pour le thé et prenons la route de Nawagai. Une fois arrivés au bazar principal, nous entassons tout notre matériel en attendant qu'Abdul et nos accompagnateurs afghans nous rejoignent. Ils sont repassés chez eux pour y déposer leurs armes. Je m'installe à côté de nos affaires pour prendre des notes sur les événements de la journée. Ces dernières vingt-quatre heures ont été rudes. Pendant ce temps, Tom va photographier les boutiques d'armes.

Je suis tellement absorbé dans mes notes qu'au début je reste sourd au tumulte qui a commencé à s'élever autour de moi. Soudain je perçois des cris et, levant la tête, découvre un homme qui pointe le doigt sous mon nez d'un air furieux. Plusieurs autres types m'invectivent en pashto, m'accusant de toute évidence d'avoir commis quelque chose d'ignoble. Ils répètent sans arrêt le mot *kitab, kitab*, livre, livre. La foule ne cesse de grossir. Certains hommes me regardent en se passant le doigt sous la gorge ou en brandissant le poing dans ma direction. Je n'ai pas la moindre idée de ce qui se passe. Abdul n'étant toujours pas revenu, personne n'est en mesure de faire l'interprète. Si je connais assez bien le dari, mon pashto est rudimentaire. Finalement, un homme d'âge moyen portant une veste de tweed et des lunettes à monture marron s'avance vers moi. « Excusez-moi, monsieur, dit-il, mais je crois que vous feriez mieux de partir. » La foule se calme un peu. Il m'explique qu'il est fonctionnaire et qu'il est venu à Bajaur rendre visite à sa famille à l'occasion de ses vacances. C'est par hasard qu'il se trouve ici dans le bazar. « Oui, je comprends, bien, lui dis-je. Mais pouvez-vous m'expliquer ce qui se passe ? – Eh bien, monsieur, fait-il en articulant soigneusement ses mots, le problème, c'est que ces gens voudraient vous tuer. » Je vois bien que tel est le cas, notamment parce que deux hommes au moins brandissent des épées, tandis que les garçonnets, qui jusqu'à présent se sont contentés d'observer la scène avec curiosité, se mettent à ramasser des pierres. Tout cela ressemble fort à des préparatifs de lynchage.

« Mais pourquoi m'en veulent-ils ? demandé-je. – Eh bien, monsieur, rétorque-t-il avec une politesse qui commence à m'agacer sérieusement, ces gens – et je dois vous dire que ce sont des gens sans éducation – aimeraient bien vous tuer. Ils vous prennent pour Salman Rushdie. » J'en reste sans voix. Salman Rushdie ? « Mais je ne ressemble pas du tout à Salman Rushdie ! » m'exclamé-je. C'est l'époque où Rushdie, l'écrivain indo-britannique basé à Londres, vient de publier *Les Versets sataniques*, un gros roman qui a mis le monde musulman en émoi et suscité de nombreux mouvements de protestation. Sous la pression de radicaux pakistanais liés à l'ISI, l'ayatollah Khomeiny vient d'édicter contre l'écrivain une *fatwa* invitant tout musulman à le tuer.

« Peut-être, monsieur, reprend mon ami fonctionnaire, mais ces gens voient que vous écrivez dans un livre. Ils pensent que vous venez de Londres à cause de votre caméra. Donc ils croient que vous êtes un écrivain londonien. » Et après une pause théâtrale il ajoute avec grandiloquence : « Et donc que vous êtes Salman Rushdie, et c'est pourquoi ils veulent vous tuer. » Tout cela est parfaitement cohérent. Enfin, jusqu'à un certain point. Toute personne travaillant dans la presse ne peut venir que de Londres. Les émissions de la BBC, que la plupart des Pakistanais écoutent régulièrement, commencent toujours par : « Ici Londres. » Même si ces montagnards n'ont probablement jamais vu de photo de Rushdie (car sinon ils sauraient que ses cheveux ne sont ni blonds ni frisés), ils ont écouté les sermons enflammés débités par les mollahs de toutes les mosquées du Pakistan. Le plus ironique est que je suis probablement l'une des rares personnes dans tout le Pakistan à avoir lu *Les Versets sataniques*. J'ai discuté avec des Pakistanais à Islamabad et à Peshawar au sujet de ce livre ; aucun ne l'avait lu, mais cela ne les empêchait pas de condamner violemment Rushdie pour ses propos supposés blasphématoires.

Ces Pakistanais pour la plupart analphabètes n'en croyaient probablement pas leur chance : l'homme que tout bon musulman se devait de tuer, cet homme se tenait là, devant eux, griffonnant dans un petit carnet noir avec un stylo à bille. La foule compte désormais une bonne centaine d'hommes qui braillent d'un air furieux et se montrent de plus en plus agressifs. Ça sent de plus en plus le lynchage imminent. Mon ami fonctionnaire tente de les raisonner, mais il n'arrive pas à se faire entendre dans le brouhaha. Je commence à être vraiment inquiet. Les choses prennent décidément une mauvaise tournure.

Juste à ce moment-là, nos trois Afghans réapparaissent, avec leurs armes. Ils ont entendu les cris de la foule et sont allés les récupérer chez eux en toute hâte. Nos deux accompagnateurs grimpent sur le toit d'une voiture et braquent leur kalachnikov sur la foule. Abdul les rejoint d'un bond et avertit nos agresseurs que, s'ils osent toucher à un seul cheveu de nos têtes, ils n'hésiteront pas à tirer. La foule se disperse, et nous nous éloignons sous la protection de nos amis afghans. Nous cherchons immédiatement un véhicule à louer. Les trois premiers chauffeurs, à la vue de la bande d'hommes en colère qui nous suivent de loin, refusent de nous charger. Le quatrième accepte, à la seule condition que nous nous dirigions vers le nord. Il estime trop dangereux de traverser la ville avec nous. Nous ne négocions même pas le tarif. Nous grimpons rapidement à l'arrière avec notre matériel et fonçons, poursuivis par une foule hurlante qui nous jette des pierres.

Nous roulons durant deux heures en direction du nord, puis gagnons Peshawar par un itinéraire détourné. Comme d'habitude, nous nous arrêtons en cours de route pour faire monter avec nous des Afghans, moudjahidines pour la plupart. Quand nous arrivons à destination, nous sommes une douzaine à bord. Tim Weaver, un journaliste britannique qui est l'un de mes colocataires, vient de rentrer de Khost où il a effectué un reportage sur Haqqani – le fondamentaliste afghan soutenu par les Américains et les Saoudiens qui créera plus tard le Réseau Haqqani opérant contre les forces de l'OTAN à partir du Waziristan. Allongé sur son lit, il est en train de lire. Tom et moi entrons lui dire bonjour, suivis de tous les Afghans qui, l'un après l'autre, serrent la main de Tim. Celui-ci lève la tête vers moi d'un air étonné. « Ed, qui sont tous ces gens ? – Bah, une bande d'Afghans qui nous ont sauvé la vie… »

Dix minutes plus tard Mike Malinowski, le consul américain, se présente à la porte. Je comprends aussitôt qu'il est très en colère. « Girardet, qu'est-ce que vous avez foutu ? Toute la région est en ébullition ! » Après notre retraite précipitée du bazar, la foule s'est répandue dans la ville à la recherche d'étrangers. Ils ont commencé à traquer les humanitaires travaillant dans les camps de réfugiés voisins. On a dû appeler les Frontier Scouts pour rétablir l'ordre.

Bien que nous ayons suffisamment de matière, Tom et moi décidons de tourner quelques images supplémentaires pour boucler notre reportage. Pour célébrer le retrait de l'Armée rouge, les moudjahidines ont organisé une partie de *buzkashi* regroupant plusieurs centaines de cavaliers sur un terrain proche du stade de l'armée à Peshawar. L'événement conférera une superbe touche finale au documentaire de *NewsHour*, avec tous ces coursiers virevoltant et ces fiers Afghans se battant pour s'emparer du torse décapité d'un veau. Cela incarnera l'esprit de l'Afghanistan.

Nous sommes sur le point de nous mettre en route quand Donatella Lorch du *New York Times*, qui a pour petit ami un membre de la Croix-Rouge helvétique, s'arrête devant la maison dans un véhicule du CICR. Elle se propose de nous emmener, et bientôt nous fonçons en direction du stade. Je suis assis juste derrière Donatella, la caméra en travers des cuisses, tandis que Tom a préféré prendre place sur le plateau du pick-up à l'arrière. En route, nous percutons de plein fouet un autre véhicule. Je parviens à retenir Donatella et à l'empêcher de passer à travers le pare-brise. Elle est quand même blessée.

Ce soir-là, je me rends au bar de l'*American Club*, où je tombe sur P. J. O'Rourke, le satiriste américain, qui tient une chronique sur l'Afghanistan dans le magazine *Rolling Stone*. Il est moins étonné du récit que je lui fais des Arabes cinglés qui ont essayé de nous tuer que de la méprise des Pakistanais qui m'ont pris pour Salman Rushdie. « Ouais, dis-je. Si jamais je rencontre Rushdie, il ne s'en sortira pas simplement en me payant un verre. Et pas question qu'il me dédicace ses *Versets sataniques*. Je les ai vécus pour de bon, moi, ses versets. »

Un peu plus d'une décennie plus tard, j'ai rencontré un des commandants qui s'étaient trouvés avec nous dans le Kounar. La capitale afghane était alors aux mains des talibans ; ce commandant travaillait à ce moment-là pour une des agences humanitaires internationales. Nous évoquâmes les Arabes qui se battaient aux côtés des moudjahidines à l'époque. Il me demanda si je me souvenais de ce grand commandant arabe. Comment pourrais-je l'oublier? rétorquai-je. «Eh bien, il s'agissait d'Oussama ben Laden, me dit-il. C'était l'Arabe qui pesait le plus de poids dans le Kounar en cette période. Tout le monde le connaissait.»

Cela ne fit que confirmer ce dont je me doutais. À la suite des attentats perpétrés contre les ambassades américaines en Afrique orientale, j'avais vu des photos du chef d'Al-Quaida. J'avais alors réalisé que le grand type arrogant que nous avions rencontré sur le front de Jalalabad était presque certainement lui. À la fin des années 1980, il n'y avait bien entendu aucune raison d'avoir entendu parler de ben Laden. Il n'était qu'un de ces islamistes étrangers qui tentaient de propager le djihad. Mais ce qui était déjà clair à ce moment-là, c'est que ben Laden et ses collègues islamistes tournaient déjà leur attention vers l'Occident. D'après la conversation que j'avais eue avec lui, il ne faisait aucune différence entre Soviétiques et Américains. C'étaient des infidèles, et il haïssait tout autant les uns que les autres. Maintenant que l'Armée rouge avait quitté l'Afghanistan, le djihad devait se répandre dans de nouvelles régions. C'est précisément ce que beaucoup d'entre nous, qui suivions l'Afghanistan de près, redoutions. Où vont aller les djihadistes à partir de leurs bases afghanes?

Même mon ami Tom Woods, qui n'était en rien un expert du Moyen-Orient ou de l'islam militant, avait, tout de suite après l'incident que nous avions vécu dans le Kounar en 1989, mis le doigt sur l'extrême dangerosité potentielle de ces extrémistes: «C'est vraiment effrayant de rencontrer des gens pareils, m'avait-il dit. Ce sont des types qui sont capables de faire exploser des avions en vol ou de placer une bombe dans un aéroport.»

Quand les Russes furent partis et que l'objectif des moudjahidines fut de chasser le régime, les relations entre ces derniers et les Arabes ne cessèrent de se détériorer. Après la prise de Kaboul en avril 1992, les Afghans expulsèrent la plupart des Arabes restant dans le pays, car ils les considéraient comme des éléments perturbateurs et indésirables. Ce que beaucoup d'Afghans en étaient venus à comprendre, c'est qu'en définitive les Arabes n'étaient en rien différents des Pakistanais, Américains, Chinois, Russes, Iraniens et autres étrangers. Ils étaient venus en Afghanistan sous prétexte d'aider la résistance, mais en réalité pour poursuivre leurs propres objectifs.

L'influence à long terme des Arabes ne disparut pas pour autant. Une part significative des centaines de millions de dollars que les djihadistes, mais aussi le gouvernement saoudien lui-même, avaient versé à la cause afghane au cours des années 1980 avait été consacrée à la création d'écoles, de cliniques et d'orphelinats coraniques dans les camps de réfugiés. Une et peut-être deux générations d'Afghans furent endoctrinées dans les madrasas. Ils fournirent aux talibans de nouvelles troupes et, par la suite, des candidats pour les attentats suicide, une tactique totalement étrangère à l'esprit afghan et qui n'avait été que rarement utilisée pendant la guerre contre les Russes.

Pour ben Laden et beaucoup de ses «Afghans», comme on appela les djihadistes lorsqu'ils rentrèrent en Arabie Saoudite, en Égypte, en Syrie ou en Algérie, l'Afghanistan s'avéra une expérience d'une valeur inestimable. Mais, lorsque Saddam Hussein envahit le Koweït à la veille de la première guerre du Golfe, le gouvernement saoudien ne se tourna pas vers ben Laden et les djihadistes pour combattre le régime de Bagdad. Riyad sollicita le soutien des États-Unis et les invita à déployer leurs troupes sur le territoire saoudien.

Ben Laden considéra cela comme une trahison historique. Expulsé d'Arabie Saoudite en 1991, il passera cinq ans au Soudan, d'où il organisera et développera ses activités terroristes antioccidentales. Mais il n'oubliera pas l'Afghanistan et, avec l'émergence des talibans et leur prise de contrôle progressive du pays à partir de 1994, il comprendra qu'il allait pouvoir, en procurant de l'argent et d'autres formes d'aide à ce mouvement islamique conservateur, le convaincre de lui fournir, à lui et à son organisation Al-Quaida, une nouvelle base d'opérations. En 1996, ben Laden était de retour en Afghanistan.

Chapitre 12

La bataille de Kaboul : un combat de chiens enragés

Ce n'est qu'à partir du milieu des années 1980 que les Soviétiques commencèrent à comprendre qu'il leur était impossible de gagner la guerre en Afghanistan. L'apparition des missiles Stinger et Blowpipe ainsi que d'autres armes entre les mains de la résistance avait un impact de plus en plus dévastateur sur leurs capacités à combattre les moudjahidines. Contraints de revoir leurs tactiques, les Russes entreprirent de déployer des unités plus mobiles de type commando. Ils se dotèrent également de matériels mieux adaptés au combat en montagne et dans le désert, comme des mortiers légers et des mines sismiques posées le long des pistes qui se déclenchaient au passage des guérilleros.

Ils adoptèrent aussi des méthodes redoutablement efficaces comme les assassinats ciblés de commandants. Ces nouvelles tactiques de l'Armée rouge infligèrent des pertes sévères parmi un grand nombre des principaux fronts de résistance. À la fin de 1985, les guérilleros avaient ainsi perdu plus de la moitié de leurs meilleurs officiers. Renseignés par des informateurs, des Spetsnaz étaient largués à proximité des lignes de communication des guérilleros, le long desquelles ils tendaient des embuscades. Amin Wardak, un commandant francophone de guérilla de la province du Wardak, me raconta que quatre-vingt-deux de ses hommes avaient été tués et soixante blessés en l'espace de trois jours. L'attaque avait eu lieu la nuit et, en raison des silencieux utilisés par leurs adversaires, ses hommes n'avaient pas compris qu'ils étaient attaqués avant de voir leurs compagnons s'effondrer sous les balles. Les Russes avaient également fait de grands progrès en matière de guerre aérienne. Tandis que les appareils à voilure fixe volaient à haute altitude pour échapper aux missiles, les hélicoptères apprirent à manœuvrer à très basse altitude, filant pratiquement en rase-mottes au fond des vallées. Or les moudjahidines pouvaient tirer leurs missiles vers le haut, mais non vers le bas.

Pour ne pas être débordée, la résistance affina ses capacités de combat grâce à des assauts mieux préparés et mieux coordonnés. Les moudjahidines s'employèrent également à partager avec les autres fronts les informations en leur possession. Cependant, vu le manque de matériel de communication efficace, ces informations étaient souvent livrées trop tard. Au Nord, l'alliance régionale de Massoud, dont l'importance s'accroissait régulièrement, s'avérait beaucoup plus apte à attaquer et à s'emparer de bases gouvernementales majeures. Dans les hauts plateaux du Centre, les Hazâras chiites, qui étaient autrefois une minorité méprisée, se révélaient des combattants hautement efficaces. Beaucoup de Pachtounes issus des tribus continuaient de se livrer aux traditionnels raids éclairs qui n'avaient qu'une efficacité limitée. « Trop de groupes se contentent de mener une guerre régionale, remarquait Peter Jouvenal. Ils ne comprennent pas l'importance de sortir du cadre de leur vallée et de frapper des objectifs qui comptent. »

Seuls certains commandants pachtounes tels que Haqqani dans la région de Kandahâr ou Abdul Haq à l'est de Kaboul excellaient dans leurs opérations. Spécialiste de la guérilla urbaine, Haq reconnaissait ouvertement que les Russes avaient réalisé des progrès impressionnants. C'est pourquoi il était crucial de contrer l'efficacité des Spetsnaz et des autres unités professionnelles. C'est dans cet objectif que Haq organisa de fausses caravanes. Les avions de reconnaissance les repéraient et aussitôt les Soviétiques envoyaient leurs commandos. Mais les hommes de Haq observaient le lieu où se posaient les hélicoptères, combien de soldats ils larguaient et avec quel matériel. « Ensuite, il ne nous restait plus qu'à prendre leur embuscade en embuscade », me raconta-t-il en 1985. Le seul moyen qu'avait la résistance pour garder un coup d'avance, soulignait-il, était de livrer une véritable guerre de guérilla en frappant des objectifs militaires et économiques bien définis pour forcer les Soviétiques à concentrer leurs troupes autour de quelques positions principales, notamment Kaboul et quelques autres villes. Ce n'est qu'en portant le nombre de ses soldats, qui était d'environ cent vingt mille hommes, à un chiffre comparable à celui des Américains au Vietnam (cinq cent cinquante mille), que l'Armée rouge aurait pu être en mesure de continuer à opérer dans les campagnes. Or, du point de vue politique, estimait Haq, les Soviétiques ne se résoudraient jamais à une telle augmentation de leur force d'occupation.

Au bout de quelques années, la guerre se trouva bloquée dans une terrible impasse tandis que les pertes augmentaient dans les deux camps. Même les efforts déployés par le régime de Kaboul pour mettre sur pied des contingents de miliciens bien armés et correctement payés se retournèrent contre lui. Si elles étaient efficaces pour maintenir l'ordre dans les villes, ces milices ne contribuaient en rien à susciter un soutien populaire, et beaucoup devinrent des forces autonomes. En 2010, lorsque les États-Unis et l'OTAN approuvèrent la création de milices similaires afin d'assurer la police locale, les observateurs qui avaient connu la guerre soviétique soulignèrent que les Occidentaux risquaient de se heurter au même problème. Dirigées par des seigneurs de guerre locaux, elles étaient détestées des Afghans ordinaires. Le régime lui-même ne pouvait leur faire confiance. Certaines concluaient des accords avec les moudjahidines. Lorsque le soutien soviétique commença à diminuer au cours de l'hiver 1991-1992, la loyauté se mit également à vaciller. Le coût de la guerre devenait de plus en plus prohibitif pour Moscou.

Plus critique encore, le nombre de cercueils scellés expédiés en URSS ne pouvait plus être dissimulé. Des groupes de mères russes organisaient des veillées à la bougie et chantaient des cantiques dans les cimetières de Kiev, Vladivostok, Tannin et Leningrad autour des tombes de leurs fils, maris et frères. Elles exigeaient de savoir pourquoi leurs hommes étaient morts. Parmi le nombre croissant d'«*Afghanstis*» – le terme qui désignait les anciens combattants soviétiques – qui rentraient au pays, certains se joignaient à ces groupes de femmes, racontant des anecdotes et interprétant des chants sur cette guerre inutile. Même les anciens combattants américains du Vietnam éprouvaient de la sympathie envers ces ex-soldats de l'Armée rouge qu'ils cherchaient à contacter et avec qui ils échangeaient des expériences.

Les médias soviétiques se mirent peu à peu à relater la guerre de façon plus objective. Mon homologue soviétique Artyom Borovik fut l'un des premiers à être autorisé à remettre en question la guerre dans ses reportages du front. Les images diffusées par la télévision d'État devinrent plus crues et commencèrent à montrer des soldats de l'Armée rouge morts. Finis les reportages exaltant l'ouverture de nouvelles usines à Kaboul ou vantant l'inauguration d'hôpitaux flambant neufs sous les applaudissements d'Afghans reconnaissants agitant de petits drapeaux. Désormais on voyait des convois de l'Armée rouge attaqués dans les gorges d'une rivière ou dans un défilé montagneux, ou de jeunes appelés accroupis derrière un barrage routier ripostant à des tirs ennemis. À mesure qu'ils découvraient les réalités du front afghan, les citoyens soviétiques comprenaient peu à peu que le devoir internationaliste tant vanté de leurs soldats ne consistait plus à écraser des bandits contre-révolutionnaires pour instaurer une nouvelle société socialiste. La guerre était devenue vaine, c'était une cause perdue.

Rien de tout cela, cependant, n'adoucissait le caractère brutal de l'occupation russe. De nombreux rapports faisaient état d'une campagne de terreur. Jour après jour, un nombre toujours plus grand d'Afghans étaient tués ou blessés. De vastes parties du pays étaient rendues inhabitables du fait de la destruction délibérée des villages, récoltes, vergers et canaux d'irrigation par les forces de sécurité du régime. « Nous n'avons jamais reçu autant de femmes et d'enfants qu'au cours de cette année, avouait à la fin de 1985 François Ruffinen, principal délégué du CICR à Peshawar. Nous avons été totalement débordés pendant l'été. Il nous a fallu installer un hôpital annexe sous des tentes pour faire face à l'afflux de blessés. »

Mes propres déplacements dans le sud, l'est et le nord de l'Afghanistan durant cette période ne firent que renforcer ma perception de la brutalité de cette guerre. Auparavant, les attaques communistes étaient dirigées contre les villages soupçonnés de soutenir la résistance. Journalistes et humanitaires rapportaient à présent des attaques visant spécifiquement des civils en train de fuir.

Je fus le témoin d'un incident de cette nature à l'été 1984, alors que je parcourais les contreforts méridionaux de l'Hindu Kouch. Quelque cinq cents réfugiés fuyant la province de Kondôz marchaient en direction du Pakistan. Ce groupe, qui comprenait essentiellement des nomades kandahâris, tentait de franchir le défilé de Chamar, situé à une altitude de plus de quatre mille mètres et dominé par le pic enneigé du Mir Samir. Ils m'expliquèrent qu'ils avaient dû fuir en raison des attaques répétées des Soviétiques contre leurs maisons et leurs troupeaux. De son côté, le gouvernement avait recours à des méthodes brutales pour enrôler de force les hommes, jeunes et vieux, dans l'armée afghane. Des pères et des fils disparaissaient ainsi brusquement, enlevés au bazar ou dans leurs champs.

Pendant près de quatre heures, en compagnie de Peter Jouvenal, Julian Gearing (un autre journaliste britannique) et le reporter français Patrick de Saint-Exupéry nous regardâmes l'interminable caravane – qui s'étirait sur trois ou quatre kilomètres, avec des gens et des bêtes chargés de bouilloires à thé, de casseroles, de tapis et de tentes – s'engager dans un étroit défilé. Nous avions installé notre caméra et filmions les réfugiés qui passaient d'une vallée à l'autre. Flanqués de femmes vêtues de robes rouges brodées et de châles foncés tenant par la main de tout jeunes enfants, les hommes s'efforçaient de faire avancer des chameaux, des ânes et des chevaux réticents tout en aidant leurs moutons à négocier la dernière dizaine de mètres. Nous distribuions des bonbons aux enfants. Épuisés, ils prenaient la friandise d'un air absent, en défaisaient lentement l'emballage et la portaient à leur bouche. Hormis les cris et les sifflements stridents des meneurs de bêtes ou le blatèrement d'un chameau indigné, le seul bruit troublant le silence de cet après-midi ensoleillé était le ronronnement incessant des deux hélices d'un appareil de reconnaissance russe Antonov.

Une fois le col franchi, les réfugiés descendirent dans la vallée de la Pashai, un haut plateau traversé par un cours d'eau, auprès duquel ils dressèrent leur camp pour la nuit. Vers la fin de la journée, notre groupe put enfin passer dans la gorge suivante. C'est à ce moment-là qu'apparut la première formation de deux MiG-27. Ayant remonté la vallée voisine du Pandjchir depuis Bagram, ils virèrent sur l'aile avant de larguer leurs bombes au milieu des réfugiés rassemblés sur l'autre versant. À peine s'étaient-ils retirés que deux nouveaux appareils surgirent de derrière le Mir Samir. Pendant les vingt minutes suivantes, nous entendîmes le choc sourd des explosions. Notre premier réflexe fut de revenir sur nos pas, mais une unité de guérilleros dépêchés par Massoud nous avertit que des Spetsnaz allaient être déposés sur les hauteurs. C'est à contrecœur que nous poursuivîmes notre chemin vers la vallée principale.

Les Russes bombardèrent et mitraillèrent la colonne de réfugiés durant trois jours. Après chaque attaque, l'Antonov de reconnaissance venait consciencieusement survoler le secteur pour photographier les dégâts. Dix jours plus tard, alors que je regagnais le Pakistan avec Saint-Exupéry et cinq déserteurs de l'armée afghane qui nous avaient adoptés, nous reprîmes le même itinéraire. En raison de mouvements de troupes russes, nous dûmes procéder de nuit à l'ascension du Chamar. Les premiers signes de la tragédie étaient les cadavres de chameaux et de chevaux gisant au pied du défilé. Les victimes humaines avaient déjà été enterrées. À l'aube, lorsque j'atteignis le sommet, je découvris que les MiG avaient attaqué l'arrière de la colonne même que nous avions filmée.

Au moins quarante hommes, femmes et enfants avaient perdu la vie. Des dizaines d'autres avaient été blessés. Je réalisai que parmi les jeunes victimes se trouvaient plusieurs enfants à qui nous avions donné des bonbons. J'en retrouvai les papiers abandonnés le long de la piste. Les avions soviétiques avaient délibérément attaqué le camp qui présentait pourtant les tentes noires, les feux et les enclos à bêtes typiques des camps nomades. Il est absolument impossible que les Russes aient pu confondre ces civils avec des moudjahidines.

Hajji Saduddin fut témoin de ces attaques. Originaire de Bazarak, ce commerçant pandjchiri m'avait hébergé à l'occasion de ma première rencontre avec Massoud. Après s'être abrité avec plusieurs familles à l'une des extrémités de la vallée, il s'était aussitôt occupé des morts et des blessés. « C'était horrible, me raconta-t-il. Nous avions vu beaucoup de choses pendant la guerre, mais jamais une telle horreur. Les gens hurlaient, les blessés gisaient de tous côtés. Beaucoup avaient perdu leurs mains, leurs pieds, leurs bras ou leurs jambes. Les tentes brûlaient, et une odeur affreuse flottait dans l'air. »

Des dizaines de cadavres d'animaux mutilés, des ustensiles métalliques tordus, des vêtements calcinés, des selles déchirées et une fronde d'enfant cassée jonchaient le sol, hachés par les éclats de bombes ou déchiquetés par les rafales de mitrailleuse. Saduddin et ses amis pandjchiris soignèrent les blessés avec le peu qu'ils avaient. Puis ils enterrèrent les morts dans un cratère de bombe, recouvrant les cadavres d'une bâche avant d'y entasser des pierres à la manière musulmane. Un unique drapeau de prière fait d'un morceau de tissu vert, rose et orange accroché à un piquet de tente et une inscription citant un verset du Coran marquaient le lieu du massacre. D'autres réfugiés avaient par la suite succombé à leurs blessures. Nous découvrîmes leurs tombes lors de notre retour vers Chitrâl, la première grande ville du côté pakistanais de la frontière.

D'autres voyages que j'effectuai plus tard dans l'est de l'Afghanistan confirmèrent que ce genre d'attaque préméditée était loin d'être unique. En 1988, alors que les Russes avaient déjà annoncé leur intention de se retirer, de nombreuses régions du pays étaient devenues des zones de tir ouvertes. Les civils étant partis depuis longtemps, tout ce qui bougeait était considéré comme une cible légitime. Même s'il s'agissait de journalistes et d'humanitaires étrangers. L'Afghanistan avait beau être l'un des conflits les moins couverts de la planète, la présence de ces étrangers constituait chaque fois un rappel désagréable. Cela me fut confirmé après la guerre par un officier supérieur ukrainien de l'académie militaire de Kiev. « Nous savions que vous autres journalistes étiez dans les montagnes. Si nous avions mis la main sur vous, nous vous aurions collés contre un mur et fusillés », m'assura-t-il.

Bientôt l'amélioration de l'armement et des tactiques employées devait accroître de manière décisive les capacités de la résistance. Vers la fin de 1987, Peter et moi accompagnâmes, à bord de camions pris à l'Armée rouge, à dos de cheval et à pied, des moudjahidines qui allaient frapper des positions communistes dans les provinces de Nangarhâr et de Paktiyâ. Meilleur qu'au début des années 1980, leur armement comprenait des mitrailleuses, des mortiers, des fusils d'assaut et un lanceur de roquettes, mais aucun missile Stinger. Une des opérations prévues par les guérilleros était l'attaque d'un fort gouvernemental situé à une quinzaine de kilomètres au sud-ouest de Jalalabad. Selon leur commandant, Mohammed Ashnarar, ils n'avaient pas assez de munitions pour s'en emparer. « Ça ne fait rien, c'est juste pour maintenir la pression », m'expliqua-t-il.

L'assaut fut déclenché juste avant le coucher du soleil. Pendant deux heures, un furieux échange de roquettes chinoises de cent sept millimètres, d'obus de mortiers et de balles traçantes rouges embrasa le ciel du crépuscule. Un unique char russe tirait dans notre direction. Les guérilleros se replièrent pour la nuit, puis repartirent à l'attaque le lendemain matin. Le fort avait été touché par plusieurs coups au but. Sept nouveaux chars firent leur apparition et avancèrent sur la route tout en tirant. Je voyais l'éclair du canon avant que l'obus n'explose sur le flanc de la colline devant nous ou passe en sifflant au-dessus de nos têtes avant de percuter le massif qui se trouvait derrière. Ne pouvant ni avancer ni reculer, je passai le restant de la matinée à lire un roman et à écouter une histoire du rock and roll diffusée par la BBC. De temps à autre, je me redressai pour voir comment se déroulait l'attaque.

Dans ce qui s'avéra la dernière grande bataille impliquant l'Armée rouge avant son retrait, les Russes furent contraints d'intervenir à l'hiver 1987-1988 pour porter secours à la garnison de Khost. Au terme d'un siège de trois mois, l'armée afghane, à court de nourriture et de munitions, était sur le point de se rendre. Les Soviétiques durent envoyer à la rescousse plusieurs milliers de leurs soldats, portant le total des défenseurs de Khost à près de quarante mille hommes – soit le quart de leur force d'occupation en Afghanistan. Pendant la période de Noël, ils entreprirent de nettoyer les cent vingt kilomètres de route entre Gardez et Khost. Mais cette route avait été méthodiquement minée par la guérilla, qui avait appelé en renfort des combattants des provinces voisines tout en multipliant ses attaques sur d'autres positions.

Pour les Russes, Khost devint une question de prestige. Au bout du compte, la situation ne fit que souligner l'absurdité de cette guerre prolongée. Tout en reconnaissant la violence des combats, les Soviétiques assurèrent à leur opération une couverture médiatique maximale en URSS. Les téléspectateurs russes apprenaient ainsi dans les journaux télévisés du soir que quinze cents commandos de l'Armée rouge avaient été déployés et avaient infligé des pertes sévères aux moudjahidines. Certains reportages assuraient que plus de deux mille guérilleros avaient été tués.

Clamant victoire, l'Armée rouge finit par rouvrir la route. Les communistes avaient sans doute brisé le siège, mais cette opération majeure n'avait en rien réussi à écraser l'insurrection. Jalaluddin Haqqani, chouchou de l'ISI et de la CIA avant qu'il ne prenne la tête d'un réseau antiaméricain, finira par s'emparer de Khost le 11 avril 1991 sans grand combat. Après avoir négocié avec la garnison de l'armée afghane, les moudjahidines entrèrent dans la ville. Ce fut la première grande agglomération urbaine à tomber entre les mains de la résistance.

À la fin des années 1980, les Soviétiques cherchèrent le moyen de s'extirper de cette guerre sans espoir. À la suite des accords bilatéraux signés à Genève par le Pakistan et le gouvernement communiste d'Afghanistan sous les auspices de l'ONU et dont les États-Unis et l'Union soviétique s'étaient portés garants, les Russes purent amorcer leur retrait. Ils le terminèrent moins de dix mois plus tard, le dernier soldat de l'Armée rouge franchissant la rivière Oxus le 15 février 1989.

Si les accords de Genève ouvrirent la voie au retrait russe, ils échouèrent totalement à prendre en compte les réalités du terrain. Pakistanais, Américains et Soviétiques s'étaient entendus entre eux, mais, ayant négligé de faire participer la résistance afghane aux discussions, celle-ci rejeta les accords. « Le grand problème, à mon avis, nota Mohammed Eshaq du Jamaat-e-Islami, est que le Pakistan décidera en définitive de ce qui est bon pour le peuple afghan. Or c'est nous qui avons mené la guerre, non les Pakistanais.» Les négociations exclurent également l'Iran, la Chine, l'Inde et d'autres acteurs régionaux essentiels. «C'est comme si les négociations de paix au Vietnam s'étaient déroulées sans la participation des Américains ou du Viet Cong», me dit un diplomate européen.

Des commandants de la résistance comme Abdul Haq firent remarquer que seul un accord global serait en mesure d'éviter une reprise de la guerre. «Le problème n'est pas uniquement le départ des Soviétiques, souligna-t-il. Le problème est ce qu'ils vont laisser derrière eux.» Quelques représentants de la guérilla insistèrent sur la nécessité de définir la nature du gouvernement à mettre en place après le retrait de l'Armée rouge. Certains laissèrent même entendre qu'il pourrait inclure des anciens du régime de Kaboul. Cela pourrait concerner les «bons musulmans» et les membres du gouvernement qui avaient aidé la résistance. D'autres en revanche estimaient que seuls les «héritiers» du djihad étaient en droit de diriger l'Afghanistan.

Les accords de Genève incitèrent le gouvernement de Najibullah, l'ancien patron du KHAD qui avait remplacé Babrak Karmal à la présidence en mai 1986, à tenter de former un gouvernement élargi susceptible de satisfaire les Afghans ordinaires lassés de la guerre. À cette fin, il annonça un cessez-le-feu unilatéral d'une durée de six mois. Son initiative plaça les partis de Peshawar dans une position délicate. Ils comprirent qu'ils ne pouvaient ignorer la proposition de Najibullah, d'autant plus que celui-ci tentait d'impliquer l'ancien roi dans sa démarche. Ils étaient également conscients que beaucoup étaient disposés au compromis si cela permettait de mettre fin au désordre.

Le représentant spécial de l'ONU Diego Cordovez espérait que les partis moudjahidines accepteraient une forme de gouvernement intérimaire. Il comprit vite qu'il se berçait d'illusions. «Les accords de Genève s'avérèrent n'être guère plus qu'une imposture et un désastre à l'égard de toute possibilité de paix durable en Afghanistan», concluait l'expert américain en droit international Charles Norchi en 2011. Les chefs de parti de Peshawar envisagèrent plusieurs options, mais les discussions ne débouchèrent sur aucune solution. Quant aux moudjahidines de l'intérieur, ils condamnèrent les accords comme « injustes » et « non représentatifs ».

Plusieurs responsables des services de renseignement américains, du département d'État et de l'USAID avertirent Washington qu'il n'était pas possible d'abandonner l'Afghanistan à son sort. « Ce n'est pas comme si nous n'avions pas expliqué à l'administration américaine ce qui était en train de se passer, et, surtout, ce qui risquait de se passer. L'information était là, sous leurs yeux, mais ils choisirent de ne pas en tenir compte », me confia un ancien analyste américain du renseignement en 2009. Une source de l'USAID admettait en 1988 que rares étaient ceux qui entretenaient l'illusion que les combats cesseraient avec la signature d'un accord. « Pourtant, chaque fois que nous en parlons à Washington, ils semblent ne pas comprendre », me dit-il.

Pendant que les partis de la résistance envisageaient d'instaurer un gouvernement temporaire dans les zones « libérées », la majeure partie des huit cent cinquante « commandants de l'intérieur » de la guérilla s'employaient à renforcer leurs fiefs locaux et régionaux dans la perspective du départ des Soviétiques. L'idée d'une approche coordonnée et unifiée pour un nouvel Afghanistan était en train de s'effondrer.

Après le départ des Russes, les moudjahidines réussirent à prendre l'avantage sur les communistes afghans. Les différentes factions de la guérilla s'emparèrent de nombreuses positions avancées, souvent parce que les troupes du PDPA, composées pour l'essentiel d'appelés, étaient passées du côté de la résistance. Ces défections étaient le résultat d'intenses négociations menées entre les deux camps, généralement par haut-parleur ou par radio. Les soldats gouvernementaux voulaient d'abord s'assurer qu'il n'y avait pas d'Arabes parmi les moudjahidines.

Mais les frictions au sein des moudjahidines ne cessaient de s'accentuer. Le terme de *watandar* (concitoyen), qui en était venu à symboliser l'unité et la conscience nationale naissante durant la guerre soviétique, était de moins en moins employé. En dehors des plus éclairés, rares étaient les commandants qui semblaient partager la même vision d'un Afghanistan unifié. Ce changement d'attitude chez les moudjahidines et les forces gouvernementales s'exprimait de différentes façons.

En certains endroits, la coexistence ne se déroulait pas sans mal. Dans la périphérie de Jalalabad au début de l'année 1989, je me suis trouvé à moins d'une centaine de mètres d'une position gouvernementale. Plusieurs soldats entrèrent dans la maison où je séjournais. Pendant un instant, je sentis mon estomac se serrer. Mais les soldats communistes semblaient connaître les moudjahidines avec lesquels je me trouvais. Ils s'étaient faufilés entre les lignes pour apporter du ravitaillement à leurs familles. Tout le monde se serra la main, on but le thé, puis ils repartirent. Pourtant, quelques minutes plus tard, le commandant afghan nous demanda de sortir. Même s'il connaissait les soldats, expliqua-t-il avec un sourire forcé, il ne leur faisait pas confiance. Le KHAD offrait de fortes récompenses pour toute information concernant la présence d'étrangers. On ne pouvait reprocher à un jeune appelé d'être tenté de trahir.

Pour la première fois depuis que je couvrais la guerre en Afghanistan, je sentis que je ne pouvais plus me fier aux guérilleros. Le sentiment de solidarité avait disparu. Jusqu'alors, les moudjahidines avaient compris que les reportages sur la guerre étaient essentiels pour faire connaître au monde les épreuves qu'ils subissaient. Je ne m'étais jamais inquiété pour mes affaires personnelles. Les seuls objets de valeur étaient notre caméra et notre matériel d'enregistrement, et nous savions que nous pouvions faire confiance aux guérilleros pour veiller sur eux. Deux mois après le retrait russe, nous filmions dans la région orientale du pays, à cinq heures de marche à peine de la passe de Khyber. Alors que nous regagnions le Pakistan, nous traversâmes la rivière Kaboul sur un petit radeau en bois grossièrement assemblé. Tout en attendant que notre guide gagne la grand-route, située à une bonne heure à pied, nous restâmes près de la rivière à boire du thé et à dormir. Le commandant avait manifesté un vif intérêt envers mon petit récepteur ondes courtes Sony à piles, qui était mon lien avec le monde extérieur. Je le trimballais avec moi depuis le début de la guerre. Je le mettais toujours dans la poche de ma sacoche.

Lorsque je m'éveillai, je constatai que le transistor avait disparu. Je soupçonnai aussitôt le commandant, mais je ne pouvais l'accuser ouvertement. Je l'informai donc que ma radio avait disparu. Pendant des années, lui dis-je, les Afghans avaient toujours manifesté un sens de l'honneur, et c'est la raison pour laquelle j'avais persisté à couvrir leur guerre. Si la fierté afghane n'avait plus de sens, poursuivis-je, alors l'Afghanistan était un pays qui avait perdu tout intérêt à mes yeux. Sur ces paroles, je me levai et partis me promener au bord de la rivière. À mon retour, je retrouvai la radio dans la poche de mon sac. Je n'en ai jamais reparlé. Mais cela ne serait jamais arrivé pendant la guerre soviétique. Si l'incident peut paraître dérisoire, il représenta à mes yeux un tournant. En cette fin des années 1980, l'Afghanistan entrait dans une nouvelle phase. C'était une ère de cupidité, d'égoïsme et d'absence de respect, qui se manifestaient non seulement à l'égard des étrangers, mais aussi entre Afghans. Les Afghans portent une lourde part de responsabilité dans ce qui arriva à cette époque, tout comme ils sont partiellement responsables de ce qui se passe aujourd'hui.

Washington crut qu'il pourrait se retirer de la scène afghane sans que cela ait la moindre conséquence pour l'avenir. Pour l'administration américaine, l'Afghanistan avait rempli son rôle, notamment celui de fourrer un nouveau Vietnam dans les pattes des Soviétiques. Brusquement, les déclarations comme celle effectuée en décembre 1985 par le président Reagan, selon laquelle « les États-Unis se tiennent fermement aux côtés du peuple afghan et continueront à soutenir son combat historique pour la liberté », semblèrent vides de sens.

De leur côté, les Pakistanais estimaient qu'à présent que les Soviétiques étaient partis ils pourraient faire tourner la guerre en leur faveur. Depuis des années, ils poussaient Hekmatyar à affaiblir les autres factions de la résistance. « En soutenant les fondamentalistes, nous leur conférons artificiellement une influence qu'ils n'auraient jamais gagnée par eux-mêmes », regrettait en décembre 1987 Bernard Kouchner, qui dirigeait alors le groupe Médecins du monde et devait plus tard devenir le ministre français des Affaires étrangères. De nombreux moudjahidines se refusaient à appuyer les efforts pakistanais en vue de porter Hekmatyar au pouvoir.

Quant aux partis de Peshawar, ils n'avaient toujours aucune vision pour l'avenir et perdaient rapidement de l'influence à l'intérieur de l'Afghanistan. Tout ce qu'ils faisaient était motivé par le pouvoir et l'argent. « Ils ne se soucient absolument pas des gens, ils ne s'occupent que d'eux-mêmes, me disait Mohammed Gul, un ancien fonctionnaire de Jalalabad. Ils gagnent de l'argent, possèdent de grosses voitures et ne connaissent pas la faim. Ils n'ont jamais combattu dans la guerre. »

Les perspectives pour un futur Afghanistan n'étaient pas forcément absentes de l'esprit des commandants de l'intérieur. Certains avaient beaucoup réfléchi à l'avenir. Si le Conseil de la résistance du Nord de Massoud – ainsi qu'il avait baptisé son alliance –, qui représentait sept provinces, discutait depuis longtemps de ce qui devrait se passer une fois le régime renversé, il n'avait qu'une influence limitée sur les groupes pachtounes du sud et de l'est du pays. D'autres facteurs entraient dans l'équation. L'un des plus importants était le trafic de drogue, qui, du Pakistan, s'était désormais transporté du côté afghan de la ligne Durand. Même si les lieux de culture et de transformation avaient changé de position géographique, l'industrie continuait à être manipulée par les mêmes gangs extérieurs.

Le KGB avait été largement impliqué dans ce trafic. Une bonne part de ces activités avait été officiellement approuvée par Moscou comme moyen de subvertir l'opposition. Mais certains agents agissaient pour leur propre compte. Avec l'émergence de la mafia russe dans les années 1990, beaucoup de ces « Afghan connections » de l'époque s'avérèrent excellentes pour les affaires. « Une grande partie de la mafia russe de la drogue trouve son origine dans l'invasion soviétique en Afghanistan », estimait en 2009 un expert d'Interpol, l'organisme de lutte antidrogue basé à Lyon. De même, les cartels de l'opium dans lesquels trempent de hauts responsables du Turkménistan, du Tadjikistan et d'Ouzbékistan se sont constitués à cette époque.

Alors que le régime commençait à vaciller, la fin des années 1980 et le début de la décennie 1990 furent marqués par une folle ruée dans laquelle les différents groupes de moudjahidines s'efforcèrent de piller le plus possible de biens gouvernementaux. En juin 1988, je me rendis à Jagi, dans la province de Paktiyâ, juste après le brusque abandon de ce district par quatre mille soldats, miliciens et paramilitaires du KHAD. Ils avaient abandonné quasiment du jour au lendemain leurs positions fortifiées qui s'étiraient sur une dizaine de kilomètres. Caisses d'obus de mortier et de roquettes, masques à gaz, téléphones de campagne, casques, cuisines roulantes, chaises, tables, paquets de rations, documents et une machine à coudre étaient éparpillés au sol tandis que des guérilleros, certains coiffés de casques russes, fouillaient partout et récupéraient tout ce qu'ils pouvaient.

« Nous partageons tout ce que nous trouvons entre les sept partis, expliqua Zabid Shahboz, un commandant qui affirmait être à la tête de six cents hommes. Ici nous travaillons dans l'unité, ce n'est pas comme à Peshawar. » Des groupes d'Afghans s'affairaient en criant par-dessus le rugissement des moteurs autour d'une vingtaine de transports de troupes russes qu'ils s'apprêtaient à piloter ou à remorquer. Debout à mes côtés, plusieurs commandants appartenant à d'autres partis me confirmèrent qu'ils entretenaient de bonnes relations entre eux. Quand je mentionnai Peshawar, ils éclatèrent de rire comme si je venais de lancer une bonne blague. Aucun ne semblait prendre au sérieux les politiciens de Peshawar – ni d'ailleurs les Pakistanais.

Les moudjahidines ne me parurent cependant pas aussi unis lorsque je retournai un an plus tard dans l'est de la province de Nangarhâr tout de suite après le retrait russe. À la fin de 1988, des factions rivales s'étaient emparées des quatre fermes modèles d'État de Ghaziabad, dans la périphérie orientale de Jalalabad. Créées à la fin des années 1950 et au début des années 1960 avec l'aide des Soviétiques, ces vastes plantations d'orangers et d'oliviers, élevages de bétail et centres de recherches agricoles devaient servir de modèle agricole pour le reste de l'Afghanistan.

Lors des visites qu'ils effectuèrent dans ces fermes juste après leur capture, plusieurs groupes d'humanitaires avaient constaté que la plupart des équipements et des bâtiments étaient encore intacts.

En quelques mois, ils furent totalement dégradés. Même si les actes de sabotage et les bombardements russes pouvaient expliquer en partie les destructions, l'essentiel des dégâts résultait du pillage opéré par les guérilleros. La totalité des tracteurs et moissonneuses utilisables, ainsi que les meilleures têtes de bétail, avaient été emportés. Les jardins ombragés par de hauts eucalyptus étaient jonchés de déchets – réfrigérateurs cassés, meubles défoncés, piles de documents éparpillés et matelas éventrés –, tandis que, dans les bâtiments modernes en béton abritant les bureaux, ateliers et logements, les guérilleros avaient fracassé les vitres, arraché les portes et utilisé les chambres comme cuisines, maculant les murs de crasse. Des excréments humains souillaient le moindre couloir.

Quand je voulus savoir pourquoi ils avaient fait cela, Faqir Mohammed, un commandant local, commença par insister sur le fait que les premiers responsables étaient les communistes. Puis il finit par admettre que chacun voulait sa part. Un autre commandant m'expliqua qu'ils avaient emporté tous les objets de valeur afin de les distribuer à la population locale ou de les confier à la garde des partis. Mais à la fin il lâcha : « De toute façon, si nous ne les prenons pas, d'autres le feront. » Pour certains représentants de la résistance et humanitaires internationaux, ces cas de destruction d'infrastructure soulevaient de sérieux doutes quant à la capacité des partis de Peshawar d'exercer un contrôle sur le pays. Jamais jusqu'alors, pas même en Somalie, je n'avais assisté à un vandalisme aussi gratuit et aussi rapide. Cela n'augurait rien de bon pour le nouvel Afghanistan.

Pendant ce temps, les partis divisés de la résistance continuaient à tâtonner pour mettre au point une stratégie unifiée. Sans gouvernement central, les commandants de l'intérieur redoutaient que les combats pour prendre Kaboul et les autres villes tenues par les communistes ne se transforment en longues et cruelles batailles. « Nous voulons éviter ce qui s'est passé dans le Kounar », me confia le commandant Abdul Qadir alors que nous mangions un curry dans un petit restaurant de la périphérie de Peshawar au début de 1989. Il faisait allusion aux tueries et pillages auxquels s'étaient livrés dans cette province les guérilleros locaux et les wahhabites arabes. « Ce qui se trouve à présent aux mains de la résistance appartient à la résistance, aussi, nous devons veiller à ne pas le détruire. » Comme les autres commandants, il laissait désormais des hommes pour garder les bâtiments et installations capturés. Ils craignaient également que, si les guérilleros se comportaient mal, la population leur retirerait son soutien.

Une des questions clé était de déterminer le type de gouvernement dont devrait se doter le nouvel Afghanistan après la mise en place d'une administration provisoire élargie. « Personne à Washington ne réfléchit sérieusement à cette question, affirmait peu avant sa mort en 1989 l'anthropologue américain Louis Dupree, un des plus fins connaisseurs de l'Afghanistan. Ce à quoi il faudrait parvenir serait un système fédéral avec une très grande autonomie des différentes provinces, [...] un pays fondé sur l'islam, mais qui ne soit pas dominé par des dirigeants islamiques. » Cela reste aujourd'hui encore une des approches les plus réalistes pour que l'Afghanistan fonctionne en tant que pays.

Au milieu de l'année 1989, les factions moudjahidines étaient dans le désarroi. Toujours soutenu militairement et économiquement par l'Union soviétique, qui lui versait, en tout cas jusqu'à la fin de 1991, l'équivalent de trois milliards de dollars d'aide par an, le régime de Najibullah se maintenait en place. Il avait reçu du matériel dont l'Armée rouge n'avait plus l'usage en Europe de l'Est. Le régime installa aux environs de Kaboul des batteries de missiles Scud de moyenne portée avec lesquels il bombarda les positions moudjahidines dans l'est de l'Afghanistan. Alors que nous nous trouvions dans le Kounar, nous les entendions tomber un peu plus loin dans la vallée avec d'énormes explosions sourdes. Ce tir de barrage regonfla le moral des troupes. Les désertions diminuèrent. La guerre entra dans une nouvelle impasse.

Toutefois, fidèles en cela à la tradition afghane, les autorités du régime étaient elles aussi divisées. En 1990, les Khalqis tentèrent de prendre le contrôle de Kaboul par un coup d'État dont certains pensèrent qu'il était soutenu en sous-main par Hekmatyar et l'ISI, mais qui se solda par un échec. Politiquement, la position de Najibullah ne cessait de s'affaiblir. L'Union soviétique, qui avait elle-même amorcé son processus d'effondrement, se trouva incapable de continuer à lui fournir son aide économique. Kaboul fut touchée par de graves pénuries de carburant et de nourriture. Moscou ayant disparu de la scène, le régime fut brusquement privé des moyens d'entretenir son coûteux appareil militaire, et entre autres de payer ses milices. Membres des factions et miliciens commencèrent à faire défection.

Des régions entières du pays étaient tombées aux mains de la guérilla. Confronté à une multiplication des désertions et des mutineries, Najibullah entama sous l'égide de l'ONU des pourparlers avec Massoud en vue d'un accord de compromis. En mars 1992, il accepta de quitter son poste sitôt qu'un gouvernement de transition neutre serait mis en place. Le lendemain, portant ainsi un coup très dur à Najibullah, son ancien allié du Nord, Dostom, chef de file des Ouzbeks afghans, changea de camp avec ses miliciciens pour rejoindre la coalition de Massoud. En quelques jours, les moudjahidines s'emparèrent de Mazâr-e-Charîf.

Tandis que l'ONU continuait à chercher une solution de compromis, Massoud avançait rapidement sur Kaboul. Avec ses propres forces pandjchiries appuyées par plusieurs groupes, il s'était emparé de la base aérienne de Bagram et des villes stratégiques de Jabul-e-Saraj et de Charikar à une cinquantaine de kilomètres au nord de Kaboul. Il contrôlait désormais la majeure partie de la plaine de Shomali et pouvait entrer dans la capitale en moins de deux heures. De leur côté, les forces de Dostom approchaient de l'aéroport de Kaboul.

Pendant ce temps, dans une opération planifiée par les Pakistanais, Hekmatyar avait déployé ses forces au sud de la capitale. À présent les forces du régime désertaient en masse et se rendaient aux différentes factions de la résistance. Chaque dirigeant de la guérilla possédait ses propres contacts et organisait les défections en sa faveur, souvent selon des critères ethniques. Les responsables et fonctionnaires des ministères de la Défense, des Affaires étrangères et de l'Éducation, composés majoritairement de membres éduqués de la faction Parcham du PDPA, souvent d'origine tadjike, préféraient se rendre à Massoud. Les Khalqis pachtounes du ministère de l'Intérieur étaient en revanche plus enclins à rejoindre Hekmatyar. Dostom, qui avait gardé ses anciennes relations dans les cercles du pouvoir, accueillait plutôt les Ouzbeks et les Turkmènes. La grande majorité des Kaboulis, cependant, semblaient avoir une préférence pour Massoud, qu'ils considéraient comme le moindre mal. Aux yeux de beaucoup, le Lion du Pandjchir restait une figure légendaire et héroïque.

Le 15 avril, Najibullah démissionna. Il tenta de se rendre à l'aéroport en convoi blindé, mais la route était bloquée par les forces de Dostom, qui avaient déjà atteint les faubourgs de la capitale et l'auraient probablement tué sur-le-champ. Il prit donc la direction du siège de l'ONU proche de l'ambassade de France et s'y réfugia. Plus tard, une fois que Massoud eut pris la ville, il protégea Najibullah que des moudjahidines incontrôlés recherchaient pour l'exécuter. Massoud entrevoyait la possibilité d'intégrer l'ancien Président, qu'il connaissait depuis l'enfance, à un futur gouvernement d'unité nationale. Najibullah restait en effet très populaire auprès de nombreux Kaboulis. Avant de fuir la capitale à l'approche des talibans à la fin de 1996, Massoud proposa à Najibullah de l'emmener avec lui. Celui-ci refusa. Les talibans l'arrêtèrent, le torturèrent et l'exécutèrent avant de le pendre devant le palais présidentiel.

À la mi-avril 1992, Gulbuddin Hekmatyar n'avait pas renoncé à prendre Kaboul. Alors qu'il s'apprêtait à entrer dans la ville et à installer ses bureaux au palais présidentiel, les troupes du Nord le prirent de vitesse. La coalition de Massoud s'empara de la plupart des ministères et attaqua les forces du Hezb retranchées au ministère de l'Intérieur et dans le palais présidentiel. Durant deux jours se déroulèrent d'âpres combats de rue et de violents bombardements. Le 27 avril, les forces du Hezb avaient été repoussées dans les faubourgs sud de la ville et Hekmatyar dut renoncer à la triomphale entrée en ville dont il avait rêvé.

Le 26 avril 1992, les politiciens en exil de la résistance annoncèrent enfin un nouveau projet de partage du pouvoir : les accords de Peshawar. Sur l'insistance des Saoudiens et des Pakistanais, le poste de Premier ministre fut confié à Hekmatyar, mais celui-ci n'osa jamais se rendre dans la capitale afghane de peur d'y être assassiné. Il installa ses quartiers à Char Asyab, au sud de Kaboul, et entreprit de lancer une nouvelle campagne pour prendre la capitale. Massoud fut nommé ministre de la Défense mais accepta de renoncer à ce poste afin de laisser s'établir un accord entre les différents politiciens.

En quelques jours, l'ensemble des partis moudjahidines se retrouvèrent dans la capitale. Le régime s'était effondré, et la capitale afghane était aux mains de la guérilla. La ville n'avait subi que peu de dommages. Pourtant, moins d'une semaine plus tard la bataille de Kaboul avait repris, les différentes factions se battant pour s'arroger une partie de la ville. Des hommes lourdement armés parcouraient les rues, défendant leurs pâtés de maisons contre les groupes rivaux d'origine ethnique souvent différente. Terrorisant la population, ils pillaient maisons et boutiques, tuaient et violaient les habitants quels que soient leur sexe et leur âge.

En tant que chef de la coalition du Nord, Massoud pouvait contrôler ses hommes, mais non ceux de ses alliés. Les combattants du Wahdat établirent leurs positions dans la partie sud-ouest de la capitale, dans des quartiers enregistrant déjà une forte population hazâra. Les Ouzbeks indisciplinés de Dostom connaissaient bien la ville pour l'avoir protégée lorsqu'ils étaient encore du côté du pouvoir communiste. Ils se répartirent dans différents secteurs. Quant à Hekmatyar, il échafaudait encore des projets pour prendre la ville, et au début de mai ses forces commencèrent à y faire pleuvoir un déluge d'obus.

Les tentatives déployées par Massoud pour instaurer un semblant de droit furent chaotiques. Douze mille détenus qui croupissaient dans la prison de Pul-e-Charkhi avaient été libérés. S'il s'agissait en majorité de prisonniers politiques, trois ou quatre mille étaient des criminels. Beaucoup étaient armés et se mêlèrent aux moudjahidines. Ils furent responsables d'une part significative des horribles exactions commises à l'encontre de la population civile. Mais les Ouzbeks de Dostom comptaient parmi les pires éléments.

La bataille de Kaboul représenta le point culminant de la vieille rivalité opposant Massoud et Hekmatyar. Les autres n'étaient que des acteurs secondaires. Poussé par l'ISI, Hekmatyar s'avéra plus déterminé que jamais à jouer les trouble-fête si c'était le seul moyen de parvenir à établir en Afghanistan un strict émirat islamique dominé par les Pachtounes. Les Américains ne pouvaient qu'assister impuissants à ses menées. «L'Afghanistan se trouve affligé d'un Frankenstein puissant, bien armé et artificiellement gonflé sur lequel personne n'a de véritable emprise», constata devant moi un haut diplomate américain en poste à Islamabad. Au cours des quatre années suivantes, les djihadistes se disputèrent âprement Kaboul dans un manège permanent de changement d'alliances. La malheureuse population de deux millions d'habitants de Kaboul était prise dans ces combats incessants.

À l'été 1993, Christophe de Ponfilly et moi-même nous rendîmes à Kaboul afin d'y réaliser un documentaire. Nous atterrîmes dans la capitale au début du mois de juillet à bord d'un appareil d'Ariana Airways qui, selon les agences antidrogue occidentales, avait servi à transporter des stupéfiants en Tchécoslovaquie pendant la guerre soviétique mais était désormais au service du nouveau gouvernement. En dépit des roquettes qui s'abattaient de temps à autre sur l'aéroport, des vols réguliers transportaient des touristes peu fortunés qui, au départ de Paris ou de Londres, se rendaient à Dehli *via* Kaboul. Nous fûmes quelque peu embarrassés de découvrir que Massoud avait envoyé à l'aéroport un véhicule officiel pour nous emmener dans l'une de ses maisons d'hôtes de Wazir Akbar Khan, le quartier diplomatique de la capitale. Même si nous avions l'intention de le rencontrer, nous avions souhaité adopter une approche plus neutre. Nous voulions également nous entretenir avec d'autres dirigeants, notamment avec Hekmatyar.

Nous voulions comprendre pourquoi un tel carnage se déchaînait dans la capitale afghane. Pendant tout le mois de mai 1993, le Hezb d'Hekmatyar avait tiré chaque jour sur la ville jusqu'à un millier de roquettes et d'obus visant particulièrement ses quartiers nord, où étaient situés la majorité des ministères. La partie sud-ouest de la capitale, principalement peuplée de Hazâras, devint la ligne de front. Depuis le début de l'été 1992, de vastes zones y avaient été dévastées par les combats de rue et les duels d'artillerie à longue portée. Avec leurs immeubles effondrés et leurs montagnes de gravats, des pans entiers de la Vieille Ville ressemblaient à Dresde en ruines. Selon le CICR, près de douze mille personnes, pour la plupart des civils, avaient été tuées depuis l'arrivée des moudjahidines. Soixante mille autres avaient été blessées. Lorsque les talibans chassèrent les djihadistes en novembre 1996, le bilan avait atteint plus de cinquante mille morts.

Ailleurs en Afghanistan, pourtant, des villes comme Hérat avaient dans l'ensemble réussi à éviter les heurts ethniques, tribaux ou religieux. Pour les Kaboulis, la seule explication à ce déchaînement de violence et de destruction était que la guerre était devenue « un lamentable combat des chefs », comme le formula un médecin afghan. Le terme de folie était celui qui revenait le plus souvent dans les conversations. « Nous avons tous perdu la tête, m'expliqua un moudjahid dans une *chaikhane* animée proche du ministère des Finances. Nous sommes devenus un peuple de fous. »

Au cours des trois semaines que nous passâmes à Kaboul, une relative accalmie s'était instaurée. Seules quelques salves de roquettes occasionnelles se faisaient entendre, le plus souvent du côté de la ligne de front. Dans les faubourgs, des groupes mobiles de combattants continuaient à bombarder au canon la capitale assiégée ou une faction rivale. Peu leur importait où tombaient les obus. Ce n'est que vers la fin de notre séjour, au début d'août, que le pilonnage quotidien recommença. Un matin, juste avant cinq heures, nous comptâmes plusieurs départs de roquette dans notre secteur, et seize explosions d'obus ou de roquettes qui tombèrent non loin de nous. Allongés dans nos sacs de couchage, Christophe et moi tentions de déterminer d'après la vibration des vitres si nous devions aller nous mettre à l'abri sous l'escalier en béton.

Peter Stocker, le délégué en chef chevelu du CICR qui avait « tout vu » et que j'avais rencontré pour la dernière fois à Mogadiscio, nous expliqua qu'au cours d'un après-midi « tranquille » au moins un millier de balles de kalachnikov étaient tirées dans la ville. « Plus vous restez, et plus les choses vous paraissent relatives, remarquait cet humanitaire suisse allemand. Il est difficile de ne pas verser dans le cynisme. L'anormal devient peu à peu le normal. » Le CICR et MSF furent les deux seules organisations humanitaires qui restèrent dans la ville pendant les jours les plus difficiles de la bataille de Kaboul.

Un soir, je dînais avec une douzaine d'employés de la Croix-Rouge, hommes et femmes, suisses pour la plupart, qui avaient tous une longue expérience de l'aide humanitaire dans les zones de conflit. Tout en écoutant du rock nous buvions du vin rouge autour de la piscine inutilisée du bâtiment où ils vivaient. La conversation tournait essentiellement autour de la guerre et, tout en bavardant, je regardais avec fascination les trajectoires orange des balles traçantes qui filaient dans le ciel nocturne. Presque chaque matin, les gens de la Croix-Rouge trouvaient deux ou trois balles tombées dans la piscine. Il était difficile de savoir si on les avait tirées par colère ou par ennui. Pour la plupart des groupes armés, toute querelle ne pouvait se régler qu'à la kalachnikov, à la mitrailleuse ou au canon de char. « Nous ne tirons qu'en l'air », m'expliqua un commandant du Jamaat. Ses hommes éclatèrent de rire quand je remarquai que les balles finissent forcément par redescendre.

Pour regagner notre logement, situé juste derrière l'ambassade américaine, Christophe et moi empruntâmes des rues désertes plongées dans l'obscurité, où nous lâchions des jurons chaque fois que nous trébuchions dans un nid-de-poule ou un trou d'obus. Tous les deux ou trois cents mètres était érigé un point de contrôle gardé par une des factions, parfois des Ouzbeks de Dostom, parfois des Pandjchiris de Massoud. L'heure du couvre-feu était passée depuis longtemps. À l'approche d'un barrage, qui pouvait consister en un simple alignement de pierres en travers de la chaussée ou bien, pour les plus élaborés, en un obstacle en barbelés, nous distinguions les combattants armés de leurs RPG. Nous allumions alors nos torches juste sous notre menton, comme pour Halloween, en criant : « *As-salâm 'aleïkoum !* » et « *Kharbarnigar*. Journaliste. » Les combattants du Junbish, le parti créé par Dostom, seigneur de guerre ouzbek, étaient pour la plupart analphabètes, et nous veillions à toujours nous esclaffer bruyamment pour montrer que nous nous amusions bien et n'avions aucune intention hostile. En général, ils riaient avec nous, mais je n'ai jamais pu me débarrasser de la crainte que, juste pour rigoler, ils nous balancent une grenade ou tirent une rafale dans notre direction.

L'aspect paradoxal des presque dix années d'occupation russe était que Kaboul elle-même n'avait subi que peu de dégâts. Dans les mois qui suivirent l'arrivée des moudjahidines, leurs affrontements avaient provoqué plus de morts et de destructions que pendant toute la guerre soviétique. Les bombardements contraignirent plusieurs dizaines de milliers d'habitants à fuir. Ils se réfugièrent dans des abris provisoires qui se multiplièrent dans les zones relativement « sûres » de la ville, qui en réalité ne l'étaient jamais tout à fait. Les roquettes pouvaient frapper n'importe où.

Les dévastations subies par la ville avaient de quoi briser le cœur de ceux qui l'avaient connue autrefois. Des banlieues naguère plaisantes étaient à présent à l'abandon, les intérieurs des maisons étaient calcinés, les toitures en tôle arrachées et tordues battaient dans le brûlant vent d'été. Des murs effondrés ou constellés d'éclats d'obus bordaient des rues jonchées de douilles vides. Des obus, explosés ou non, gisaient partout. Les seuls êtres humains restant dans les quartiers pilonnés du Sud-Ouest étaient des combattants et quelques rares familles ou gardiens prêts à risquer chaque jour leur vie pour empêcher les pillages. De nombreux symboles du passé prestigieux de la capitale avaient été saccagés. L'université de Kaboul, en ruines, servait de base arrière pour les moudjahidines combattant sur la ligne de front. Le zoo de Kaboul, autrefois lieu de promenade apprécié des Kaboulis, avait été labouré par les obus et les roquettes. Tenu par les forces de Massoud, il n'abritait plus qu'une lionne névrosée, un ours brun, deux ours de l'Himalaya, trois vautours déplumés, un sanglier, un tigre amaigri et un babouin terrorisé qui ne cessait de pousser des hurlements stridents. Par la suite, selon certaines rumeurs, les talibans auraient donné des prisonniers à manger à la lionne et au tigre.

Un peu plus loin, dans le *no man's land*, l'ancien centre culturel soviétique était devenu un tas de béton dans lequel on distinguait encore un auditorium écroulé. Le collège polytechnique, également construit par les Russes, à côté des silos à grain municipaux criblés de balles et de l'hôtel *Continental*, n'était plus guère qu'une coquille vide et dévastée. L'un des professeurs me fit lentement et tristement faire le tour des bâtiments vandalisés, avec leurs vitres fracassées, leurs portes brisées, et leurs sols jonchés de matériel, de meubles et de livres saccagés. « Je peux comprendre, peut-être, que l'on ait besoin de s'abriter derrière un mur au cours d'un combat, mais détruire délibérément des livres ? Où en sommes-nous arrivés ? Quelle folie nous a saisis ? fit le professeur avec des yeux embués de larmes. Cela est l'avenir de notre pays, et nous n'avons même pas de présent. »

Beaucoup de Kaboulis n'éprouvaient guère de sympathie envers les moudjahidines, notamment à l'égard des brutaux Ouzbeks du Nord. Même si certains affirmaient soutenir Massoud, je sentais chez eux une vraie nostalgie de la période de l'occupation soviétique. « Au moins, nous étions en sécurité à l'époque », m'assura une enseignante.

Au cours de ce séjour à Kaboul, je rencontrai régulièrement Massoud. La dernière fois que nous nous étions vus, c'était six années plus tôt, dans une grotte montagneuse proche de la vallée du Pandjchir, alors que les avions soviétiques nous bombardaient. Aujourd'hui ministre de la Défense *de facto*, il avait les traits tirés et paraissait fatigué. Il conservait néanmoins son optimisme naturel et sa détermination à atteindre son objectif, à savoir, comme il le disait, « apporter une vraie paix à l'Afghanistan ». Pour lui, la chute de Kaboul était intervenue « deux ans trop tôt ». Les moudjahidines, selon lui, n'étaient pas prêts à exercer le pouvoir. « Rien n'a été préparé correctement, et il y avait trop de bandes armées opérant pour leur propre compte en prétendant agir au nom de la résistance. » Comme le faisait remarquer Massoud, aucun Kabouli n'aurait osé s'opposer à un type avec une barbe et une arme. Les femmes et les jeunes filles ne pouvaient s'aventurer dehors sans être accompagnées par au moins trois ou quatre hommes de leur famille.

Quand je lui demandai pourquoi ils n'avaient rien fait pour s'opposer aux exactions, le commandant de l'Alliance du Nord déclara qu'il comprenait l'animosité grandissante de la population à l'égard des moudjahidines. « Beaucoup se sont mal comportés et devraient être châtiés, mais nous n'avons aucun contrôle sur eux, m'expliqua-t-il. Ils ont maltraité les gens et saccagé des biens. Il n'y a pas vraiment d'unité parmi les moudjahidines. »

Massoud ne pensait pas grand bien des politiciens de Peshawar, mais il s'abstenait de critiquer ouvertement le gouvernement issu de la résistance. Toutefois, si on lisait entre les lignes, il était facile de comprendre qu'il jugeait ces hommes avides, irresponsables et incompétents. Plusieurs années plus tard, il déclara à Christophe que, tout bien pesé, il aurait dû s'opposer aux chefs de parti car ils ne représentaient pas le peuple afghan. Mais, ajouta-t-il d'un air dubitatif, « cela aurait impliqué un coup d'État et n'aurait peut-être pas été bon pour l'Afghanistan ».

La police de Kaboul recomposée tentait de réprimer les bandes criminelles, parfois très organisées, qui se livraient aux vols de voiture et aux extorsions, et installaient des points de contrôle pour dépouiller les gens de leurs biens. La corruption était généralisée, et un trop grand nombre d'armes circulaient. Si Massoud regrettait le manque de respect de la loi, il ne faisait aucune allusion à la corruption qui commençait à sévir dans son propre entourage, parmi ceux qu'on allait surnommer la « mafia pandjchirie ». Ce n'est que plus tard, peu avant sa mort, qu'il exprimera le regret de ne pas avoir su mieux contrôler ses partisans.

Comme le savaient plusieurs des organisations d'aide internationale et Massoud lui-même, peu d'Afghans étaient capables de faire fonctionner un gouvernement. La plupart des hauts responsables de l'ancien régime s'étaient enfuis depuis longtemps, dont beaucoup en Inde, en ex-URSS et en Occident. L'immense majorité des moudjahidines venaient de régions rurales et ne savaient que se battre et tuer. « Il est difficile d'enseigner la paix à des gens qui n'ont connu que la guerre pendant la majeure partie de leur vie », disait Massoud. Par ailleurs, soulignait-il, de nombreux commandants qui ont « sans doute prouvé leur capacité à lancer des opérations de guérilla n'ont aucune idée de la façon dont on dirige un bureau gouvernemental ».

En dépit des combats, le gouvernement coopérait avec l'ONU pour la fourniture de services publics et la reconstruction de la ville. Alors que la bataille de Kaboul était loin d'être terminée, ses habitants entreprenaient déjà de réparer les dégâts. Les bazars débordaient à nouveau de produits acheminés depuis le Pakistan et l'ex-Union soviétique. De modestes réparations étaient entreprises sur les infrastructures de la capitale. On comblait les nids-de-poule, on colmatait les égouts. Face au risque de choléra, les ingénieurs s'attaquaient à l'énorme tâche d'assurer l'approvisionnement de tous en eau potable. Les écoles, elles aussi, rouvraient. Les enseignantes femmes en particulier étaient impatientes que les cours reprennent le plus vite possible.

Même le service de lutte contre les incendies (domicilié derrière le ministère de la Défense) était à nouveau opérationnel. La vingtaine de pompiers avaient reçu des uniformes, dont des casques métalliques flambant neufs et des manteaux de cuir noir, et leur matériel hétéroclite provenait d'Allemagne de l'Ouest, de France, de Pologne et de Tchécoslovaquie. Ils disposaient d'au moins quatre camions des années 1970 en état de marche, les deux autres ayant été endommagés par les bombardements. Un téléphone gris orné d'étoiles dorées trônait sur le bureau du chef de caserne. « Nous nous rendons sur un sinistre dès que le téléphone sonne », nous expliqua-t-il non sans fierté. Sonne-t-il fréquemment ? m'enquis-je. « Non, pas souvent, dit-il. Les lignes sont coupées. » Il dut alors admettre que ses hommes intervenaient lorsqu'un habitant venait les prévenir d'un sinistre, ou quand ils localisaient une fumée suspecte. « Mais tout dépend si nous avons de l'essence ou non, ajouta-t-il. – Que faites-vous si vous n'en avez cas ? lui demandai-je. – Eh bien, nous prenons un taxi », fit-il.

Même si sa popularité déclinait, Massoud restait l'un des rares dirigeants crédibles. Ses exploits à la tête de sa guérilla lui valaient la sympathie de nombreux Afghans, et pas seulement ceux du Nord. Pendant toute l'année 1993, et même jusqu'à sa retraite de Kaboul devant l'avancée des talibans en novembre 1996, il poursuivit ses efforts en vue d'élargir l'assise du gouvernement parmi les commandants régionaux et les chefs de tribu. C'était la seule façon à ses yeux d'affaiblir Hekmatyar et de mettre un terme aux combats. Toutefois, précisait-il, une confrontation militaire « finale » avec Hekmatyar pourrait s'avérer la seule solution. Comme beaucoup de partisans de Massoud l'estimaient à l'époque, le chef du Hezb était l'ultime obstacle à la paix. Une fois celui-ci écarté, pensaient-ils, un nouvel avenir s'ouvrirait aux Afghans. Mais, comme d'habitude en Afghanistan, les choses ne se révélèrent pas aussi simples.

Dans le cadre de notre reportage, Christophe et moi décidâmes de suivre Suzy Price, la correspondante de la BBC à Kaboul. Quoique diffusées depuis Londres, les émissions de la BBC en pashto et en dari faisaient en réalité fonction de véritables radios locales. Chaque soir des millions d'Afghans les écoutaient dans tout le pays. Aucune annonce de victoire de la part d'un commandant n'était prise au sérieux tant qu'elle n'avait pas été annoncée à la BBC. Il était également impensable qu'une conférence de presse commence avant que la correspondante de la BBC ne soit arrivée. Dans un pays largement analphabète, la BBC restait l'unique source d'information fiable. Comme l'expliquait Suzy, une Britannique d'un courage exceptionnel arborant une longue chevelure bouclée, son équipe de journalistes afghans et elles devaient faire preuve de la plus grande prudence dans leurs reportages. « S'il y a un bombardement et que cinq personnes sont tuées, vous devez être extrêmement précis dans vos chiffres, soulignait-elle. Car sinon il y aura toujours quelqu'un pour découvrir la vérité et vous accuser d'avoir fait une erreur ou de vous être livré sciemment à la désinformation. »

Ayant l'intention de se rendre au quartier général d'Hekmatyar dans le sud de la ville, elle nous proposa, à nous et à Mirwais Jalil, un journaliste local de la BBC, de l'accompagner. Elle essayait de rencontrer Hekmatyar au moins une fois tous les quinze jours. Car, après tout, il était Premier ministre. Mais cela impliquait de traverser les lignes. Terence White, le correspondant de l'agence France-Presse, serait aussi de la partie. Ce Néo-Zélandais de haute taille à la longue barbe boire, vêtu d'un *salwar kameez* gris et doté d'un sens de l'humour contagieux, supportait mal la pression permanente et accueillait avec soulagement l'occasion de tels déplacements. Les commentaires et mensonges d'Hekmatyar donnaient toujours matière à de bons articles.

Nous nous rendîmes à son QG à bord de deux 4 × 4 portant des autocollants de la BBC sur les flancs. Non que cela fasse une quelconque différence. La plupart des combattants ne savaient pas lire, mais ils comprenaient tout de suite quand vous leur annonciez votre qualité de journaliste aux points de contrôle. J'étais heureux de pouvoir m'abriter derrière la BBC, car je ne savais pas très bien de quelle façon allait m'accueillir Hekmatyar. À Peshawar, au moins, il devait tenir compte des Pakistanais et des Américains. Ici, en pleine zone de guerre, il pouvait faire ce qu'il voulait.

En arrivant au QG lourdement gardé d'Hekmatyar, à environ une demi-heure de voiture de la ville, nous dûmes laisser les véhicules à la grille et entrer à pied. Le politicien pachtoune avait une peur bleue de se faire assassiner. Massoud n'a jamais pris de telles précautions – ce qui est une des raisons pour lesquelles il trouvera la mort huit ans plus tard alors qu'Hekmatyar, lui, serait toujours en vie. Au moins deux pièces d'artillerie D-30 de cent vingt-deux millimètres à longue portée étaient positionnées dans un champ voisin. Tandis que nous approchions du bâtiment, la Mercedes noire de l'ambassadeur d'Iran, avec son drapeau flottant sur l'aile, nous dépassa avant de s'arrêter devant la porte. Nous nous approchâmes et serrâmes la main de l'ambassadeur, mais il était à l'évidence embarrassé d'avoir été vu – et filmé – par un groupe de journalistes. L'Iran, qui appuyait le Wahdat, était également un des principaux soutiens du Hezb d'Hekmatyar, à qui il avait fourni une bonne partie des armements dont il se servait dans la bataille de Kaboul. Hekmatyar s'entretint d'abord avec l'ambassadeur, puis nous fit entrer. Après avoir souhaité la bienvenue à Suzy et à Terence, il commença à répondre à leurs questions. Je restai prudemment à l'arrière-plan, dissimulant mon visage derrière la caméra. Je ne tenais pas à ce qu'il remarque ma présence.

Mes précautions n'étaient pas vaines. Je figurais sur une liste d'une douzaine de journalistes occidentaux à supprimer établie en 1987 par le Hezb. Parmi les noms se trouvait celui du très actif correspondant de la BBC à Islamabad, qualifié de « voix du démon », tandis que j'étais vilipendé comme « ennemi de l'islam ». Nous étions menacés de « conséquences imprévisibles » au cas où nous ne cesserions pas nos « calomnies ». Ces menaces s'avérèrent parfaitement sérieuses. Un an plus tard, le 29 juillet 1994, Mirwais, le jeune Afghan qui travaillait avec Suzy, se rendit en voiture avec un journaliste italien jusqu'aux bureaux d'Hekmatyar pour l'interviewer. Le chef du Hezb reprocha amèrement à Mirwais la teneur de ses articles et proféra des menaces à son encontre. Pendant le trajet de retour à Kaboul, leur voiture fut arrêtée par quatre hommes armés au visage dissimulé par un foulard. La voiture étant en territoire Hezb, il est quasiment certain que les combattants étaient des hommes d'Hekmatyar. Ils firent sortir le jeune correspondant de vingt-cinq ans de sa voiture. Le lendemain, on découvrit son cadavre étendu au bord de la route, criblé de pas moins de vingt-quatre balles.

Christophe et moi quittâmes finalement Kaboul début août avec le sentiment que cette guerre allait s'éterniser. Pendant des mois et des mois, des affrontements inutiles et insensés éclatèrent au hasard des rues et des bâtiments, dont beaucoup furent réduits à l'état de tas de décombres où il n'y avait plus rien à contrôler. Cherchant à neutraliser leurs adversaires, les hommes de Massoud ouvraient souvent le feu sur tout ce qui bougeait. C'est pourquoi Massoud aussi porte une part de responsabilité dans le nombre élevé de victimes civiles qui furent à déplorer durant cette période.

Mais ce sont les bombardements incessants auxquels se livrèrent les forces d'Hekmatyar qui causèrent l'essentiel des pertes. Il ne fait aucun doute que les hommes du Hezb visaient délibérément les civils. « C'était tout simplement, sans le moindre scrupule, des bombardements de terreur, me déclara un représentant du CICR. Il n'existe pas d'autre terme pour désigner ce qu'ils ont fait. » En 2005, un rapport de Human Rights Watch consacré à la période 1992-1996 documenta largement ces pratiques du Hezb et les assimila à une violation du droit humanitaire international. « Les circonstances étaient telles, souligne le rapport, que n'importe quel habitant de Kaboul pouvait trouver la mort à n'importe quel moment, quasiment n'importe ou : roquettes et obus frappaient indifféremment maisons, bureaux, arrêts de bus, écoles ou marchés. »

À la mi-1995, je retournai en Afghanistan dans le cadre d'un voyage organisé par la Ligue des droits de l'homme new-yorkaise. Le lieu le plus proche de Kaboul où je me rendis fut la périphérie occidentale de Jalalabad. Les ex-moudjahidines contrôlaient solidement le secteur, mais la route n'était pas sûre. À ce moment-là, la bataille de Kaboul s'était transformée en une tout autre guerre. Le mouvement taliban du mollah Omar avait émergé en réaction à l'insécurité généralisée qui avait gagné le pays. Ses combattants pachtounes majoritairement analphabètes gagnaient rapidement du terrain sur les ex-djihadistes auxquels ils reprenaient chaque jour des portions de territoire. Les Arabes de ben Laden étaient par ailleurs de retour, venus apporter leur soutien aux talibans.

La guerre avait à présent gagné la région de Mazâr-e-Charîf et s'était étendue aux provinces de Kandahâr, Bâdghîs, Baghlân et Nangarhâr. Les combats faisaient des milliers de victimes, auxquelles s'ajoutaient de nouveaux réfugiés, dont beaucoup tentaient de gagner l'est de l'Afghanistan. Le pays connaissait également de sévères pénuries alimentaires. Les forces d'Hekmatyar et de Dostom, qui contrôlaient toujours les routes d'accès au nord et à l'est, empêchaient les agences humanitaires d'acheminer leurs convois de vivres vers la capitale. Vers la mi-mars 1994, au moins deux cent mille personnes avaient fui la ville, tandis que trois cent mille autres étaient déplacées dans (et autour de) Kaboul.

Au début de 1996, les talibans opéraient au sud de Kaboul, où ils affrontèrent pour la première fois les combattants aguerris de Massoud, lequel représentait un gouvernement reconnu par les Nations unies et la plupart des pays. Dans une tentative d'initier un processus de paix alors qu'il était encore en position de force, le dirigeant pandjchiri se rendit à Maidan Shar, une ville à majorité pachtoune située à vingt kilomètres au sud de Kaboul. Son intention était d'y rencontrer secrètement de hauts responsables talibans. L'initiative était risquée. Si sa sécurité personnelle était théoriquement garantie en vertu de la traditionnelle parole d'honneur fondée sur le Pashtunwali, rien n'assurait que l'engagement serait tenu. Après des discussions au cours desquelles il proposa un gouvernement intérimaire mixte chargé de préparer des élections démocratiques, Massoud fut autorisé à regagner sain et sauf la capitale afghane.

Le dirigeant taliban avec qui il avait négocié entreprit alors de convaincre ses alliés de Kandahâr d'accepter les propositions de Massoud. Au lieu de quoi ceux-ci tuèrent le commandant taliban pour n'avoir pas exécuté Massoud lorsqu'il en avait eu l'occasion. Cela démontrait que ces nouveaux fondamentalistes pachtounes, influencés par les extrémistes étrangers, n'avaient plus aucun respect pour les traditions et coutumes du passé. Au cours des semaines suivantes, les forces de Massoud attaquèrent les talibans auxquels elles infligèrent défaite sur défaite. Mais, quelques mois plus tard, grâce au généreux soutien du Pakistan, de l'Arabie Saoudite et d'Al-Quaida, les talibans furent en mesure de relancer leur offensive, précédée d'intenses bombardements d'artillerie. On estime que les talibans furent appuyés par trente mille Pakistanais, dont certains, conseillers militaires ou combattants de première ligne, étaient secondés de façon officieuse par l'ISI. L'organisation de ben Laden apporta de son côté plusieurs milliers de combattants islamiques étrangers.

Le 26 septembre 1996, Massoud déclara Kaboul ville ouverte et replia ses forces dans la plaine de Shomali, puis dans le Pandjchir. Comme il l'expliqua par la suite, les destructions et les pertes civiles auraient été dévastatrices s'il avait choisi de rester. Au matin du 27 septembre, les talibans entraient dans Kaboul.

Chapitre 13

Les talibans, Al-Quaida et la guerre contre le terrorisme

La prise de Kaboul par les talibans ouvrit une nouvelle phase dans les guerres afghanes. Le mouvement islamique n'avait cessé de s'étendre à partir du sud du pays depuis la fin 1994, époque à laquelle des groupes d'anciens moudjahidines s'étaient regroupés autour du mollah Omar. Essentiellement composés d'étudiants et de professeurs venus des madrasas pakistanaises affiliées au Jamaat-ul-Ulema-e-Islami, ils se baptisèrent talibans, ou étudiants en sciences islamiques. Beaucoup avaient auparavant été des moudjahidines, et même des Khalqis favorables au régime du PDPA.

Depuis l'effondrement du régime communiste, seigneurs de guerre et bandits écumaient des régions entières en commettant vols, pillages, meurtres, viols, enlèvements et extorsions. La population en avait assez. Les talibans s'étaient constitués en mouvement organisé au niveau provincial depuis la fin des années 1980. Ils décidèrent de réagir au chaos croissant qui régnait à Kandahâr, où la *choura* des ex-moudjahidines ayant pris la ville s'était dissoute. Des groupes rivaux terrorisaient la population locale. Les « étudiants en religion » prirent physiquement le contrôle de la ville de Kandahâr en la plaçant sous une nouvelle autorité unique. Encouragés par leur succès, ils annoncèrent leur intention de rétablir la loi et l'ordre islamiques dans tout le pays. Le mouvement s'attira rapidement un large soutien, et ses rangs se gonflèrent de recrues venues des deux côtés de la frontière.

Comptant plusieurs milliers de membres à la fin de 1994, les talibans s'emparèrent sans grands combats des provinces de Zabol et d'Orozgân. Très souvent, le mouvement avait recours à des pots-de-vin pour convaincre les commandants locaux de rejoindre ses rangs ou de s'effacer. Le cas du Helmand s'avéra dans un premier temps plus difficile à résoudre, mais la province finit par tomber dans l'escarcelle talibane en raison des rivalités entre tribus. En janvier 1995, la province orientale de Ghazni leur fut à son tour acquise. Désormais, chaque jour plus puissants, les talibans progressèrent vers le nord en direction de Kaboul. À Meydân Chahr, capitale de la province du Wardak, ils se heurtèrent aux forces d'Hekmatyar et les repoussèrent. Plusieurs commandants importants, soumis à la pression des talibans au Sud et à l'Est, et à celle du Hezb au Nord, finirent par se joindre au mouvement. Deux ans plus tard, je demandai à l'un d'eux, un chef de tribu pachtoune modéré originaire du Wardak, les raisons pour lesquelles il était devenu taliban. Il haussa les épaules : « Quel choix avions-nous ? Je devais décider ce qui était le mieux pour mon peuple. » Pourtant, lorsque ces forces islamiques attaquèrent Kaboul, elles furent stoppées net par les hommes de Massoud.

À la fin de l'année, cependant, la plus grande partie du sud et du sud-est de l'Afghanistan était tombée aux mains des talibans. Lorsqu'ils tentèrent de s'emparer des provinces occidentales, ils se heurtèrent à une vive résistance de la part d'Ismail Khan, un allié de Massoud. Ses forces réussirent même à repousser les talibans jusque dans le Helmand et le Kandahâr. Mais les Pakistanais intervinrent avec des livraisons d'armes et des frappes aériennes. Les commerçants et transporteurs routiers de Quetta, lourdement taxés par Ismail Khan, versèrent des fonds pour acheter plusieurs commandants. Beaucoup de ceux qui rejoignirent alors les talibans le firent par intérêt, parce qu'ils avaient été achetés ou parce qu'ils n'avaient pas d'autre choix. Les talibans se livraient à de violentes représailles lorsqu'ils se heurtaient à des seigneurs de guerre ou à des bandits récalcitrants.

Débordé, Ismail Khan dut fuir en Iran avec huit mille hommes. Deux ans plus tard, alors qu'il regroupait ses forces avec d'autres pour combattre les talibans dans le nord de l'Afghanistan, il fut trahi et capturé. En mars 1999 Ismail Khan parvint toutefois à s'échapper et obtint sa revanche sur les talibans dans le sillage de l'invasion américaine, lorsqu'il reprit Hérat.

Les talibans s'emparèrent bientôt des provinces orientales de Paktiyâ et de Paktîkâ. Ils lancèrent également plusieurs nouvelles offensives contre Kaboul, qui échouèrent. Ils entreprirent alors de bombarder la capitale à la roquette. Les talibans affirmaient ne viser que des objectifs militaires, mais en réalité des civils étaient tués et blessés chaque jour. Les organisations internationales de défense des droits de l'homme estimaient que, comme l'avait fait auparavant le Hezb, les talibans se livraient en fait à des bombardements indiscriminés. À la suite du siège de Sarajevo par les Serbes lors de la guerre en Bosnie, l'un des conflits les plus brutaux depuis la fin de la Seconde Guerre mondiale, on estima qu'environ 60 % des bâtiments avaient été endommagés. La dévastation de Kaboul après quatre années d'affrontements était bien pire. Ce que j'y avais découvert en 1993 était déjà catastrophique, mais quand j'y retournai en 1997, après que les talibans eurent pris le pouvoir, les organismes d'aide humanitaire estimaient que près des quatre cinquièmes de la ville étaient détruits ou endommagés. Et les destructions s'aggravèrent encore avec le bombardement de la ville par les Américains à la fin de 2001.

La plus grande partie des images réalisées par les médias internationaux durant cette seconde bataille de Kaboul furent jugées trop épouvantables pour être publiées. En 1996, alors qu'il filmait dans un hôpital du CICR à Kaboul une jeune fille de dix-sept ans aux jambes déchiquetées par une mine antipersonnel, le correspondant de la BBC John Simpson déclara que, même si son équipe et lui n'étaient soumis à aucune restriction quant au contenu des images qu'ils tournaient, « aucun téléspectateur n'aurait supporté les hurlements de la jeune fille ni la vision de ses blessures ». Pourtant, le calvaire de cette adolescente n'était pas terminé. Durant sa convalescence, elle expliqua, le visage amaigri et assombri par la douleur, que son avenir tout entier était désormais compromis. « Elle sait qu'elle sera toujours un fardeau pour sa famille. Elle ne pourra jamais se marier et avoir des enfants ; elle ne pourra compter que sur la charité d'autrui», expliquait Simpson qui avait commencé à couvrir la guerre d'Afghanistan depuis l'invasion russe et fut l'un des correspondants étrangers qui s'y consacra le plus longtemps.

Les talibans se livrèrent à de nombreux massacres, notamment à l'encontre de leurs adversaires non pachtounes. Ils se montrèrent particulièrement brutaux à l'égard de la population chiite des Hazâras dont ils considéraient qu'ils ne valaient guère mieux que des *kafirs*, des mécréants, et par conséquent qu'ils n'étaient pas dignes de vivre. De nombreux Hazâras s'enfuirent dans le Nord, où ils cherchèrent refuge dans les zones tenues par le Front uni. La principale faction hazâra, qui dans le passé avait combattu Massoud aux côtés du Hezb, s'allia avec lui. D'autres groupes, parmi lesquels d'importants chefs pachtounes comme Abdul Haq, Abdul Qadir et le futur président Hamid Karzai, se rangèrent eux aussi aux côtés de Massoud. Les allégeances changeaient constamment.

Au début, beaucoup d'Afghans, mais surtout les Pachtounes, estimaient que les talibans basés à Kandahâr avaient enfin procuré au pays une relative sécurité. Las de la guerre et du désordre, les gens souhaitaient retrouver une vie normale. Si intransigeants que pouvaient se montrer ces nouveaux djihadistes avec leur islam radical et leur application stricte de la *charia*, les talibans avaient mis temporairement fin au cauchemar qui avait suivi le retrait soviétique. Les étudiants islamiques ne proposaient pas seulement d'instaurer la loi et l'ordre, mais d'en revenir à la pureté des enseignements du Coran et de la sunna, la pratique du Prophète. Depuis leurs vallées, leurs villages et leurs fermes, de nombreux Pachtounes conservateurs ne voyaient rien à redire à cet islam. Des questions telles que l'éducation ou les droits des filles ne leur venaient même pas à l'esprit. Pas plus qu'ils n'objectaient à ce que des militants locaux pendent des téléviseurs fracassés ou des vidéocassettes dans les rues tels des criminels à un gibet. Les talibans jugeaient que présenter un visage humain à la télévision créait une image concrète, ce qui équivalait à de l'idolâtrie.

La plupart des citadins et des Afghans modérés ne partageaient pas cette sympathie à l'égard des talibans. Parmi les fractions réticentes de la population, on trouvait certains groupes ethniques des zones rurales, comme les Hazâras ou les Tadjiks, traditionnellement opposés aux Pachtounes qui composaient l'essentiel des talibans. Selon Wakhil S., un important consultant afghan en aide humanitaire qui a travaillé successivement avec les Russes, les Américains, les talibans et l'actuel gouvernement Karzai, les guerres en Afghanistan n'ont rien à voir avec les questions religieuses. «Tous les Afghans sont musulmans et aucun homme n'est meilleur qu'un autre, me dit-il. Ces guerres sont suscitées par l'avidité, le pouvoir et l'intérêt personnel. Après tant d'années de mort et de destruction, il existe une profonde frustration parmi les Afghans ordinaires, qui détestent aussi bien les étrangers qui leur disent ce qu'ils doivent faire que les talibans, dont ils ont peur. Les gens se raccrochent à des illusions parce qu'il n'y a personne en qui ils peuvent avoir confiance. Ni le gouvernement, ni les seigneurs de guerre, ni les talibans. Tout ce qu'il leur reste, c'est le désespoir.»

La plupart des Afghans favorables aux talibans ne les voyaient pas nécessairement comme un mouvement inspiré par l'étranger. Rares étaient ceux qui avaient conscience que les talibans étaient soutenus, et de plus en plus manipulés, par les Pakistanais, et que d'autres groupes d'intérêt extérieurs, comme Al-Quaida, les Saoudiens et les Quataris, exerçaient également une influence sur eux. L'ISI avait abandonné Gulbuddin Hekmatyar à la suite de l'adoption d'une politique dite d'«avancement» vis-à-vis de l'Afghanistan, lorsque Islamabad eut compris que les chances du Hezb de prendre Kaboul étaient maigres.

Les talibans, qui, en octobre 1997, changèrent l'appellation officielle du pays en Émirat islamique d'Afghanistan, étaient désormais installés à Kaboul. Leur principale préoccupation dès lors était d'établir leur autorité sur le reste du pays. En mai 1997, les talibans tentèrent de prendre Mazâr-e-Charîf, mais durent se replier après avoir subi leur pire défaite à ce jour. Plusieurs milliers de leurs combattants furent tués ou exécutés sommairement. Ils firent une nouvelle tentative en septembre, qui se solda elle aussi par un échec. Ils installèrent cependant des bases dans les provinces de Baghlân et de Kondôz où vivaient des populations assez importantes de Pachtounes «déplacés».

À partir de 1998, l'influence des Pakistanais et d'autres étrangers en vint peu à peu à peser d'un poids déterminant dans la stratégie des talibans. Les Pakistanais obtenaient en définitive ce qu'ils souhaitaient depuis si longtemps : un gouvernement afghan dominé par les Pachtounes. Des milliers de Pakistanais originaires des zones tribales de la frontière du Nord-Ouest accoururent en renfort. Des madrasas entières fermèrent afin d'envoyer leurs élèves de l'autre côté de la ligne Durand pour prendre part au nouveau djihad. Des islamistes étrangers prirent également le chemin du Pakistan, puis de l'Afghanistan. Revenu du Soudan, ben Laden profita de la situation et installa ses bases d'entraînement et d'opérations sur le territoire afghan. Il alla d'abord à Kaboul, où il loua plusieurs maisons pour ses épouses, puis se rendit à Kandahâr, où il noua une relation de plus en plus étroite avec le mollah Omar. Ses camps, situés pour la plupart dans les environs de Khost, et auxquels vinrent s'ajouter d'autres bases installées dans des régions plus isolées du sud de l'Afghanistan, se consacraient à la formation de militants destinés à remplir ses propres objectifs au niveau mondial. Affirmant que ben Laden était impliqué dans les attentats contre leurs ambassades de Nairobi et de Dar-es-Salaam, les Américains effectuèrent des frappes de missiles sur plusieurs de ces camps en avril 1998.

Dans le même temps, le phénomène taliban commençait à s'enraciner dans les zones frontalières du Pakistan. Encouragés par les succès du djihad, mais également largement financés par les islamistes et wahhabites arabes, les talibans pakistanais cherchèrent à imposer leur propre interprétation de la *charia* dans les zones qu'ils contrôlaient. Ce qui incluait la lapidation pour les coupables d'adultère et l'amputation des membres pour les criminels. Ils obligeaient les populations locales à adopter le mode de vie taliban, lequel n'était d'ailleurs, pour beaucoup, guère différent de ce qu'ils avaient toujours connu. La principale différence, cependant, était que cette forme extérieure de l'islam sapait les fondements du Pushtunwali. Toute une nouvelle génération d'étudiants en religion déracinés et influencés par une forme extérieure de l'islam ne se considérait plus liée par des siècles de tradition locale et de codes tribaux.

À l'été 1998, les talibans réussirent finalement à prendre Mazâr-e-Charîf, une ville d'Asie centrale animée et relativement bien organisée. Ils assassinèrent plus de deux mille civils, essentiellement hazâras, en représailles pour les pertes qu'ils avaient subies lors de leurs assauts précédents. Au consulat d'Iran, ils exécutèrent également huit diplomates et agents de renseignement, ainsi qu'un journaliste. Dostom réussit de justesse à s'enfuir en Iran.

Beaucoup de gens ne comprirent que les talibans s'étaient emparés de Mazar que lorsqu'ils entendirent le bruit des fusillades et découvrirent le drapeau blanc qui flottait sur leurs véhicules. Selon Human Rights Watch, les talibans furent saisis de ce qu'un témoin décrivit comme une « frénésie de meurtre ». De nombreux civils trouvèrent la mort lorsque les talibans balayèrent les rues de la ville de rafales de mitrailleuses montées sur pick-up, équivalent local des « technicals » utilisés en Somalie. Au cours des jours suivants, les vainqueurs se livrèrent à une traque systématique des hommes parmi les communautés tadjike, ouzbek et surtout hazâra. Pendant ces fouilles maison par maison, « des centaines d'hommes et de jeunes gens furent exécutés sommairement, apparemment dans le but de les empêcher d'organiser une résistance contre les talibans », note le Rapport sur le massacre de Mazâr-e-Charîf publié en novembre 1998 par Human Rights Watch.

À partir de 1999, les talibans adoptèrent de plus en plus fréquemment une politique de punition collective à l'encontre des non-Pachtounes. Les destructions de villages, de terres cultivées et d'échoppes de bazar auxquelles ils se livrèrent provoquèrent des exodes massifs, des milliers de nouveaux réfugiés allant s'entasser dans les villes déjà surpeuplées des zones tenues par l'opposition. D'autres s'enfuirent en Iran ou au Pakistan, souvent en passant par le nord du pays afin de contourner les lignes talibanes.

Les organisations humanitaires dénoncèrent l'utilisation systématique par les talibans de l'arme du blocus économique comme moyen d'affaiblir les résistances à leur emprise. Lorsque je me rendis dans le Hazârajat en 2002, les habitants de la région me montrèrent les endroits où les talibans avaient barricadé les routes afin d'empêcher les véhicules et les caravanes d'acheminer de la nourriture vers l'intérieur. Ceux qui essayaient de se faufiler entre leurs lignes en empruntant des sentiers de chèvres ou en passant par les hauteurs avoisinantes étaient visés par des tirs d'artillerie, voire bombardés par des hélicoptères ou des avions, ces derniers étant, semble-t-il, pilotés par des Pakistanais. Différents rapports d'organisations internationales de défense des droits de l'homme font état d'une succession de massacres perpétrés contre les non-Pachtounes durant cette période. L'un d'eux fut celui commis le 2 février 2000 à Ab Khor-Achabor, où les talibans arrêtèrent dix civils de sexe masculin et les exécutèrent au fusil d'assaut. Un seul survivant, seulement blessé, parvint à s'enfuir et relata l'événement. Un autre cas fut le « massacre des anciens de Khassar », commis le 12 février 2000 contre un groupe de villageois venus négocier des garanties de sécurité pour la population locale, mais qui furent emmenés et exécutés.

Aux alentours de Kaboul, dans la plaine de Shomali, les talibans détruisirent des villages et tuèrent ou expulsèrent la majeure partie de la population. Les militants arabes assassinèrent des centaines de civils capturés dans les zones tenues par le Front uni, souvent en les égorgeant ou en les décapitant. Les talibans contraignirent des milliers de garçons et de jeunes kaboulis à abattre des vergers et à déraciner des vignes. Ces dernières, bien que n'étant pas cultivées pour le vin, étaient considérées comme blasphématoires par les talibans. Ce n'est que durant le règne du roi Zaher Shah que l'Afghanistan produisit de faibles quantités de vin.

En dépit des brutalités auxquelles se livraient les talibans, de nombreux Pachtounes, et même les Américains accueillaient favorablement la sécurité qu'ils avaient rétablie dans différentes parties du pays. Depuis la fin de l'année 1995, les États-Unis menaient des négociations secrètes en vue de la construction d'un pipe-line et d'un gazoduc allant de la mer Caspienne et de l'Asie centrale jusqu'au Pakistan, en Inde et au golfe Persique en passant par l'Afghanistan. Ce projet aurait contrecarré le pipe-line qu'entendaient construire les Iraniens avec le soutien de l'Inde à travers leur propre territoire. Le projet, d'un coût estimé à trois milliards de dollars, plus deux autres milliards pour le prolonger jusqu'au Pakistan, était conduit par un consortium réunissant l'américain

UNOCAL, le saoudien Delta Oil et le russe Gazprom. Un groupe argentin concurrent, Bridas, était également sur les rangs. La possibilité de conclure un accord avec un gouvernement unique exerçant un contrôle ferme sur la totalité ou en tout cas la plus grande partie du pays était tentante.

La position officielle des États-Unis consistait à appeler à un arrêt des combats et à soutenir les efforts de l'ONU en vue de constituer un gouvernement intérimaire élargi. Depuis la fin des années 1980, le trafic de l'héroïne et la culture de l'opium n'avaient cessé de prendre de l'ampleur, des milliers de paysans plantant des pavots dans les provinces du Helmand, de Kandahâr et de Nangarhâr. L'Afghanistan souffla bientôt à la Birmanie et au Triangle d'Or la place de premier producteur mondial d'héroïne. Le Programme des Nations unies pour le contrôle international des drogues (PNUCID) basé à Vienne estima la récolte afghane d'opium de 1996 à trois mille tonnes, la plus grande partie étant destinée à l'Europe, à la Russie et aux États-Unis. Comme le formula joliment un responsable de l'administration américaine, la politique étrangère des États-Unis en Afghanistan tournait autour des «*drugs and thugs*», de la came et de la canaille.

Au début de 1996, Washington chercha à réintégrer le jeu, mais cette fois dans le cadre d'une approche régionale. «Nous estimons que l'instabilité qui règne en Afghanistan sera de plus en plus préjudiciable à nos intérêts, observa à l'époque la secrétaire d'État adjointe pour l'Asie méridionale Robin Raphel. Nous craignons que la situation ne déborde en Asie centrale et au Pakistan, et que la culture du pavot, la production et le trafic de l'héroïne ne s'enracinent toujours plus profondément dans l'économie et la société afghanes.» Tout en s'inquiétant des camps d'entraînement terroristes en Afghanistan, et en soulignant la nécessité dans laquelle se trouvait l'ONU de négocier avec toutes les parties, elle n'estimait pourtant pas que les États-Unis devaient s'impliquer plus directement.

À Washington, les congressistes conservateurs s'opposaient à une approche multilatérale sous l'égide de l'ONU. Ils étaient plutôt favorables à une politique américaine unilatérale qui chercherait à déterminer si, comme on le soupçonnait, l'Iran finançait en sous-main l'entraînement des extrémistes en Afghanistan. Ces mêmes représentants et sénateurs conservateurs, dont beaucoup avaient soutenu Hekmatyar et d'autres radicaux islamiques dans les années 1980, demandaient également le retour de l'ancien roi Zaher Shah. C'est comme s'ils avaient brusquement découvert qu'il détenait la clé du nouvel Afghanistan, alors que les modérés afghans avaient fait la même proposition moins d'une décennie auparavant. Dans le même temps, un groupe de diplomates et d'universitaires américains cherchaient à développer une politique plus coordonnée avec les Russes. Moscou soupçonnait en effet de plus en plus Washington d'approuver tacitement le soutien pakistanais aux talibans, dans lesquels ils voyaient pour leur part le risque d'une nouvelle menace fondamentaliste en Asie centrale. Tout compte fait, la politique américaine s'avéra sans vigueur et dépourvue d'imagination, ne contribuant en rien à la paix en Afghanistan et, au final, ouvrant la voie au 11-Septembre.

En dépit de l'émergence des talibans, plusieurs centaines de milliers de réfugiés, sur un nombre total estimé à six millions, étaient rentrés chez eux dans l'espoir de reconstruire leur pays et leur vie. Un grand nombre de déplacés de l'intérieur regagnèrent également leurs villages. En réalité, le calme régnait dans de vastes parties du pays, notamment dans le Nord-Est, l'Est et le Sud.

Pendant toute la guerre soviétique, il avait été quasiment impossible de se déplacer à l'intérieur de l'Afghanistan. Après la chute des communistes, les agences humanitaires purent établir des bases opérationnelles au niveau provincial, tandis que l'ONU et de nombreuses ONG entreprenaient de mettre sur pied des programmes de réhabilitation, dont certains eurent des résultats impressionnants. Ces programmes consistaient par exemple à lutter contre la destruction des récoltes par les insectes ou à remettre en état des systèmes d'irrigation endommagés ou à l'abandon. Dans de nombreuses régions, ces programmes aidèrent les populations rurales à passer d'un état de survie à l'autosuffisance alimentaire. Alors qu'auparavant elles n'avaient pu travailler qu'auprès des moudjahidines, les agences d'aide occidentales opéraient désormais dans la plupart des villes. Elles faisaient par ailleurs participer plus étroitement les populations locales à leurs programmes, et non plus seulement les politiciens ou les commandants, qui jusque-là prélevaient pour eux-mêmes une part copieuse de l'aide.

Les programmes d'assistance ne pouvaient être mis en œuvre que dans les zones où la sécurité était satisfaisante. D'innombrables routes étaient inaccessibles, surtout l'hiver, ou non carrossables en raison des dégâts causés par les combats ou du manque d'entretien. De nombreux Afghans n'avaient pas les moyens financiers de participer à la reconstruction. Plus de 60 % des écoles étaient dépourvues de murs, et à peine un quart des garçons d'âge scolaire avaient la possibilité d'aller en classe ; pour les filles, ce chiffre tombait au niveau dérisoire de 3,7 %. Beaucoup de zones rurales manquaient de médecins et même des plus rudimentaires établissements de soins. Pourtant, avec l'aide de la BBC, l'Organisation mondiale de la santé, l'Unicef et d'autres agences purent mener entre novembre 1994 et juin 1995 une vaste campagne de vaccination de plus de deux millions d'enfants contre les maladies infantiles, tant dans les zones talibanes que dans les zones contrôlées par le gouvernement de l'époque. Cela exigeait de négocier au coup par coup des cessez-le-feu entre factions hostiles, accompagnés de rappels permanents diffusés par radio. Les armes qui, depuis des semaines et des mois, faisaient pleuvoir la mort se turent temporairement, ce qui permit aux humanitaires de vacciner les longues files d'enfants qui se rassemblaient avec leurs mères dans les villages et au bord des routes. « Même les commandants les plus inflexibles avaient une famille et comprenaient la nécessité de faire vacciner leurs enfants », remarque l'ancien producteur de la BBC Gordon Adam.

La BBC continua à jouer un rôle éminent en Afghanistan pendant cette période. Un feuilleton radiophonique, *New Home, New Life*, fut créé, inspiré du grand succès radiophonique de l'après-guerre, *The Archers*, conçu à l'origine pour venir en aide aux paysans britanniques. La version afghane connut un succès considérable. Alors que le pays était pratiquement au point mort au moment où la série fut diffusée, le feuilleton servit, au travers d'un divertissement réaliste, à promouvoir la santé, la vigilance à l'égard des mines antipersonnel, l'agriculture et la réconciliation. Lorsqu'un des personnages dut être « tué » parce qu'il avait obtenu un visa d'émigration en Australie, des cérémonies furent organisées en sa mémoire.

D'un point de vue général, la qualité et la mise en œuvre des programmes d'assistance à l'Afghanistan varièrent énormément durant la fin des années 1990 et jusque dans les mois précédant l'intervention américaine. L'arrivée des talibans dans les différentes communautés posa une série de défis et de problèmes nouveaux. Si certaines organisations travaillaient avec des communautés locales, qu'elles soient ou non contrôlées par les talibans, d'autres ONG refusaient de coopérer avec eux, notamment en raison de leur attitude envers les femmes. Le Swedish Committee et le CICR, qui avaient décidé de travailler avec les deux camps dans les années 1990, ont montré qu'ils étaient les deux organismes les plus capables d'opérer en Afghanistan aujourd'hui. Ils ont démontré que, s'il était en effet difficile de travailler avec les talibans, ceux-ci ne se montraient pas nécessairement hostiles et n'étaient pas toujours arc-boutés sur leurs principes. Il existait des commandants parfaitement raisonnables, et des progrès pouvaient être réalisés, mais cela requérait un intense travail de terrain.

Le CICR obtint du ministre taliban de la Santé, le mollah Baluch, l'autorisation d'ouvrir un nouvel hôpital à Kandahâr. Figure impressionnante avec un visage interminable et des yeux rapprochés, Baluch soutenait avec enthousiasme l'accès de tous aux soins médicaux. Mais c'était également un taliban pur et dur partisan de l'application de la *charia*, qui prévoit notamment l'amputation des pieds et des mains des criminels. Il estimait que cela devait se faire avec humanité, et il encourageait les « chirurgiens » afghans (qui n'étaient souvent que des médecins aux pieds nus à peine formés) qu'il dirigeait à remplir cette tâche. Bien entendu, le CICR, qui cherchait à travailler dans les zones sous contrôle taliban, devait agir avec extrêmement de tact avec des individus aussi extrémistes sans renoncer à ses principes fondamentaux.

Certaines organisations, cependant, estimaient qu'il n'y avait pas de compromis possible. Accepter de travailler avec les talibans, affirmaient-elles, reviendrait à fermer les yeux devant des formes cruelles et inhumaines de châtiment, même si leur sévérité et leur fréquence variaient en fonction des mollahs et commandants locaux. Les détenus étaient fréquemment obligés de déterrer des mines ou de creuser des tranchées dans des zones connues pour receler des munitions non explosées. Un nombre inconnu d'entre eux furent blessés ou tués dans ces opérations.

Tout aussi intolérable, soulignaient également ces organisations, était l'attitude des talibans envers les homosexuels. Les hommes accusés d'actes «contre nature» subissaient une punition consistant à les placer contre un mur que l'on faisait s'effondrer sur eux. S'ils survivaient une demi-heure sous les décombres, ils étaient pardonnés. En 1998 à Kandahâr, trois hommes soupçonnés d'homosexualité furent poussés contre un mur de pierre qui fut alors renversé par un char. Tous trois survécurent aux trente minutes d'ensevelissement, mais deux moururent à l'hôpital avant la fin de la journée. On ignore ce qu'il advint du troisième.

Quand, en 1997 à Kaboul, je lui demandai s'il existait un précédent pour de tels châtiments dans la *charia*, et même comment et pourquoi quelqu'un avait pu imaginer une telle punition, un représentant du ministère taliban de l'Information me répondit qu'il considérait ce châtiment comme approprié. Quand je m'étonnai qu'on n'ampute pas ou même qu'on ne fusille pas le coupable, il parut choqué. «Non, cela n'est pas une punition adaptée pour quelqu'un qui a commis des actes blasphématoires», rétorqua-t-il d'un ton sévère. Je fus tenté de pousser plus loin mes questions en l'interrogeant par exemple sur l'hypocrisie qui régnait chez les talibans eux-mêmes, notamment en raison de l'inclination à l'homosexualité pour laquelle les Kandahâris sont réputés en Afghanistan, et qui est chantée dans de nombreux poèmes célèbres. Beaucoup de Pachtounes, y compris parmi ceux d'entre eux qui sont talibans, ont traditionnellement des rapports sexuels avec de jeunes garçons amenés dans le logement familial afin d'y travailler comme serviteurs ou, justement, prodiguer des faveurs au maître de maison. Je jugeai toutefois plus prudent de ne pas poursuivre mes investigations sur ce terrain.

Jusqu'au mois de mai 1996, les efforts de l'ONU pour jouer les médiateurs entre les différentes factions afghanes échouèrent, notamment en raison de la personnalité falote du représentant spécial de l'ONU en Afghanistan. Au lieu de rapprocher les factions et partis afghans, ce délégué proche du secrétaire général de l'ONU Boutros Boutros Ghali réalisa l'exploit de les dresser un peu plus les uns contre les autres. Alors que les talibans s'emparaient de nouveaux territoires et que les affrontements s'intensifiaient, l'ONU devait absolument faire quelque chose pour amener la communauté internationale à s'intéresser à nouveau à l'Afghanistan.

À ce moment-là, j'avais créé ma propre organisation, l'International Centre for Humanitarian Reporting (qui devint plus tard Media Action International), et bientôt le représentant de l'ONU Alfredo Witschi Cestari m'approcha à Genève pour savoir si le centre pouvait contribuer à ramener l'Afghanistan sur la scène. J'avais fondé ce centre afin d'utiliser des médias crédibles pour mettre en lumière des actions humanitaires cruciales. Cestari souhaitait que cette initiative soit organisée par un groupe extérieur indépendant qui ne soit soumis à aucune contrainte politique. Je lui proposai d'organiser une session de *brainstorming* de deux jours en Suisse avec des expatriés afghans expérimentés. Réuni dans la petite ville de Morges, au bord du lac de Genève, notre groupe d'une trentaine d'experts connaissant bien le pays se pencha avec pragmatisme sur différents aspects de la situation, discutant de la façon de travailler avec les talibans sur la question des femmes jusqu'à la manière de mieux informer les humanitaires, journalistes et diplomates internationaux sur l'Afghanistan lui-même. Un des projets qui émergea fut *The Essential Field Guide to Afghanistan*, un guide pratique destiné à informer ces différentes professions.

Quand les talibans s'emparèrent de Kaboul à l'automne 1996, des règles totalement nouvelles virent le jour. Pour les Kaboulis les plus éduqués, mais aussi pour d'autres groupes ethniques non pachtounes, l'arrivée des talibans était une mauvaise nouvelle. Ceux-ci entreprirent aussitôt de prendre de nouveaux décrets qui interdirent de fait à plus de la moitié de la population, et au premier chef les femmes, de mener une vie normale. Ils poursuivirent par ailleurs leur guerre contre Massoud et son Front uni. Renforcées par un nombre croissant de légionnaires islamiques étrangers, les troupes talibanes déferlèrent dans le centre et le nord-ouest du pays, massacrant les Hazâras et brûlant leurs villages. À l'été 1997, je retournai en Afghanistan pour effectuer des recherches en vue de la rédaction de l'*Essential Field Guide*. Avec Jonathan Walter, le coauteur du guide, un type chaleureux et flegmatique qui avait été officier dans les Gurkhas britanniques et travaillait depuis quelques années dans l'humanitaire, nous fîmes le trajet Peshawar-Kaboul à bord du vol quotidien du CICR. Notre but était de parcourir le plus de terrain possible en Afghanistan. À Kaboul, nous logeâmes à la maison d'hôtes de la BBC et passâmes plusieurs semaines à interviewer des humanitaires internationaux et des Afghans.

Les talibans que nous rencontrions à Kaboul étaient hautains, mais aussi, visiblement, mal à l'aise dans cet environnement urbain. Au restaurant *Hérat*, en face du Park Cinema, l'un des premiers centres culturels à être fermés par les nouveaux occupants, j'observai un groupe de talibans avec leur turban noir qui allèrent s'installer dans une partie réservée à l'extrémité de la salle. Les habitués ne leur jetèrent même pas un coup d'œil.

En tant que journalistes, nous dûmes nous enregistrer à notre arrivée auprès du ministère de l'Information, qui nous remit une longue liste de ce qui était autorisé et interdit. Pas de photo, pas d'articles sur des objectifs militaires, pas de diffusion de musique et pas d'entrevue privée avec une femme. Le régime avait établi une série d'interdictions que nous avions baptisées « *Tali-Bans* » (talib-interdits). Il s'agissait de décrets émis par la Police religieuse, également désignée sous l'appellation de Département pour la promotion de la vertu et la prévention du vice, ou Amr Bei Maruf wa Nai Az Munkar. Certains de ces décrets étaient incompréhensibles et auraient prêté à rire si la domination des talibans n'avait pas été aussi brutale et aussi répressive. Parmi ces « talib-interdits », figuraient ceux-ci :

> Afin d'empêcher la sédition et le dévoilement des femmes : aucun chauffeur n'est autorisé à charger une femme portant le tchador

iranien. En cas d'infraction, le chauffeur sera emprisonné. Si une femme se promène dans la rue ainsi vêtue, on identifiera son domicile, et son mari sera puni.

Afin d'empêcher l'élevage des pigeons et les jeux avec des oiseaux : cette habitude doit cesser. Au bout de dix jours, la question doit être traitée, et les pigeons et autres oiseaux de compagnie tués.

Afin d'empêcher la pratique du cerf-volant : apprenez aux gens les conséquences inutiles de ce passe-temps telles que les paris, la mort d'enfants et l'éducation déficiente qui en découle. Les magasins de cerfs-volants doivent être fermés.

Afin d'empêcher que des jeunes femmes lavent du linge dans les cours d'eau traversant la ville : les femmes coupables de cette infraction doivent être interpellées d'une manière islamique et respectueuse, puis raccompagnées chez elles, où leurs maris seront sévèrement punis.

Si absurdes qu'aient été ces interdictions, elles coupaient les Afghans ordinaires de leurs traditions et les privaient de leurs droits élémentaires. Le fait de ne plus pouvoir se déplacer seules en taxi signifiait que les femmes qui n'avaient pas d'hommes dans leur entourage, et notamment les veuves ou les femmes dont les époux étaient emprisonnés, ne pouvaient plus sortir en ville. Quant au décret interdisant aux jeunes femmes de laver leur linge auprès des puits des villages ou dans les caniveaux des villes (qui étaient souvent la seule eau courante disponible), il se traduisait tout simplement par le fait que beaucoup de gens ne pouvaient plus disposer de vêtements propres.

Cependant, d'après les correspondants étrangers présents à Kaboul, plus on s'éloignait de la capitale, plus les règlements se relâchaient. Les combattants opérant sur la ligne de front dans le Pandjchir allaient même jusqu'à supplier qu'on les prenne en photo. Ils écoutaient tous de la musique. Les interdictions ne nous empêchèrent pas de rencontrer des Afghanes travaillant dans l'humanitaire, dont des veuves, lors de réunions organisées par les agences d'aide. Elles étaient animées d'une forte envie de s'exprimer et de décrire leurs stratégies de survie. Les femmes afghanes avaient en effet de nombreuses raisons d'être démoralisées. L'impact négatif de l'arrivée des talibans sur leur existence sautait immédiatement aux yeux de quiconque se rendait dans des zones contrôlées par les talibans à la fin des années 1990. Anéanties, endeuillées et souvent handicapées par des années de guerre, de nombreuses femmes souffraient en silence d'un syndrome de stress posttraumatique. Elles luttaient jour après jour pour nourrir leurs familles et garder leurs enfants au chaud durant les hivers glacials. Frappées d'une interdiction officielle de sortir de chez elles sans être accompagnées d'au moins un homme de la famille, l'accès aux écoles, universités et emplois leur était de fait fermé.

Les talibans intimidaient toute femme qui faisait mine de vouloir sortir du rang. Les combattants qui patrouillaient dans les rues avec leur kalachnikov n'auraient jamais osé les toucher physiquement. Mais ils leur intimaient par haut-parleur l'ordre de rentrer chez elles. Seules les humanitaires étrangères avaient le droit de montrer leur visage, mais peu osaient s'aventurer dans les rues de peur de se faire insulter ou cracher dessus par les fondamentalistes.

Comme l'avaient fait les moudjahidines et les Arabes, les forces talibanes enlevaient fréquemment des femmes, particulièrement parmi les populations non pachtounes. Les groupes de défense des droits de l'homme ont documenté de nombreux cas dans lesquels les fondamentalistes contraignaient les familles à leur remettre leurs filles en vue de les «marier» de force à des combattants talibans. Par ailleurs, ils enlevaient ou séquestraient des hommes et des femmes sur des critères ethniques et exigeaient des rançons pour les libérer. Al-Quaida et d'autres légionnaires islamiques étrangers se livrèrent à des pratiques similaires, faisant disparaître des femmes et des jeunes filles avant de les envoyer en Arabie Saoudite et dans les pays du Golfe. Certaines étaient acheminées vers les zones tribales pakistanaises, où elles devenaient les objets de plaisir des Arabes, Tchétchènes et autres qui s'y étaient établis.

Dès leur entrée dans Kaboul, les talibans entreprirent de fermer les écoles et programmes d'éducation pour les filles. Ils menacèrent les femmes qui s'entêtaient à vouloir travailler, ainsi que les agences humanitaires qui persistaient à les employer. Cela voulait dire que les femmes ayant un emploi, comme les enseignantes et les secrétaires, ne pouvaient plus l'exercer, même si leur salaire était le seul gagne-pain de la famille. Si certaines agences préférèrent modifier les modalités de leurs interventions ou marchander avec les talibans pour rester opérationnelles, d'autres s'y refusèrent.

MSF fut l'une des organisations qui continua à opérer dans les zones talibanes. L'accumulation de l'isolement, de la destruction des services de santé et de l'état déplorable des soins médicaux à l'intention des femmes conduisit MSF à lancer un projet médical de base dans la province d'Orozgân, située dans le sud-ouest de l'Afghanistan, au cœur des territoires pachtounes. Dès le départ, il apparut clairement que les talibans se désintéressaient totalement des initiatives prises en faveur des femmes. Dans l'Orozgân, où la culture pachtoune traditionnelle était restée le plus vivace, la plupart des familles observaient le *purdah*[1*]. Les filles y étaient séquestrées à partir de la puberté jusqu'à leur mort. Comme le remarque le médecin britannique David Wickstead, qui a travaillé dans la région pour le compte de MSF Hollande, les possibilités pour une femme de quitter le domicile familial étaient minces. Être éduquée hors du foyer était quasiment impensable. « Les femmes ne peuvent être vues que par les hommes de leur famille immédiate et ne doivent jamais être vues par un autre, et encore moins subir un examen médical de la part d'un médecin. »

Le problème dans d'Orozgân était que la plupart des travailleurs de santé avaient fui avant l'arrivée des talibans, ou renoncé à travailler pour « raisons culturelles ». Afin de tenter de convaincre au moins une partie des intervenantes médicales à revenir, MSF demanda à deux sages-femmes expatriées et deux infirmières de Jalalabad de se joindre à son équipe sur place. Cela incita plusieurs anciennes intervenantes à revenir. Même si elles ne pouvaient travailler que dans des bâtiments enclos de murs, cette modeste initiative améliora de façon notable la fourniture de soins médicaux. Sans MSF, les femmes et les enfants de la région n'auraient pas bénéficié du moindre service médical. Beaucoup

1. Terme dérivé du perse pour « rideau », il désigne une pratique empêchant les hommes de voir les femmes. Le *purdah* impose la ségrégation physique entre les sexes et oblige les femmes à cacher leur corps. (*N.d.T.*)

de familles pachtounes préféraient voir leurs femmes mourir plutôt que d'être soignées par un homme.

Même si les talibans avaient instauré une meilleure sécurité dans la région, soulignait Wickstead, « l'anarchie, les violences et les vols permanents ne contribuent pas à améliorer la mortalité chez les enfants de moins de cinq ans ni la santé infantile ». Certains responsables locaux se montraient plus libéraux ou plus coopératifs que d'autres, mais la politique des talibans changeait constamment, ce qui obligeait les humanitaires à trouver sans arrêt de nouvelles façons de prodiguer leur aide.

La question de savoir s'il fallait ou non travailler avec les talibans posait un sérieux dilemme à la communauté internationale. Certaines organisations comme SCF-UK (Save the Children Fund, Royaume-Uni) décidèrent de suspendre partiellement ou totalement leurs opérations dans les zones talibanes. À Hérat, SCF cessa de financer les programmes éducatifs dans les zones où femmes et fillettes étaient interdites d'éducation. Elle interrompit également les initiatives à caractère non urgent là où les employées femmes n'avaient pas le droit de travailler. Angela Kearney, l'infirmière néo-zélandaise qui représentait SCF à Hérat, déclara qu'en quinze ans de travail dans des zones de guerre elle ne s'était jamais vu imposer autant de restrictions que par les talibans. « Quand on vous interdit d'assister à une réunion humanitaire au motif que vous êtes une femme, il n'y a plus rien à dire, expliquait-elle. Ce sont des expériences comme celle-ci qui m'ont fait comprendre les réalités de l'impuissance à laquelle étaient réduites les femmes d'Hérat. »

SCF, qui opérait au Pakistan depuis 1980, avait ouvert un bureau à Hérat en 1994. Kearney était enthousiasmée par la perspective de travailler avec des communautés locales à la construction d'écoles primaires. « Les gens étaient vraiment déterminés à apporter un changement dans leur vie, remarque-t-elle. Les parents espéraient que leurs enfants connaîtraient le progrès et le développement. » Et ce malgré la fréquente opposition traditionnelle à la construction d'écoles de filles dans les zones rurales isolées. De nombreux enseignants, par ailleurs, étaient des femmes.

Tout cela changea radicalement avec l'arrivée des talibans. Ils fermèrent la totalité des écoles de filles à Hérat et, ayant interdit aux enseignantes d'exercer leur métier, même les garçons se trouvèrent brusquement privés d'éducation en raison de la pénurie de professeurs. Les mollahs et les « érudits » fondamentalistes avaient beau se proposer pour remplacer les enseignants, beaucoup d'entre eux savaient à peine lire et écrire. En janvier, les talibans publièrent un décret interdisant aux femmes de travailler, hormis dans le secteur de la santé. Celles qui désobéiraient à ce décret, avertissaient-ils, seraient punies selon la loi islamique.

La collaboration entre SCF et les talibans devint bientôt impossible. Du jour au lendemain, SCF se trouva dans l'incapacité de s'adresser aux femmes. Engager des interprètes femmes étant devenu impossible, les femmes afghanes ne purent plus partager leurs idées avec le personnel international. Les Afghans hommes et femmes n'avaient plus le droit non plus de se réunir pour des motifs professionnels s'ils ne faisaient pas partie de la même famille. De surcroît, de nombreuses femmes, notamment les veuves sans moyen de subsistance, ne pouvaient plus participer aux programmes de création d'activités rémunératrices.

Contraint de ne traiter qu'avec des hommes, SCF eut le sentiment que ses initiatives humanitaires et de développement ne profitaient plus à la communauté dans son ensemble. Un des problèmes que soulevait cette situation, explique Kearney, se posait lorsqu'il fallait décider de l'endroit où devait être creusé le puits d'un village. Les hommes proposaient que ce soit dans la mosquée. Mais, si l'on accédait à leur demande, les femmes ne pourraient pas accéder à cette eau potable vu que les mosquées leur sont interdites dans de nombreuses parties de l'Afghanistan.

Malgré tous ces problèmes, les femmes afghanes trouvaient quand même moyen de faire montre de courage et de résilience, voire de résister. Ce sont les jeunes filles du lycée Malalaï de Kaboul qui avaient été les premières à manifester contre les communistes à la fin des années 1970. Beaucoup pensaient que la communauté internationale ne devait pas se détourner de l'Afghanistan, même si cela impliquait de travailler avec les talibans. Comme me le fit remarquer à Kaboul la Dr Shaiza, qui avait été formée par les Soviétiques, « les talibans sont des gens très ignorants. Même avec toutes leurs restrictions, ils ne pourront pas nous faire taire. Ce qu'ils sont incapables de comprendre, c'est que nous pouvons travailler contre eux tout en travaillant avec eux, que nous pouvons les subvertir chaque jour par des actes modestes. Ce n'est pas parce qu'ils sont actuellement au pouvoir que nous allons baisser les bras ».

En définitive, ce fut la réaction des féministes occidentales et des groupes de défense des droits de l'homme occidentaux qui contraignit de nombreuses agences d'aide internationales à réduire leurs activités en Afghanistan. Or, comme le firent remarquer certains représentants humanitaires, cette attention excessive portée aux problèmes des femmes ne fit que rendre plus difficile encore la vie des Afghans ordinaires, et notamment des Afghanes. Des projets vitaux furent abandonnés au prétexte qu'ils étaient liés d'une manière ou d'une autre aux talibans.

Le temps était venu pour Jonathan et moi de quitter Kaboul. Ce que nous y avions appris était déprimant, et j'étais impatient d'écrire des articles sur l'Afghanistan sous la botte des talibans. Ce qu'en revanche nous ignorions, c'est qu'il nous fallait des visas de sortie pour pouvoir quitter le pays. Le matin de notre départ, nous nous rendîmes à l'aéroport pour prendre l'avion. Lorsque nous voulûmes monter à bord, la police nous informa que nous n'avions pas les tampons nécessaires. D'un geste péremptoire, l'employé taliban nous indiqua de retourner en ville. Nous allions devoir nous rendre au ministère le lendemain matin pour y solliciter un visa. Tout en regardant d'un air morose l'appareil se diriger lentement vers la piste de décollage, je décidai brusquement que nous n'allions pas nous laisser faire. « Nous allons prendre un taxi jusqu'au Pakistan », dis-je à Jonathan. J'étais certain que les gardes-frontières de Torkham n'avaient aucune idée de ce qu'était un visa de sortie.

Notre chauffeur habituel fut ravi de nous emmener. La frontière fermait à 16 heures, de sorte que, si nous ne voulions pas passer la nuit dans le désert, il nous faudrait parcourir le trajet en moins de six heures. C'était faisable, mais tout juste. Le voyage en voiture nous donna l'occasion d'observer le paysage. C'était la première fois que j'empruntais le «Goudron» depuis ma première venue en Afghanistan comme journaliste en octobre 1979. Tous mes voyages suivants s'étaient faits à pied. Comme je m'en doutais, aucun garde du côté afghan de la frontière ne vérifia nos passeports. La barrière venait d'être fermée – j'avais oublié de tenir compte du décalage horaire d'une demi-heure avec le Pakistan –, mais l'un des Frontier Scouts pakistanais nous laissa passer par un petit portail.

Au cours des trois années suivantes, jusqu'à l'été 2001, je continuai à m'intéresser de près à l'Afghanistan, mais essentiellement depuis mon domicile suisse ou depuis le Pakistan. La principale difficulté était de parvenir à se faire délivrer un visa par les talibans. Après avoir publié l'*Essential Field Guide*, mon organisation créa une émission de radio en collaboration avec le BBC Trust, *Radio Education for Afghan Children* (REACH[1]), un programme éducatif à distance spécialement conçu pour contribuer à l'éducation des fillettes privées d'école. Diffusé par les services de la BBC en pashto et dari, il fournissait une éducation à domicile hors d'atteinte des diktats des talibans. Des manuels d'accompagnement furent introduits clandestinement dans le pays, et même transportés depuis Peshawar par des commandants talibans qui souhaitaient assurer l'éducation de tous leurs enfants, y compris les filles.

Tandis que la communauté humanitaire cherchait de nouveaux moyens de venir en aide à une population durement éprouvée, Massoud poursuivait son combat militaire contre les talibans. Le commandant pandjchiri dirigeait de fait tout le nord du pays. Désormais, rares étaient les victoires que les talibans remportaient grâce à leurs capacités de combat. Ils devaient la plupart de leurs succès à leur capacité à acheter un par un les commandants qui continuaient à se battre aux côtés de Massoud. Les Pakistanais, les Saoudiens et ben Laden lui-même faisaient en sorte de procurer à leurs alliés talibans un flot permanent d'argent et d'armes. Ils tentèrent même de corrompre Massoud en lui promettant de hautes fonctions, d'abord en tant que Premier ministre, puis comme Président.

---

1. Acronyme reprenant le terme anglais pour «tendre la main, agir en faveur de». *(N.d.T.)*

En 2000, Massoud tenta de faire comprendre aux Occidentaux que, sans le soutien du Pakistan, il était impossible que les talibans se maintiennent longtemps au pouvoir. Malgré des démentis répétés, Islamabad avait appuyé l'offensive contre Mazâr-e-Charîf en dépêchant des conseillers pour planifier l'opération. L'Arabie Saoudite, de son côté, avait prêté des pick-up et du matériel de communication, et fourni de l'argent. En dénonçant aux yeux du monde cette ingérence pakistanaise, pensait Massoud, Islamabad serait contraint de retirer aux talibans un soutien qui leur était vital. Sans ce soutien, il y avait de bonnes chances pour que les talibans s'effondrent. Mais les Occidentaux restèrent sourds aux appels de Massoud.

Les journalistes occidentaux continuaient à se rendre dans le nord de l'Afghanistan, et leurs reportages exprimaient presque tous de la sympathie à l'égard de la guerre de résistance menée par Massoud. Tout en admonestant les Pakistanais dans des entretiens privés, le gouvernement américain du président George W. Bush était réticent à faire de même avec les Saoudiens de peur de mettre à mal ses relations avec eux. En grande partie en raison des pressions exercées par les organisations féministes et les groupes de défense des droits de l'homme, mais aussi à cause de l'échec des consortiums pétroliers rivaux, UNOCAL et Bridas, de parvenir à un accord sur le projet de pipe-line, la capacité de Washington à influencer Kaboul s'était sérieusement amenuisée.

En janvier 1999, l'administration Clinton imposa des sanctions économiques unilatérales contre les talibans, mais celles-ci n'eurent qu'un impact minime et touchèrent surtout les activités des agences humanitaires internationales. Neuf mois plus tard, le Conseil de sécurité de l'ONU imposa des sanctions limitées dans le cadre de la Résolution 1267, qui exigeait des talibans qu'ils cessent d'utiliser l'Afghanistan comme une base pour le terrorisme international et livrent ben Laden à la justice. La résolution instaurait également un gel des avoirs talibans à l'étranger et un embargo sur leurs compagnies aériennes, notamment Ariana Airways. Le Conseil de sécurité vota en décembre 2000 de nouvelles sanctions (Résolution 1333) prévoyant un embargo sur les armes et des restrictions sur les déplacements des responsables talibans. Le Pakistan décida d'ignorer ces résolutions et continua d'organiser des transports d'armes et de munitions vers l'Afghanistan. Selon Human Rights Watch, ces mouvements impliquèrent jusqu'à une trentaine de camions par jour en avril et mai 2001, certains convois transportant des obus d'artillerie, des munitions pour chars et des lance-roquettes. Sur ordre du vice-président Cheney, le nouveau gouvernement américain accorda également aux talibans un don équivalent à 43 millions de dollars. Alors que par la suite le ministre de la Justice John Ashcroft s'acharnera sur le «taliban américain» John Walker Lindh, un Californien de vingt ans accusé d'avoir épousé la cause de l'ennemi, aucune procédure ne sera jamais ouverte contre ceux qui, au sein de l'administration Bush, soutinrent financièrement ou d'autre façon les talibans, y compris par l'envoi d'«observateurs» américains membres des services de renseignement qui travailleront main dans la main avec l'ISI.

À l'époque, l'essentiel du soutien dont bénéficiait Massoud provenait des Russes et des Indiens, tandis que les États-Unis, la France et quelques autres pays occidentaux ne lui fournissaient de l'aide qu'au compte-gouttes. Des fissures commençaient toutefois à apparaître au sein des différents fronts talibans, certains commandants ne supportant plus la domination exercée sur le mouvement par les Kandahâris. Ils étaient également mécontents du rôle croissant joué dans le mouvement par les Pakistanais et les Arabes, qu'ils trouvaient méprisants. Par ailleurs, les talibans se coupaient de plus en plus des Afghans ordinaires, y compris de ceux qui au départ avaient accueilli favorablement l'arrivée des «étudiants en religion» au début et au milieu des années 1990.

Pour Massoud, la situation commença à se dégrader sérieusement en 2001, lorsque les combats commencèrent à gagner le nord-ouest du pays. À un moment, le Lion du Pandjchir dut abandonner son ancien quartier général de Tâloqân, la capitale de la province du Takhâr, et le transférer à Khwadja Bahauddin, le long de la frontière avec le Tadjikistan. Le temps semblait compté. La ligne de front avait à présent largement dépassé la périphérie de Tâloqân, et s'étirait parmi les montagnes basses et les lits de rivière asséchés qui s'étendent à l'est de la ville.

Ailleurs, le comportement des talibans choquait de plus en plus la communauté internationale. L'un des actes les plus révoltants de destruction délibérée commis par les talibans fut le saccage, le 11 mars 2001, des Bouddhas de Bâmyiân, des sculptures vieilles de dix-sept siècles célèbres dans le monde entier. Rappelant le bombardement par les Serbes, dix ans auparavant, du port historique de Dubrovnik pendant la guerre des Balkans, cette façon de montrer son mépris en détruisant ce qui est cher à la culture d'un pays équivalait, comme me le dit un responsable de l'Unesco, à « taillader le visage d'une femme ». La destruction à la roquette puis à la dynamite des deux sculptures de cinquante-cinq mètres et trente-huit mètres de haut choquèrent de nombreuses personnes, y compris parmi les Afghans. En dépit des innombrables appels qui leur furent adressés, les talibans poursuivirent leur œuvre de destruction jusqu'à ce que les deux effigies soient réduites à un tas de poussière et de cailloux.

L'indignation suscitée par la mise à sac de cet irremplaçable patrimoine mondial ne suffit toujours pas à convaincre les gouvernements américain et européens d'adopter une position plus ferme face à la terrible situation dans laquelle se trouvait l'Afghanistan. C'est à cette époque que Massoud finit par se laisser convaincre d'effectuer son premier voyage en Europe afin d'alerter la communauté internationale. S'exprimant devant un groupe de parlementaires européens à Strasbourg, il condamna la destruction des Bouddhas de Bâmyiân et déclara que les extrémistes préparaient une frappe importante contre l'Occident. Il se rendit ensuite à Paris pour y rencontrer des membres du gouvernement français, mais ne fut pas officiellement invité au palais de l'Élysée. Par ailleurs il eut plusieurs entretiens secrets avec des responsables américains à qui il exposa sa position, soulignant la nécessité urgente de faire pression sur le Pakistan pour qu'il cesse de soutenir les talibans. « Les talibans ne tiendraient pas un an sans l'appui du Pakistan », déclara-t-il.

Si ce déplacement fut généralement considéré comme un succès, Massoud regretta en privé le manque d'engagement clair de la part des États-Unis et de l'Europe. Christophe de Ponfilly, qui le rencontra alors, se souvient que Massoud était pessimiste sur l'issue de ces entretiens. Ce n'est que le 10 septembre, la veille même des attentats contre le World Trade Center, que l'administration Bush accepta enfin le principe d'une intervention militaire contre les talibans si ceux-ci ne leur remettaient pas ben Laden.

A posteriori, il paraît évident que les événements du 11-Septembre comme l'actuelle guerre menée par l'OTAN auraient pu être évités si Washington avait adopté des mesures fermes contre le Pakistan en raison de son implication militaire directe en Afghanistan. Ce qui était clair à l'été 2001, c'est qu'en dépit de tous les renseignements dont elle disposait l'administration Bush n'avait aucune vision quant à la façon d'aborder les problèmes de l'Afghanistan et de la région.

Au début de l'été 2001, je me préparai à faire un nouveau long voyage en Afghanistan, cette fois pour le compte du magazine *National Geographic*. J'avais l'intention de couvrir la guerre des deux côtés. Au bout de plusieurs mois d'attente, j'obtins enfin mon visa pour couvrir le côté taliban, et j'avais hâte de rédiger un article bien documenté susceptible de ranimer l'intérêt de l'opinion américaine pour l'Afghanistan. Mais d'abord je préparai mon voyage dans le Nord afin d'y rencontrer Massoud et de savoir ce qu'il pensait de ce qui était en train de se passer dans son pays. Je n'en eus pas l'occasion.

Chapitre 14

Opération « Enduring Freedom » : occasions manquées et nouvelle occupation

« Quelles leçons avez-vous tirées des invasions britannique puis soviétique de l'Afghanistan aux XIX*e et* XX*e siècles ? demandai-je un jour à un colonel britannique sur le tarmac de l'ancienne base soviétique de Bagram au nord de Kaboul. – Une seule : ne jamais envahir l'Afghanistan », répliqua-t-il. Son homologue américain, colonel dans l'armée de terre, réfléchit quelques instants à la question avant de répondre : « Nous sommes ici pour effectuer un boulot. Apporter la paix et la stabilité à ce pays. Et y parvenir quoi qu'il en coûte. »*

Bagram, nord de l'Afghanistan, avril 2002.

La plus longue guerre qu'aient jamais entreprise les États-Unis débuta officiellement le 7 octobre 2001, quand des avions américains et britanniques bombardèrent ce que l'on soupçonnait être des positions talibanes et d'Al-Quaida en Afghanistan. En réalité, elle avait démarré bien avant, quand les États-Unis avaient commencé à apporter leur soutien aux moudjahidines, notamment aux plus extrémistes d'entre eux, et à établir des relations privilégiées avec ben Laden. La « guerre contre le terrorisme » lancée par Washington s'est peu à peu transformée en une vaste opération de contre-insurrection, et le pays a plongé dans un chaos et une insécurité bien plus grands que sous le régime taliban.

L'opération Enduring Freedom visait au départ à punir les talibans d'avoir accueilli sur leur sol les hommes soupçonnés d'avoir commis les attentats du 11-Septembre. Plus précisément, son objectif affiché était de capturer ben Laden et de démanteler les camps d'entraînement et les bases opérationnelles où l'on pensait que se préparaient de futures attaques contre l'Occident. En s'appuyant sur les forces de Massoud, la coalition militaire entendait également mettre en place à Kaboul un gouvernement modéré, représentatif et, surtout, de type occidental.

Le talon d'Achille le plus flagrant de cette stratégie était le rôle du Pakistan et de l'Arabie Saoudite. Ni Washington ni Londres ne reprochèrent publiquement à Islamabad le soutien apporté aux talibans jusqu'à la veille de l'invasion américaine. Ce soutien avait permis à Al-Quaida et à des milliers de légionnaires islamiques étrangers d'opérer sur le territoire afghan. Les États-Unis ne firent pas non plus le moindre reproche à l'Arabie Saoudite, qui avait pourtant reconnu le régime taliban. Enfin, beaucoup se demandèrent si les États-Unis avaient réellement l'intention de capturer ben Laden.

Pour de nombreux Afghans, néanmoins, l'intervention occidentale ouvrait la possibilité de trouver une issue pacifique à plus de deux décennies de guerre qui avaient fait un million et demi de morts et détruit une bonne partie du pays. Comme lors de l'invasion russe, de nombreux journalistes avaient gagné le nord de l'Afghanistan alors que les avions de la coalition pilonnaient les talibans à l'automne 2001. Si certains médias comme Fox TV donnaient une vision partiale des événements, d'autres, européens, effectuaient un travail nettement plus sérieux. La télévision arabe Al Jazeera proposait également des points de vue intéressants que l'on n'avait jamais l'occasion d'entendre sur les télévisions occidentales. C'est peut-être la raison pour laquelle le bureau d'Al Jazeera à Kaboul fut frappé par un tir direct de missile américain en novembre 2001. Personne ne fut blessé, et les responsables américains présentèrent leurs excuses, affirmant qu'ils avaient cru avoir affaire à un « site terroriste ».

Au matin du 13 novembre 2001, Peter Jouvenal, John Simpson de la BBC, Julian Manyon d'ITV et d'autres journalistes occidentaux entrèrent à Kaboul juste avant les forces du Front uni. Deux jours avant le 11-Septembre, à Peshawar, Peter avait négocié avec les talibans la possibilité d'ouvrir un bureau de la BBC à Kaboul. Lorsqu'on apprit la nouvelle des attentats, Peter entreprit aussitôt de préparer la logistique en vue de couvrir les événements pendant trois mois. « Plus nous nous rapprochions de la ville, plus se multipliaient les traces macabres des combats, écrivit Simpson alors qu'il voyageait avec Peter et l'équipe de la BBC. Les routes étaient jonchées de cadavres d'anciens partisans de l'Alliance du Nord ayant changé de camp pour rejoindre les talibans – ceux-là n'avaient eu droit à aucune pitié. »

Plusieurs milliers de soldats du Front uni marchèrent avec enthousiasme sur la capitale, mais, conformément à un accord passé avec les Américains, reçurent l'ordre de s'arrêter avant d'y pénétrer. La plupart obéirent, occasionnant un immense embouteillage d'hommes, de chars, de camions et de transports de troupes. Les journalistes poursuivirent leur chemin à pied. Ils furent accueillis par des Kaboulis en liesse qui hurlaient : « Mort aux talibans ! » La plupart de ces derniers s'étaient enfuis, mais les cadavres de nombreux légionnaires islamiques, principalement pakistanais et arabes, gisaient dans les rues. Particulièrement détestés des Afghans, ils avaient été battus à mort ou lynchés. Sur le flanc d'une colline proche de la ville, on entendait les tirs des soldats qui traquaient les derniers talibans. Des hommes se rendaient et étaient emmenés pour être traduits devant les tribunaux de l'Alliance du Nord. Beaucoup furent exécutés.

À présent que le régime taliban était tombé, j'avais hâte de retourner dès que possible en Afghanistan. Je voulais mettre sur pied des programmes de formation au journalisme dans le cadre d'une initiative internationale visant à susciter l'émergence de médias afghans indépendants. Comme tout le monde, je pensais qu'avec la chute des talibans et le démantèlement d'Al-Quaida un nouveau gouvernement ouvert serait mis en place pour entamer un vigoureux processus de reconstruction.

La communauté humanitaire internationale multipliait elle aussi ses projets. Avec mon épouse Lori, une ancienne journaliste originaire de l'Indiana, nous avions décidé de nous installer à

Islamabad. Elle travaillerait à l'Organisation mondiale de la santé (OMS), tandis que je représenterais Media Action International tout en poursuivant mon travail de reportage. Nous louâmes une vaste maison dans une jolie banlieue verdoyante, inscrivîmes nos deux enfants dans des écoles internationales et commençâmes à faire à tour de rôle la navette entre Islamabad et Kaboul.

En décembre 2001, le gouvernement allemand me demanda de participer à la conférence de Bonn sur l'Afghanistan. Organisée sous l'égide de l'ONU, elle devait réunir des représentants des pays donateurs, des experts indépendants et des personnalités afghanes afin de définir un projet pour le nouvel Afghanistan. Je faisais partie d'un groupe chargé d'étudier les questions juridiques et constitutionnelles. Le 22 décembre, la conférence désigna une Autorité intérimaire afghane dont le mandat fut fixé à six mois. Ensuite serait nommée une Autorité de transition qui convoquerait une *Loya Jirgha* (Grand conseil) et organiserait les premières élections libres et transparentes du pays. La conférence de Bonn proposa également la création d'une Force internationale d'assistance et de sécurité (FIAS, ou ISAF, International Security Assistance Force, en anglais) dirigée par l'ONU qui veillerait à la sécurité et entamerait le long processus de mise en place d'une nouvelle police et d'une nouvelle armée afghanes.

Il s'avéra rapidement que les accords de Bonn avaient installé un gouvernement extrêmement centralisé, avec un système pyramidal qui remettait en selle une bonne partie des anciens acteurs (ex-politiciens moudjahidines, seigneurs de guerre, étrangers imposés, trafiquants de drogue, etc.). Or les Afghans n'avaient plus confiance dans cette vieille bande de politiciens. Les partis de Peshawar s'étaient depuis longtemps déconsidérés par leur corruption, leurs querelles et leur poursuite obsessionnelle de leurs propres intérêts.

Une autre question était celle de la justice. Selon diverses études auxquelles avaient procédé les groupes de défense des droits de l'homme, une majorité écrasante d'Afghans souhaitaient voir traduire en justice les responsables des atrocités du passé. Cela concernait aussi bien les éventuels coupables de l'ancien régime, des djihadistes, des talibans et des responsables de crimes contre l'humanité commis depuis l'invasion américaine.

La décision de Lakhdar Brahimi, le représentant spécial de l'ONU pour l'Afghanistan, estimant que la justice pouvait attendre que le pays soit reconstruit, fut calamiteuse. Brahimi pensait que le compromis constituait un élément essentiel pour la stabilité future. Il autorisa donc les seigneurs de guerre à participer en 2002 à la *Loya Jirgha*. De son point de vue, les intégrer au processus était la garantie qu'ils ne rejoindraient pas les rangs de l'insurrection.

Au cours des mois suivants, je participai régulièrement à des téléconférences organisées depuis New York par le Council on Foreign Relations. Beaucoup des intervenants avaient une longue expérience de l'Afghanistan. Plusieurs insistèrent pour que les stratégies envisagées soient fondées sur une perspective à long terme. Mais surtout, soulignèrent-ils tous, il fallait s'abstenir de déverser d'énormes sommes d'argent dans le pays. Il convenait également d'éviter à tout prix de faire appel à de coûteux consultants extérieurs qui ne connaissaient pas (ou peu) l'Afghanistan. Il serait de loin préférable, expliquèrent-ils, d'avancer lentement mais sûrement avec les Afghans eux-mêmes. La majeure partie des initiatives internationales de reconstruction devait selon eux être consacrée aux zones rurales, où vivaient 80 % de la population. Se concentrer de façon excessive sur la seule ville de Kaboul ne ferait que provoquer un afflux de réfugiés et de populations campagnardes déplacées en quête d'un emploi. Cela mettrait à mal les infrastructures existantes et discréditerait également l'ensemble du processus de redressement. Les Afghans devaient pouvoir constater par eux-mêmes que la reconstruction changeait leur existence. Au final, bien peu de donateurs tinrent compte de ces avis.

La centralisation du gouvernement imposé par l'Occident s'avéra encore plus dévastatrice. De nombreux experts afghans qui avaient connu le pays dans les années 1970, 1980 et 1990 insistèrent sur le fait que le seul scénario valable était un système fédéral adapté aux traditions afghanes. Il permettrait aux populations rurales d'avoir leur mot à dire sur les questions les concernant directement et empêcherait Kaboul d'imposer ses propres affidés. Accorder une plus grande autonomie aux régions était précisément ce que feu Louis Dupree et d'autres avaient proposé au début de 1988, alors que les Soviétiques venaient d'annoncer leur prochain retrait. Des commandants régionaux de la résistance comme Ismail Khan et Massoud avaient déjà démontré que cela pouvait relativement bien fonctionner. De nombreux donateurs, pourtant, craignaient qu'un système fédéraliste dans un pays aussi diversifié ne sape l'idée de construction nationale. Certains Pachtounes firent également part de leur inquiétude de perdre leur contrôle historique sur le pays si d'autres groupes ethniques commençaient à prendre leurs propres décisions.

Une autre question empoisonnant le processus de reconstruction était de savoir si ceux qui étaient alors au pouvoir, les politiciens de Peshawar, les seigneurs de guerre et les protégés des Américains, devaient vraiment diriger le pays. En 2011, la corruption au sein du gouvernement afghan était généralisée. Un expert a comparé l'administration afghane à une bande d'enfants gâtés lâchés dans une boutique de bonbons avec autorisation de prendre ce qu'ils voulaient, tandis que leurs parents les regardent faire avec indulgence tout en empêchant les enfants pauvres de franchir le seuil.

Les premières années du processus de redressement furent marquées par une série d'occasions manquées. Une très grande majorité d'Afghans, notamment à la campagne, avaient une confiance bien plus grande dans l'ONU qu'en tout autre organisme, hormis le CICR. *A posteriori*, on peut penser que les Afghans ordinaires auraient largement approuvé une administration gérée par les Nations unies pendant au moins quatre ou cinq ans. Il eût été possible de donner un visage plus « afghan » à ce gouvernement en faisant revenir l'ancien roi comme figure de proue. Cela aurait au moins procuré un bol d'air bienvenu à la grande majorité d'une population épuisée par la guerre.

Une bonne partie du contenu des accords de Bonn était en réalité une véritable recette pour le désastre. L'idée occidentale de démocratie se fracassa sur l'écueil de la corruption. Les élections présidentielles de 2009, les deuxièmes que connaissait le pays, permirent à Karzai de s'assurer frauduleusement un second mandat, tandis que les élections législatives de septembre 2010, surveillées par une commission électorale censément indépendante, prouvèrent qu'il était quasiment impossible de se faire élire sans truquer le scrutin. La communauté internationale persistait pourtant à affirmer que la démocratie fonctionnait en Afghanistan. Pour beaucoup de ceux qui étaient sur le terrain, cela devint un sujet de plaisanterie.

Le système juridique qui émergea à la suite de ces élections ressortissait tout autant de la farce. Bien que prétendument fondé sur les principes islamiques, les normes internationales, l'état de droit et les traditions juridiques afghanes, il a pour l'essentiel échoué à instaurer une justice en laquelle les gens peuvent avoir confiance. Malgré des tribunaux tout neufs et une Constitution remaniée approuvée en janvier 2004, la justice pratiquée par le gouvernement de Kaboul manque singulièrement de transparence. Elle est parfois rendue par des juges connus pour leur corruption, tandis que des individus coupables de crimes contre l'humanité sont libres et même, pour certains, siègent au gouvernement. Il n'est donc pas surprenant dans ces conditions que les Afghans se soient rapidement tournés vers les tribunaux de la *charia* instaurés par les talibans plutôt que vers les tribunaux gouvernementaux.

Même des spécialistes du droit travaillant avec les forces de la coalition en 2009 ont reconnu que la justice officielle, qui décide au bénéfice du plus offrant, ne fonctionne pas. « Tout le monde sait que les juges et les policiers travaillant pour le gouvernement sont corrompus, remarque Nora Niland, une représentante irlandaise pour les droits humains auprès de l'ONU. Et ne parlons même pas des seigneurs de guerre... Or nous soutenons ce genre d'individus. S'il est vrai que les talibans et d'autres sont responsables d'actes de violence épouvantables, ceux qui leur assurent l'impunité sont ceux-là mêmes qui détiennent le pouvoir. Comment voulez-vous dans ces conditions que les Afghans ordinaires aient confiance dans ce qui se passe ? »

En janvier 2002, je me rendis en voiture à Kaboul avec Peter Jouvenal. Il avait loué une grande maison qu'il avait l'intention de transformer en une maison d'hôtes baptisée Gandamack Lodge, où il accueillerait journalistes et humanitaires internationaux. La maison avait été autrefois louée par ben Laden pour y loger sa troisième femme. Peter l'avait dégotée d'une manière curieuse. Un an environ avant le 11-Septembre, il avait engagé des «courriers» qui circulaient entre Kaboul et le Pakistan et lui rapportaient des anecdotes qu'il pouvait ensuite développer en reportages pour la BBC, CNN et d'autres télévisions. L'un de ces messagers était un jeune Afghan d'une vingtaine d'années prénommé Massoud, qui avait un temps travaillé pour Al-Quaida. Il vint trouver Peter à Noël 2000 pour lui demander de l'aider à obtenir l'asile politique en Occident. «Il avait aussi travaillé pour l'ISI et la CIA et s'était probablement trop impliqué avec Al-Quaida, m'expliqua Peter. Il était mort de peur, aussi, je lui expliquai que, s'il acceptait de travailler pour les médias, nous pourrions probablement lui donner un coup de main.»

ABC News à New York fut la première à s'intéresser aux informations rapportées par le jeune courrier. La chaîne proposa qu'il soit débriefé de manière approfondie. Au printemps 2001, quatre mois avant le 11-Septembre, Peter l'emmena en avion à Kuala Lumpur. Le jeune homme était convaincu que, s'il restait à Peshawar, l'un de ses trois anciens employeurs finirait par le tuer. Une fois en Malaisie, il révéla qu'Al-Quaida avait l'intention d'employer des avions pour attaquer l'Occident. ABC ne diffusa jamais cette information en raison de pressions exercées par «une certaine agence de renseignement[1]» qui souhaitait que le jeune homme soit renvoyé à Peshawar. Pendant son débriefing, le jeune Afghan désigna divers lieux à Peter sur des cartes satellitaires, parmi lesquels l'emplacement de plusieurs maisons appartenant aux talibans ou à Al-Quaida à l'intérieur et autour de Kaboul.

Ce n'est que trois mois auparavant que la femme de ben Laden et son entourage avaient quitté la maison qu'avait louée Peter. Il n'avait retrouvé à l'intérieur qu'un soutien-gorge, un tas de cendres à l'endroit où l'on avait brûlé des papiers et une vidéocassette vantant le djihad. En visionnant la vidéo, Peter avait découvert des images de lui-même et du journaliste américain Peter Bergen en

1. La formulation anglaise est encore plus clairement allusive : «*a certain intelligence agency*». *(N.d.T.)*

1997, à l'époque où ils avaient interviewé ben Laden dans l'est de l'Afghanistan. « C'était très étrange de me voir sur une cassette d'Al-Quaida », me confia-t-il.

Peter et moi passons chez l'agent politique du Khyber pour retirer nos permis de voyage et déposer quelques couvertures pour un taliban britannique de Manchester âgé de vingt-trois ans détenu par les Pakistanais. D'origine pakistanaise, Ajman avait été capturé trois ans auparavant par les forces du Front uni, et Peter l'avait filmé dans un de ses reportages pour la BBC. Après avoir vu l'émission, le frère du prisonnier avait contacté Peter pour qu'il lui vienne en aide. Peter en avait alors parlé à Massoud et était parvenu à faire libérer le jeune taliban, mais lui avait conseillé de rester en Afghanistan le temps qu'il récupère ses papiers.

Clamant que les Pakistanais étaient ses amis, Ajman avait pourtant décidé de gagner Peshawar. Après tout, dit-il à Peter, n'avait-il pas fait cent fois l'aller-retour à l'époque des talibans sans le moindre problème, allant même jusqu'à acheminer des kalachnikovs sur des vols des Pakistan International Airlines avec l'aval de l'ISI ? Mais, depuis que les talibans avaient été chassés du pouvoir, les Pakistanais jouaient un autre jeu. Ils l'arrêtèrent, peut-être dans l'espoir de le remettre aux Américains en tant que membre d'Al-Quaida, ce qu'ils faisaient fréquemment. Un nombre assez important de talibans détenus à Guantanamo ou sur la base de Bagram ont été refilés aux Américains aussi bien par les Afghans que par les Pakistanais, qui, en échange de sommes rondelettes, les leur ont présentés, sur la base de preuves fumeuses sinon inexistantes, comme membres d'Al-Quaida.

Nous trouvons Ajman en train de regarder en compagnie de ses gardiens un film avec Chuck Norris. Depuis son arrestation, nous raconta-t-il, des agents américains et britanniques sont venus à plusieurs reprises lui demander ce qu'il avait fait chez les talibans. Quand je lui demande à mon tour pourquoi il a adhéré à leur mouvement, le jeune homme se contente de hausser les épaules. À Manchester, il était tombé dans la drogue et l'alcool, jusqu'au moment où il avait décidé d'aller rendre visite à sa famille au Pakistan et d'abandonner ses mauvaises habitudes. C'est là qu'il a rencontré des talibans qui l'ont convaincu de se joindre au djihad.

Avec une formation militaire plus que rudimentaire, il se retrouva bientôt en première ligne sous les obus du Front uni.

« Nous avions tous très peur, raconte-t-il. Nous nous cachions derrière les arbres pour ne pas nous faire tuer. » Il fut capturé peu après. Les Pakistanais gardèrent Ajman en prison pendant trois mois avant de le laisser rentrer en Angleterre. Il ne sera jamais inculpé par les Britanniques. Quelques années plus tard, alors que je demandai à Peter ce qu'était devenu le jeune homme, il m'apprit que l'ex-taliban avait été emprisonné pour une bagarre dans un bar. « Plutôt drôle pour un fondamentaliste, non ? » fit-il.

De l'autre côté de la frontière, Peter et moi sommes accueillis par deux policiers afghans venus en voiture de Kaboul avec leurs kalachnikovs pour nous escorter. Ils travaillent pour Agha Gul, notre ami de l'époque du djihad qui est devenu général dans la police ; c'est pour eux une façon de se faire un peu d'argent en plus. Beaucoup de policiers ne perçoivent jamais de vrais salaires. La sécurité est à présent relativement bonne sur la grande route de Jalalabad, mais il y a encore des problèmes autour de Sorubi, où sévissent des membres du Hezb-e-Islami et d'anciens talibans. Des bandits, pour la plupart anciens moudjahidines, interceptent également les véhicules pour les voler ou dévaliser leurs occupants.

En remontant les gorges de la rivière Kaboul, nous passons à l'endroit où, deux mois auparavant, le 19 novembre 2001, quatre journalistes occidentaux ont été interceptés et exécutés par des hommes armés. Il s'agissait de Harry Burton, un cameraman de Reuters ; d'Azizullah Haidari, un photographe de Reuters d'origine afghane ; de Maria Grazia Cutuli, une journaliste du quotidien italien *Il Corriere della Sera* ; et de Julio Fuentes du quotidien espagnol *El Mundo*. D'après leurs chauffeurs, un groupe d'individus coiffés de turbans armés de fusils d'assaut ont obligé les journalistes à descendre de leurs véhicules à proximité du pont de Tangi Abrishum et les ont accusés d'être américains. Ils expliquèrent qu'ils étaient des journalistes européens en route pour Kaboul. Leurs agresseurs tentèrent alors de les obliger à partir à pied dans la montagne, mais ils refusèrent. Tout en les battant et en leur jetant des pierres, les attaquants leur auraient alors déclaré :

« Vous croyez que les talibans sont finis ? Nous sommes toujours au pouvoir et nous nous vengerons. » Quelques instants plus tard, ils abattaient Cutuli et un des trois autres. Les deux autres journalistes furent tués peu de temps après.

La route de Jalalabad à Kaboul est dans un état encore pire que le souvenir que j'en gardais. Le goudron s'est désagrégé, de sorte que le voyage se transforme en un tape-cul interminable au milieu d'une fine poussière qui s'introduit dans l'habitacle et irrite les yeux. À de fréquentes reprises, nous devons quitter brusquement la route et rouler un moment dans le désert, dont une grande partie est toujours minée, afin de contourner des ponts effondrés ou des cratères béants. Des carcasses calcinées de chars, de transports de troupes et de camions jonchent les bas-côtés. De temps à autre, deux hélicoptères américains Chinook en provenance de Kaboul ou de Bagram passent en rugissant avant de disparaître dans la direction de Jalalabad.

Les bombardements américains ont dévasté les abords de Kaboul le long de la route de Jalalabad. Des bâtiments entiers, comme l'académie militaire, qui n'avaient été que partiellement endommagés lors de la bataille des djihadistes pour prendre Kaboul sont à présent totalement en ruines, murs démolis et toits effondrés. Des groupes de démineurs afghans en tenue de protection bleue s'activent dans les champs et les parcs à conteneurs voisins et délimitent les zones déjà vérifiées par de petits tas de pierres et des marques tracées à la peinture rouge. Les mines antipersonnel ne sont pas le seul problème. Grenades, obus d'artillerie, balles et autres munitions non explosées gisent au sol de tous côtés.

Pour la première fois je vois des soldats américains et britanniques. Les Américains portent des casques métalliques, les Anglais sont en béret. Les Américains, presque toujours assis dans leurs véhicules, vous dévisagent d'un air agressif derrière leurs lunettes de soleil, le doigt sur la détente de leur fusil d'assaut. Leurs contacts personnels avec la population locale sont consternants, ce qui est l'une des raisons pour lesquelles tant de problèmes surgiront par la suite. Ils se comportent comme des occupants et, par ailleurs, se montrent non communicatifs et nerveux. Je suis profondément peiné pour ces jeunes gens, tout comme je l'avais été dans les années 1980 à l'égard des jeunes Russes jetés dans une occupation brutale et incompréhensible. Ce n'est qu'aux environs de l'ambassade américaine et du quartier général de l'ISAF que j'apercevrai les familières patrouilles de soldats américains à pied.

Les soldats britanniques, en revanche, en tout cas durant les six premiers mois, au cours desquels ils furent basés à Kaboul, effectuaient la plupart de leurs patrouilles à pied. Exécutant ce qu'ils avaient baptisé la «Belfast Waltz», la Valse de Belfast, fondée sur leur expérience des «troubles» en Irlande du Nord au cours des années 1970 et 1980, ils se déplaçaient dans les rues en file indienne. Deux soldats au moins étaient chargés de tenir le rôle de «parleurs», bavardant avec les gosses, distribuant des friandises ou saluant les commerçants par des «*As-salâm 'aleïkoum*». Pendant ce temps, les autres surveillaient attentivement les alentours. Progressant lentement, ils effectuaient au ralenti leurs mouvements tournants afin de s'assurer que tous les angles étaient couverts. De cette façon, ils nouaient de bonnes relations avec la population, mais accomplissaient également leurs missions de sécurité avec un professionnalisme qui finit par leur valoir le respect de nombreux Afghans.

Eux aussi membres de l'ISAF, les Norvégiens adoptèrent une approche beaucoup plus décontractée. Je vis ainsi un de leurs convois traverser le centre de Kaboul, les soldats regardant nonchalamment par les vitres des véhicules, les coudes appuyés sur le rebord. Le canon de son arme lourde pointé vers le ciel, le mitrailleur posté sur le dernier véhicule photographiait avec insouciance le bazar comme un vulgaire touriste. Évidemment, à ce moment-là, beaucoup pensaient que les talibans avaient été définitivement battus et que Kaboul était désormais sûre. Pendant quelques mois, ce fut effectivement le cas. Puis, peu à peu, la situation recommença à se dégrader. Un attentat à la voiture piégée, une fusillade. Les choses empirèrent d'année en année, les attaques se firent de plus en plus fréquentes. L'ONU, les ambassades et les autres organisations ne laissaient désormais sortir leur personnel dans les rues qu'après autorisation, et toujours accompagné de gardes de sécurité.

Beaucoup des journalistes qui couvraient les événements à Kaboul logeaient à présent au Gandamack Lodge de Peter Jouvenal, situé dans le quartier huppé de Shar-e-Now. Construite dans les années 1930, à l'époque où la bourgeoisie kaboulie embellissait la capitale afghane, la maison avait été dotée d'un grand jardin clos de murs et aménagée, déjà, en maison d'hôtes. Des fusils Enfield du XIXe siècle étaient alignés le long des murs du couloir d'entrée. Un petit canon britannique de la même époque, que Peter avait « libéré » dans une ancienne garnison des environs de Jalalabad, montait la garde dans le jardin.

Peter avait entrepris de rénover la maison dans un confortable style victorien, fortement marqué par le personnage de Harry Flashman, le trouillard des romans historiques de George MacDonald-Fraser. Il avait commandé du mobilier à des artisans du Nouristan et de Peshawar, demandé à une équipe d'ouvriers afghans revenus récemment à Kaboul de peindre les murs et projetait d'ouvrir par la suite un pub, un four à pizzas et un véritable restaurant. C'était un endroit agréable pour se détendre autour d'une tasse de thé, rencontrer des gens ou rester à lire dans le jardin. Peter, qu'un journaliste britannique décrira plus tard comme « soldat, journaliste de guerre et hôtelier », ne voyait rien de honteux dans le fait d'instaurer des normes occidentales pour son hôtel.

Il était stupéfiant de constater avec quelle rapidité les commerçants afghans établis au Pakistan s'étaient mis à importer par camions entiers des équipements et matériaux, depuis les tuiles jusqu'aux cuvettes de W.-C. Le *boom* de la reconstruction avait commencé à Kaboul. Ambassades, agences d'information, ONG, toutes avaient leurs propres locaux. Cette industrie de la construction prit rapidement de l'ampleur à mesure que des groupes extérieurs, parmi lesquels des contractants privés, affluaient et que l'implication de l'OTAN augmentait. Comme il n'existait pratiquement aucun hôtel, les maisons d'hôtes se multiplièrent.

Pour les privilégiés afghans, le redressement, la sécurité et l'économie de la drogue représentaient une véritable mine d'or. Beaucoup d'entre eux étaient des expatriés qui avaient quitté le pays durant la guerre communiste. Ils louaient leurs propriétés à des prix de plus en plus élevés. Les loyers étaient passés d'environ 1 000 dollars par mois à 4 ou 5 000 dollars, et jusqu'à deux ou trois fois plus. En moins de cinq ans, le montant des loyers dépassa ceux pratiqués à Dubaï. En 2011, la valeur de certaines résidences kaboulies était comparable à celle atteinte dans le très exclusif quartier londonien de Belgravia ou de Park Lane à New York. Des villas somptueuses et d'un goût souvent exécrable construites par des seigneurs de guerre ou des responsables gouvernementaux corrompus se louaient jusqu'à 50 000 dollars par mois dans les quartiers de Shar-e-Now et de Wazir Akbar Khan.

La cupidité de certains Afghans était honteuse, mais beaucoup étaient conscients que tout pouvait s'écrouler du jour au lendemain si les Occidentaux décidaient de se retirer. L'objectif, notamment parmi ceux qui étaient le plus étroitement associés au régime Karzai, était de se remplir les poches tant que la situation était favorable. À la fin des années 1980 et au début des années 1990, les anciens djihadistes s'étaient servis de leurs positions pour profiter au maximum de la guerre, de la drogue et de l'aide internationale. Ils achetèrent des bâtiments et fondèrent des entreprises, généralement d'« import-export », dans les Émirats. Après la chute des talibans, la tendance s'accentua et se transforma en une avalanche de richesse exportée. Tout en continuant à investir dans l'immobilier à Kaboul, les Afghans achetèrent des biens à Dubaï et à Abou Dabi, allant même parfois jusqu'à y installer leur famille.

Les réfugiés rentrés au pays et qui avaient la chance de posséder un logement louaient eux aussi leur maison, quel que soit l'état dans lequel elle se trouvait. Subsistant grâce à ce moyen, ils allaient s'installer ailleurs, dans des logements souvent surpeuplés mais moins chers. Un de mes employés, jeune diplômé de l'université de Peshawar, se présentait chaque jour au bureau vêtu d'un costume de style italien et de chaussures en cuir. Il paraissait incarner la réussite. Sa famille possédait une petite maison à quelques pâtés de maisons du bureau, mais vivait à présent dans une maison avec cour qu'ils partageaient avec des parents à la périphérie orientale de Kaboul. Venir au bureau, en car puis en taxi, lui prenait une heure et demie à l'aller comme au retour. Il m'expliqua que louer leur maison était pour eux le seul moyen de s'en sortir.

Les terrains appartenant à des Afghans étaient souvent volés par les seigneurs de guerre ou des responsables officiels au bras long, qui menaçaient leurs propriétaires de les passer à tabac, de les enlever, voire de les tuer. Des officiels couvraient par ailleurs des ventes illégales de terrains publics. Un réfugié rentré à Kaboul en 2005 constata que sa maison avait disparu et qu'un immeuble de bureaux se dressait à son emplacement. Un ancien commandant du Front uni, devenu riche seigneur de guerre, l'avait tout simplement exproprié. Le réfugié voulut porter l'affaire en justice, mais, comme il n'était pas en mesure de soudoyer le juge avec un pot-de-vin supérieur à celui que lui verserait son rival, il comprit que la démarche était inutile.

De nombreux bâtiments étaient rénovés ou construits par les internationaux à leurs propres frais. Ils bâtissaient des ensembles de bureaux ou des maisons d'hôtes dans les jardins, les équipaient de sanitaires et de réservoirs modernes, et faisaient venir des ordinateurs, des antennes satellites, des climatiseurs, des générateurs et des flottes entières de véhicules 4 × 4. Les bureaux de la Banque mondiale, du PNUD et de l'ISAF auraient aussi bien pu se trouver à Nairobi, à Bangkok ou à Los Angeles. Des murs de sécurité furent érigés, assez bas au début, et dissimulés derrière des haies d'arbres ou de buissons. Mais, par la suite, on put mesurer la dégradation des conditions de sécurité à la hauteur toujours plus grande de ces périmètres protégés. En 2009, il n'était plus possible d'apercevoir les bâtiments qu'ils dissimulaient.

Sans aucun scrupule, les promoteurs afghans soudoyaient les conseillers municipaux pour obtenir des permis de construire, y compris sur des sites présentant un intérêt historique. À Hérat, où la Fondation Agha Khan s'efforçait de sauver ce qui restait de la vieille ville, des entrepreneurs démolirent d'antiques bâtiments en bois et pierre, avec de magnifiques claires-voies en bois, quelques heures après avoir entendu dire qu'ils allaient être protégés. La présence de la police n'y fit rien : ils l'avaient achetée au préalable.

La gabegie et l'absence d'anticipation de l'effort de redressement se manifestaient dans tous les secteurs. On ignora les propositions de créer un système de transport public avec des couloirs pour les bus et les vélos afin d'améliorer la circulation dans une ville dont la population avait quadruplé depuis 1978. Une autre proposition consistait à construire un système de tout-à-l'égout entièrement neuf (l'ancien consistant en de simples caniveaux à l'air libre), ainsi qu'un réseau d'adduction d'eau de source depuis les montagnes environnantes. Au lieu de cela, les internationaux installèrent leurs propres réservoirs et creusèrent des puits encore plus profonds. La qualité de l'eau de la capitale se dégrada de manière significative, et les eaux usées s'infiltrèrent dans la nappe phréatique. D'après un rapport japonais, Kaboul manquera d'eau potable d'ici à 2015.

« Les problèmes auxquels Kaboul risque d'être confrontée dans les années qui viennent défient l'entendement », remarquait Douglas Saltmarsh, un chercheur britannique en développement qui travaille sur l'Afghanistan depuis le milieu des années 1980. Obnubilés par leurs propres projets, la Banque mondiale, l'Asia Development Bank, l'USAID et d'autres riches donateurs ont largement échoué à examiner des solutions imaginatives et mieux coordonnées pour un nouvel Afghanistan. Tout le monde, semblait-il, souhaitait boucler rapidement des projets afin de montrer au monde que les choses étaient réellement en train de changer.

Un autre phénomène auquel on assista fut le siphonnage des cerveaux afghans des organismes locaux vers les structures internationales. Des employés ministériels abandonnaient leurs fonctions publiques pour se faire embaucher contre de très hauts salaires comme chauffeurs, interprètes ou assistants administratifs. Le Swedish Committee perdit ainsi 30 % de son personnel qualifié au profit de la Banque mondiale, de l'Union européenne et d'autres organismes internationaux. Résultat : beaucoup des Afghans qui continuèrent à travailler dans les ministères pour un salaire mensuel de 50 à 100 dollars ne possédaient pas les qualifications nécessaires, tandis que les provinces et de nombreuses zones rurales n'avaient pas les moyens d'engager le personnel médical dont elles avaient besoin. Aucun docteur ne pouvait se permettre de quitter un emploi bien payé dans la capitale. « J'aimerais bien aller travailler dans les villages, m'expliqua un médecin qualifié qui travaillait comme interprète auprès de la Banque mondiale pour 800 dollars par mois, mais je dois faire vivre vingt personnes à la maison, et je suis le seul à gagner de l'argent. »

Ces problèmes avaient été prévus bien avant l'invasion américaine. Mais nul ne semblait se préoccuper des besoins à long terme de l'Afghanistan. Quand, au milieu de l'année 2002, je demandai à un responsable du Programme des Nations unies pour le développement pourquoi son organisation ne cherchait pas à imposer une approche plus coordonnée, il me répondit : « Pour l'instant, nous devons avancer. La reconstruction, ce n'est pas imaginer des bâtiments écologiques ou prévoir des couloirs pour les bus. Ça, on pourra peut-être y réfléchir plus tard. Pour l'instant, nous devons fournir une meilleure éducation et assurer une meilleure santé aux Afghans. C'est la priorité. »

Pendant les trois ou quatre premières années, la majorité de la population civile afghane accueillit favorablement l'intervention internationale avec ses promesses de reconstruction, de création d'emplois et d'opportunités professionnelles. Ce fut une époque de confiance. On trouvait à nouveau dans les rues des étals vendant des CD et les DVD des films les plus récents, tandis que les bazars proposaient antennes satellites, marbre pour la construction, Tupperware, pistolets à rayon laser pour les enfants, battes de cricket et téléphones portables dernier cri. Jusqu'alors inconnus en Afghanistan, des supermarchés surgirent du jour au lendemain, vendant aux expatriés occidentaux et aux Afghans de la diaspora aussi bien du beurre de cacahuète que des barres Mars en passant par des céréales pour le petit déjeuner, de la sauce spaghetti et des côtelettes de porc surgelées.

Quoique bien modestes par rapport à leurs équivalents américains, des centres commerciaux tout neufs sortirent des décombres, tandis qu'on vit émerger à la périphérie occidentale de Kaboul, baptisée le « nouveau Dubaï », des immeubles de bureaux, des ensembles résidentiels et d'immenses palais du mariage. Après l'interdiction par les talibans des mariages festifs accompagnés de danses, de chansons et de musique, ces palais du mariage – de vastes salles pouvant accueillir jusqu'à un millier d'invités – avaient été construits, comme pour rattraper le temps perdu pendant les années de guerre, par d'anciens commandants et d'autres entrepreneurs. Des gymnases et des centres de body-building aux devantures ornées d'images peintes à la main de Rambo et de Schwarzenegger aux biceps saillants ouvrirent au-dessus des nouveaux restaurants, blanchisseries et boutiques de photo numérique.

Dans les campagnes, la population, qui s'était attendue à des changements majeurs, éprouva bientôt une amère déception devant le peu d'impact de l'action occidentale. Beaucoup attendirent patiemment que le gouvernement leur attribue une part de l'aide promise, puis commencèrent à se dire que ces milliards de dollars qu'on leur avait fait miroiter disparaissaient en réalité dans des coffres privés ou étaient utilisés pour couvrir les frais des étrangers.

En revanche, pour beaucoup de femmes urbaines éduquées, comme les employées de santé, les enseignantes, les secrétaires et les entrepreneuses, l'intervention occidentale avait apporté un répit plus que bienvenu après les cinq années de domination brutale des talibans, qui avaient elles-mêmes succédé à quatre années de chaos djihadiste. Même si beaucoup d'entre elles continuaient à se vêtir avec pudeur lorsqu'elles sortaient, elles étaient à nouveau libres d'exercer un emploi, de se promener dans les rues, de faire du shopping et même de prendre des cours de yoga. En 2005, j'ai compté qu'en moyenne une femme sur quatre déambulant dans les rues commerçantes du centre de Kaboul ne portait qu'un simple fichu sur la tête.

Pourtant, de nombreuses régions d'Afghanistan demeuraient farouchement conservatrices. En 2002, je me rendis à Hérat en compagnie de l'écrivain afghan Ahmed Rashid afin d'y rencontrer le gouverneur Ismail Khan. Après le retrait russe, cet ancien commandant de guérilla avait ouvert une université, noué des relations commerciales avec le Pakistan et l'Iran, et instauré une forme modérée de loi islamique, qui exigeait des femmes qu'elles se couvrent la tête, mais les autorisait à travailler et à fréquenter des écoles pour filles. Après sa capture par les talibans et son évasion spectaculaire trois ans plus tard, c'est un homme beaucoup plus conservateur qui revint au pouvoir à Hérat. Ses habitantes ne furent plus autorisées à paraître en public qu'à condition de porter la *burqa*. Contrairement à ce qui se passait à Kaboul, pas une seule femme ne travaillait à la radio et à la télévision publiques.

« Il a dû lui arriver quelque chose pendant cette période », remarqua Ahmed Rashid en faisant allusion aux années durant lesquelles Khan avait été détenu par les talibans. Pour l'avoir interviewé à de multiples reprises au cours des vingt années précédentes, Rashid gardait de lui l'image d'un homme qui avait à cœur les intérêts de son peuple. Quand, à 3 heures du matin, Rashid et moi fûmes enfin autorisés à rencontrer l'ancien commandant dans son bureau du palais, il démentit avec véhémence que son propre peuple ait peur de lui. Mais il reconnut que les Afghans souhaitaient le redressement, et en premier lieu la paix et la sécurité. « Les gens cherchent désespérément à sortir de la misère, nous dit-il en montrant un groupe de femmes assises dans le couloir, enveloppées dans des *burqas* d'un bleu éclatant. Regardez ces femmes qui sont venues me voir au milieu de la nuit. Elles n'ont pas peur des règlements que nous avons instaurés. Elles ont peur de la pauvreté. »

La réalité était que beaucoup de ceux qui détenaient désormais le pouvoir étaient tout aussi conservateurs que les talibans qu'ils avaient remplacés. Lorsque ma femme se rendit à Hérat en 2002 en tant que représentante de l'OMS afin d'y mettre sur pied une émission radiophonique sur la santé des femmes, elle rencontra l'élégant directeur régional de la radio-télévision afghane. Celui-ci insista pour qu'au cours de leur entretien elle se couvre la tête avec une carte météo en plastique doré qu'il décrocha du mur du studio. C'est à cette seule condition qu'il accepta de s'entretenir avec une femme.

Les veuves constituaient un groupe particulièrement vulnérable en Afghanistan. Des dizaines de milliers de femmes avaient perdu leur mari ou d'autres hommes de leur famille pendant la guerre. Beaucoup avaient des enfants et manquaient de tout, mais n'avaient d'autre moyen de survivre que la mendicité. Plusieurs agences internationales d'aide élaborèrent des programmes spécifiques pour elles et leurs familles. L'action dans ce domaine devint plus facile après la chute des talibans.

Mais on ignorait souvent les femmes qui ne savaient pas si leur mari avait été tué ou s'il était encore en vie. Celles-ci, selon la tradition musulmane, ne pouvaient se remarier qu'après une période de sept ans. Parmi les nombreux projets étranges que Peter Jouvenal envisagea figurait celui de localiser les cadavres de soldats et de moudjahidines afghans et de les identifier formellement grâce à des analyses ADN. Ainsi, expliquait-il, on pourrait aider les veuves à commencer une nouvelle vie.

Grâce à ses reportages effectués pendant la guerre, Peter connaissait l'emplacement des dépouilles d'au moins cinq mille Afghans. Il avait également localisé les restes d'au moins quinze soldats soviétiques. Si Peter échoua à mobiliser l'intérêt des donateurs pour la localisation des Afghans décédés, beaucoup voulaient savoir ce qui était arrivé aux disparus soviétiques en Afghanistan, dont le nombre était estimé à trois cent quinze. La plupart avaient probablement été tués, mais on savait que certains étaient encore en vie. Après l'effondrement du régime soviétique à Moscou, la branche américaine des chevaliers de Malte collabora avec les Russes afin de retrouver la trace des soldats américains disparus au Vietnam et en Corée du Nord. En échange, ils s'engagèrent à aider à la localisation des soldats de l'Armée rouge disparus en Afghanistan.

Peter, qui avait pris contact avec des familles soviétiques de disparus, contribua à l'exhumation de deux Ukrainiens dans le nord de l'Afghanistan. Mais, lorsqu'il les eut rapportés à Kaboul dans deux coffres métalliques, personne ne s'y intéressa. Encombré des deux malles et de leurs restes humains, il les confia au German Club durant toute la période talibane. Il alla les récupérer au début de 2002. Sans évoquer leur contenu, il me demanda s'il pouvait les entreposer chez moi à Islamabad. Les malles restèrent plusieurs mois sous l'escalier de ma maison.

Un beau jour, Peter passa les récupérer. M'informant enfin qu'il s'agissait des restes de deux Ukrainiens, il me dit qu'il devait les déposer à l'ambassade russe. Je décidai de ne pas révéler à ma femme que nous avions partagé la maison avec deux cadavres. Les Russes, néanmoins, ne voulaient pas s'occuper de ces anciens soldats de l'Armée rouge qui appartenaient désormais à un pays ne faisant plus partie de la Confédération de Russie, et refusèrent de réceptionner les malles. Peter dut les remporter à Kaboul, où il finit par organiser leur rapatriement avec le gouvernement ukrainien.

Au cours des années suivantes, j'effectuai de nombreux séjours en Afghanistan pour mes reportages, mais aussi pour lancer des projets liés à Media Action International. Nous commençâmes à former des journalistes sur place et créâmes un magazine pour la jeunesse, en dari et en pashto, réalisé par de jeunes journalistes afghans. À l'été 2002, ma femme et moi ouvrions à Kaboul notre propre maison d'hôtes, Chez Ana, tout en continuant à vivre la plupart du temps à Islamabad. Le 17 mars 2002, le Lashkar-e-Jhangvi, un groupe militant pakistanais affilié à Al-Quaida, fit exploser une bombe à l'église protestante internationale d'Islamabad, tuant cinq personnes et en blessant quarante, pour la plupart des expatriés. C'est le même groupe qui avait assassiné deux mois auparavant à Karachi le journaliste américain Daniel Pearl, puis tué quinze personnes, dont onze techniciens français, dans l'attaque d'un car perpétrée dans la même ville. Ces attentats furent suivis de menaces contre d'autres objectifs, notamment l'École internationale française, où l'on découvrit une bombe, ainsi que de la tentative d'enlèvement d'un jeune élève américain de l'American School. Enfin, au début du mois d'août, des hommes armés tuèrent six personnes et en blessèrent deux autres à la Muree Christian School installée dans une ancienne station de villégiature du Raj britannique, à une cinquantaine de kilomètres au nord d'Islamabad. Les militants déclarèrent que ces attaques étaient destinées à punir le Pakistan pour son soutien à la « guerre contre le terrorisme » que les Américains menaient en Afghanistan. L'ONU évacua rapidement du Pakistan ses personnels non indispensables et leurs familles.

Je rentrai à Genève tandis que ma femme restait à Kaboul. Dans les mois qui suivirent, nous séjournâmes à tour de rôle à Kaboul. Chaque fois que Lori ou moi nous y trouvions, nous tenions table ouverte Chez Ana, où nous organisions des dîners pour trente ou quarante personnes. L'idée était de rassembler des Afghans et des expatriés – humanitaires, journalistes, universitaires, militaires – afin qu'ils aient l'occasion de se rencontrer de manière informelle. La présence de vin constituait une incontestable motivation – ceux qui avaient des relations, ou qui parvenaient à faire passer clandestinement du vin au travers des douanes afghanes et pakistanaises, apportaient une bouteille ou deux. Les douaniers se souciaient moins de réprimer la consommation d'alcool que de confisquer les bouteilles qu'ils pouvaient ensuite revendre au marché noir.

Certains de nos invités étaient d'anciens commandants que Peter et moi connaissions. Ils passaient souvent me voir à l'improviste lorsqu'ils revenaient à Kaboul après avoir voyagé dans le nord, l'est ou le centre de l'Afghanistan. Les recevoir était le moins que je puisse faire pour les aider, surtout après la généreuse hospitalité que m'avaient témoignée tant d'Afghans.

Par la suite, j'organisai également des buffets afin que les Afghans ayant des projets intéressants ou susceptibles de créer des emplois puissent les présenter à des représentants de la Banque mondiale, de l'Asia Development Bank, du Programme des Nations unies pour le développement, de la fondation Aga Khan ou d'autres agences et organismes d'aide. Beaucoup d'Afghans, notamment ceux originaires de zones rurales, avaient le plus grand mal à rencontrer des internationaux, car ceux-ci devenaient de moins en moins accessibles à mesure que la sécurité se dégradait. Ils se sentaient ostracisés par les étrangers, qui pour leur part semblaient réticents à prendre le temps de les écouter et de parler avec eux.

L'une de ces propositions était une tentative conjointe de chefs de communauté du Pandjchir, du Badakhchan, du Nouristan et du Nangarhâr pour développer une industrie touristique verte. Cette idée avait pris naissance à l'époque de la guerre soviétique, où mes collègues et moi avions passé de longues heures à parler avec des commandants locaux et des villageois de l'extraordinaire potentiel de leurs régions, une fois la paix revenue, dans les domaines de la randonnée, de la pêche, de la faune sauvage et de l'alpinisme. Quelques-uns d'entre eux gardaient le souvenir de la période des années 1970 où le tourisme avait commencé à émerger comme une industrie essentielle, tandis que les habitants des hautes vallées isolées se rappelaient encore les riches étrangers venus y chasser l'argali, le markhor et d'autres gibiers.

La principale préoccupation de ceux qui étaient à l'origine de cette proposition était de trouver le moyen de créer grâce au tourisme les revenus dont avaient tant besoin les villages. Pour survivre, les gens ne pouvaient plus se contenter d'une agriculture de subsistance ni de la culture du pavot. Une des idées avancées était la création d'une école hôtelière à Kaboul afin d'apprendre aux Afghans à créer et à gérer des auberges rurales simples mais de qualité. Une autre consistait à faire venir dans les villages de montagne des conseillers bénévoles d'Europe, d'Amérique du Nord ou d'Afrique afin d'aider à mettre en place des installations touristiques similaires aux refuges pour alpinistes des Alpes suisses ou françaises. Des modèles de base avec quelques chambres ou dortoirs, des douches chaudes et un espace pour les repas pourraient être modulés en fonction des traditions et de la culture locales.

Ces propositions touristiques éveillèrent un intérêt considérable parmi les donateurs. Les Allemands aimaient l'idée de créer une industrie qui aiderait les régions et créerait des recettes locales significatives. Les Grecs, de leur côté, envisagèrent la possibilité d'établir à Kaboul un « village culturel » à l'intention des touristes. Au bout du compte, personne ne s'engagea. En 2005 déjà, les donateurs se méfiaient des projets en zones rurales faiblement sécurisées. Tout ce qui impliquait de s'éloigner du cocon protégé de Kaboul les rendait nerveux. Les donateurs américains et européens préféraient de loin les grands projets, le plus possible dans des endroits aisément accessibles. Alors que tout le monde se gargarisait de « donner les moyens aux Afghans » et d'« impliquer les communautés », c'était extrêmement décevant. De toute façon, à la fin de 2005 la plus grande partie du pays était déconseillée, même pour le voyageur le plus intrépide, en raison de la dégradation de la sécurité.

Si le tourisme n'était pas reconnu comme un bon investissement pour l'avenir, l'importance des médias dans le redressement de l'Afghanistan fut considérée dès le départ comme cruciale. L'Institute of War and Peace Reporting (IWPR) mit en place un réseau de journalistes épaulés par les reportages de correspondants répartis dans tout le pays.

De son côté, le BBC Trust aidait au rétablissement de la Radio Television Afghanistan, tandis qu'Internews jetait les bases d'un réseau indépendant de stations de radio locales et régionales. Le travail de formation et l'apprentissage des démarches nécessités par de telles initiatives, notamment la création d'un *pool* qualifié de journalistes et de producteurs, permit la création en 2004 de Tolo TV, la première station télévisée commerciale afghane. La plupart des journalistes étrangers étaient partis depuis longtemps – c'est-à-dire au printemps 2002, quand l'essentiel des combats de l'opération Enduring Freedom avaient été livrés et que les talibans désorganisés étaient en fuite. Seul un noyau dur de reporters était resté basé à Kaboul ou ailleurs dans la région. À la fin de la première année du processus de redressement, quelque deux cents journaux, magazines et lettres d'informations afghans avaient fait leur apparition sur la scène locale, même si quelques-uns seulement perdurèrent au-delà de un ou deux numéros. Il n'en reste pas moins que l'enthousiasme et l'intérêt étaient bel et bien là.

Mais, en 2005, seules une poignée d'équipes appartenant essentiellement aux grands médias restaient basées à Bagram, l'ancienne base aérienne russe désormais occupée par les Américains, les Britanniques et les autres membres de la Coalition. J'allai rarement assister aux conférences de presse qui y étaient organisées, car elles n'étaient que la version afghane des «*five o'clock follies*» de l'époque du Vietnam, ces points presse quotidiens qui tenaient plus de la bouffonnade que d'autre chose. Les équipes de télévision campaient devant la salle de briefing avec leurs propres cuisines. Elles couvraient les briefings et accompagnaient parfois les soldats sur certaines missions. C'était un environnement extrêmement artificiel, et je me sentais totalement décalé chaque fois que je franchissais les points de contrôle pour entrer sur la base. L'Afghanistan s'étendait partout en dehors de ce périmètre. Tout ce que cela m'évoquait, c'était la façon dont les Américains avaient réussi à se mettre exactement dans la même position que les Russes dans les années 1980.

Lors d'un de ces briefings auquel j'avais assisté, la principale annonce faite devant les caméras de télé par les deux colonels, un

Britannique et un Américain, fut d'indiquer le nombre de talibans tués. Douze ce jour-là. Je n'arrivais pas à croire que les militaires en étaient restés à comptabiliser les morts. Je croyais que cela avait disparu avec la guerre du Vietnam. Je leur demandai comment ils savaient que ces hommes étaient des talibans. C'est simple, rétorqua le colonel américain, « ils étaient armés ».

Bienvenue en Afghanistan, pensai-je.

Chapitre 15

Le Grand Simulacre

Début 2011. La capitale afghane est partiellement « fermée » tant que les responsables de la sécurité n'auront pas déterminé si le risque signalé est réel ou non. « Fermée » signifie que le personnel des organismes internationaux – missions étrangères de l'ONU, agences humanitaires, contractants – n'a pas le droit de sortir dans les rues. Kaboul est déclarée totalement fermée chaque fois qu'un incident est confirmé. Quelques mois plus tôt, une maison d'hôtes de l'ONU a été attaquée. Seize personnes au moins, presque toutes étrangères, ont été tuées. Un employé de l'ONU a contenu seul les agresseurs jusqu'à l'arrivée de la police, qui mit une heure à se rendre sur les lieux. Le prenant pour un taliban, les policiers l'ont abattu.

Les renforts envoyés sur le terrain par le président Obama ont rendu la vie plus dure aux insurgés. C'est pourquoi ils s'attaquent désormais à des objectifs faciles susceptibles d'avoir un fort impact sur la communauté internationale. Les rebelles veulent prouver que, malgré toute la puissance militaire américaine, ils peuvent frapper où et quand ils veulent.

Les talibans et les autres insurgés antioccidentaux ont fait des IED (*Improvised Explosive Device*, engin explosif improvisé) leur arme la plus efficace et la plus létale : l'année 2009 aura connu quelque sept mille deux cent vingt-huit attaques de ce type, ce qui représentait une hausse de 120 % par rapport à l'année précédente. Mais le changement le plus frappant est la multiplication des attentats suicide, dont le nombre a triplé. En juin 2010, un rapport de l'ONU signalait en moyenne un assassinat par jour, et un attentat suicide tous les deux ou trois jours. Ces attaques sont aujourd'hui la forme de violence la plus meurtrière en Afghanistan. Elles sont si dévastatrices que certains talibans craignent que ces tueries perpétrées sans discernement ne ternissent leur image dans la population. D'autres groupes insurgés, en particulier ceux ayant des liens avec l'étranger, comme le réseau Haqqani, estiment que cela n'a aucune importance. Tout est bon pour affaiblir le gouvernement et ses soutiens extérieurs.

Les Afghans ordinaires n'ont d'autre choix que de se résigner. La circulation en ville et l'activité des bazars se poursuivent comme à l'accoutumée. On en vient à relativiser la guerre. On fait avec. Il faut dire que les Afghans vivent en sa compagnie depuis près de trente-cinq ans.

La plupart des expatriés n'ont qu'une vague idée du véritable Afghanistan. Ils restent terrés dans leurs installations fortifiées pendant des semaines, voire des mois d'affilée, et seuls quelques heureux élus ont droit de mettre le nez dehors. La vie dans la cuvette poussiéreuse de Kaboul est trop dangereuse, ou en tout cas c'est l'impression qui en est donnée. Les gens sont sidérés quand je leur dis que je me déplace en ville à pied, mais je suis le premier à reconnaître que je ne me sens jamais tout à fait à l'aise. Je scrute en permanence les alentours à la recherche de signaux de danger, comme une voiture arrêtée avec le moteur en marche. Dès que j'aperçois un convoi de l'OTAN, je m'éloigne dans la direction opposée. Les soldats étrangers sont les cibles favorites des IED. À tout moment il peut se passer quelque chose.

C'est à l'aéroport que les changements sont le plus perceptibles. Des hangars beiges ou gris et des bureaux y ont été construits, tandis que des dizaines d'appareils militaires civils et humanitaires sont stationnés dans les zones de déchargement. Beaucoup d'hélicoptères sont d'anciens Mi-8 soviétiques, souvent pilotés par des équipages russes ou ukrainiens. Je dois scruter le sol pour repérer les traces des avions détruits pendant les bombardements des années 1980 et 1990 qui jonchaient le tarmac tels des dinosaures criblés de météorites. Tout a été nettoyé. Aujourd'hui se dresse un terminal neuf à la façade en marbre qui symbolise l'ère nouvelle. Le seul problème est que les guerres afghanes ne sont toujours pas terminées.

Dès qu'on a quitté l'aéroport avec ses véhicules blindés, ses soldats afghans en uniformes de style américain et ses policiers en gilets pare-balles bleus, on entre dans un autre univers. L'obsession internationale pour la sécurité a transformé Kaboul en ville assiégée. Des rues entières sont isolées par des « crash barrières », des murs en béton et des barrages de police, ce qui provoque la colère de nombreux habitants contraints de faire de longs détours pour emmener leurs enfants à l'école ou se rendre à leur travail.

Gandamack Lodge, la maison d'hôtes de Peter Jouvenal, a changé d'emplacement. Le propriétaire voulait vendre le bâtiment et le terrain pour neuf millions de dollars, Peter a dû déménager. Toujours caméraman et producteur, Peter demeure l'un des étrangers les mieux renseignés sur l'Afghanistan. Le manque d'engagement est la principale raison pour laquelle l'effort de reconstruction est un échec, estime-t-il. « Ils ont chacun leur propre agenda, souligne-t-il. Ils ne sont pas là pour les Afghans. » De son point de vue, l'armée britannique a adopté une approche qui, si elle est plus pessimiste, est aussi plus réaliste. Les Anglais savent qu'ils mènent une guerre impossible à gagner.

Peter et moi avons travaillé en Somalie, au Liberia et au Sri Lanka. Il me propose de m'emmener dans sa Land Rover à Bada Bir, un centre de recherche agricole installé dans la périphérie de la capitale, où sa femme Hassina apprend à des femmes à cultiver des fruits et légumes de qualité afin de les vendre aux hôtels et restaurants et, ainsi, de percevoir un revenu.

Tandis que nous traversons la ville, je remarque que de nouvelles constructions ont surgi depuis ma dernière visite. Certains quartiers sont à présent parsemés de villas criardes de style Dubaï gardées par des vigiles et entourées de hauts murs et de fils barbelés coupants. Il y a beaucoup d'argent actuellement à Kaboul, dont la plus grande partie ne se trouve pas entre de bonnes mains. Le centre de recherche est un projet public qui fut lancé à l'époque soviétique. Plusieurs champs de maïs, de tomates cerises et de poivriers sont cultivés dans le cadre d'un programme financé par l'USAID. On y teste plusieurs méthodes d'arrosage, parmi lesquelles le goutte-à-goutte, la submersion et l'irrigation par sillons afin de déterminer celle qui pourra être utilisée le plus facilement par les paysans afghans.

Hassina, une énergique Afghane, a également créé une ONG à but non lucratif, la National Organization for Women (NOW), afin d'aider les femmes à créer leur propre entreprise. Il est difficile pour une Afghane de gagner sa vie. Dans le centre de recherche, elle se heurte à la résistance des employés hommes, qui dérobent les récoltes pour les revendre et sont extrêmement contrariés par la présence des femmes, qui, penchées avec leur chapeau de paille sur les poivriers dans le soleil brûlant de cette fin de matinée, me rappellent les immigrées latino-américaines aux États-Unis.

Nous rentrons déjeuner. Gandamack Lodge est à présent située dans une rue animée proche de l'UNHCR et de l'ambassade d'Iran. Aucune enseigne ne signale la présence d'un hôtel et d'un restaurant derrière le mur qui l'enclot. Mieux vaut rester discret. La maison d'hôtes est un lieu de rassemblement populaire parmi les expatriés, qui viennent y manger ou boire un verre. Le milieu des expatriés est un cercle assez restreint, et dès mon entrée je tombe sur des gens que j'ai connus ici ou dans d'autres guerres. L'après-midi est déjà bien entamé lorsque je regagne à pied la chambre que j'occupe à l'American Institute for Afghanistan Studies, un endroit paisible pour écrire. Avec sa circulation dense et ses boutiques brillamment éclairées, Kaboul a sans doute changé, mais j'y rencontre la même hospitalité. Il y a toujours quelqu'un pour me saluer et m'inviter d'un geste à entrer boire le thé.

À quelques centaines de mètres des ambassades de Grande-Bretagne et d'Allemagne, je fais un saut au Finest Supermarket, où se fournissent les étrangers et les Afghans aisés de la diaspora. J'achète quelques piles, pour un montant équivalent à trois jours de salaire d'un ouvrier afghan, et me hâte de ressortir. Je veille à ne jamais traîner longtemps au même endroit. Quelques mois plus tard, en janvier 2011, un kamikaze se fera sauter dans ce même supermarché, tuant cinq Afghans, parmi lesquels un enfant en bas âge et trois femmes étrangères.

Un immense panneau clignote au-dessus de moi. Un écran lumineux de la taille de deux camions projette en boucle des publicités pour les nouveaux 4 × 4 Toyota, les cartes Visa et Kam Air, la compagnie aérienne préférée des expatriés. Les vols du week-end sont également empruntés par de riches Afghans, dont des officiels, qui ont amassé des fortunes et se rendent régulièrement à Dubaï et dans d'autres États du Golfe où ils possèdent des maisons.

Combien d'Afghans peuvent-ils se permettre un tel luxe ? La grande majorité des Afghans ruraux n'ont guère bénéficié des milliards de dollars déversés dans le pays au cours des dernières années. Les Afghans ordinaires sont également en droit de s'interroger sur la présence de tous ces étrangers dans leur pays. Malgré la propagande qui leur serine que les internationaux sont venus promouvoir la démocratie et le redressement, les Afghans n'y croient plus. La plupart des étrangers eux-mêmes, s'ils sont honnêtes, savent que leur intervention s'est soldée par un échec. L'Afghanistan est devenu un vaste jeu de faux-semblants.

Au sommet de l'OTAN à Lisbonne, en novembre 2010, les États-Unis et leurs partenaires de la Coalition ont annoncé que la force internationale de sécurité rassemblant quarante-huit pays cesserait ses opérations de combat et retirerait d'ici à 2014 l'essentiel de ses cent cinquante mille soldats, dont plus des deux tiers sont américains. La totalité des opérations de sécurité visant à défendre le pays contre l'insurrection seront alors confiées à la police et à l'armée afghanes. Les quelques troupes étrangères restant dans le pays après cette date se cantonneront à un rôle de formation et de soutien.

On ne peut pas dire que l'annonce faite à l'issue de la conférence de Lisbonne ait été une surprise. Les commandants les plus pragmatiques de l'OTAN ont depuis longtemps cessé d'évoquer une « victoire », laissant entendre que l'OTAN se satisferait d'une baisse de la violence à un niveau qui puisse être pris en charge par les seules forces de sécurité afghanes. Pourtant, dans 70 % du pays, la sécurité reste le problème prédominant et représente dans bien des cas un obstacle sérieux à un véritable développement et aux investissements extérieurs.

Au début de 2011, les États-Unis dépensaient en moyenne, à eux seuls, 2,8 milliards de dollars par semaine en Afghanistan. Si l'on en croit l'OTAN, l'entretien des forces de sécurité afghanes devrait coûter six milliards de dollars par an (soit à peu près la moitié du PIB actuel du pays, et plus que ce que les États-Unis donnent à Israël et à l'Égypte). Le Fonds monétaire international a calculé que l'Afghanistan ne sera pas en mesure de financer son armée avant 2023.

Dans ce pays en guerre, les contradictions sont souvent frappantes. Dans certaines régions de l'Afghanistan comme les provinces septentrionales du Takhâr et du Badakhchan, où la sécurité est meilleure qu'ailleurs, certaines communautés connaissent une véritable prospérité. Si aujourd'hui encore 23 % seulement de la population bénéficie d'un accès à l'eau potable, l'installation de pompes et le creusement de nombreux puits ont apporté une amélioration notable de la qualité de vie. Dans les provinces du Nangarhâr et du Kounar, les progrès enregistrés dans l'agriculture et le commerce locaux sont stupéfiants. Les bazars regorgent de nouveaux commerces, allant des ateliers de réparation de pneumatiques et des centres de musculation aux écoles de langues et de comptabilité, tandis que de vastes étendues de terres autrefois arides sont désormais irriguées. Les enfants jouent au cricket, un sport qu'ont ramené avec eux les réfugiés revenus du Pakistan. L'Afghanistan possède aujourd'hui des joueurs de niveau mondial.

Même dans la vallée du Pech, à l'ouest de Kerala, où les insurgés sont actifs, on assiste à un vaste *boom* de la construction, maisons et boutiques neuves jaillissant de terre dans les moindres bourgades. Le plus petit village possède sa propre école. L'amélioration des routes et des liaisons par car a rendu des villes comme Jalalabad et Asadabad plus accessibles à des communautés montagnardes autrefois isolées. Les réfugiés ont rapporté des tracteurs et d'autres matériels modernes, ce qui a entraîné une modification radicale des pratiques agricoles. À l'époque de la guerre soviétique, les paysans labouraient encore avec des bœufs.

Une partie de cette prospérité provient de la corruption, du trafic de drogue ou de bois, lequel a dévasté la plupart des forêts qui subsistaient dans le pays, mais qui a injecté beaucoup d'argent dans l'économie. Une autre partie est due à l'action des agences humanitaires. Mais l'essentiel est le résultat d'initiatives locales, comme celle de ces villageois nouristanis qui ont mis leurs fonds en commun pour acheter un générateur afin d'amener l'électricité dans leurs maisons.

Aujourd'hui, des Afghans entreprenants ayant créé leur propre entreprise se rendent de ferme en ferme pour louer leur moissonneuse-batteuse à l'époque de la récolte du maïs. D'autres gèrent des pépinières en famille. Le commerce transfrontalier est extrêmement dynamique. Certains paysans cultivent toujours le pavot, mais, du fait de la diversité des cultures possibles, des marchés et des moyens de s'assurer un revenu, continuer ce type d'activité illégale représente désormais un risque inutile. Cette aisance nouvelle permet aux familles d'envoyer leurs enfants à l'école et même à l'université, chose qui, hormis pour quelques privilégiés, aurait été impensable dans les années 1970. Un paysan m'a expliqué que son fils aîné poursuivait des études économiques et commerciales à Tashkent. Tous ses autres enfants, y compris les filles, souligna-t-il avec fierté, allaient également à l'école.

Même s'il reste à y apporter quelques améliorations, l'éducation constitue l'une des réussites les plus éclatantes que l'on puisse constater en Afghanistan. Depuis 2002, sept millions d'enfants afghans, dont deux millions et demi de filles, sont scolarisés. En 2009, quatre-vingt-dix mille d'entre eux ont reçu leur diplôme de fin d'études secondaires, ce qui représente un extraordinaire succès. L'un des obstacles en ce domaine, cependant, est que la majorité des élèves, notamment dans le secondaire, n'ont accès à aucun matériel de lecture, tandis qu'Internet n'est disponible que dans les villes. Il existe pourtant un immense appétit de lecture. Alors que je me trouvais dans le Hazârajat, dans les régions montagneuses du centre de l'Afghanistan, j'ai découvert une petite librairie, installée à l'arrière d'une boutique du bazar, qui proposait trois cents ouvrages en anglais, persan, français, allemand et russe. J'y ai relevé plusieurs livres de Karl Marx, un manuel de cuisine à l'usage des célibataires et un rapport annuel de l'Unicef. La fondation Louis and Nancy Dupree compte parmi les ONG qui, pour tenter de remédier à cette pénurie de livres, ont contribué à la création de près de deux cents bibliothèques dans tout le pays, parmi lesquelles une importante bibliothèque de recherche installée à l'université de Kaboul.

On s'inquiète à juste titre que ces acquis soient réduits à néant au cas où la guerre s'étendrait à nouveau en Afghanistan. Depuis les politiciens corrompus, les seigneurs de guerre privilégiés et les insurgés qui veulent avoir leur chance de diriger le pays jusqu'aux Pakistanais, aux Iraniens, aux Russes et aux Américains, tous persistent à penser qu'ils vont pouvoir imposer leur propre agenda à l'Afghanistan. Mais, au bout du compte, il reviendra aux Afghans eux-mêmes de prendre en charge leurs problèmes.

La stratégie de retrait de l'OTAN pour 2014 se fonde sur quelques hypothèses clés. Tout d'abord, les Occidentaux partent du principe que les forces de sécurité afghanes seront suffisamment entraînées à cette date pour être en mesure d'affronter seules les insurgés. En deuxième lieu, l'OTAN estime qu'en 2014 les négociations auront suffisamment progressé pour que les insurgés acceptent de se rallier à un processus de paix viable. La troisième hypothèse est que la communauté internationale aura prouvé à la population afghane que la reconstruction procure les améliorations qu'elle a promises au pays avec son « plan Marshall pour l'Afghanistan ». Quatrièmement enfin, l'OTAN pense que le gouvernement appuyé par l'Occident sera devenu moins corrompu.

La réaction immédiate des talibans après l'annonce du retrait à venir fut de souligner que toutes les troupes étrangères devraient avoir quitté le pays avant qu'ils acceptent d'ouvrir des discussions de paix. Ils ont également applaudi la stratégie de sortie, puisque tout ce qu'ils ont à faire désormais est de tenir le coup jusqu'en 2014. Mais cela ne veut pas dire que l'ensemble des insurgés refusent catégoriquement de répondre à la proposition du gouvernement de s'asseoir à la table des négociations. Le très opportuniste Hezb-e-Islami a toujours montré sa disposition à ouvrir des négociations – à condition, bien sûr, que Gulbuddin Hekmatyar puisse en tirer profit. Sans être très nombreux, un certain nombre de commandants rebelles, soit parce qu'ils sont las des combats, soit parce qu'ils y entrevoient des opportunités personnelles, ont répondu positivement aux propositions officielles de nouer des discussions. Un autre facteur qui pourrait inciter d'autres talibans à venir s'asseoir à la table est le succès des attaques de drones contre les chefs talibans. Depuis 2010, la CIA a multiplié avec une grande efficacité les frappes de ces engins contre les sanctuaires talibans au Pakistan, et notamment dans le Nord-Waziristan.

Bien que l'objectif de l'OTAN soit toujours de confier la sécurité du pays aux forces afghanes à la fin de 2014, le comportement de ces dernières, de l'aveu même des troupes américaines et des forces de l'OTAN, n'a guère été concluant jusqu'ici. Toutefois, selon l'amiral James G. Stavridis, commandant en chef suprême des alliés en Europe, les programmes de formation de l'OTAN concernaient en 2010 deux cent quarante mille hommes des Forces de sécurité nationales afghanes, nombre qui devait passer à trois cent mille à la mi-2011. L'amiral a également affirmé que leur compétence opérationnelle continuerait de s'améliorer et que les talibans, en dehors de leur recours aux IED, sont largement incompétents sur le plan militaire. Stavridis a souligné que les insurgés « se sont faits beaucoup plus discrets » dans les secteurs où les forces afghanes et de l'OTAN ont réalisé des progrès.

Ce qu'il omet de mentionner, cependant, est que, d'après des officiers de haut rang de l'OTAN, moins d'un quart de l'armée afghane peut être considérée comme « prête au combat ». De nombreux soldats afghans sont ravis que les forces de la coalition se battent à leur place. Par ailleurs, le taux d'usure de l'armée afghane dépassait encore 50 % en raison des abandons de poste injustifiés, des désertions ou des passages à l'ennemi. Élément tout aussi inquiétant, les talibans, les membres du Hezb et leurs alliés de l'opposition se montrent beaucoup plus motivés que les soldats de l'armée régulière. Comme l'avaient fait les moudjahidines dans les années 1980, ils ont largement infiltré les forces de sécurité. Outre un taux d'analphabétisme de près de 90 % parmi les simples soldats, l'armée afghane souffre de graves problèmes de toxicomanie, d'approvisionnement et de logistique. Encore plus crucial, elle est très peu représentative, avec une absence frappante de Pachtounes dans ses rangs.

Au début de 2011, on ne pouvait toujours pas parler de l'existence d'une armée afghane fiable et de taille significative. On imagine difficilement comment pourrait se mettre en place en moins de quatre ans une force capable de prendre l'avantage sur l'ennemi. Les commandants de l'OTAN ne cessent pourtant de répéter que, même si le processus se déroule de manière graduelle, il en sortira en définitive une véritable et efficace armée afghane. Ils rappellent également qu'après le retrait russe de 1989 les forces de Kaboul se sont vigoureusement battues contre les moudjahidines. Il n'y a aucune raison, insistent-ils, pour que l'armée actuelle ne puisse faire de même. Les soldats d'aujourd'hui, toutefois, n'ont pas grand-chose à voir avec ceux du début des années 1990. Les forces communistes étaient alors dos au mur et n'avaient d'autre option que de se battre. Beaucoup de leurs officiers, considérés par leurs adversaires comme des incroyants, risquaient l'exécution en cas de capture. Aujourd'hui, les soldats réguliers comme les insurgés se considèrent comme d'authentiques croyants.

Créer une police afghane compétente s'est avéré un défi d'une nature différente mais tout aussi délicate. Allemands, Britanniques, Américains et Français forment des policiers afghans depuis 2002, avec des résultats mitigés. Peu rémunérés et souvent analphabètes, ces policiers ne s'attirent que rarement le respect des Afghans ordinaires. L'immense majorité d'entre eux ne comprennent pas la signification de l'état de droit et l'enfreignent régulièrement. De nombreux policiers complètent leur salaire en prélevant des « amendes » ou en se livrant au racket de protection. Ils dérobent également des fruits et des légumes aux cultivateurs. Un paysan qui transporte régulièrement ses pastèques au marché voisin m'a raconté que, lorsqu'il arrive enfin au village après avoir franchi tous les contrôles de police, il ne lui reste pratiquement rien à vendre... Un autre problème est, là encore, la toxicomanie. Des humanitaires afghans et occidentaux travaillant à Kandahâr et dans le Helmand ont raconté que presque tous les policiers qu'ils rencontraient étaient défoncés à la marijuana ou à l'opium. Résultat, personne ne fait confiance à la police.

Le ministère de l'Intérieur est sévèrement touché par la corruption. Plusieurs factions, notamment le Hezb-e-Islami d'Hekmatyar et le Hezb-e-Islami de Khales, continuent à infiltrer différents services. L'ancien ministre Ali Ahmad Jalali, qui dirigea le ministère de 2003 à 2005 avant de se présenter à la présidentielle, a déclaré que son équipe était consciente des problèmes et avait tenté de les résoudre. Mais Jalali semble impuissant à laver sa police des soupçons d'implication dans des enlèvements, des opérations de chantage et même des meurtres.

En 2004, Peter Jouvenal fut arrêté par des hommes du ministère de l'Intérieur en raison du rôle d'intermédiaire qu'il avait joué dans la libération de trois observateurs électoraux bénévoles de l'ONU enlevés par des groupes non identifiés. Certains responsables du ministère entendaient récupérer une partie du million de dollars de la supposée rançon versée aux kidnappeurs par un riche homme d'affaires kosovar (l'une des personnes enlevées était une femme kosovare). En réalité, aucun argent n'avait été versé, et les captifs avaient été libérés par l'ISAF, mais les responsables ministériels ne purent se départir du sentiment de s'être fait avoir. Ils voulurent obliger Peter à signer des aveux. Mais, au lieu d'y apposer sa signature, il inscrivit au bas de la page : « Vos gars fument trop de hash ! » Plusieurs membres de la famille et de l'entourage de Peter furent par la suite menacés et même passés à tabac.

Au début de 2005, un groupe de huit hommes, dont plusieurs étaient armés, entrèrent chez moi à l'improviste. J'étais en train de préparer un repas informel regroupant des diplomates, des journalistes, des universitaires, des spécialistes de l'aide humanitaire et quelques amis afghans. Quand j'aperçus les arrivants, je me dis qu'un de mes hôtes devait les avoir invités. Leur chef, un homme échevelé portant une épaisse barbe, m'annonça en un excellent anglais qu'ils appartenaient au ministère de l'Intérieur. Quand je demandai à voir sa carte, il refusa de me la montrer. « Nous sommes du ministère de l'Intérieur », répéta-t-il. J'insistai, déclarant que l'Afghanistan étant désormais un pays où prévalait l'état de droit, il avait l'obligation de me présenter sa carte officielle. C'est alors qu'il s'en prit physiquement à moi et m'arrêta, ordonnant à plusieurs de ses hommes de me faire monter dans un véhicule qui attendait dehors.

Cet homme, s'avéra-t-il, n'était autre qu'Abdul Jabar Sabet, le conseiller juridique du ministre. Il avait autrefois été l'assistant de Gulbuddin Hekmatyar et le responsable du service en pashto de Voice of America. Il se trouve d'ailleurs qu'il m'avait interviewé plusieurs fois dans les années 1980 pour le compte de cette radio. Quand il me reconnut, il me sermonna sévèrement pour avoir défié son autorité. Je rétorquai qu'il était dans l'obligation de s'identifier devant n'importe qui, Afghan ou étranger. J'ajoutai qu'il n'était pas non plus correct de s'introduire chez quelqu'un sans être annoncé. Cela n'était tout simplement pas afghan.

Sabet n'accueillit pas de bon gré mes critiques, mais il finit tout de même par me relâcher. Le lendemain matin, trois policiers en uniforme arrivèrent en voiture devant chez moi. Manifestement, ma remarque sur l'obligation légale de s'identifier avait porté, puisque tous trois me présentèrent leur plaque officielle avant de me demander de les accompagner au commissariat central de Kaboul. Pendant les quatre heures suivantes, une demi-douzaine de types se relayèrent pour m'« interroger ». Après m'avoir informé que je risquais de tomber sous le coup de graves inculpations, ils me demandèrent ce que je faisais à Kaboul. Enfermé dans cette pièce ou était allumé en permanence un grand écran de télévision, j'avais du mal à prendre tout cela au sérieux. Mes interrogateurs ne cessaient de jeter des coups d'œil à l'écran, où passait *Le Roi lion* de Walt Disney. Toutes les quelques minutes, mon interrogatoire était suspendu tandis que, tels des gosses fascinés, ils s'interrompaient pour suivre une scène particulièrement palpitante.

Finalement, un gardien armé m'emmena dans le bureau du directeur de la section criminelle, un ex-flic aux allures de voyou, dont la brusquerie du langage corporel était destinée à intimider son interlocuteur. Un nombre significatif des membres des polices civile et secrète étaient d'anciens Khalqis ou Parchamis formés en Allemagne de l'Est. D'autres venaient du Hezb. Le policier me fixa d'un regard furieux en déclarant qu'il connaissait parfaitement mon passé et savait que j'avais de bons contacts avec les anciens djihadistes. « Vous êtes intouchable », reconnut-il avant de préciser qu'il connaissait les Afghans qui travaillaient avec moi. Je l'avertis alors que, s'il s'en prenait à un seul des membres de mon personnel, je m'en plaindrais officiellement auprès du président afghan. « Faites ce que bon vous semble », répliqua-t-il avec un geste dédaigneux. De toute évidence, il ne tenait pas Karzai en très haute estime.

Quelques jours plus tard, le ministre des Affaires étrangères Abdullah nous invita, ma femme et moi, à venir dîner chez lui. Dans un réflexe typiquement afghan, il craignait que nous ne quittions l'Afghanistan sur une mauvaise impression.

Peu de temps après, notre cuisinière afghane, une femme mariée, qui était aussi productrice d'une émission radiophonique familiale, vint nous trouver en larmes. La police, nous expliqua-t-elle, la harcelait en prétendant qu'elle avait une liaison avec le gérant pakistanais de notre maison. Dans une société aussi conservatrice, c'était une accusation très grave. Les policiers avaient également cherché à intimider d'autres membres de notre personnel en les menaçant. Enfin, deux policiers vinrent me présenter un formulaire d'aspect officiel en m'informant que je devais leur régler la taxe sur le revenu. C'était un subterfuge courant pour extorquer de l'argent aux étrangers. Je leur répondis que je m'exécuterais avec grand plaisir, à condition qu'ils me prouvent qu'ils appartenaient bien au ministère des Finances et qu'ils m'en indiquent le compte bancaire officiel. Le visage maussade, ils rangèrent le formulaire dans leur serviette et s'en allèrent.

Je me plaignis auprès de l'ambassade américaine et adressai à Karzai une lettre ouverte qui parut dans de nombreux médias afghans et provoqua la fureur de Sabet, le conseiller juridique du ministre. Quelques jours plus tard, le ministère de l'Intérieur publia un communiqué m'accusant de délits financiers. Le texte, en anglais, était bien rédigé. Les États-Unis avaient passé un contrat avec la Rendon Corporation, une compagnie américaine liée à l'administration Bush, afin qu'elle mette à disposition du ministère deux expatriés américains spécialisés dans les relations publiques. De toute évidence, ce sont eux qui avaient écrit le communiqué. Il y avait de quoi se demander pour quelle raison le gouvernement américain dépensait des centaines de milliers de dollars dans de telles futilités.

Karzai nomma Sabet ministre de la Justice en 2006. Un an plus tard, le très zélé ministère public lança une violente campagne contre Tolo TV, la principale chaîne privée indépendante du pays, qu'il accusait de livrer des informations « déformées ». La chaîne refusant de céder aux menaces, les sbires de Sabet détruisirent son matériel et embarquèrent en garde à vue sept journalistes, qui furent violemment passés à tabac. Tolo TV réagit en déposant une plainte officielle, invoquant onze infractions potentielles à la législation et citant plusieurs articles de la Constitution que le ministère public aurait violés. Karzai congédia Sabet en 2008 lorsque le bruit se répandit que le ministre de la Justice caressait des ambitions présidentielles.

Hormis la corruption et les abus juridiques, l'un des plus gros problèmes auxquels est confronté l'Afghanistan – en tout cas sur le plan de ses conséquences en Russie, en Europe et aux États-Unis – est celui des stupéfiants. Une part des revenus de la drogue finance l'insurrection, mais la plus grande partie des recettes de la vente finale (soit près de deux cents milliards de dollars par an) profite aux trafiquants extérieurs. L'opium afghan, à partir duquel est produite l'héroïne, ne rapporte que trois milliards de dollars à l'Afghanistan. Au début de 2011, le pays produisait encore 90 % de la récolte mondiale de pavot. Même si un tiers des champs de pavot ont disparu au cours des deux dernières années, on a noté dans trois provinces septentrionales – celles de Baghlân, de Fâryâb et de Sar-é Pol – un retour des champs de pavot, notamment dans les zones où l'insécurité règne.

Dans l'ensemble, pourtant, le rapport de l'Afghanistan Opium Survey publié en 2010 par l'Office des Nations unies contre la drogue et le crime (UNODC) à Vienne indiquait que jusqu'à vingt-cinq provinces afghanes étaient probablement exemptes de toute culture d'opium cette année-là. Ce résultat est dû en grande partie à des initiatives communautaires, par exemple des campagnes lancées par des *chouras* locales, des programmes publics d'éradication ou des aides au développement. Dans les provinces septentrionales plus stables, beaucoup de paysans affirment qu'ils ne cultivent pas l'opium parce que cela est « illégal ». On observe également un lien étroit entre insurrection et présence de champs de pavot. L'étude de l'ONU montre que les cultures de pavot sont présentes dans près de 80 % des villages connaissant de mauvaises conditions de sécurité. Ce chiffre n'est que de 7 % dans les secteurs non touchés par la violence.

Les opérations militaires contre le narcotrafic ne sont jamais parvenues à enrayer la culture du pavot ni la production d'héroïne. Détruire les champs sans verser de compensation ne fait que fournir de nouvelles recrues à l'insurrection. On estime que 6,4 % de la population afghane vit uniquement de la culture du pavot. Un autre problème est que les Américains ont renforcé la position de certains seigneurs de guerre en échange de leur soutien. En décembre 2010, le *New York Times* a révélé que l'un d'eux, Hajii Juma Khan, décrit par les procureurs généraux américains lors de son arrestation en 2008 comme le plus gros et le plus dangereux seigneur de guerre afghan, travaillait en fait pour la CIA et la DEA.

Il est difficile de connaître le montant exact de l'aide internationale consacrée au développement en Afghanistan. On sait que plus de quarante milliards de dollars ont été dépensés ou promis en moins d'une décennie. Savoir si ces sommes ont bien été consacrées au développement est une autre histoire. On assiste depuis quelques années à la construction d'un nombre sans précédent d'écoles, cliniques, tribunaux, centrales électriques, routes, ponts et postes de sécurité. Pourtant le redressement du pays souffre, outre de la corruption, de l'incompétence crasse de certains, qui entraîne le gaspillage de centaines de millions de dollars dans des projets mal conçus ou à courte vue. Un Afghan m'a un jour déclaré que l'Afghanistan était désormais géré comme un « pays mafieux ».

La supervision financière est particulièrement déplorable. En 2010, on estimait à dix-huit milliards de dollars le montant des sommes évaporées, la plus grande partie d'entre elles ayant sans doute disparu dans le « labyrinthe » bureaucratique des contrats de sous-traitance. Le Pentagone a mis sur pied une *task force* spéciale chargée de retrouver la trace des milliards manquants.

En novembre 2010 une entreprise de construction américaine basée dans le New Jersey, Louis Berger, qui avait perçu plusieurs milliards de dollars grâce aux contrats qu'elle avait décrochés, a été condamnée à une amende de 69,3 millions de dollars pour avoir surfacturé ses interventions en Irak. De nombreux observateurs se demandent pourquoi le gouvernement américain continue à accorder des contrats à des entreprises aussi corrompues.

De nombreuses ONG ayant une solide expérience de l'Afghanistan critiquent sévèrement la manière dont opèrent nombre de ces entreprises. Mais les agences humanitaires n'ont pas su décrocher ces gros contrats de centaines de millions de dollars, et donc ce sont des contractants privés disposant d'un bon réseau de relations qui les ont raflés. Or cet argent est mal dépensé. De plus, ces entreprises connaissent mal la culture et les coutumes afghanes, et n'ont pas à cœur les intérêts à long terme de l'Afghanistan. Seule les intéresse la rentabilité. Beaucoup sous-traitent avec les insurgés ou leur versent de l'argent au niveau local afin qu'ils ne perturbent pas leurs activités. Mais même ces relations se sont tendues en raison de la réputation douteuse de certains contractants occidentaux.

« Une bonne partie de l'argent censé aller à la construction des infrastructures est détournée et n'arrive jamais dans le pays, remarque Lex Kassenberg, le très expérimenté directeur de CARE International à Kaboul. Le gouvernement américain déverse des sommes considérables, mais l'Afghan ordinaire se demande où passe tout ce fric ! Beaucoup d'argent va dans la poche des contractants privés qui perçoivent de gros salaires, mais une part énorme est dépensée pour la sécurité, ce qui n'a aucun sens. » Comme beaucoup d'autres, Kassenberg déplore le fait que les contractants privés décrochent trop souvent les « gros lots », par exemple la construction d'écoles, rayées de la liste des projets aussitôt construites, sans aucun souci de l'avenir. Si Kassenberg est tout prêt à reconnaître que des ONG comme CARE sont loin d'être parfaites, du moins s'engagent-elles sur le long terme. « Certes, nous commettons des erreurs, mais, avant de mettre en place une action, nous discutons longuement avec les communautés locales. Quelles sont vos priorités ? Où voulez-vous installer le projet ? La règle d'or est de nouer de bonnes relations avec les communautés locales. En échange, la communauté vous assure sa protection. Vous ne serez jamais protégé si vous construisez sans consultation préalable. C'est une des raisons pour lesquelles tous ces contractants privés sont obligés de se balader avec des escortes de sécurité. »

D'innombrables projets ont été lancés de manière déplorable, ou n'ont jamais vu le jour. Les locaux destinés à accueillir l'armée et la police afghanes ont été construits en dépit du bon sens. Une enquête menée en 2010 par McClatchy Newspapers a montré que, depuis 2008, des projets de construction de l'Army Corps of Engineers d'une valeur totale de près de deux cents millions de dollars avaient échoué ou accumulaient les retards. En raison de sa précipitation à accorder des contrats à des entreprises afghanes, le Corps of Engineers a bien souvent accepté des offres qui ne prévoyaient pas correctement les coûts. L'étude désignait sous le terme de « produit afghan » des projets ne satisfaisant pas au cahier des charges mais pouvant être considérés comme achevés. La grande majorité des entreprises se sont vite aperçues que livrer du mauvais travail n'empêchait pas d'obtenir la maîtrise d'œuvre de nouveaux projets américains.

Au début du mois de décembre 2009, le jour de mon arrivée au poste britannique installé à proximité de Lashkar Gah, la capitale provinciale du Helmand, environ quatre-vingts explosions d'IED avaient été signalées dans cette région essentiellement désertique. Je ne sais pas combien de personnes ces engins avaient tuées ou blessées, mais leur nombre était probablement terrifiant. Ce qui était en tout cas certain, c'est que les IED causaient plus de la moitié des morts parmi les soldats étrangers en Afghanistan, soit deux cent quatre-vingts sur un total de cinq cent douze pour la seule année 2009. Le chiffre augmenta encore en 2010. La majorité des tués étaient américains, puis venaient les Britanniques et les Canadiens.

Les moudjahidines des années 1980 n'ont jamais fait un usage aussi dévastateur de ces bombes artisanales. Les seuls engins de ce genre que j'avais pu voir à l'époque étaient des mines chinoises destinées à déchirer les chenilles des chars. Ce furent les Soviétiques qui truffèrent littéralement les campagnes de

« mines papillons[1] » et d'autres engins explosifs antipersonnel. Je n'ai jamais entendu dire que les guérilleros aient commis un seul attentat suicide, un concept qui ne sera introduit que dans les années 1990 par les djihadistes étrangers. Quoique prêts à risquer leur vie, les Afghans n'ont jamais particulièrement aimé la mort. La plupart des seize mille Soviétiques tués le furent lors d'attaques à la roquette, dans des échanges de tirs ou des embuscades et, pour de très nombreux cas, des accidents de la route. Les IED n'y étaient pour rien.

À partir de 2010, la majorité des IED étaient fabriquées par des étrangers expérimentés tels que les Tchétchènes ou les Ouzbeks. Et la majorité de ceux désignés pour se faire exploser avec leur bombe étaient des étrangers, généralement des Pakistanais ou des Arabes. Ce n'est que depuis une date récente que des Afghans sont choisis pour commettre des attentats suicide. En retour, leurs familles reçoivent de l'argent, 2 000 dollars pour les plus chanceuses. Mais on ne voit jamais un responsable taliban ou d'Al-Quaida se porter volontaire pour le suicide.

Je me rends dans le Helmand non pas en tant que journaliste « *embedded* », mais comme conseiller d'une équipe de la Banque mondiale qui prépare son rapport 2011 sur le développement mondial. Nous prenons l'avion de Kaboul à Camp Bastion, la plus grande base militaire britannique édifiée depuis la Seconde Guerre mondiale. Située dans une zone isolée au nord-ouest de Lashkar Gah, la capitale de la province, elle est aussi, du point de vue du nombre de mouvements, le cinquième aéroport britannique dans le monde. Nous montons ensuite à bord de l'un des hélicoptères Merlin tout récemment déployés par la RAF afin de nous rendre à « Lash », comme les soldats désignent la capitale régionale, soit un vol d'une quinzaine de minutes. Installé près de la porte arrière restée ouverte, un mitrailleur casqué scrute attentivement le sol au-dessous de nous. Dans les vibrations des moteurs, il se pavane comme une rock-star dans sa tenue de camouflage désert, modifiant sa pose selon l'inclinaison de l'appareil.

1. Avec sa petite taille et son enveloppe de plastique vert, l'aspect de la mine soviétique PFM-1 rappelle un lépidoptère. (*N.d.T.*)

Sur le tarmac de la piste, deux équipes de la compagnie de sécurité britannique ArmorGroup International, composées d'ex-soldats arborant la tenue habituelle des mercenaires – lunettes noires, jeans, gilet pare-balles et fusil d'assaut – nous attendent près de leurs 4 × 4 pour nous escorter jusqu'au fortin. Désignés par l'euphémisme « contractants militaires privés », ces soldats à louer n'aiment pas qu'on les taxe de « mercenaires ». C'est peut-être un terme embarrassant pour ceux qui les engagent mais c'est pourtant bien ce qu'ils sont. On peut se demander pourquoi seuls les Sud-Africains qui travaillaient à l'époque de l'apartheid pour Executive Outcomes, autre compagnie de sécurité britannique, et les Africains qui se sont battus pour le dictateur libyen Mouammar Kadhafi au début de 2011 sont qualifiés de mercenaires. Je tente de nouer la conversation avec les hommes d'ArmorGroup, mais ils ne sont guère bavards. Un seul finit par s'ouvrir un peu quand je mentionne le fait qu'à l'époque de l'occupation russe je suis passé avec un groupe de moudjahidines pas très loin de l'endroit où nous sommes. « Vous étiez là à l'époque ? s'enquiert-il en me dévisageant avec curiosité. D'après ce qu'on m'en a dit, les talibans ne sont pas très différents. Le même genre de bâtards. » Quand je l'interroge sur son métier, il reste dans le vague. « C'est mieux que dans l'armée. On a plus de permissions. C'est mieux payé. Et on a une piaule confortable. » Il se tait un instant avant d'ajouter : « C'est un boulot comme un autre. »

Dans le cantonnement de la PRT (Provincial Reconstruction Team), nos quartiers consistent en des conteneurs empilés les uns sur les autres ; des chambres préfabriquées avec couchette, toilettes et douche. Je suis curieux de découvrir la ville, mais l'officier commandant insiste sur le fait qu'il est absolument interdit de sortir seuls du fortin. Nous devrons nous faire accompagner par les mercenaires. Nous dînons autour de grandes tables en compagnie des officiers britanniques, américains et danois qui sont basés ici. Le repas est bon, mais, à la différence de leurs homologues français et italiens ailleurs en Afghanistan, les « Anglo-Saxons » n'ont pas droit au vin.

Sont aussi présents des consultants « civ-mil » qui prodiguent leurs conseils sur les actions destinées à gagner les cœurs et les esprits. Ils font partie de la stratégie de contre-insurrection initiée par l'ancien commandant des forces de l'OTAN en Afghanistan, le général américain Stanley McChrystal. Pour celui-ci, « la balle qu'on ne tire pas » est plus importante que celle que l'on tire. Le seul problème est que son approche ne fonctionne pas. Les insurgés gagnent du terrain non seulement dans le Sud, mais aussi dans les régions septentrionales. Six mois plus tard, le président Obama congédiera McChrystal pour avoir manqué à son devoir de réserve et critiqué des responsables de l'administration dans une interview pour le magazine *Rolling Stone*.

Je suis néanmoins impressionné de constater à quel point certains de ces officiers sont bien informés. L'un d'eux, un colonel américain, me récite la liste de tous les livres sur l'Afghanistan qu'il a lus. Ses collègues et lui se sont bien préparés à la tâche. Ils emploient les mots qu'il faut quand ils parlent de la culture et de l'histoire du pays et soulignent la nécessité de se mêler aux Afghans locaux. « Si vous voulez travailler ici, vous avez intérêt à faire l'effort de comprendre », déclare le colonel, à quoi une femme colonel américaine ajoute d'une voix ferme : « Nous buvons toujours le thé avec eux quand nous arrivons dans un village, et nous laissons nos armes dehors afin de pouvoir parler sur un pied d'égalité. » Ce qu'elle omet de dire, bien entendu, c'est que les Afghans savent que les soldats restés dehors ont, eux, des armes et qu'ils n'hésiteraient pas à s'en servir. Les étrangers peuvent bien rencontrer les notables tribaux, discuter de nouveaux projets de développement et rémunérer les paysans prêts à adhérer à un des programmes de l'OTAN, il n'en reste pas moins qu'ils n'ont pas la moindre idée de ce que pensent réellement les Afghans.

La plupart des Afghans, surtout dans le Sud où se déroulent l'essentiel des combats, jouent en fait sur les deux tableaux. Ils n'ont pas le choix. Lors de leurs patrouilles, les soldats étrangers interrogent les paysans et les notables villageois sur les insurgés, mais ils leur promettent aussi des écoles, des routes et des ponts. Des promesses plus faciles à faire qu'à réaliser. Les insurgés font courir le bruit que quiconque collabore avec le gouvernement ou les *kafirs* qui le soutiennent sera châtié comme traître. Aussi, tout le monde a plus peur des talibans que des Américains. « Parce que, pendant la nuit, les talibans vont peut-être venir nous tuer», explique un notable de village. Cela s'est produit de nombreuses fois, ajoute-t-il. Jusqu'à ce que Kaboul puisse assurer leur sécurité, ils ne soutiendront certainement pas le gouvernement. En tout cas pas ouvertement.

Les officiers les plus astucieux que j'aie rencontrés en Afghanistan savent pertinemment que la tâche qu'on leur a confiée, à savoir combiner la guerre et le travail de développement, est impossible. Ils reconnaissent également que, malgré les «succès sur le terrain», les militaires seuls ne pourront pas procurer la paix. Et ils soulignent qu'insister trop lourdement sur une stratégie de sortie ne fait que renforcer la main d'insurgés qui cherchent à gagner du temps. Les officiers acceptent le fait que leur guerre ne consiste pas à annexer et à tenir du territoire. Elle est beaucoup plus complexe que cela. L'Afghanistan est un conflit fondé sur les perceptions et la gouvernance, ou l'absence des unes et de l'autre.

La façon dont les Afghans perçoivent les États-Unis et les autres pays occidentaux a été influencée par l'utilisation faite par ces derniers de contractants militaires privés, qui, en définitive, ont fait plus de mal que de bien. Ces mercenaires ont commencé à apparaître en nombre croissant en 2003 et 2004, lorsqu'il apparut clairement que ni l'ISAF ni les forces de sécurité afghanes n'étaient capables d'assurer une protection suffisante, notamment aux internationaux. Des compagnies de sécurité privées américaines, britanniques et autres ont donc entrepris la tournée des ambassades, agences de l'ONU et sociétés privées en quête de contrats lucratifs. Des compagnies de sécurité afghanes se sont rapidement jointes au mouvement, et les unes et les autres ont tout fait pour exagérer les risques sécuritaires, suscitant ainsi une angoisse croissante parmi les étrangers vivant et travaillant en Afghanistan.

Le secteur de la protection a été peu à peu happé dans un véritable cercle vicieux. Certaines organisations ont regroupé l'essentiel de leurs employés dans des installations spécialement protégées. Elles n'autorisent même pas leur personnel à aller à pied au restaurant, les obligeant à emprunter un véhicule. D'après un responsable de l'ONU ayant sept années d'expérience en Afghanistan, cela a mené la communauté internationale à se couper dangereusement de la population. « En fait, il s'agit beaucoup moins d'une protection que d'une illusion, conclut ce responsable de l'ONU. Cela a pour conséquence que nous n'effectuons pas le travail que nous devrions effectuer. »

Suite à la dégradation des conditions de sécurité dans des villes comme Jalalabad ou Ghazni, de nombreuses agences de l'ONU et d'autres organismes internationaux ont retiré du terrain la plupart sinon la totalité de leurs personnels expatriés. Le CICR, qui possède des bureaux importants où travaille un personnel international, opère sans aucune protection armée, ce qui suscite parfois la stupéfaction des soldats de l'OTAN.

Le Swedish Committee for Afghanistan (SCA) est convaincu que sa meilleure protection réside dans sa collaboration avec les chefs tribaux et les communautés locales. L'organisation intervient également dans des villages connus pour être liés à l'insurrection. « Nous essayons de parler avec tout le monde et d'expliquer ce que nous faisons, souligne le directeur du SCA, Anders Fange. Beaucoup, y compris chez les talibans, nous connaissent depuis longtemps. Nous ne prenons pas le risque d'aller travailler dans des endroits où nous n'avons pas de soutien. Nous avons connu dix-sept enlèvements en 2009, mais tous les otages ont été libérés au bout de quelques jours. »

Fange me raconte comment, un jour, deux de ses trésoriers qui avaient pris le car pour aller verser leurs salaires à des employés locaux dans la province de Wardak, au sud de Kaboul, avaient été arrêtés par les talibans. Soupçonnés d'être des collaborateurs du gouvernement, ils furent emmenés par des hommes armés qui leur expliquèrent que c'était à leur commandant de décider s'ils devaient être ou non exécutés. Quand le chef taliban apprit qu'ils appartenaient au Swedish Committee, il leur rendit aussitôt leur argent et les fit raccompagner jusqu'à la route. Là, les combattants arrêtèrent un autre car et ordonnèrent au chauffeur de déposer les deux humanitaires là où ils voudraient.

Le problème avec les mercenaires, c'est que, dans une large mesure, ils n'ont pas à rendre compte de leurs actes. Leur brutalité physique et verbale est ce qui a causé le plus de tort à l'image des internationaux. Les Afghans sont profondément froissés de se voir donner des ordres par des types armés en lunettes noires au comportement agressif. Lors d'un incident à l'aéroport de Kaboul, un mercenaire américain engagé par le US State Department pour assurer la protection de Karzai a projeté à terre un infortuné Afghan qui cherchait à gagner son terminal et qui n'avait pas compris la phrase «*fuck off back!*» qu'il lui avait lancée. Les Afghans ayant assisté à la scène étaient indignés. «Ces gens pensent qu'ils peuvent faire ce qu'ils veulent, constata un enseignant afghan venu attendre son père. S'ils sont là pour nous aider, alors nous préférons encore les talibans.» Beaucoup de ces mercenaires grassement rémunérés sont d'anciens soldats américains, sud-africains ou britanniques. Affectés à la garde de rues menant à des missions étrangères, ils refoulent parfois sans ménagement des résidents du quartier qui tentent de rentrer chez eux, noircissant un peu plus leur image aux yeux des Afghans.

On a appris que plusieurs de ces compagnies de sécurité versaient de l'argent aux insurgés pour qu'ils s'abstiennent d'attaquer certains axes routiers ou équipes de construction. Selon des sources internes à l'ISAF, jusqu'à un tiers de l'argent consacré à l'approvisionnement logistique des forces de l'OTAN en Afghanistan serait dépensé pour la protection et les pots-de-vin. «On peut se poser la question de savoir si c'est là la procédure standard qu'ont à l'esprit les grands groupes commerciaux quand ils affirment que les contractants privés ont fait de l'armée américaine "l'armée la mieux soutenue et la mieux protégée de toutes les formations militaires de l'Histoire"», remarque David Isenberg, spécialiste des compagnies de mercenaires et auteur du livre *Shadow Force : Private Security Contractors in Iraq*.

Parmi ces compagnies il s'en trouve qui, à l'image du groupe X[e], autrefois Blackwater, ont enfreint la loi et continuent pourtant à se voir attribuer d'énormes contrats par le gouvernement américain. Blackwater, désormais synonyme de la corruption généralisée minant les milieux afghans et internationaux en Afghanistan, a été accusée de s'être approprié illégalement des armes appartenant à l'armée américaine et d'avoir engagé des individus au passé violent. D'après Spencer Ackerman du *Washington*

Independent, Blackwater a continué à se voir attribuer des contrats en raison d'une obscure clause juridique, la Federal Acquisition Regulation 9-406-2, qui stipule qu'une compagnie ne peut être privée de contrats que si elle a été officiellement « exclue » des entreprises éligibles. Ce qui n'est pas le cas de Blackwater, bien qu'elle réponde apparemment à plusieurs critères d'exclusion – puisqu'elle s'est notamment livrée à la « commission de fraudes », à des « vols », à la « falsification ou à la destruction de documents » et à de « fausses déclarations ».

En 2010, on estimait à quelque soixante-dix mille le nombre de contractants enregistrés ou non travaillant en Afghanistan. Le Pentagone et l'OTAN auraient versé en moyenne quatorze milliards de dollars par an à différents contractants pour la construction et la gestion de bases militaires, mais aussi pour les transports, les communications et l'interprétariat liés aux activités militaires. D'autres contractants ont été engagés uniquement pour assurer une protection armée. Ce sont leurs mercenaires qui gardent actuellement les bases, protègent le personnel civil et les équipes de construction de routes, et qui participent également aux opérations antidrogue. Le département américain de la Défense estime qu'à la fin de 2009 on comptait en Afghanistan plus de dix mille sept cents agents de sécurité privés, ou, plus prosaïquement, « mercenaires. »

À la suite de la multiplication des plaintes de citoyens afghans au sujet du comportement de ces mercenaires agissant souvent dans la plus complète impunité, le président Karzai a ordonné aux compagnies de sécurité privées de cesser leurs activités et de quitter le pays avant la fin de 2010. Bien que temporairement reporté, le projet a été favorablement accueilli par plusieurs agences pour le développement. Si les mercenaires partaient, estiment certains, il est probable que les initiatives de développement seraient grandement facilitées en Afghanistan, même si cela prendrait peut-être plus de temps que les projets « accélérés » actuellement confiés par les États-Unis et d'autres donateurs à des contractants privés. « Dans la mesure où une interdiction [des sociétés de sécurité privées] contribuerait à démilitariser l'environnement et renforcerait le monopole du gouvernement dans l'usage de la force, je pense que ce serait tout compte fait une chose positive», remarque Nic Lee, directeur de l'Afghanistan NGO Safety Office.

Un autre problème lié à l'utilisation de mercenaires est la mise en place de milices privées par l'OTAN et le gouvernement afghan. À la fin de 2010, quelque vingt-neuf ONG internationales et leurs partenaires ont alerté l'OTAN sur le fait que ces groupes insuffisamment formés causent plus de tort qu'autre chose. Y avoir recours risque de rallumer la guerre civile, comme cela s'est déjà produit dans le passé lorsque les nombreux groupes armés en activité ont commencé à se battre entre eux. Pour tenter d'améliorer la sécurité, l'OTAN a engagé des membres de tribus locales pour effectuer un travail officieux de police contre les insurgés dans des zones où les forces de sécurité sont faibles ou inexistantes. Jusqu'à présent, les efforts déployés pour former ces unités locales de défense ont échoué en raison d'un manque de soutien de la part du gouvernement ou des communautés locales.

Pour les appuyer dans leurs premières opérations contre les talibans, les Américains avaient fait appel à des milices de seigneurs de guerre locaux, qui sont ensuite devenus de véritables petits potentats, riches, puissants et souvent criminels. D'après Carlotta Gall, qui fut la remarquable correspondante du *New York Times* en Afghanistan pendant près d'une décennie, certains commandants de l'OTAN restent méfiants vis-à-vis du recours aux moudjahidines locaux ou aux anciens combattants antisoviétiques. D'autres, cependant, trouvent que des forces à l'échelle d'un village peuvent fonctionner dans le cadre de la stratégie militaire et civile coordonnée qui, depuis le début de 2010, commence à donner des résultats dans le Sud. Selon ce plan, les nouvelles forces doivent être au préalable approuvées par les *chouras* locales afin de s'assurer qu'elles bénéficient du soutien de toutes les catégories de la population locale.

Un des défauts saillants de cette approche est le fait que beaucoup de militaires étrangers pèchent par naïveté et comprennent mal les dynamiques tribales souvent complexes qui prévalent en Afghanistan. Le magazine australien *Independent Weekly* rapportait en octobre 2010 que l'Australie était allée jusqu'à faire venir par avion des miliciens fidèles à Mattiullah Khan, un puissant seigneur de guerre de la province d'Orozgân, afin de les entraîner aux côtés d'unités d'élite australiennes à proximité de Sydney. Les Australiens, dont l'armée a remplacé les forces néerlandaises quand celles-ci se sont retirées d'Afghanistan en 2010, affirmaient que la milice de Mattiullah avait « sauvé de nombreuses vies australiennes » et qu'il était important de travailler « en fonction des normes culturelles afghanes ». Cette approche stupéfiante semble négliger le fait que les Hollandais avaient refusé de collaborer avec le célèbre chef tribal du sud de l'Afghanistan, un allié de Karzai, en raison de son implication dans plusieurs affaires d'assassinat et d'extorsion.

Mais l'un des problèmes essentiels de l'Afghanistan reste le sort des femmes. Après la chute du régime taliban, leur situation s'est certes améliorée, mais jusqu'à un certain point seulement. Les femmes ont obtenu de pouvoir se présenter aux élections, ouvrir des entreprises, créer des magazines ou des émissions à la radio ou à la télévision, assumer d'importantes fonctions administratives. Et elles ont eu à nouveau la possibilité de s'élever publiquement contre les discriminations et la violence.

Beaucoup d'agences humanitaires ont pu réembaucher leurs anciennes employées ou lancer des programmes spécialement conçus pour les femmes. Dans une société qui enregistre le deuxième taux de mortalité maternel dans le monde, avec, selon les estimations, environ quinze mille femmes qui meurent chaque année de complications liées à une grossesse, où seulement 5 % des femmes savent lire et écrire, et où la moitié des filles de moins de dix-huit ans sont mariées, il est crucial d'élargir de manière drastique le rôle des femmes dans le système de santé. Très souvent, médecins et infirmiers hommes ne peuvent traiter des femmes, hormis en restant derrière un paravent empêchant tout contact physique ou visuel avec la patiente. Seulement 15 % des naissances se font en présence d'une personne qualifiée, comme une sage-femme ; neuf sur dix ont lieu à domicile, ce qui a pour conséquence un taux de mortalité infantile de cent soixante-cinq pour mille, l'un des plus élevés au monde. Un enfant sur quatre meurt avant l'âge de cinq ans d'une maladie qui aurait pu être évitée. Pour Emmanuel Tronc de MSF, malgré toute l'aide internationale déversée dans le pays depuis 2001, les services de santé les plus essentiels demeurent insuffisants. « La formation d'un nombre plus important de femmes aurait dû être une priorité dès le départ, puisque ce sont elles qui ont un rôle essentiel pour améliorer l'accès à la santé des femmes et des enfants », dit-il.

Les États-Unis, la Grande-Bretagne, l'Organisation mondiale de la santé, la Banque mondiale et divers autres donateurs ont publié des statistiques très optimistes sur les progrès réalisés en matière de santé en Afghanistan, n'hésitant pas à affirmer par exemple que 85 % des Afghans ont désormais un accès même minimal aux soins, alors qu'ils n'étaient que 9 % en 2002. Or, d'après MSF et d'autres ONG agissant dans le domaine de la santé, la réalité est très différente. Beaucoup d'entre elles constatent que les services de santé les plus élémentaires sont « dangereusement défaillants » et que « des millions d'Afghans n'ont qu'un accès limité, voire inexistant, aux services de santé les plus basiques », comme le souligne un document de l'ONU publié en 2010. « Seuls 52 % de la population rurale ont accès à un centre médical situé à moins d'une heure de marche. » Et beaucoup n'ont aucun personnel féminin.

Au cours des premières années du processus de reconstruction de l'Afghanistan après 2001, il était frappant de constater l'optimisme régnant parmi les femmes et les jeunes filles. À l'été 2002, dans les semaines qui précédèrent la convocation de la *Loya Jirgha*, les femmes revendiquaient avec audace une augmentation du nombre de leurs déléguées en réclamant une représentation proportionnelle plutôt que le respect des quotas fixés par les accords de Bonn. Quand je demandai, avec une certaine provocation, à un chef de tribu originaire de la région orientale de Ghazni s'il trouvait que c'était une bonne chose que les femmes s'expriment, il répondit d'un ton cassant : « En Afghanistan, les hommes ont toujours protégé les femmes. C'est pour nous un devoir. Ce n'est pas aux femmes de le faire. Ce sont là de mauvaises habitudes introduites par les étrangers. »

Au début de 2011, les droits fragiles acquis par les femmes depuis 2001 s'étaient déjà irrémédiablement réduits. D'après un rapport de l'ONU daté de décembre 2010, la survivance de pratiques traditionnelles est toujours cause de souffrances, d'humiliation et de marginalisation pour des millions de femmes et de jeunes filles afghanes. Sont toujours en vigueur, entre autres, les mariages d'enfants, l'achat et la vente de filles en vue du mariage, le don de filles pour résoudre une dispute, l'isolement forcé au domicile, la négation du droit à l'éducation ou l'interdiction d'accès aux soins de santé, et enfin les morts «pour l'honneur», ces décès résultant de l'assassinat ou de l'autoimmolation forcée des femmes afin de préserver l'honneur d'une famille. Dans la très grande majorité des cas, les coupables de tels actes ne sont jamais traduits en justice.

De nombreux Afghans, y compris des responsables religieux et gouvernementaux, légitiment ce genre de coutumes en déclarant qu'elles sont acceptables au regard de la loi islamique. Leur interprétation de l'islam, pourtant, est fondée sur l'ignorance et non seulement ne correspond pas à la *charia*, mais est contraire au droit afghan comme au droit international. Le rapport de l'ONU note que ces pratiques sont extrêmement répandues et se produisent dans l'ensemble du pays, quels que soit la tribu ou le groupe ethnique. Le don de jeunes filles afin de résoudre une dispute, connu sous le terme de *baad*, est couramment pratiqué, même si les auteurs du rapport de l'ONU indiquent qu'ils ont constaté que de nombreux Afghans hommes et femmes y sont opposés. Des femmes de la province de Fâryâb leur ont ainsi expliqué qu'une fille mariée à la suite du *baad* ne sera jamais respectée; la famille l'associe à son parent masculin responsable du crime et la considère donc elle-même comme une criminelle. «Par vengeance, la fille est traitée comme une servante. Parfois, on l'oblige à dormir dans l'écurie avec les animaux.»

En octobre 2009, le gouvernement afghan a adopté la loi dite d'Élimination de la violence contre les femmes, laquelle, si elle était correctement mise en œuvre, pourrait mettre un terme à de tels abus. Pourtant, de nombreux Afghans ignorent même que cette loi existe. Les défenseurs des droits de l'homme soulignent qu'en dépit de son caractère progressiste le nouveau texte ne criminalise pas les «crimes d'honneur» et ne définit pas non plus clairement le viol. Il ne le distingue pas non plus du *zina*, qui désigne les rapports sexuels librement consentis hors mariage, qui, lui, est un crime selon la loi islamique. De nombreux policiers et juges ne peuvent ou ne veulent pas appliquer cette loi.

L'insécurité croissante contribue par ailleurs à limiter les activités et la libre circulation des femmes. Plusieurs centaines d'écoles pour filles ont été fermées à la suite d'attaques ou de menaces proférées par les ultra-conservateurs ou les talibans. On menace et, au besoin, on punit publiquement les enseignantes et les élèves filles afin qu'elles cessent d'aller en classe. Il est souvent difficile pour des jeunes filles de se rendre à pied à l'école, parfois distante de trois ou quatre kilomètres, voire plus, de leur domicile. On assiste au retour d'agressions dans le style de celles perpétrées dans les années 1970 par les partisans d'Hekmatyar, dans lesquelles des militants aspergent d'acide le visage des femmes et des jeunes filles se promenant en public sans être voilées. Tant dans les zones rurales qu'en ville, les parents gardent de plus en plus leurs filles à la maison par crainte des enlèvements.

Passages à tabac, coups de couteau et même meurtres, les attaques contre les défenseurs des droits des femmes se sont également multipliées. L'une des plus tragiques de ces agressions a été l'assassinat par balles de Zakia Zaki de Peace Radio dans la province septentrionale de Parwân en juin 2007. C'était la seconde journaliste femme à être abattue en une semaine. L'autre était Shokiba Sanga Amaaj, abattue dans le dos par deux membres masculins de sa famille. Ceux-ci étaient apparemment mécontents qu'elle travaille pour la chaîne privée Shamshad TV. Quelques années auparavant, je m'étais rendu à Jabal Saraj, au nord de Kaboul, pour rencontrer Zakia. Elle avait soutenu avec enthousiasme l'émission *Radio Education for Afghan Children* et était tout excitée parce qu'elle était sur le point d'acquérir un émetteur en ondes moyennes, qui lui permettrait de couvrir toute la ville de Kaboul. La radio, à ses yeux, était le meilleur moyen de toucher les femmes analphabètes chez elles parce que, disait-elle : « Les hommes ne peuvent s'y opposer. L'information, c'est de l'or. »

Le courage de cette minorité grandissante de femmes prêtes à exprimer leur opinion est tout à fait exceptionnel dans un pays où le moindre mot critique peut vous valoir une balle dans la tête. La grande crainte, c'est qu'au travers d'une réconciliation avec les talibans il est à peu près certain que les droits des femmes seront les premiers à souffrir. « Les femmes ne veulent pas de la guerre, mais aucune ne voudrait assister au retour des talibans de 1996 ; aucune ne veut être enfermée entre les quatre murs de la cour de sa maison », a déclaré au *New York Times* Rahima Zafiri, une représentante du ministère des Affaires féminines originaire de la province de Baghlan. Certains font pourtant remarquer qu'il est facile de rejeter la faute sur les talibans. En réalité, l'actuelle administration Karzai est aussi rigide qu'eux sur ces questions. « Beaucoup des hommes qui travaillent pour le gouvernement sont exactement pareils que les talibans, souligne Zukria, une enseignante de Hérat. Ce n'est pas parce qu'ils portent des costumes occidentaux qu'ils sont ouverts aux changements. »

En dépit de leur enthousiasme et de leur détermination exemplaires à exercer leur métier, les entrepreneurs femmes sont confrontées aux énormes obstacles que leur opposent les éléments corrompus ou ultra-conservateurs d'un monde des affaires afghan largement dominé par les hommes. Lors d'un séminaire spécial organisé à la fin de 2009 par la Banque mondiale, plusieurs participantes ont exprimé leur frustration devant l'incapacité où elles se trouvaient de jouer à jeu égal avec les entrepreneurs hommes. On leur refuse fréquemment l'accès au financement ou aux contrats. Beaucoup d'accords se concluent dans les *chaikhanes*, que ne fréquentent pas les femmes. « C'est essentiellement un club masculin, remarque un spécialiste du développement. Certains de ces hommes sont incompétents, et pourtant ce sont eux qui décrochent les contrats publics. »

Malgré les efforts de quelques personnalités exceptionnelles et d'une poignée de militantes combattives, l'action des Afghanes en faveur d'un changement sera probablement un long et difficile processus. Le plus paradoxal, c'est qu'elles sont autant enclines que les hommes à retomber dans les querelles politiciennes et les vieilles divisions historiques et tribales. Cela se manifeste clairement parmi les quelques parlementaires femmes que compte aujourd'hui le pays. Et pourtant on assiste à l'émergence d'une nouvelle génération d'hommes et de femmes éduqués qui souhaitent autre chose que la cupidité et la guerre.

La Forward Operating Base Delhi est l'un de ces avant-postes à l'appellation martiale installés dans le sud de l'Afghanistan. Composé de tentes camouflées et d'abris protégés par des sacs de sable où s'entassent soldats, équipement et véhicules, il se dresse comme les logements d'une équipe de chantier à la lisière du bazar de Garmsir. Au cœur de la province du Helmand, il est situé dans une zone que les soldats américains et britanniques ont surnommée « la Tête du Serpent » – un patchwork de champs irrigués et de canaux enserrés par le désert alentour. Sur la carte, on dirait la tête d'un cobra dont la queue serait la rivière Helmand.

Généralement plantées de blé et de pavot, ces terres fertiles font partie de l'énorme projet de la vallée du Helmand, lancé par les États-Unis dans les années 1950 et 1960. Quant à Garmsir, c'est une ville sans caractère qui n'a été « libérée » que récemment de l'emprise des talibans. Elle possède des bâtiments administratifs, des résidences, des ateliers artisanaux et des étals où l'on trouve des oranges, des grenades et des gombos, mais aussi du matériel de base, depuis les pelles jusqu'aux téléviseurs.

Lorsque, en 2009, j'eus l'occasion de me promener dans sa rue principale en compagnie d'un groupe d'employés humanitaires protégés par un détachement de soldats américains et d'une demi-douzaine de mercenaires, j'eus l'impression d'être un dignitaire en visite qui, certes, parle avec les habitants, mais n'a aucun contact réel avec eux. C'était bizarre, on avait l'impression d'un spectacle monté de toutes pièces. Certains soldats s'arrêtaient pour blaguer avec des passants, mais en gardant le doigt sur la détente. Les Afghans riaient ou répliquaient par une plaisanterie, tandis que les gosses quémandaient effrontément un dollar. Aucun des Occidentaux n'avait la moindre idée de ce que ces gens pensaient au fond d'eux-mêmes. J'aurais de loin préféré me perdre seul dans le bazar, avec des commerçants qui m'auraient invité d'un geste à venir boire le thé. Alors j'aurais été le bienvenu chez eux, et non un étranger qu'on leur imposait.

Huit années s'étaient écoulées depuis l'invasion américaine d'octobre 2001. Les forces britanniques se battaient depuis trois ans dans le Helmand et, grâce au plus important pont aérien depuis la guerre du Vietnam, la 2e Force expéditionnaire des Marines américains était venue les rejoindre. Quelque quatre mille fantassins appuyés par des hélicoptères s'étaient déployés dans le désert pour nettoyer la région et restaurer l'autorité du gouvernement. Ils avaient chassé les talibans. À présent, ils progressaient en direction du Sud le long du corps du Serpent.

La réalité, bien entendu, était qu'en dépit de la propagande de l'ISAF affirmant que le gouvernement de Kaboul ne cessait de renforcer son autorité les insurgés auraient été de retour en quelques heures si les troupes étrangères n'avaient pas été là. Rares sont les Afghans qui ont confiance dans le régime Karzai. La plupart des membres des forces de sécurité afghanes déserteraient si le vent tournait. Les Afghans savent très bien qu'une part de plus en plus importante des opinions publiques occidentales souhaite le retour de leurs soldats.

Un peu à la manière des forts entourés d'une palissade de piquets construits par les Britanniques au XIXe siècle, les Américains ont édifié des fortins lourdement défendus pour protéger les points stratégiques et aider le gouvernement de Kaboul à rétablir un semblant de normalité. « C'est une région très isolée, m'expliqua le lieutenant-colonel américain Christian Cabaniss. Ce n'est pas possible de débouler de l'extérieur et de nouer aussitôt des liens avec les gens du coin. Plus ils seront à l'aise, plus ils sentiront que nous sommes ici pour rester et que le gouvernement honorera ses promesses, plus il y a de chances pour qu'ils nous disent des choses. Et, une fois qu'ils auront commencé à nous parler, les talibans n'auront plus d'eau pour nager. Ils devront partir. »

C'est là le genre d'optimisme qu'on attend des officiers supérieurs. Mais ces hommes et femmes qui m'entouraient, croyaient-ils vraiment à ce discours ? Il était empreint d'une telle naïveté qu'il relevait presque du fantasme. Comme si les insurgés allaient réellement disparaître sitôt que le gouvernement commencerait à faire ce qu'il est censé faire. C'est à se demander si une seule personne, à l'époque comme aujourd'hui, a tenté de tirer les leçons du passé – les leçons du Vietnam, de la guerre soviétique ou de l'Irak.

En février 2010, les forces de la coalition déclenchèrent l'opération Moshtarak, un terme qui signifie « ensemble ». C'était leur plus grosse offensive à ce jour. Son objectif était Marjah, un vaste district de villes et de bazars où vivent près de deux cent mille habitants, juste à l'ouest de la Tête du Serpent. C'était également un bastion connu des trafiquants de drogue et des talibans. Les forces américaines avaient déjà lancé en mai 2009 une opération sur Marjah, où elles avaient saisi plusieurs tonnes d'opium ainsi que du matériel pour la fabrication de bombes. Mais, dès qu'elles s'étaient retirées, les insurgés étaient revenus.

Annoncée en fanfare, cette nouvelle offensive de 2010, qui mobilisa quinze mille soldats de la coalition et de l'armée afghane face à des insurgés estimés à deux mille hommes, était une tentative pour « prendre et tenir » de nouveaux territoires. Quelques insurgés restèrent sur place et se battirent. La plupart enterrèrent leur arme ou partirent pour une autre province. Quatre mois plus tard, l'OTAN sembla surprise de constater que les guérilleros amorçaient leur retour. Les forces afghano-occidentales peuvent sans doute tenir indéfiniment le secteur, mais cela constitue-t-il vraiment un succès ? L'opération n'a guère permis à la population locale de se prendre en main. Plusieurs Britanniques et Américains ayant travaillé dans le Sud affirment que Marjah n'a eu aucun résultat, hormis des morts inutiles. Il est même possible que l'opération ait incité de nouveaux Afghans à rejoindre l'insurrection. Parmi ces voix critiques figure celle de Mathew Hoh, ancien représentant civil américain pour la province de Zâbol et ancien capitaine dans les Marines. Il a démissionné en octobre 2009, estimant que la guerre n'allait pas dans le sens des intérêts stratégiques des États-Unis. Qualifiant l'insurrection de « vallée-isme[1] » – ce qui était également vrai durant la guerre soviétique –, Hoh pense que les Américains ne comprennent pas la vraie nature de ce qui est en train de se passer. « En Afghanistan, tout est extrêmement localisé, a-t-il expliqué dans une interview pour NPR, la

1. Ce néologisme forgé par Hoh doit s'entendre au sens où chaque communauté afghane se bat pour sa vallée ou son village, aussi bien contre l'occupant étranger que contre le gouvernement central. Le « vallée-isme » est à la vallée ce que le nationalisme est à la nation. (*N.d.T.*)

radio publique américaine. Vous faites allégeance à votre famille, ensuite à votre village et à votre vallée, et c'est pour cela qu'ils se battent. »

Alors qu'ils effectuaient des reportages sur Marjah, certains médias américains ne cessaient de répéter combien il est difficile de savoir qui est rebelle et qui ne l'est pas. Ce n'est pas nouveau. Ni dans les guerres afghanes ni d'ailleurs dans aucune autre guerre de guérilla. Même dans les zones « sûres », les insurgés maintiennent leur présence, ne serait-ce que pendant la nuit. Ils continuent à assassiner les collaborateurs, à disposer leurs IED et à envoyer leurs kamikazes à la mort. Ils continuent à distribuer leurs « lettres nocturnes ». Dans les ministères, beaucoup d'employés sympathisent avec l'opposition. Ils peuvent même se transformer en talibans une fois leur journée de travail terminée. C'était la même chose avec les moudjahidines dans les années 1980.

L'opération Moshtarak présentait des parallèles évidents avec l'offensive soviéto-afghane dans le Pandjchir à laquelle j'avais assisté vingt-sept ans auparavant, au printemps 1982. Le nombre de soldats mobilisés, qui atteignait douze mille hommes côté soviéto-afghan, était à peu près le même qu'à Marjah. Dans la guerre soviétique, les journalistes occidentaux avaient travaillé essentiellement du côté de la résistance. Contrairement aux journalistes qui sont aujourd'hui « intégrés » dans les unités de l'OTAN, nous avions un accès direct aux Afghans ordinaires. Nous sillonnions à pied la campagne, dormions dans les villages, après avoir passé de longues soirées à boire le thé et à parler avec les habitants. Les articles en provenance des fronts militaires américains et britanniques aujourd'hui, truffés de remarques qui n'ont guère de rapport avec l'Afghanistan, semblent évoquer une guerre irréelle. Un journaliste ne peut avoir une conversation franche avec son interlocuteur quand il porte une tenue de protection et des lunettes noires ou qu'il est flanqué de soldats lourdement armés. Les Afghans ne vous diront que ce qui convient à leurs intérêts. D'où les questions que l'on est en droit de se poser sur la fiabilité des sondages régulièrement invoqués par la communauté internationale pour justifier ses actions en Afghanistan.

En juin 2010, plusieurs mois après l'offensive de Marjah, je regardai un reportage de la BBC sur le récent rapatriement de corps de soldats britanniques sur la base de la RAF à Lyneham, dans le sud-ouest de l'Angleterre. Sept cercueils recouverts de l'Union Jack étaient solennellement extraits d'un avion de transport de la RAF et conduits par un lent cortège de corbillards noirs à travers les rues de la ville voisine de Wootton Bassett, dans le Wiltshire. C'était devenu un rituel presque quotidien qui se déroulait au milieu de passants regardant tristement les familles éplorées. Les sept soldats avaient été tués dans le Helmand. Peut-être que les Britanniques ont plus l'habitude que les Américains de voir leurs soldats mourir dans des guerres étrangères. Une tradition du devoir remontant à l'époque de l'Empire. Ce n'est que récemment que les Américains ont autorisé les télévisions à filmer les cercueils de leurs soldats. Washington, avec l'assentiment tacite des chaînes de télévision, fait tout son possible pour dissimuler les dures réalités de la guerre en Afghanistan.

Tout ce que je vois, c'est l'Histoire qui se répète. Et j'espère bien un jour assister à nouveau à la migration des grues.

Edward GIRARDET

Remerciements

De nombreux amis, collègues – Afghans aussi bien qu'expatriés – et membres de ma famille m'ont aidé pour ce livre, avant tout parce qu'ils en avaient assez de m'entendre leur en parler, mais aussi parce que beaucoup pensaient, au regard de ce que j'avais vécu en Afghanistan depuis le premier reportage que j'y avais effectué en octobre 1979, que c'était un livre nécessaire.

Je voudrais les remercier tous, mais en particulier Don Larrimore qui m'a harcelé jusqu'à ce qu'il soit écrit, puis m'a aidé à le mettre en forme. Don espérait que ce serait le livre définitif sur l'Afghanistan, mais nous avons vite réalisé que, pour que cela soit le cas, je devrais écrire deux ou trois autres volumes. Et, d'ailleurs, rien n'est jamais définitif en ce qui concerne l'Afghanistan.

Ma femme Lori m'a aidé à retirer une quantité extravagante de mots d'un manuscrit qui était au départ trop long. Elle a aussi contribué à la remise en forme d'une partie du texte afin de le rendre accessible au grand public.

J'aimerais également remercier Emily Pantalone et Park Rafferty, mes deux stagiaires de la Tuft University. Ce fut un plaisir de travailler avec deux jeunes chercheurs aussi impliqués et aussi enthousiastes, mais surtout aussi cultivés qu'eux.

Parmi ceux qui m'ont soumis des suggestions et transmis des informations figurent – dans le désordre – Ahmed Rashid, Jon Randal, Emmanuel Tronc, Nora Niland, Charles Norchi, Michael Keating, Tim Weaver, Tom Woods, Mohammed Shuaib, Peter Jouvenal, Gordon Adam, Whitney Azoy, Massoud Khalili, William Dowell, Zuki, Jean-Michel Monod, Rauli Virtanen, Donatella

Lorch, Amaury Coste, Sebastian Turbot, Nick Mills et beaucoup d'autres.

Je voudrais aussi remercier mon ancien rédacteur en chef David Anable et le *Christian Science Monitor* pour avoir persévéré dans leur conviction que l'Afghanistan méritait d'être couvert d'une manière consistante et prolongée. Cette tradition se poursuit avec une nouvelle génération de correspondants du *Monitor* qui fournissent quelques-uns des reportages les mieux documentés et les plus critiques. J'aimerais également adresser mes remerciements à Jeff Carmel, qui dirigeait à l'époque le service du *Monitor* pour lequel je travaillais, pour son intérêt sans faille à l'égard de l'Afghanistan et ses innombrables suggestions. Je tiens aussi à remercier les jeunes journalistes afghans avec lesquels j'ai eu l'occasion de m'entretenir et qui m'ont fourni des points de vue extrêmement francs sur la présence internationale et sur l'avenir qu'ils imaginent pour leur pays.

Bien entendu, au cours des dernières décennies, j'ai rencontré et interviewé un nombre incalculable de personnes liées d'une façon ou d'une autre à l'Afghanistan. Certaines ont perdu la vie dans la tragédie afghane. Beaucoup ont, sans le savoir, contribué à affiner ma perception de ce pays ravagé par la guerre. De nombreuses anecdotes et beaucoup d'incidents, amusants ou tragiques, auraient eu leur place dans ce livre, mais comment faire pour résumer un aussi grand nombre d'expériences différentes ?

Enfin, je voudrais remercier ma femme Lori et ma famille pour nous avoir aussi longtemps supportés, mon livre et moi.

Afghanistan : une chronologie

1842 : première guerre anglo-afghane. Une force expéditionnaire britannique de 16 000 hommes est balayée par les guerriers des tribus afghanes.

1880 : fin de la deuxième guerre anglo-afghane. L'Afghanistan conserve sa souveraineté intérieure, les Britanniques contrôlent ses affaires étrangères.

1893 : la Grande-Bretagne impose unilatéralement la frontière actuelle avec le Pakistan. La « ligne Durand » n'est toujours pas reconnue par l'Afghanistan.

1919 : troisième guerre anglo-afghane. L'Afghanistan recouvre son indépendance.

1926 : l'émir Amanullah se proclame roi et lance des réformes sociales.

1929 : le roi Amanullah prend la fuite en raison des désordres provoqués par ses réformes. L'émir Habibullah Kalakani, connu sous le nom de Bacha-e-Saqao (« le fils du porteur d'eau »), devient le premier Tadjik à parvenir au pouvoir après 350 ans de domination pachtoune. Il est exécuté neuf mois plus tard.

1933 : Zaher Shah devient roi. L'Afghanistan restera une monarchie durant les quatre décennies suivantes.

1953 : le Premier ministre, Mohammed Daoud, un général, se tourne vers l'Union soviétique pour obtenir une aide économique et militaire.

1964 : avènement de la monarchie constitutionnelle.

1973 : Mohammed Daoud prend le pouvoir, déclare la République et tente de jouer l'Union soviétique contre les États-Unis. Des factions de gauche lui sont hostiles, il réprime les fondamentalistes.

1975 : premières révoltes dans la vallée du Pandjchir, menées par des rebelles, parmi lesquels Massoud et Gulbuddin Hekmatyar, soutenus par le Pakistan.

1978 : révolution de Saur (« avril »). Mohamed Daoud est renversé et exécuté par des éléments du Parti démocratique populaire d'Afghanistan (PDPA). Durant l'été, des révoltes armées éclatent. L'Union soviétique augmente son aide militaire. Premières mesures américaines de soutien aux guérilleros.

1979 (27 décembre) : l'Armée rouge soviétique envahit l'Afghanistan. Babrak Karmal prend la tête d'un gouvernement du PDPA.

1980 : la résistance à l'occupation russe s'étend dans tout le pays. États-Unis, Pakistan, Chine, Iran et Arabie Saoudite fournissent armes et argent. Premier voyage de ben Laden à Peshawar et à la frontière afghane.

1985 : les moudjahidines se rassemblent au Pakistan pour former une alliance contre les forces soviétiques. Les États-Unis et le Pakistan apportent un important soutien aux extrémistes islamiques. La moitié de la population afghane est déplacée en raison de la guerre. Le nouveau dirigeant soviétique, Mikhaïl Gorbatchev, annonce qu'il retirera les troupes d'Afghanistan.

1986 : les États-Unis commencent à fournir aux moudjahidines des missiles Stinger. Mohammed Najibullah remplace Babrak Karmal à la tête du régime soutenu par les Soviétiques.

1988 : l'Afghanistan, l'URSS, les États-Unis et le Pakistan signent des accords de paix. L'Union soviétique entame son retrait.

1989 : les dernières troupes russes s'en vont, la guerre civile se poursuit.

1990 : Ben Laden quitte l'Afghanistan pour l'Arabie Saoudite et le Soudan.

1991 : les États-Unis et l'URSS conviennent de cesser leur aide militaire aux deux parties.

1992 : la résistance enserre Kaboul, et le gouvernement de Najibullah tombe. Une nouvelle guerre civile éclate entre milices rivales.

1993 : les factions moudjahidines s'accordent sur la formation d'un gouvernement.

1994 : la bataille de Kaboul se poursuit. Émergence des talibans comme nouvelle force militaire.

1996 : les talibans prennent Kaboul. Formation d'un Front uni (ou Alliance du Nord) contre les talibans. Retour d'Oussama ben Laden en Afghanistan.

1997 : reconnaissance des talibans par le Pakistan et l'Arabie Saoudite. Les talibans contrôlent environ les deux tiers du territoire afghan.

1998 : les États-Unis procèdent à des frappes de missiles contre des bases soupçonnées d'appartenir à ben Laden, qu'ils accusent d'avoir commis les attentats contre les ambassades américaines en Afrique orientale.

1999 : les Nations unies imposent des sanctions pour faire pression sur le régime des talibans afin qu'ils livrent ben Laden.

2001 : mars : les talibans détruisent les Bouddhas géants de Bâmiyân.

– mai : les talibans ordonnent aux membres des minorités religieuses de porter des marques les identifiant comme non-musulmans, et aux Indiennes de se voiler à la manière des Afghanes.

– septembre : Ahmed Shah Massoud, légendaire commandant de guérilla et principale figure de l'opposition contre les talibans, est tué dans un attentat suicide par des agents d'Al-Quaida se faisant passer pour des journalistes, juste avant les attaques du 11-Septembre aux États-Unis.

– 7 octobre : des avions de combat américains et britanniques lancent des frappes contre les talibans. Début de l'invasion dirigée par les États-Unis.

– novembre : les forces de l'opposition s'emparent de Mazâr-e-Charîf et, en quelques jours, entrent dans Kaboul et dans plusieurs autres grandes villes. Chute du régime taliban.

– 5 décembre : des discussions débouchent sur l'accord de Bonn et la perspective d'un gouvernement intérimaire.

– 7 décembre : les talibans abandonnent leur dernier bastion à Kandahâr. Le mollah Omar reste introuvable.

– 22 décembre : Hamid Karzai est nommé à la tête d'un gouvernement intérimaire élargi de trente membres.

2002 : avril : retour de l'ancien roi Zaher Shah, qui se voit décerner le titre de Père de la Nation.

– mai : le Conseil de sécurité de l'ONU prolonge le mandat de la Force internationale d'assistance et de sécurité (ISAF). La coalition poursuit sa campagne contre les éléments restants d'Al-Quaida et des talibans.

– juin : Hamid Karzai devient président intérimaire.

2003 : – mars : invasion de l'Irak, qui détourne les États-Unis de leur engagement en Afghanistan.

– août : l'OTAN prend en charge le contrôle de la sécurité à Kaboul, ce qui constitue son premier engagement opérationnel hors d'Europe.

2004 – janvier : une nouvelle Constitution est adoptée.

– mars : l'Afghanistan se voit promettre une aide de 8,2 milliards de dollars sur trois ans.

– octobre-novembre : Hamid Karzai est élu président avec 55 % des voix.

2005 : premières informations sur les brutalités commises par les forces américaines sur des prisonniers dans des centres de détention.

2006 : février : la conférence des pays donateurs organisée à Londres s'engage à fournir plus de 10 milliards de dollars d'aide pour le redressement de l'Afghanistan.

– octobre : l'OTAN est chargée d'assurer la sécurité sur l'ensemble du territoire afghan.

2007 : mars : l'OTAN et les forces afghanes déclenchent l'opération Achilles, la plus grande offensive contre les talibans à ce jour.

– mai : en raison d'un désaccord frontalier, les troupes afghanes et pakistanaises se livrent aux pires affrontements depuis plusieurs décennies.

– juillet : mort de l'ancien roi Zaher Shah. Des employés d'une organisation caritative chrétienne sud-coréenne sont enlevés par les talibans. Deux sont tués, les autres libérés.

– août : selon un rapport de l'ONU, la production d'opium atteint un niveau record.

– novembre : un attentat suicide contre une délégation parlementaire fait 41 morts.

2008 : avril : les dirigeants de l'OTAN réunis à Bucarest déclarent que la mission en Afghanistan reste leur principale priorité.

– juin : les talibans organisent une évasion massive de la prison de Kandahâr, au cours de laquelle 350 insurgés retrouvent la liberté. Le président Karzai déclare que l'Afghanistan enverra des troupes au Pakistan pour combattre les militants islamistes au cas où Islamabad ne prendrait pas de mesures contre eux.

– juillet : un attentat suicide contre l'ambassade indienne à Kaboul tue plus de 50 personnes. Le gouvernement afghan accuse l'ISI d'être impliqué dans l'opération.

– août : dix soldats français sont tués par les talibans dans une embuscade.

– septembre : le président Bush envoie 45 000 soldats supplémentaires en Afghanistan dans le cadre d'un « renfort discret ».
– octobre : l'Allemagne prolonge sa mission en Afghanistan jusqu'en 2009 et porte le nombre de ses troupes de 1 000 à 4 500.
– novembre : les talibans rejettent les propositions de discussions faites par le président Karzai, déclarant qu'il ne pourra y avoir de négociations tant que les troupes étrangères n'auront pas quitté le pays.

2009 : janvier : le secrétaire américain à la Défense Robert Gates déclare que l'Afghanistan sera pour le président Obama le « test principal ».
– février : une vingtaine de pays membres de l'OTAN promettent de renforcer leur engagement militaire en Afghanistan après l'annonce de l'envoi de 17 000 soldats supplémentaires par Washington.
– mars : le président Obama dévoile la nouvelle stratégie américaine à l'égard de l'Afghanistan et du Pakistan.
– septembre : le général McChrystal déclare que la guerre contre les talibans pourrait être perdue en moins de douze mois sans une augmentation significative du nombre de soldats.
– octobre : Karzai est déclaré vainqueur de l'élection présidentielle frauduleuse du mois d'août.
– décembre : le président Obama décide d'envoyer 30 000 renforts en Afghanistan, ce qui portera le total des troupes américaines à 100 000. Il déclare également que les États-Unis commenceront à retirer leurs forces en 2011. Un agent double d'Al-Quaida tue sept agents de la CIA dans un attentat suicide commis sur la base américaine de Khost.

2010 : janvier : audacieuse attaque des insurgés à Kaboul. Bilan : 12 morts, dont 7 insurgés.
– février : les forces sous commandement de l'OTAN lancent l'opération Moshtarak visant à reprendre le contrôle du sud de la province du Helmand. Le mollah Abdul Ghani Baradar, important chef militaire taliban, est capturé au Pakistan.
– avril : le président Karzai accuse les observateurs étrangers d'être responsables des fraudes lors des élections contestées de 2009 et d'avoir fomenté un coup d'État. La Maison Blanche qualifie ces remarques de « très préoccupantes ».

– juillet : une importante conférence internationale approuve le calendrier d'Hamid Karzai prévoyant un transfert de responsabilité de la sécurité aux forces afghanes en 2014. Le général David Petraeus prend le commandement des forces américaines et de l'ISAF.
– août : les troupes néerlandaises quittent l'Afghanistan. Karzai décrète l'interdiction des compagnies de sécurité privées étrangères.
– septembre : en dépit d'une vague d'attaques talibanes, environ 40 % des Afghans participent aux élections législatives.
– novembre : sommet de l'OTAN à Lisbonne et annonce du retrait de la majorité des troupes de la coalition d'ici à 2014.

Index des noms de personnes

N

O

P

Q

R

S

T

INDEX DES ONG

Table

Cet ouvrage a été publié sous la direction de Patrick de Saint-Exupéry,
Avec la collaboration d'Aleth Stroebel et Maude Sapin.
La mise en pages a été effectuée par Dominique Guillaumin (In Folio).
La révision a été assurée par Marceau Piana.

Achevé d'imprimer en France par Corlet Imprimeur
à Condé-sur-Noireau (Calvados)
en janvier 2014.

ISBN : 978-2-35204-303-4
Dépôt légal : février 2014
N° d'impression : 161508